中国社科

客家话书面表达优化体系探析

钟茂初◎著

光明日报出版社

图书在版编目（CIP）数据

客家话书面表达优化体系探析 / 钟茂初著 . -- 北京：
光明日报出版社，2024.6. -- ISBN 978 - 7 - 5194 - 8063 - 9

Ⅰ. H176

中国国家版本馆 CIP 数据核字第 2024M72694 号

客家话书面表达优化体系探析

KEJIAHUA SHUMIAN BIAODA YOUHUA TIXI TANXI

著　者：钟茂初

责任编辑：郭玫君　　　　　　　　　责任校对：房　蓉　李佳莹

封面设计：中联华文　　　　　　　　责任印制：曹　净

出版发行：光明日报出版社

地　　址：北京市西城区永安路 106 号，100050

电　　话：010-63169890（咨询），010-63131930（邮购）

传　　真：010-63131930

网　　址：http://book. gmw. cn

E－mail：gmrbcbs@ gmw. cn

法律顾问：北京市兰台律师事务所龚柳方律师

印　　刷：三河市华东印刷有限公司

装　　订：三河市华东印刷有限公司

本书如有破损、缺页、装订错误，请与本社联系调换，电话：010-63131930

开　　本：170mm×240mm

字　　数：332 千字　　　　　　　　印　　张：18.5

版　　次：2025 年 1 月第 1 版　　　　印　　次：2025 年 1 月第 1 次印刷

书　　号：ISBN 978 - 7 - 5194 - 8063 - 9

定　　价：98.00 元

谨以此书

献给 母亲吴振华老人

献给 母校铜鼓中学及授业恩师

献给 故里铜鼓县及顺化村乡亲

目 录
CONTENTS

第一章

客家话书面表达体系相关问题概论

　　客家语（Hakka Chinese），汉语七大方言之一，是汉族客家民系的共同语言，是联结全国各地乃至全球华人客家民系认同的主要载体。中国大陆地区客家话总人口超过 5000 万，约占汉族人口的 4%，港澳台地区及海外也有大量说客家话的人。客家话中较多地保留了中古时期的词语，保留了中古汉语音韵，也保留了中原地区许多常用词语及其发音特征。客家话较好地传承了汉语言文化。当前阶段，客家话被认为是衰落较快的语言之一，亟待有效保护。

　　本书的预期目标是更有效、更简洁地解决客家话的书面表达问题，更好地为客家话的持续传承和有效传播奠定基础。换言之，本书主要为以下三类读者人群而作：一是以客家话为母语，在客家话语言环境下成长，但长期生活工作处于非客家话环境，对客家话怀有深厚情感的读者，本书为他们提供一个能够引发共情的文词字释本；二是对客家话有浓厚兴趣，但只具备现代汉语（普通话）字义及语音知识的读者，本书为他们提供一个简单易懂的客家话文词字释本；三是那些面对诸多客家话研究文献，对其中的"化石"汉字、后造字、艰涩标音畏而却步甚至无所适从的读者，本书为他们提供一个较为"简洁明了"的客家话文词字释本。

　　要达成上述目标，我们必须先行厘清以下几个根本问题。

第一节　客家话定位及客家话传承传播存在的问题

一、"客家话是中古时期汉语活化石"

　　这一定位未必准确！我们应放下包袱，着力推动客家话的书面文字表达，着力推动客家话书面表达体系的完善与优化！

　　"客家话是中古时期汉语活化石"，这一判断似乎成了客家话群体和学界的定论，也在某种程度上成了客家话书面表达中的思想包袱和思维定式。似乎只有尽可能多地在客家话词语中附上古汉字，客家话才会更准确、更完美。

客家话，流传至今，依然是近亿人口的常用语言，甚至是日常交流语言，绝不是"化石语言"！所以，客家话用字不可能，也不应留存过多的"化石汉字"，即客家话字词，绝大多数是中古时期汉语中的常用字词，不应有太多的生僻字、繁难字。客家话与北方方言、现代汉语有共同的源流，北方方言、现代汉语中没有留存的繁难字词，多数也不会在客家方言中留存。

"客家话是中古时期汉语活化石"，单纯从客家话词语与中古时期词语的对比来看，这一说法有一定的合理性，但从另一角度来看，作为同源流的现代汉语（普通话）、北方方言，难道就不是"中古汉语活化石"？这在逻辑上根本说不通！最合理的判断是，现代汉语（普通话）、客家话、北方方言等都存留了大量的中古汉语字词，只不过各自存留的字词，有不同的"选择"，但存留比例，大致相当。在这一基本判断下，我们可以得出两个关联判断：其一，留存的字词必须是中古时期（可以隋唐及其前后作为基准时期）的常用字词，绝不会是当时的非常用字词，绝非更早期的繁难生僻字词；其二，留存的字词中，客家话与现代汉语（普通话）、北方方言，是对偶性地留存的，即对相近语义的表达，各自"选择"了一个近义的字词。

当前，客家话研究的根本目的是更好地传承和传播，而不是背负"中古时期汉语活化石"的包袱，去扮演语言"活化石"的角色。客家话群体和学界应意识到，在现代汉语语言环境下，根本不可能以"客家话"一己之力去"还原"中古时期汉语言的本色。我们当下能够做的，就是以书面文字的表达方式记录客家话面貌，尽可能减缓这一方言退化甚至消亡的步伐，因为只有书面文字的记录和传承，客家话才能被更多的人研究。然而，"1883年，客家方言以汉字记载的历史，早期的客家方言书写显得不成熟，中期有明显改善，但前后期几乎没有衔接。……客家方言书写无法统一标准，经过130多年的发展，客家方言书写还处于一个混乱的局面"①。

着力完善客家话书面表达体系，并形成简洁化、实用化的体系，是当前客家话传承与传播的急迫任务。

---

① 刘镇发. 过去130年间客家方言用字的演变［J］. 赣南师范学院学报，2011，32（4）：65-75.

二、客家话是一门汉语方言

客家话的传承、传播，不仅不应强化与现代汉语的差异，而且应着力降低其差异度，来降低客家话书面文字表达的难度。用字与读音的简洁化、实用化是客家话书面表达体系的核心要求。

本书作者认为，为了更好地传承和传播客家话，人们必须促使客家话与现代汉语的差异度"降维"、学习客家话的门槛"降维"。

站在现代汉语语言的角度，客家话学界和使用群体也应客观地承认，客家话不能算作一门独立的语言，而是一门传承有序的汉语方言。因此，把现代汉语（普通话）作为用字、读音的校核基准，这是理所当然的。

既有的客家话研究，有意无意地强调客家话与现代汉语（普通话）的差异（特别是在用字、读音方面的差异），人为地割裂客家话与现代汉语的联系，使现代汉语语言环境下人群学习研究的客家话存在较大的障碍和较高的门槛。

站在语言发展历史的角度来看，客家话与现代汉语必然存在密切的关联性。比较现代汉语（普通话）、北方方言、客家话、其他方言，打个很不恰当的比喻：北方方言是普通话的"亲兄弟"或"堂兄弟"，各方面都很类似，只是局部有所不同；客家话则是普通话"出五服未远的家族兄弟"，有许多相似的地方，也有许多不同的地方，但各方面都存在有据可考的渊源；吴方言、闽方言、粤方言等，与普通话大体是"同宗关系"，源头相同，但其后走向了差异化的发展道路。

（一）用字方面

就常用字而言，客家话与现代汉语（普通话）的差异程度并不很大。排除那些与客家群体生活区域地理环境、客家群体特定文化习俗、客家话特定表达的语言情态等特殊用字，我们仅考虑一般通用语言表达程度，如果把1500个汉字作为各自的"常用字表"，那么，大体推测：在客家话"常用字表"中未出现在现代汉语"常用字表"中的字，就算出现也不会超过3%，也就是说不会超过四五十个。在人们印象中，客家话用字与现代汉语用字的差异度很高，其主要成因有以下几点。一是大量"挖掘"化石汉字。即使是中古时期都不常用的繁难生僻汉字，也被"挖掘"作为客家话"本字"，学界牵强附会地作为所谓的"考据"。二是既有客家话文献中大量使用后造字、臆造字。这些后造字，既不是客家话的"本字"，也不符合汉字表意表音的造字原则。其"作用"大抵相当于初学外语时，标注汉字借以提示读音，仅此而已。显然，大量后造字对客家话书面表达的作用毫无价值，徒增混乱。三是既有客家话文献，对客家话词语无差别地有闻必录，不分主次轻重，对一些客家话语言环境中都不常用的词语也罗列出来，从而形成了大量的化石词语及化石字、后造字、只表音不表意的借用字。四是既有客家话文献，客家话与客家文化不进行区分，许多仅仅反映客家人文风俗的词语也罗列为客家话词语（其实这只是文化风俗的区别，并非语言上的区别），从而使客家话核心词语淹没在大量非核心词语之中。

本书作者再次强调，客家话研究的根本目的是更好地传承和更有效地传播。为此，在客家话书面表达中，我们必须尽可能地降低其与现代汉语（普通话）的差异程度。客家话与现代汉语的差异度高，学习客家话的门槛高，很大程度上是学界人为割裂其与现代汉语的联系而造成的。一是对高频常用字词（特别是超高频字词）的选择，人为地割裂其与现代汉语的关联性；二是对标音系统的选择，人为地割裂其与现代汉语拼音的关联性。

客家话是流传有序的汉语言留存，客家话"本字"，绝大多数是从中古时期汉语中传承下来的，不应有大量的后造字（指《说文解字》之后所造之字），更不应当有"臆造字"。我们如果大量采用生僻字、后造字、臆造字、无关字来书写，就会使现代汉语读者误以为，客家话与现代汉语的差异度极大，实际上现代汉语读者无法简单地读懂客家话文本。这种客家话的书面表达方式，既不符合客家话的本来面貌，也向客家话的潜在学习群体传达了错误信息。

（二）读音方面

现代汉语（普通话），虽然是以北方方言为基础，但其读音与客家话的读音也是同源的，必然有许多字的读音是相同或相近的，读音之差异也是有据可循的。因此，我们以现代汉语（普通话）的读音来校核，也是合乎逻辑的。标音方面，如果以国际音标或其他标音系统，又或自行设计标音系统，这都会大大提高学习客家话的门槛和增加学习难度，使有意愿学习和了解客家话的读者望而却步。制约客家话传承和传播的群体，对客家话传承和传播起到的不是促进作用，而是阻碍作用。

本书作者提出两个主张来解决客家话书面表达的基础问题：一是对超高频字词的选择，特别是虚词用字的选择，应尽可能选择现代汉语所采用的字词，同时赋予其客家话读音；二是标音系统应选择汉语拼音为基础，在汉语拼音声母、韵母的基础上，根据客家话读音的特点少量增加声母和韵母。在汉语拼音四声声调基础上，鉴于客家话存在大量入声字，我们保留入声作为第五声调，其他声调不再保留，将之归并到相近的声调中。

如果能够从上述两个方面进行调整，客家话与现代汉语的差异度、学习客家话的门槛，将降低80%以上，实现"降维"目标。这就是本书作者提出的

"客家话书面表达优化体系"（客家话书面表达体系简洁化、实用化）的核心内涵。

三、客家话基本属于日常口语

我们应着力将丰富的客家话口语体系，转化为完备的书面文字表达语言体系。客家话长期不作为书面语言，其口口相传的过程中用字和读音方面存在大量讹变，既要合理留存，也要适当纠正。

客家话是文白相杂的语言，词语中的主干字源于古汉语文言词语的留存，但为适应口语表达，在主干字基础上添加了不同时代口语化语素，导致客家话词语文白相杂、雅俗相杂、古今相杂。某些字词，在不同情态、不同程度、不同感受下，口语都能够以语音语调的稍微差别区分开来，而在书面表达时，只能写成同一个字，无疑会对客家话的精准性有所降低。总之，客家话基本上属于日常口语化的语言。

为了持续传承和有效传播客家话，我们必须明确客家话书面表达的目的是形成一套能够完备表征客家话文字表达（同时也有利于书面文字的口头表达）的语言体系。基本目的是能够创作出可写、可读、可说、可流传的客家话文本，进而通过客家话文本准确记录留存至今的客家话语言、客家历史、客家社会。我们不是要通过烦琐的考据去复原客家话的历史原貌，既无可能，也无必要。

任何语言，口语表达总是远比书面文字表达更丰富，所以不要指望能够将客家话的口语用词穷尽地以书面文字的方式书写出来。客家话传承传播读物，只要能够将一般情形和一般情态下的常用字词句完整、自然地表达出来即可。对特殊情形、特定情态下的用语，我们只能寄希望于客家话的母语使用者，通过视频、音频记录。准确地将之以书面化的方式记录下来是难以企及的目标。

另外，学界对客家话似乎有这样一个"思维定式"：凡是客家话用词用字和读音都不同，是古代汉语与现代汉语的差异造成的。本书作者认为，古汉语字词音的留存与变化，只是形成客家话与现代汉语差异的一个成因，绝不可忽视另外一个重要成因——客家话字词音的"讹变"。因为，客家话长期不作为书写用语，其口口相传的过程中，用词用字和读音方面不可避免地存在大量没有逻辑路径的讹变。说者和学习者都不知道精准的"本字"，只知道大致的读音。在传承过程中，我们很容易把一个词语的读音"讹变"为某个常见事物的读音，进而反过来引致其字词的"讹变"（相关例子，参见本节后文）。这是导致用字和读音与现代汉语存在差异的一个重要方面。对传承过程造成的"讹变"，我们应当认真判别。对一部分用词、用字及其读音，我们可以用语言的"约定俗成"

准则予以保留，而对一部分用词、用字及其读音，则应通过适当方式予以纠正，尽可能避免走向无法还原的地步。

四、客家话处于濒危状态

站在客家话传承传播主体的角度来看，客家话使用群体存在显著的断层，客家话快速走向濒危状态，客家话不存，社会文化意义上的客家人群体、客家历史文化，也就很难存续。客家话的书面文字表达，客家话书面表达体系及其简洁化、实用化，对客家话以及客家文化的持续传承，存在急迫性。

由于历史原因，客家人迁徙落脚之地基本上是当时南方偏僻未开发的深山区，他们不固定、不集中，流散四处，客家话也就成为方言中唯一不以地域命名的语言。时至今日，随着现代汉语（普通话）的深入推广和城镇化的持续推进，客家话这一古朴语言的命运堪忧，使用人口流失严重。其一，以客家话为第一语言的人口基本上都是山区村民，他们是文化程度较低的农民。他们保留传统语言文化，已经缺乏先民那样的自主性，更谈不上在文化领域的话语权。其二，由于客语区分散，客家话语言力量分散，其语言势力正逐步递减甚至消亡，客家话逐步被"客普话"（客家味的普通话）取代，00后客家人能够说地道客家话的比例少之又少。其三，各地城镇化建设打破了山区原本的宁静，作为乡土语言的客家话受到前所未有的冲击。村民（特别是学龄儿童）涌向城镇，客家群体再次分散，把客家话作为第一语言的人群大幅度且持续地压缩。其四，尽管在语言学术界，有一批专家学者进行客家话语言调查研究，但其影响范围极其有限。由此可见，当下，一门颇能代表汉语传统特色的方言语种——客家话，已然面临传承延续危机。一旦消亡，则万劫不复，到那时任何抢救举措都无济于事。因此，国家文化部门应未雨绸缪地推动有效保护措施，同时，最重要的是尽快解决客家话的书面文字表达问题。因为，书面文字是记录和保存客家话语言以及客家族群人文历史最为稳固可靠的途径。

五、客家话字典词典没有成为学习的公共品

站在客家话学习群体的角度来看，诸多客家话字典词典，未能成为为客家话习学群体提供有效学习的公共品。这一问题，严重影响客家话的传承与传播，亟待有效解决。客家话书面文字表达的标准化、简洁化、实用化，应成为客家话公共文献提供者的基本准则。

自从1883年外国传教士开始以书面方式翻译客家话圣经以来，客家话书面

表达的历史就开始了。此后各个时期编纂出版了很多的客家话字典词典，但是迄今为止诸多的客家话字典词典毫无规则标准可言，客家话书面表达仍然处于一个混乱的状态。我们以两部同以"梅县客家话"为基础的工具书为例，它们分别是《客家方言标准音词典》①与《梅县方言词典》②，其在词语、用字、表音、释义等方面，毫无一致性。如此一来，对客家话学习群体而言，根本起不到有效的工具书作用。这一现象并非个例，而是普遍状态。相当部分的客家话词语，各个作者都有自己的用字，既不是一以贯之地采用"词义相符"原则，也不是一以贯之地采用"读音相符"原则，而是随心所欲。一个客家话词汇竟然有三种以上的写法！这是何其混乱无序的状态！对客家话学习群体而言，何所适从？一部客家话字典词典如果不能为客家话学习群体提供有效学习的公共品，那么其对客家话的传承和传播就不具有工具书的价值。

客家话书面表达体系的标准化问题，亟待有效解决。客家话字典词典，必须为客家话学习群体提供有效学习的公共品，而不应是自娱自乐的个性化产品。客家话书面文字表达的标准化、简洁化、实用化，应成为客家话公共文献提供者的基本准则。

六、要用科学研究一般性准则——"简单有效原理"，来指导客家话书面表达体系的构建与优化

客家话书面文字表达、客家话书面表达体系的构建，无疑是一项基础性的科学研究。科学研究的一般准则，也完全适用于这一研究领域。

既有客家话研究，多数是语言学领域的学者完成的，他们对客家话的传承传播做出重要贡献，但他们也有"不识庐山真面目，只缘身在此山中"的局限。例如，客家话研究的普遍情形是"只见树木，不见森林"。无论是客家话"本字"研究，还是客家话读音研究，这都缺乏整体逻辑性的考量。因此，我们必须从逻辑性、整体性、创新性的角度，对客家话既有研究现状提出改进方向。科学研究中的"奥卡姆剃刀原理"，它作为科学研究中的一般性准则，非常有必要引入客家话研究之中，"如无必要，勿增实体"（"简单有效原理"）的准则，在客家话书面表达的"用字"选择和"标音"选择中有其切实的重要意义，如果对同一现象有两种或多种不同的选择，我们应该采用简单或可证伪的那一种。由此，本书作者提出构建"客家话书面表达体系"并朝着简洁化、实用化努力

---

① 张维耿. 客家方言标准音词典［M］. 广州：广东人民出版社，2020.
② 李荣. 梅县方言词典［M］. 南京：江苏教育出版社，1995.

的目标，并在后文提出客家话表达体系"用字"基本准则、客家话类汉语拼音标音系统、客家话字词读音的选用原则，这都是这一科学研究原理在客家话研究中的体现。

第二节　客家话书面表达体系中的用字问题

客家话书面表达的用字问题，是关乎客家话书面表达体系及其简洁化、实用化的核心问题。我们只有解决了书面表达用字简洁化、实用化的既有障碍，才能为客家话书面表达体系的完善与优化奠定坚实的基础。

一、客家话书面表达"用字"，不能简单等同于"考本字"

强求"历史真实"的"考本字"，难实现客家话书面表达。我们应以"逻辑真实"解决客家话用字问题，为客家话书面表达体系的构建与优化奠定基础。

客家话书面表达的核心问题是"用字"问题。因为，客家话口语是非常完备的语言系统，但要对其语音进行语义准确的文字表达，存在相当大的难度。长期以来，客家话学界最主要的工作就是求解客家话"本字"。本书作者认为，客家话书面表达"用字"的问题，不能简单地等同于客家话"考本字"的问题。因为，客家话书面表达"用字"问题，根本目的是形成客家话书面表达的文字系统，以便客家话以书面文字的方式传承与传播。客家话"考本字"，则是针对客家话口语词语的读音追本溯源地探讨其"原本用字"。换言之，"用字"问题追求的是"逻辑真实"，只要其语义、读音符合汉语言特点和客家话语言特点，无论其是否为"历史真实"，都可以作为客家话书面表达的用字，而"考本字"，更多地追求"历史真实"。客家话并没有多少历史文献资料可供考证，最终还是依靠逻辑推理去得出。所以，本书作者认为，过于强调"历史真实"，过于强求"考本字"，难以解决客家话书面的表达问题。我们只能退而求其次，采用"逻辑真实"的方式来实现客家话的书面表达，形成客家话的书面表达体系。

在语言学领域，"逻辑真实""历史真实"问题，不知是否有学者直接提出，但这一问题却是广泛存在的。例如，采用现代汉语的标点符号对古文进行标点断句，采用简化汉字来书写印刷古文，这显然不是"历史真实"，而只是"逻辑真实"。再如，我们采用汉语拼音对汉字进行标音，显然也不是"历史真实"，而只是"逻辑真实"。所以，客家话书面表达特别是用字方面，采用"力求逻辑真实，不强求历史真实"的原则，这不是什么离经叛道的做法。

本书作者强烈主张客家话用字"力求逻辑真实，不强求历史真实"。这一主张，许多客家话研究者可能不赞成，尤其是"不强求历史真实"的研究者。本书作者为什么坚持这一主张？我们举一个例子就能说明这一主张的合理性。现代汉语中的"祖父（爷爷）"一词，不少客家话的发音都是"Gōng Da"，写作"公爹"大体不错。在现代汉语和北方方言普及的语言环境下，我们很难将"祖父"与"公爹"联系起来，即使是以客家话为母语的现代读者也很难做到。可见，将"祖父"写作"公爹"或许是"历史真实"，我们的客家话书面表达强求这样的"历史真实"，不仅无助于客家话的传承与传播，还会徒增混乱。我们再举另外一个例子，它也能很好地阐释这一主张的合理性。现代汉语中的"没有"一词，客家话中读作"Máo"，基本上都写作"冇"。事实上，"冇"是一个后造字，用在客家话书面表达中显然不是"历史真实"，但由于该字已经传承了一段时期，且被大多数客家话使用者接受，而且也被收入了现代汉语之中，所以客家话书面文字表达中少量接受"冇"之类的后造字，这也是"力求逻辑真实，不强求历史真实"主张的体现。

类似的客家话词语并非仅此几例，而是大量存在。所以，"力求逻辑真实，不强求历史真实"应当成为客家话书写的一个基本准则。

二、既有客家话书面表达"用字"及"本字"研究中存在的若干误区

客家话书面文字表达的既有研究（主要是"考本字"，如各种客家话字典词典中收录的"本字"），出现了以下几种倾向，从而使客家话书面文字表达走向缺乏逻辑的误区（既缺乏语言文字发展的历史逻辑，又缺乏一种语言自身内在的逻辑关联性）。这些误区，是客家话书面表达体系的完善与优化，我们必须有效处置这些关键性问题。

误区之一：不顾"本字"常用性的逻辑特点。

既有客家话文献中的大量"本字"，是现代汉语中并不常用的"字"，即使在唐宋时期历史文献中也并不是常见的"字"，客家字典词典中引用的例句也往往是孤例。本书作者对这一研究倾向不敢苟同。因为，这样的"本字"不符合语言文字发展的逻辑。其一，客家话作为一种客家群体日常生活交流中的实用化语言，不可能流传许多繁难、生僻的字词。尤其是一些在唐宋时期就不常见的字词，为什么会在客家群体中流行起来并不断地流传下去呢？这显然不合乎常理。其二，客家话与北方方言（包括现今的普通话）是同源流的语言文字，为什么许多繁难、生僻的字词，只在客家话中留存，而北方方言中则荡然无存？从语言文字的发展逻辑上来分析，这也说不通。从发展逻辑上来看，同源流的

语言，在有一定区隔的相对孤立的环境下，某些字词的读音和语义可能出现不同的变化，但字词的常用性不大可能出现很大的差异。可类比的例子，同源流的汉语，在中国大陆与中国台湾两个地区相互隔离70多年的状况下，一些字词的读音和词义发生了不同程度的变化，但留存的常用字并没有出现明显的差异，最多只是程度的差异。更具说服力的例子是，日语汉字是隋唐时期流入日本而在日语中广泛使用的，但比较现代汉语与现代日语，经过一千多年的语言流变和各自发展，除少量日语自造字以外，两种语言中的常用汉字并不存在显著的差别。由此可知，客家话与现代汉语的常用汉字不可能存在很大的差别，只是用字的常用程度可能存在一些变化而已！既有文献资料中大量的繁难、生僻字，必定是人为臆想导致的，既不是历史真实，又不是逻辑真实。

误区之二：不顾汉语言及汉字源流发展逻辑。

例如，客家话中的人称代词，既有客家话文献中，第一人称写作"𠊎"，第三人称写作"佢"或"渠"。这些"本字"，表面上看，符合汉字表意表音的形声字特征，但恰恰忘记了汉字发展过程中，所有的代词都是"假借字"，而不是"象形字"或"形声字"，仅此一点，就足以说明"𠊎""佢"等字是后造汉字，而不可能是客家话人称代词的"本字"。同理，所有的虚词，既有客家话文献中都仅仅根据相近的读音而选择近音字。合乎语言逻辑的思路应当是，既然都是假借字，在现代汉语已经确定了其规范的假借字并流传，何不在客家话书面文字表达体系中，主要虚词采用同样的假借字，赋予其客家话读音即可。

误区之三：考本字"只见树木不见森林"，缺乏整体性综合考量。

在客家话本字考据中，学界往往都是单独地对某个字词进行考虑，而缺乏对关联字词一并考量的过程。如客家话中，作为否定的常用词"Ngu"，一般客家话文献中都写作"唔"。其实，只要关联性地考虑，客家话中读"Ngu"音的字，如"五""吴"等，就很容易确定客家话否定词"Ngu"的本字应为"无"或"毋"。"Ngu"写作"唔"，毫无道理，毫无必要，语义上没有任何关联性，语音上也没有接近"Ngu"的读音。再如，有学者论证表"儿子"的"Lài Zi"的本字为"崽子"，独立来看或许有一定的道理，但结合表"男性"的"Lài Zi Ngín"来看，这种说法完全站不住脚。本书作者认为，客家话表"儿子"的"Lài Zi"、表"女儿"的"Mòi Zi"或源于"令郎""令媛"之用语，本字当为"郎""媛"（分别为"男""女"的雅称），音变转为"Lài""Mòi"。

误区之四：缺乏对词义情境的逻辑考量。

有方言学者认为，"确定本字的关键是方言词和本字在语音上对应，在词义上相同或相近"①。这一主张，在客家话"考本字"的研究中也被广泛引用。本书作者认为，这一原则对其他方言是否适合，不敢妄自评判，但对客家话而言，完全是本末倒置的思维方法。客家话字词，通常受周边方言以及各时期官方语言的影响，语音往往会不断变化，有些字词的读音在同一方言小区域内都可能存在多种读法。相反，核心词义反倒是较为稳定的。只要是长期流传下来的字词，其词义基本不变，因为一旦受到其他语言的影响，就会出现新的词语，而不是通过原有字词的词义变化来适应。因此，本书作者主张：确定客家话本字的关键是词义精准（精准地体现核心词义和词义情境），语音和声调上存在流变合理性即可。

例如，表"对老人小孩关心照顾"的词语，其读音为"Zhāo Fū"，如果把语音对应作为首要原则，必然会选择写作"招呼"，这在词义上存在较大的偏差。反之，如果将词义相符作为首要原则，则可以选择写作"照拂"或"照护"，虽然音调上有所差异，但这两个选择孰优孰劣一目了然。再如，表"宰杀"的客家话词语读音为"Chí"，客家话文献一般都写作"治"。本书作者认为，该词的核心要义在于表"宰杀动物并处理其皮毛"，"治"无法表达这一内涵，语义读音相符的"褫"，更合乎逻辑的选择。

误区之五：刻意复古的思维倾向。

某些"本字"考据，为了"有理有据"，刻意从古代字典类书籍中去寻找字义、字音相近的古代汉字。殊不知，客家话是特定历史时期（上限是"五胡乱华"衣冠南渡时期，下限是靖康之难时期的南渡）中原地区的日常用语。在这之前的时代用语（特别是书面用语），与客家话用语之间没有必然联系。古代字典类书籍中近音近义用字，不足为凭，最具证据价值的只有"隋唐及其前后历史时期"的记载性文献。当然，我们也不排除个别古字作为客家话本字是正确的。这些用语并不是客家话的固有用语，而是客家话受周围南方方言影响而纳入的用语。这些南方方言是更早时期从中原地区流传下来的，这些南方方言中的本字，可能与古代字典类书籍中近音近义用字存在渊源关系，但与客家话并没有直接的渊源关系。

客家话字词的"本字"，应当有其发展脉络，应当与中古时期的汉语字词有源流关系，而不应是凭空出现的一个生僻字。各种客家字典词典中所举例句、所举早期汉语字典词典的收录、所举前人的考据，如果缺乏清晰的源流逻辑，那么就不足为凭。为什么古代文献中会出现客家话"本字"的个别例句，其实

---

① 游汝杰. 汉语方言学导论［M］. 上海：上海教育出版社，2000：6.

当时的使用者也未必清楚某个字词的"本字"，而以"趋雅避俗"的方式选择了某个"本字"。

相当一部分的复古字，乍一看颇有道理，使相关文献工作者不作深究而人云亦云，实际上经不起逻辑推敲。例如，客家话表"铁制利器因久用未磨变钝"之义，亦表"铁锈""锈迹"的词语为"Lū"。多数客家话文献写作"黸"，但深究一下，此字仅有黑色之义，与客家话语境完全不符。

客家话"考本字"的过程中，可适当追求"古意"。"古意"绝非体现在繁难字、化石字方面，而是体现在用字为常用字方面，现代读者能够理解其意，却不常用。例如，表"谜语"的客家话用字为"令"，用字为简单的常用字，其词义现代读者能够体会，但现代汉语口语中一般不用"令"来表"谜语"。

客家话研究"考本字"的目的，一是便于研习者更精准地理解方言字词的含义和读音；二是便于研习者理解客家话字词的源流变化；三是从客家话留存的古汉语因素中认识现代汉语字词的源流变化；四是便于记录或创作真正意义上的可读的客家话文本，使客家话得以以可读文本的形式流传下去。

使用大量生僻字，这基本上属于自娱自乐，完全失去了传播价值。例如，客家话表"用刀划割"为"Lá"，明明有现代汉语常用汉字"剌"，某些客家话文献却非要使用"剺"，这对客家话的有效传播有什么意义？

误区之六：大量使用"后造字"，陷入臆造误区。

既有客家话文献中，某些"本字"的选定，类似于古物仿造中的臆造品（貌似有一定的古意，却不符合时代特征，生硬地把某些古意特征附着在器物之上）。例如，客家话中，作为对女性长辈亲属的称谓有"ōi"与"Mēi"两个读音，一般客家字典词典把该字写为"娭"与"嬰"。其实，古代汉语中"母"本来就有"ōi"与"Mēi"两个读音，否则以"母"为表音构件的形声字"海""每""梅"等的读音从何而来？它更何况作为客家话中高频常用字，怎么可能没有其本字而需要后造字来表达呢？以"娭"与"嬰"这样的后造字或复古字来表达，毫无逻辑、毫无价值，反倒人为地割裂了语言文字的历史逻辑。

本书作者主张，客家话中除了极少数已经被现代汉语接受的"后造字"之外，其他后造字、臆造字都不宜保留。

误区之七：过于强调读音、音调流变的所谓"规则"，忽视客家话字音存在"讹变"的现象。

关于字词读音的变化，我们不必"食古不化"地引用有关音韵的古籍，也不必"刻舟求剑"式地探究其流变过程。客家话由于长时间不作书写用语使用，母语者都是口口相传。说者和学习者都不知道"本字"，只知道大致的读音。在流传过程中，人们很容易把一个词语的读音"讹变"为某个常见事物的读音，如同英语初学者用汉字读音来标注英语读音。初学者标注读音往往会选择语音相近的日常事物来标注，如将"thank you"标注为"三块肉"，将"good morning"标注为"鼓捣猫呢"，这样才便于记忆、交流流传。这样标注的读音，肯定是不准确的，也没有什么规律可言。同样的道理，客家话中，必定有很多的词语读音发生了类似的"讹变"，我们如果非要从已经"讹变"的读音中去探寻其本字，无异于缘木求鱼。例如，客家话中"矮凳"的读音为"aa Má Dèn"，实际上"矮"字的读音讹变为更为常用的"鸭"字读音，而"鸭"又进一步"讹变"为客家话日常事物"鸭嫲"，久而久之，"矮凳"讹变成了"鸭嫲凳"。我们探寻客家话的本字，应当还原"矮凳"，如果还原为"鸭嫲凳"就失去了探寻本字的意义。再如，客家话表"太阳或阳光"的词语读音为"Ngiè Téu"，写作"热头"，表"月光"的词语读音也为"Ngiè Téu"，写作"月头"。从语言的整体性来考虑，"日光"与"月光"为同一读音，是不符合语言表达逻辑的。合理推测，"Ngiè Téu"（热头）是由"Ngii Téu"（日头）讹变而来的。例如，客家话表"外孙"词语的读音为"Ngòi Seāng"，写作"外生"。从语言整体性来考虑，"外生"与"外甥"同音，不符合语言准确表达的逻辑性。我们可以合理推测，客家话中的正确用词应为"外孙"（Ngòi Sēn），但在流传过程中，讹变为"外生"。所以，对此类词语，我们应在客家话书面文字表达体系中适当加以纠正。

同理，关于音调的变化，我们也不必"讲死理"地引用相关古籍，探求其流变。音调的无规则变化，很多情形是由于客家话口语词汇在口口相传过程中"讹变"为日常熟悉事物而造成的。这一现象，相对于汉语书面文字传承中的"雅化"现象，可称之为客家话口语传承中的"俗化"现象。例如，"酒酿"（Ziǔ Ngiàng）讹变为"酒娘"（Ziǔ Ngiāng），"长揖"（Chāng Ya）讹变为"唱谒"（Chàng Ya）。如此之类的音调变化，有什么规律可言？何必对其如逢大敌，不敢越雷池半步呢？

我们应当追求的是语义正确，而不是形式上的"精准"。客家话词语读音，不可避免地存在流传传播过程中的讹变。我们应当认真地判别，并通过适当方式予以纠正，尽可能避免走向无法还原的地步。

误区之八：有闻必录，不顾词语的适用范围，不进行逻辑分类地选择字词。客家风俗文化器物用语，与客家话用语，混杂在一起，人为增加了客家话语言的繁复程度。

客家话词语应区分为正式场合的常用词语，非正式场合的俗语、俚语、口语；长期传承变化不大的词汇，新近所造词汇；客家话各方言区的通用词汇，小方言区词汇；与语言有关的词汇，与语言关系不大的日用品词汇。

客家风俗文化用语，本质上并不是客家话作为一门语言的特有用词，不应纳入语言范畴。例如，客家话词典中，多数会列入"金罌"一词。其实，这个词语，并不是客家话语言范畴的特殊词语，只是客家族群迁葬风俗中的一个用语。例如，客家话词典中，多数会列入"饭甑"一词。其实，这个词语，并不是客家话语言范畴的特殊词语，只是客家族群常用煮饭方式的一个器具用语。相关词语，在有关客家风俗文化的文献中记载即可，没有必要加入客家话语言文献中，徒增繁杂。客家话书面文字表达语言体系，是用客家话记载描述世间一切现象的语言体系，并不是单纯用于记载客家族群风俗文化的语言体系。客家话书面文字表达体系中收录的词语应主要包括正式场合的常用词语，长期传承变化不大的词汇，客家话各方言区的通用词汇，与客家话语言直接有关的词汇。与现代汉语表达相同的词语，与现代汉语表达略有不同但易于理解的词语，客家话中不常用和非典型的词语，客家话小方言区的非通用词语，仅表征客家族群风俗文化、生活环境、日常器具的词语，则不予列入。

三、必须确立客家话书面表达"用字"的基本准则，力争"信、达、雅"

在翻译界，严复提出"信、达、雅"的标准。信者，真也，不伪也；达者，至也，无过无不及也；雅者，"神似而化境"也。对文学翻译者来说，信、达、雅是其准则。

这一准则，对客家话书面表达用字的确定，亦不无可借鉴的意义。在客家话用字的确定方面，信者，真也！"用字"必须符合客家话各源流时期语言的基本特征，符合语言发展的一般逻辑，不应是生搬硬套地找出一个读音相近的字，再从各种古代文献中摘出一两个貌似适用的例句。达者，至也，无过无不及！"用字"必须符合汉字构造表意表音的基本特性，语义、语音的变化，应当有其源流依据；雅者，"神似而化境"也！"用字"必须能够精准地表达客家话中该字词的核心词义，例如，客家话表"忌口"（生病等情形下忌吃一些食物）的词语读音为"Jìn"，选择"噤"为其用字，就可称之为用字之"雅"。再例如，客家话表"不正、变形"的词语读音为"Ngáo"，选择"翘"为其用字，亦可称之为用字之"雅"。要达到"雅"的程度最难，我们首先必须要求研究者能够精准地体会客家话字词使用时的情境，不能简单地停留在一般释义的水平。同时，我们还必须要求研究者有较强的逻辑思维和创新思维能力，不能简单地停留在人云亦云的水平。

本书作者提出以下"用字"准则。

准则之一："利害相权"准则。最大可能地缩小与现代汉语的差异。

现代汉语环境下的人群，学习和掌握客家话的最高门槛就是客家话与现代汉语的差异过大，换言之，客家话与现代汉语在用字读音方面的相通性偏低。这一问题的根源，很大程度上是人为造成的。客观而言，除北方方言外，客家话是几大方言中，与现代汉语差异最小的，同时也是用字读音方面相通性最高的。之所以客家话学习者仍然感到客家话学习难度大，是因为既有客家话资料中人为地割裂了其与现代汉语的联系，人为扩大了其与现代汉语的差异，有意无意地忽视了与现代汉语的相通性。本书作者认为，只要合理地恢复和挖掘客家话与现代汉语的关联性，合理而有效地降低与现代汉语的差异性，就能够大幅度地降低客家话的学习门槛，同时也就能够大幅度地提升客家话传承和传播的可行性。

本书作者认为，最有效的路径是，客家话几个基本词汇的用字，采用现代汉语用字并赋予特定读音。从"利害相权"的角度来看，其利：缩小与现代汉语的差异，有利于客家话的传承与传播。其害：对客家话的"原汁原味"有所损害。对客家话的传承与传播而言，利远大于害。

因此，基于"两害相权取其轻，两利相权取其重"的原则，我们建议客家话中的几个常用代词、助词、助动词、副词，与现代汉语含义用法完全相同但读音不同的字，采用现代汉语用字，赋予其客家读音。个别词语，与中古时期汉语含义用法完全相同但读音有所不同，采用中古汉语用字，赋予其客家读音。这样一来，虽然客家话的"原汁原味"或有所失去，但可以大大缩小客家话与现代汉语（普通话）的差异，读懂难度将大大降低，这样可以大大促进客家话的传承与传播。

本书据此准则确定的"用字"，主要包括（宋体加粗为现代汉语词语，仿宋体为相应的客家话词语"用字"，客家话词语的下标为该词被赋予的客家话读音）如下几种。

人称代词：**我**—我$_{Ngái}$；**你**—你$_{Ní}$

疑问代词：**什么**—何者$_{Ma\,Gì}$；**怎么/为什么**—焉般$_{Yǎng\,Bān}$

系词、助词等：**是**—是$_{Hì}$；**的**—的$_{Gì}$；**地**—地$_{Gì}$；**了**—了$_{Lǐ}$；**在**—在$_{Cōi}$；

　　　　　　被—被$_{Bèn}$

其他词语：**要**—要$_{òi}$；**会**—会$_{Wòi}$；**父**—父$_{Yá}$；**个**—个$_{Gì}$

上述词语用字选择的依据，将在"第三章 客家话书面表达体系的主要词语及解释"中予以论述。上述词语用字，将在此后的客家话文本、客家话词语例句中实际使用。我们如果将上述词语作为客家话书面表达的正式词语，将大大减少客家话与现代汉语的差异，大大降低客家话学习的难度。

准则之二：常用性准则。最大限度地避免使用繁难生僻字、后造字。

被确定为客家话书面表达的"用字"，在中古时期文献中应为常用字，在现代汉语中一般也应为常用字，其常用程度应与客家话中使用该字词的频率相当。被确定为客家话书面表达的"用字"，应体现古代汉语、中古汉语、现代汉语的贯通关联性。只与古汉语有关联，而与中古汉语、现代汉语的关联性不强的用字，不予采用，除少量有明确依据的生僻用字外，客家话常用词语用字必须在"现代汉语常用字表"中选择，除少量已经被现代汉语吸纳的后造字外，客家话常用词语不采用后造字。

准则之三：用字必合意准则。力求"逻辑真实"，不强求"历史真实"；力求简洁明了，删繁就简。

被确定为客家话书面表达的"用字"，必须符合客家话词语所表征的含义，应与客家话词语所表达的语言情境接近，且明了易理解（不需要进行烦琐论证，简单说明即可理解）。例如，表"坟墓"的客家话词语读音为"Di"，如果按照既有客家话文献写作"地"，则完全不符合表义，而写作"邸（阴邸）"则简单说明就能够准确理解。是否是"历史真实"无从考证，但相较而言，这显然更具"逻辑真实"。

被确定为客家话书面表达的"用字"，应体现汉字表意表音的特点。某一"用字"表义部件明显与客家话所表意涵不同，则不再采用该字。例如，表"玩耍"的客家话词语读音为"Liào"。如果按照既有客家话文献写作"嫽"，其表义部件"女"与该词的实际含义不符，该词主要含义与男女关系无关。因此，"嫽"作为该词的用字是不合适的，应予放弃。

准则之四："纠正错讹"与"约定俗成"并行。

确定客家话书面表达的"用字"时，我们对客家话流传过程中明显存在讹变且影响客家话准确传承的词语，适当予以纠正。例如，表"阳光"的客家话词语"热头"，实为"日头"的讹变，为减少客家话错讹流传，应予纠正。确定客家话书面表达的"用字"时，我们对某些已经广泛使用且不影响客家话准确传承的"用字"，依据"约定俗成"的原则予以保留。例如，表"没有"的客家话词语已经普遍使用后造字"冇"，可依据"约定俗成"的原则保留这一用字。

准则之五：整体性综合考量。

整体性综合考量有助于客家话"用字"的合理选择，有助于客家话词语语义的理解。例如，客家话表"敷衍"的词语读音为"Yě"，而"撒种子"的词语读音为"Yě"，综合起来考量，选择"衍"作为两个词语的共同用字是较为合理的，既符合语义，读音也能够统一。再例如，客家话表"抠取"的词语读音为"Ye"，表"凹陷"的词语为"Ye"，表"小锄"的词语读音为"Ye"，综合起来考量，选择"挖（空）"作为三个词语的共同用字是较为合理的，符合语义，读音也统一。又例如，客家话表"不抵事"一词的读音为"Ngú Zhe Ye"，综合考量，将之写作"毋遮挖"，语义和读音都较为吻合。此外，客家话表"平顺"的词语为"抻扯"，综合考量，表示"有能力走得下来"的词句写作"走得抻"，其含义很容易理解，如果仅按照语音写作"走得春"，则不知所云。

总之，整体性综合考量的一种重要形式就是，多个词汇采用同一个"用字"，可相互照应，而不影响词义，并行不悖。例如，"捨"字，可以用在多个客家话词汇中，语义不完全相同，但相互之间有一定的语义联系，如叫苦连天——喊捨$_{Hǎn\ Shǎ}$，大方——捨得$_{Shǎ\ De}$，殷勤——捨交$_{Shǎ\ Gāo}$，努力——捨己$_{Shǎ\ Jǐ}$。

准则之六：其他原则。

古意原则：相同含义的词汇，客家话用字与现代汉语用字相比，客家话更具有一些古意。古意绝非体现在繁难字、化石字方面，而是体现在用字为常用字方面，现代读者能够理解其意，却不常用。例如，表"受潮"的客家话用字为"润"，用字为非常简单的常用字，其词义现代读者能够体会，但现代汉语口语中一般不用"润"来表"受潮"。

避让原则：现代汉语中已经占领主流地位的词语，尽可能避让，而选择其他表达方式予以替代。例如，表"起床"客家话本字应为"上床"，但现代汉语词语"上床"已经占领了主流地位。我们不必刻意保留"上床"而导致客家话文本中误解其义。

同化原则：客家话与现代汉语语义读音相近的词语，以此为主要选择，而不刻意选择与现代汉语不同的用词。例如，表"差不多"的"差"，客家话的本字应为"争"。为减小与现代汉语的差异，客家话用字也选用"差"，不必刻意保留"争"而导致客家话文本中误解其义。

舍去原则：现代汉语读者难以理解，且需要繁复论证的用法，予以舍去，不再强求保留。例如，表"女儿"的客家话本字应为"媛"，但是客家话中已普遍使用"妹子"，因而不强求保留"媛"这一用字。

典型性原则：不要让具有代表性的词语淹没在海量口语词汇之中，也不要让具有特色的词语淹没在众多虽不常用却可理解的词汇之中。例如，表"学校"的词语，客家话中为"学堂"。这一词语对现代汉语读者而言，并不难理解。所以，我们没有必要将之作为客家话词语纳入客家话词典之中，以免过多的此类词语淹没了具有典型性的客家话词语。同理，我们没有必要将仅用于表现客家族群风俗文化、生活环境相关的词语纳入客家话词典中，以免过多的此类词语淹没了具有典型性的客家话词语。

第三节　客家话书面表达体系中的标音问题

一、既有客家话标音体系五花八门，人为抬高了学习掌握客家话的难度，人为割裂了与现代汉语语音表达体系的联系

客家话书面表达体系中的一个重要问题是标音体系问题。学界采用何种标音体系，直接影响客家话与现代汉语之间的差异，也就间接影响了客家话书面表达的繁难程度。

既有的客家话文献资料，在标音方面，采用五花八门的注音方式，学者似乎都希望非常精准地标出客家话词语的读音和音调。或采用国际音标系统、其他标音系统，或自行设计标音系统，这都大大提高了学习客家话的门槛和增加了难度，使有意愿学习和了解客家话的读者望而却步，制约了客家话传承和传播的群体范围，对客家话传承和传播实际上起到的是阻碍作用。

二、在现代汉语拼音系统普及的语言环境下，采用类汉语拼音系统对客家话字词进行标音，既有其合理性，又有其可行性，更有其有效性

既有的客家话文献资料中采用的标音方式，实际上，非专业人士很难使用。这种标音方式适用人群范围过小，实际上也就失去了标音的功效作用，成了纸面上的摆设。其实，在汉语拼音得以普遍掌握的情形下，我们直接使用汉语拼音的注音方式（包括音调的标注方式），可以最大限度地降低适应难度，也可以最大限度地扩大适用人群。尽管客家话字词读音的精准性部分丧失，但对传承与传播而言，其有利性远大于损失，这将大大减少客家话与现代汉语的差异，大大降低学习客家话的门槛。

客家话与北方方言、现代汉语有共同的源流，北方方言、现代汉语所使用的汉语拼音，应该同样适用客家话。我们可以做出这样的逻辑判断：汉语拼音及其基本规则，能够涵盖大部分的客家话字词读音，即使增加个别声母、韵母和声调，凡是掌握汉语拼音的读者，必能简便地拼出以此标注的客家话字词读音，不需要进行专门的学习训练，完全没有必要使用国际音标或自造一套标音方案。

三、本书拟采用的客家话标音系统——类似汉语拼音系统

现代汉语拼音系统，声母（23 个）：b、p、m、f、d、t、n、l、g、k、h、j、q、x、zh、ch、sh、r、z、c、s、y、w。韵母（24 个）：a、o、e、i、u、ü；ai、ei、ui、ao、ou、iu、ie、üe、er；an、en、in、un、ün；ang、eng、ing、ong。

以此为基础，根据客家话读音特点，我们提出以下类似汉语拼音系统：声母增加 1 个：Ng，而原有声母"r"，在客家话读音中基本不使用；韵母增加若干个，包括 aa、ii、eu、oi 等，而原有韵母"ü""üe""ün"在客家话读音中基本不使用。客家话读音的声调，把汉语拼音作为标注基础。阴平（第一声），用"‐"表示，如 Lā；阳平（第二声），用"ˊ"表示，如 Lá；上声（第三声），用"ˇ"表示，如 Lǎ；去声（第四声），用"ˋ"表示，如 Là；入声，不标调，如 La。

这一标音系统能够涵盖大部分的客家话字词读音。对个别无法涵盖的客家话读音，为不增加更多的声母与韵母，我们可采用相近的读音标注。这一系统对于客家话读音的精准表达有一定的好处，但能大大减少客家话与现代汉语的隔阂，大大提高客家话标音的实际功效和客家话学习的效率。

为不与现代汉语拼音相混淆，与之有所区分，本书作者建议标音通常以客家话字词的下标方式标注，标音声母的首字母以大写方式表示。

四、客家话书面表达体系中的几个基本词语赋予客家话读音

如上一节所述，为了大幅减少客家话书面表达与现代汉语的差异，本书作者主张客家话几个基本词语的用字，采用现代汉语用字并赋特定读音。客家话中的几个常用代词、助词、助动词和其他词语，与现代汉语含义的用法完全相同但读音不同，采用现代汉语用字，赋予其客家读音。个别词语，我们采用易懂的古汉语用字，并赋予其客家话读音。这一方式，也体现了"力求逻辑真实，不强求历史真实"的准则，主要包括（宋体加粗为现代汉语词语，仿宋体为相应的客家话词语"用字"，客家话词语的下标是该词被赋予的客家话读音）以下几种。

人称代词：**我**—我$_{Ngái}$；**你**—你$_{Ní}$；**他/她/它**—其$_{Jí}$

疑问代词：**什么**—何者$_{Ma\ Gì}$；**怎么/为什么**—焉般$_{Yǎng\ Bān}$

系词、助词等：是—是$_{Hì}$；的—的$_{Gì}$；地—地$_{Gì}$；了—了$_{Lǐ}$；在—在$_{Cōi}$；被—被$_{Bèn}$

其他词语：要—要$_{òi}$；会—会$_{Wòi}$；父—父$_{Yá}$；个—个$_{Gì}$

五、客家话字词读音的选用准则

分布在各省区各个客家话方言区的客家话读音并不统一，且存在较大差异，客家话字词读音的选用依据主要有如下几个方面。

一是依据各方言区读音在声母或韵母某一方面的共同特征。例如，凡是汉字表音部件为"我"的客家话读音绝大多数为"Ngo"，凡不符合这一共同特征的读音，一般不作为客家话的通用读音。

二是与现代汉语常用字词读音相比较，在声母或韵母方面存在某种对应关系的字词，作为相关字词读音的依据。例如，现代汉语中韵母为"ui"的字，其客家话读音韵母绝大多数为"ei"，凡不符合这一对应特征的读音，一般不作为客家话的通用读音。

三是归纳汉字表音部件在客家话读音中的特征，相互参照。例如，现代汉语中读"jie"的字，其客家话读音声母、韵母有所不同。表音部件"介"相关的客家话用字，其读音多数为"Gai"。各地客家话相关用字的读音应以此为标准校核。凡是不符合这一特征的读音，一般不作为客家话的通用读音。

四是参考中古时期汉语诗词韵脚，把此作为相关汉字客家话读音的重要参考依据。根据唐诗宋词的韵脚，我们可以确定若干字在客家话中的基准读音。例如，根据唐诗宋词，我们可以明确：谢、惜、车、射、借、斜、野、夜、也、舍、客、社、者、奢、白、脉、隔、摘、尺、石、柏、赊等字的读音韵脚为"a"。各地客家话相关用字的读音应以此为标准校核，凡是不符合这一特征的读音一般不作为客家话的通用读音。

五是客家话读音与现代汉语读音基本相同，但存在些微差别的，以现代汉语读音为准。

六是针对客家话流传中的某些词语因用字不明晰而导致读音讹变的情形，适当地纠正某些汉字读音的讹变，来还原其原本读音。例如，客家话表"外孙"词语的读音为"Ngòi Seāng"，写作"外生"，从逻辑推断其存在讹变，本书恢复其客家话用词应为"外孙"（Ngòi Sēn）。

六、不强求"一字一音节"，符合汉语规范和表达需要

古代、现代汉语，汉字"一字一音节"，是一般性准则，并非绝对的，至少

有以下三种情形，打破了汉字"一字一音节"准则。一是双音节汉字或多音节汉字，例如，竏（qiānwǎ）、呎（yīngchǐ）、吋（yīngcùn）；二是多个汉字合为单音节，例如，"之于"（zhū）；三是多个汉字合为多个音节，但不能单独区分。例如，"南无"（nāmó）是梵文 Namas 的音译，此处不能区分为"南"（nā）和"无"（mó）。

以上三种特殊情形，实际上在客家话中客观存在。所以，三种方式应借鉴客家话词语表达。"一字一音节"例外情形适用于连读形成的合音词、慢读形成的多音节用字、连读形成的不可区分音节等情形，符合汉语规范和表达需要。

其一，多音节客家话汉字，如"很$_{Ha\text{-}nin}$"；其二，单音节多字客家话词语，如"只样$_{Zhiàng}$""第二$_{Tın}$""该般$_{Gǎn}$""莫曾$_{Máng}$"；其三，多字混合多音节客家话词语，如"毋要$_{Ngu\text{-}mŏi}$""要毋要$_{ŏi\ Mŏi}$"。

七、客家话字典词典的排序准则

字典词典的排序准则，是便于使用者快速查找目标字词。既有的客家话字典词典，多采用客家话字词标音的罗马字为序。由于客家话字词的读音不统一，客家话标音体系不统一，这样的排序方式，使字典词典使用者根本无从下手查找目标字词。因此，这一排序方式理应纠正。本书作者认为，较为合理的排序方式是以客家话词语对应的现代汉语词汇读音的拼音为序，这样更有利于使用者快速查找目标字词。因为，现代汉字的读音是统一的，汉语拼音系统也是统一的。

第二章

客家话书面表达的标音文本

　　客家话书面表达系统的主要形式，是反映客家话基本特点的客家话文本。既有的客家话文献资料，主要以字词释义及少量例句为主要形式，难以较完整地反映客家话语言体系。本书尽可能向读者提供完整的客家话书面表达文本，为便于初学者使用，在完整文本基础上提供其标音文本。

　　本章根据第一章第二节所确立的"客家话书面表达'用字'的基本准则"和第三节确立的"客家话标音体系——类似汉语拼音体系"和"客家话字词读音的选用准则"，写出客家话书面文字表达的标音文本（共4篇），并列出各篇文本的现代汉语对照文本以及该文本中出现的主要客家话词语及读音，来使读者对照学习。

　　我们所选文本均为现代汉语白话文名篇的客家话释本，从各篇释本可以得出这样一个基本判断：并不需要大量的客家话专用词语和用字，即可有效地实现客家话的书面表达。本书第一章提出的客家话书面表达体系，从书面表达功效来看，是一个相对优化的表达体系，符合简单有效的原则。

第一节　客家话文本之一《给我的孩子们》

一、客家话文本及注音

　　你等 Ní Dēn 以许 Yí Xí 细人子 Sèi Ngín Zi！我 Ngái 真的 Zhēn Gì 很想 Ha-nin Siǎng 过 Gò 你等 Ní Dēn 于今 Yí Jīn 该般 Gān 大子的 Tài Zi Gì 日子 Ngi Zi，每晡 Mī Bū 都 Dū 无止 Ngú Zhi 想 Siǎng 一道 Yi Tào！我 Ngái 想 Siǎng 缓缓子 Hoàn Hoàn Zi 话 Wà 出来 Chii Lói 你等 Ní Dēn 听 Tīāng，让 Ngiàng 你等 Ní Dēn 自家 Cī Ga 知得 Dī De。可惜的 Kǒ Sii Gì 就是 Ciù Hì，等到 Dēn Dào 你等 Ní Dēn 知得 Dī De 我话的 Ngái Wà 何者 Ma Gì 意思 Yī Sì 的 Gì 常间 Cháng Gān，你等 Ní Dēn 就 Ciù 无是 Ngú Hì 我 Ngái 于今 Yí Jīn 想 Siǎng 变

成Bièn Shiàng的Gì人Ngín了Lǐ。想下子Siǎng Ha Zi，真的Zhēn Gì很Ha-nin无安落Ngú oān Lò！

瞻瞻Zhiēn Zhiēn！你Nǐ真的Zhēn Gì很Ha-nin得人服De Ngín Fù。你Nǐ是Hì个Gì身上Shēn Hàng、心上Sīn Hàng都Dū冇Máo何者Ma Gì屏到Biàng Dǎo的Gì、真诚的Zhēn Chēn Gì细人子Sèi Ngín Zi。你Nǐ何者Ma Gì事Sì都Dū拼死命Pān Sǐì Miàng恳心Jiěn Sīn做Zò。点点子Diēn Diēn Zi无好Ngú Hǎo的事Sì，像Ciàng花生Fa Sen跌桠Die a地上Tì Hàng，自家Cī Ga咶了Ngia Lǐ舌麻She Má，细猫子Sèi Miao Zi毋颔Ngú Hěn食Shi甜糕Tien Gao，你Nǐ都要Dū òi叫啜Jiào Zhòi，叫得Jiào De很Ha-nin狠Cèn，叫得Jiào De毋Ngú知Dī人事Ngín Sì一两分钟Yi Yǎng Fēn Zhiōng。外婆Ngòi Pó去Xì普陀庙Pú Tó Miào烧香Shāo Xiāng买Mǎi归来Guī Lói颁Bēn你的Nǐ Gì泥人子Né Ngín Zi，你Nǐ应是Ngàng Hì毋晓得几Ngú Xiǎo De Jī用心地Yòng Sīn Gì捧到Běng Dǎo其Jí、饲其Cìì Jí饭食Fàn Shi；一日晡Yi Ngiī Bū，你Nǐ自家Cī Ga冇Máo捉稳Zo Wěn舞到Wǔ Dǎo其Jí跌烂了Die Lan Lǐ，你Nǐ该般Gǎn大声地Tài Shiāng Gì叫啜Jiào Zhòi，比Bǐ大人Tài Ngín破了产Pò Lǐ Cǎn，broken- heart，父母Yá Oi过了身Gò Lǐ Shēn、部队Pù Dei全部Cièn Pù输盍了Shū Hei Lǐ都Dū更Gèn伤心Shāng Sīn。两把Yǎng Bǎ蒲扇Pú Shièn做Zò的Gì脚踏车Jo Ta Cha，麻将牌Má Ziàng Pái樵成Ziāo Shiáng的Gì火车Fó Cha、汽车Xì Cha，你Nǐ都Dū该般Gǎn当真Dāng Zhēn，用Yòng莫响的Mèn Xiǎng Gì声Shiāng喊Hēn"汪Wang——，咕咕咕Gu Gu Gu……"，来Lói装作Zang Zò汽笛声Xì Ti Shiāng。宝姊姊Bǎo Zǐī Zìi讲故事Gǎng Gù Sì颁你听Bēn Nǐ Tiāng，话到Wà Dǎo"月光Ngiè Gāng姊姊Zǐī Zìi挂下Guà Ha一只篮子Yi Zha Lān Zi来Lói，宝姊姊Bǎo Zǐī Zìi坐在Co Cōi篮子Lān Zi里部Dǐ Bòi吊上去Diào Shang Xì了Lǐ，瞻瞻Zhiēn Zhiēn在底下Cōi Děi Ha看稳Kòan Wěn"的常间Gì Cháng Gān，你Nǐ会Wòi莫大声Mèn Tài Shiāng同Tóng其Jí争Zāng，话Wà"瞻瞻Zhiēn Zhiēn要òi上去Shāng Xì，宝姊姊Bǎo Zǐī Zìi在底下Cōi Děi Ha看Kòan！"还要Ha òi叫稳啜Jiào Wěn Zhòi去Xì漫姑Màn Gū该兹Gǎi Zi求其Qiū Jí评下子理Pín Ha Zi Lǐ。我Ngái每道Mǐ Tào剃了头Tèi Lǐ Téu，你Nǐ就Cìu当真Dāng Zhēn操心Cāo Sīn我Ngái变成Bièn Shiàng了Lǐ和尚Hó Shàng，几久Jǐ Jiu都Dū毋要Ngú- mòi我Ngái捧Běng。就是Cìu Hì今年Jīn Nién热天Ngiè Tien的Gì常间Cháng Gān，你Nǐ坐在Cōi我Ngái膝头上Cìi Téu Hàng看到Kòan Dǎo我Ngái手腋下的Shǔ Qiè Ha Gì长毛Cháng Māo，把作Ba Zò：我Ngái变成了Bièn Shiàng Lǐ黄鼠狼Wáng Shǔ Láng，你Nǐ应是Ngàng Hì该般Gǎn伤心Shāng Sīn，你Nǐ疾疾Ja Ja从Cióng我身上Ngái Shēn Hàng爬下来Ba Ha Lói，起先Xǐ Sièn眼珠Ngǎn Zhū睁稳Zāng Wěn看到Kòan Dǎo我Ngái，接稳Ziē Wěn就Cìu莫大声地Mèn Tài Shiāng Gì叫啜Jiào Zhòi，觑下子Chī Ha Zi，叫下子Jiào Ha Zi，就好像Cìu Hǎo Ciàng同Tóng判了死刑Pàn Lǐ Sǐì Xín的亲人Gì Cīn Ngín告别Gào Piè的样Gì Yàng。你Nǐ要òi我Ngái捧Běng你Nǐ到Dào车站Cha Zàn去Xì买Mǎi香蕉Xiāng Ziāo，几多子Jǐ Dō Zi都Dū毋Ngú嫌多Xién Dō，两只手Yǎng Zha Shǔ都Dū提无落Tiā Ngú Lò，归到Guī Dào屋下Wū Ha门口Mén Hèu，你Nǐ在Cōi我的Ngái Gì肩头上Jien Téu Hàng睡得Shòi De很深Ha-nin Chēn，手上Shǔ Hàng提的Tiā香蕉Xiāng Ziāo都Dū毋晓得Ngú Xiǎo De跌在Die Cōi哪兹Nǎi Zi了Lǐ。该个Gài Gì样子Yàng Zi，你Nǐ真的Zhēn Gì很直Ha-nin Chìi、本本子Běn Běn Zi、心肠热Sīn Cháng Ngiè！大人Tài Ngín该许Gǎi Xi何者Ma Gì安作oān Zò"沉默Chén Mè""含蓄Hán Xiù""深刻Chēn Ke"的美德Gì Mǐ De，

比起你来，都无是本本的，都是发病的、装样的！

　　你等每晡做游戏，开火车、开汽车、办酒席、请菩萨、堆六面画子、唱歌子，全部都是想做何者就做何者，是你等自家心里原原本本的想法。大人其等成日在该兹喊的"归自然！""生活的艺术化！""劳动的艺术化！"，比起你等的游戏，真的酊死人！照稳东西，画几笔画，写几篇文章的人，就喊作"艺术家""创作家"，比起你等来，真的会酊死。

　　你等应会想：成日冇点子味道仆在桌子上写字的爸爸，成日毋作声坐在光窗底下做针线的阿母，是几冇味道的动物！你等觉得几冇味道的我络你等阿母，有兜常间，真的难为你等、摧残你等了。想起以许事，心里真的很无安落！

　　阿宝！有一晏晡，你拿泛软的新鞋子，络自家脚上脱下来的鞋子，颁凳子脚着，自家着到袜子企在地下，彻兴地话"阿宝两只脚，凳子四只脚"。该个常间，你阿母喊稳"莫舞邋状了袜子！"疾疾捉你到藤床上，动手拆掉你的创作。你踞在床上看稳阿母动手的该阵子，你细细子的心里座定觉得"阿母以许人，毋晓得几煞风景、毋晓得几蛮子"吧！

　　瞻瞻！一晡，书店送几本新出的毛边书《音乐入门》来。我用细刀子把书页一张一张裁开来，你侧稳头颅，企在桌边毋作声地看稳我焉般做。后部，我从学堂归到屋下，看到你从我书架上拿了一本连史纸印的中国装的《楚辞》，也把其裁烂了成十页，彻兴地同我话："爸爸！瞻瞻瞻(Zhiēn Zhiēn)也(Ya)学会(Ho Wòi)裁书了(Cói Shū Lì)！"瞻瞻(Zhiēn Zhiēn)！以许事(Yí Xī Sì)对你(Dèi Ní)来话(Lói Wà)，是(Hì)毋晓得几(Ngú Xiǎo De Jì)成功的(Chén Gōng Gì)欢喜(Foān Xǐ)，毋晓得几傲(Ngú Xiǎo De Jì Ngáo)的作品(Gì Zò Pǐn)！还是(Hán Hì)被我(Bèn Ngái)一句(Yì Jìi)骇人的(Ha Ngín Gì)"哼(Hong)！"吓到(Ha Dào)叫啜了(Jiào Zhòi Lì)。该阵子(Gāi Chèn Zi)，你(Ní)座定(Cò Tin)毋服(Ngú Fù)，觉得(Go De)"爸爸(Ba Ba)几(Jì)毋讲理(Ngú Gǎng Lǐ)"吧(Bà)！

软软(Ngoān Ngoān)！你(Ní)总(Zǒng)欢喜(Foān Xǐ)舞(Wǔ)我的(Ngái Gì)长锋羊毫笔(Chiáng Fēng Yáng Háo Bi)撩(Liào)，我(Ngái)看到了(Koàn Dào Lì)总会(Zǒng Wòi)很恶地(Ha-nin o Gì)夺盍(To Hei)。于今(Yí Jīn)你(Ní)座定(Cò Tin)看轻(Koàn Qiāng)我(Ngái)，心想(Sīn Siǎng)："你(Ní)终归(Zhiōng Guī)晓得(Xiǎo De)要把我(òi Bǎ Ngái)画在(Fà Cöi)你画集封面上(Ní Fà Cii Fēng Mièn Hàng)了(Lì)吧(Bà)！"

细人子(Sèi Ngín Zi)！是话(Hì Wà)，你等(Ní Děn)真的(Zhēn Gì)怪(Guài)我(Ngái)，我(Ngái)真的(Zhēn Gì)欢喜(Foān Xǐ)；就怕(Ciù Pà)等到(Děn Dào)你等(Ní Děn)把(Bǎ)怪我(Guài Ngái)变成(Bièn Shiáng)感恩的(Gǎn ēn)常间(Gì Cháng Gān)，我(Ngái)就(Ciù)毋心安(Ngú Sīn oān)了(Lì)！

我(Ngái)睬在世上(Coi Còi Shì Hàng)，真的(Zhēn Gì)冇(Máo)确到(Dòi Dǎo)像(Ciàng)你等(Ní Děn)该般(Gān)真诚的(Zhēn Chén Gì)人(Ngín)。世上的(Shì Hàng Gì)人(Ngín)络(Lāo)人(Ngín)做一合(Zò Yi Hà)，真的(Zhēn Gì)有冇(Máo Yèu)像(Ciàng)你等(Ní Děn)该般(Gān)真心(Zhēn Sīn)、该般(Gān)干净(Goān Ciàng)的(Gì)。就话(Ciù Wà)，我(Ngái)去(Xì)上海(Shàng Hǒi)做(Zò)冇味道(Máo Wì Tào)的(Gì)"事(Sì)、去(Xì)同(Tóng)生当人(Seāng Dàng Ngín)做(Zò)"上课(Shāng Kò)把戏(Bǎ Xi)的常间(Gì Cháng Gān)，你等(Ní Děn)在(Cöi)门口(Men Heu)、车站边上(Chā Zàn Biēn Hàng)等我归(Děn Ngái Guī)，我(Ngái)心肝下(Sīn Goān Ha)真的(Zhēn Gì)又(Yèu)彻兴(Chè Xìn)、又(Yèu)觉得(Go De)真酊人(Zhēn Diǎng Ngín)！酊人的(Diǎng Ngín Gì)就是(Ciù Hì)，我(Ngái)焉般(Yàng Bān)要去做(òi Xì Zò)以许(Yì Xī)冇味道(Máo Wì Tào)的事(Gì Sì)；彻兴的(Chè Xìn Gì)就是(Ciù Hì)，我(Ngái)又(Yèu)暂时(Càn Shí)拂掉(Fi Tiào)盈的东西(Yáng Gì Dōng Sii)加到(Gā Dào)你等(Ní Děn)真诚人的(Zhēn Chén Ngín Gì)当中间(Dāng Zhiōng Gān)。

该就(Gāi Ciù)，你等的(Ní Děn Gì)好日子(Hǎo Ngi Zi)也(Ya)冇(Máo)几多子(Jì Dō Zi)了(Lì)，该许(Gāi Xǐ)日子(Ngi Zi)总归(Zǒng Guī)会(Wòi)来的(Lói Gì)。以许(Yì Xī)就是(Ciù Hì)我(Ngái)经过的事(Jīn Gò Gì Sì)，也是(Ya Hì)大人(Tài Ngín)哪人(Nǎn Ngín)都(Dū)经过的事(Jīn Gò Gì Sì)。我(Ngái)看到(Koàn Dào)细细子(Sèi Sèi Zi)常间(Cháng Gān)做一合(Zò Yi Hà)撩(Liào)的(Gì)英雄(Yīn Xóng)、好汉(Hǎo Hoàn)，一个个(Yi Gì Gì)都(Dū)退缩了(Tèi Sǒ Lì)，顺从了(Shèn Cóng Lì)，妥协(Tǒ Xie)、屈服(Qi Fú)成了(Shiáng Lì)羊子(Yáng Zi)样的(Yàng Gì)。我自家(Ngái Cī Gā)也是(Ya Hì)以许(Yì Xī)样子(Yàng Zi)。"后部的人(Hèu Bòi Gì Ngín)看(Koàn)今晡的人(Jīn Bū Gì Ngín)，同(Tóng)今晡的人(Jīn Bū Gì Ngín)看(Koàn)前头的人(Qién Téu Gì Ngín)是(Hì)一样的(Yi Yàng Gì)"，毋要(Ngú-mói)几久(Jì Jiu)你等(Ní Děn)也会(Ya Wòi)走上(Zěu Shāng)以条路的(Yì Tiáo Lù Gì)！

我的(Ngái Gì)孩息子(Hài Sèi Zi)！我(Ngái)真的(Zhēn Gì)想(Ha-nin Siǎng)过(Gò)你等(Ní Děn)于今的(Yí Jīn Gì)日子(Ngi Zi)，是还(Hì Hán)痴地(Chī)想用(Siǎng Yòng)一本书(Yī Běn Shū)，留到(Liú Dào)你等(Ní Děn)总都在(Zǒng Dū Cöi)以许(Yì Xī)好日子(Hǎo Ngi Zi)里部(Dī Bòi)。该就(Gāi Ciù)，像(Ciàng)"来客网(Lā Qiá Wǎng)落

花 Lo Fā" 该样的 Gaāng Gì，只留得到 Zhī Liú De Dào 春上 Chēn Hàng 点点子 Diēn Diēn Zi 迹 Zia。等到 Dēn Dào 你等 Ní Dēn 知得 Dī De 我 Ngái 以许 Yī Xī 心情 Sīn Cín 的常间 Gì Cháng Gān，你等 Ní Dēn 早就 Zǎo Ciù 无是 Ngú Hì 于今 Yî Jīn 该样的 Gaāng Gì 人 Ngín 了 Lī，我 Ngái 画的东西 Fà Gì Dōng Sì 在世上 Cǒi Shì Hàng 也 Ya 有法子 Máo Fa Zi 证明 Zhèn Mín 了 Lī。以许是 Yī Xī Hì 毋晓得几 Ngú Xiǎo De Jī 伤心子 Shāng Sīn Zi 的事 Gì Sì！

二、现代汉语对照文本

给我的孩子们①

我的孩子们！我憧憬于你们的生活，每天不止一次！我想委曲地说出来，使你们自己晓得。可惜到你们懂得我的话的意思的时候，你们将不复是可以使我憧憬的人了。这是何等可悲哀的事啊！

瞻瞻！你尤其可佩服。你是身心全部公开的真人。你什么事情都像拼命地用全副精力去对付。小小的失意，像花生米翻落地了，自己嚼了舌头了，小猫不肯吃糕了，你都要哭得嘴唇翻白，昏去一两分钟。外婆普陀去烧香买回来给你的泥人，你何等鞠躬尽瘁地抱他，喂他；有一天你自己失手把他打破了，你的号哭的悲哀，比大人们的破产，broken- heart，丧考妣，全军覆没的悲哀都要真切。两把芭蕉扇做的脚踏车，麻雀牌堆成的火车、汽车，你何等认真地看待，挺直了嗓子叫"汪——""咕咕咕……"来代替汽笛。宝姊姊讲故事给你听，说到"月亮姊姊挂下一只篮来，宝姊姊坐在篮里吊了上去，瞻瞻在下面看"的时候，你何等激昂地同她争，说"瞻瞻要上去，宝姊姊在下面看"，甚至哭到漫姑面前去求审判。我每次剃了头，你真心地疑我变了和尚，好几时不要我抱。最是今年夏天，你坐在我膝上发现了我腋下的长毛，当作黄鼠狼的时候，你何等伤心，你立刻从我身上爬下去，起初眼瞪瞪地对我端相，继而大失所望地号哭，看看，哭哭，如同对被判定了死罪的亲友一样。你要我抱你到车站里去，多多益善地要买香蕉，满满地擒了两手回来，回到门口时你已经熟睡在我的肩上，手里的香蕉不知落在哪里去了。这是何等可佩服的真率、自然与热情！大人间的所谓"沉默""含蓄""深刻"的美德，比起你来，全是不自然的、病的、伪的！

你们每天做火车，做汽车，办酒，请菩萨，堆六面画，唱歌，全是自动的、创造创作的生活。大人们的呼号"归自然""生活的艺术化""劳动的艺术化"，

---

① 引自义务教育课程标准实验教科书：语文：九年级下册［M］．南京：江苏凤凰教育出版社，2018：132-136．

在你们面前真是出丑得很了！依样画几笔画，写几篇文的人称为艺术家、创作家，对你们更要愧死！

你们一定想：终天无聊地伏在案上弄笔的爸爸，终天闷闷地坐在窗下弄引线的妈妈，是何等无气性的奇怪的动物！你们所视为奇怪动物的我与你们的母亲，有时确实难为了你们，摧残了你们，回想起来，真是不安心得很！

阿宝！有一晚你拿软软的新鞋子，和自己脚上脱下来的鞋子，给凳子的脚穿了，划袜立在地上，得意地叫"阿宝两只脚，凳子四只脚"的时候，你母亲喊着"龌龊了袜子"，立刻擒你到藤榻上，动手毁坏你的创作。当你蹲在榻上注视你母亲动手毁坏的时候，你的小心里一定感到"母亲这种人，何等杀风景而野蛮"罢！

瞻瞻！有一天开明书店送了几册新出版的毛边的《音乐入门》来。我用小刀把书页一张一张地裁开来，你侧着头，站在桌边默默地看。后来我从学校回来，你已经在我的书架上拿了一本连史纸印的中国装的《楚辞》，把它裁破了十几页，得意地对我说："爸爸！瞻瞻也会裁了！"瞻瞻！这在你原是何等成功的欢喜，何等得意的作品！却被我一个惊骇的"哼"字喊得你哭了。那时候你也一定抱怨"爸爸何等不明"罢！

软软！你常常要弄我的长锋羊毫，我看见了总是无情地夺脱你。现在你一定轻视我，想道："你终于要我画你的画集的封面！"

孩子们！你们果真抱怨我，我倒欢喜；到你们的抱怨变为感谢的时候，我的悲哀来了！

我在世间，永没有逢到像你们这样出肺肝相示的人。世间的人群结合，永没有像你们样的彻底地真实而纯洁，最是我到上海去干了无聊的所谓"事"回来，或者去同不相干的人们做了叫作"上课"的一种把戏回来，你们在门口或车站旁等我的时候，我心中何等惭愧又欢喜！惭愧我为甚么去做这等无聊的事，欢喜我又得暂时放怀一切地加入你们的真生活的团体。

但是，你们的黄金时代有限，现实终于要暴露的。这是我经验过来的情形，也是大人们谁也经验过的情形。我眼看见儿时的伴侣中的英雄、好汉，一个个退缩、顺从、妥协、屈服起来，到像绵羊的地步。我自己也是如此。"后之视今，亦犹今之视昔"，你们不久也要走这条路呢！

我的孩子们！憧憬于你们的生活的我，痴心要为你们永远挽留这黄金时代在这册子里。然这真不过像"蜘蛛网落花"，略微保留一点春的痕迹而已。且到你们懂得我这片心情的时候，你们早已不是这样的人，我的画在世间已无可印证了！这是何等可悲哀的事啊！

三、本文的客家话词语词义及读音

　　仿宋体为客家话词语，下标音节为客家话读音，宋体加粗为现代汉语词义，更加详细的释义请查阅第三章相关词语。

孩息 Hāi Sèi —**孩子**

你等 Ní Dēn —**你们**

以许 Yǐ Xǐ —**这些**

细 Sèi —**小**

细人子 Sèi Ngín Zi —**小孩**

于今 Yí Jīn —**现在**

该般 Gǎn —**这么**

该般大子 Gǎn Tài Zi —**这个年龄**

每晡 Mī Bū —**每日**

～道 Tào —**一～次**

缓缓子 Hoàn Hoàn Zi —**慢慢地、委婉地**

话 Wà —**说**

自家 Cì Ga —**自己**

知得 Dī De —**感知到、懂得**

何者 Ma Gì —**什么**

常间 Cháng Gān —**时间点**

无是 Ngú Hì —**不是**

安落 oān Lò —**安心**

冇 Máo —**没有**

屏 Biàng —**藏**

恁心 Jiēn Sìn —**用心**

点子 Diēn Zi —**一点儿**

无好 Ngú Hǎo —**不好**

啮 Ngia —**咬**

舌麻 She Má —**舌头**

细猫子 Sèi Miao Zi —**小猫**

毋颔 Ngú Hěn —**不肯**

食 Shi —**吃**

叫啜 Jiào Zhòi —**哭**

颁 Bēn —**给**

晓得 Xiǎo De —**知道**

毋晓得几 Ngú Xiǎo De Jī —**不知道多么、极其**

几 Jī —**多么**

捧 Běng —**抱**

其 Jí —**他，她，它**

～盍 Hei —**～完了**

莫 Mèn —**极其**

该兹 —**那里**

几久 Jǐ Jiu —**很久，多久**

疾疾 Ja Ja —**快速地**

毋要 Ngú- mōi —**不要**

几多 Jǐ Dō —**多少**

提无落 Tiā Ngú Lo —**拿不了**

归 Guī —**回来**

屋下 Wǔ Ha —**家里**

哪兹 Nǎi Zī —**哪里**

本本子 Běn Běn Zi —**原本**

该许 Gǎi Xi —**那些**

成日 Shiáng Ngii —**成天、一天到晚地**

酊 Diǎng —**羞**

欢喜 Foān Xǐ —**喜爱**

舞 Wǔ —**玩，弄**

就该样的 Ciù Gaāng Gì —**所以**

樵 Ziāo —**堆起**

月光 Ngiè Gāng —**月亮**

日上 Ngii Hàng —**白天**

落雨 Lò Yǐ —**下雨**

络 Lāo —**与、和**

头颅 Téu Ngú —**脑袋**

撩 Liào —**玩**

着气 Chò Xì —**生气**

作声 Zò Shiāng —**说话**

光窗 Gāng Cāng —**窗户**

有兜 Yěu Dēu —**有些**

晏晡 an Bū —**晚上**

着 Zho —**穿**

踞 Gū —**蹲**

企 Qi —**站**

焉般 Yàng Bān —**怎么，为什么**

后部 Hèu Bòi —**后来**

该阵子 Gǎi Chèn Zi —**那时候**

座定 Cò Tìn —**必定**

恶。—**凶狠**

头～ Téu —**最～**

撞得 Càng De —**偶尔**

世上 Cǒi Shì Hàng —**世界**

做一合 _{Zò Yi Hà}—在一起　　彻兴 _{Chè Xìn}—非常高兴　　今晡 _{Jīn B ū}—今天

碓到 _{Dòi Dào}—遇到　　拂掉 _{Fi Tiào}—丢掉、放弃　　是还 _{Hì Hán}—十分地

就话 _{Ciù Wà}—且说　　盈的 _{Yiâng Gì}—其他的　　毋要 _{Ngú-mōi}—不要、无需要

冇味道 _{Máo Wì Tào}—无聊　　哪人 _{Nǎn Ngín}—谁　　来客 _{Lá Qiá}—蜘蛛

生当 _{Seāng Dàng}—陌生　　细细子 _{Sèi Sèi Zi}—小时候　　春上 _{Chēn Hàng}—春天、春季

心肝下 _{Sīn Goān Ha}—内心

第二节　客家话文本之二《小橘灯》

一、客家话文本及注音

该盏 _{Gǎi Cǎn} 细橘灯 _{Sèi Jii Dēn} ①

易得 _{Yì De} 过年 _{Gò Nién} 去了 _{Xì Lǐ}，一晡 _{Yi B ū} 下昼 _{Ha Zhù}，我 _{Ngái} 去 _{Xì} 重庆郊外 _{Chóng Qìn Gāo Ngòi} 望 _{Wàng} 一个 _{Yi Gì} 熟人 _{Shù Ngín}。其 _{Jí} 住在 _{Chù Cōi} 该兹 _{Gǎi Zī} 乡下的 _{Xiāng Ha Gì} 乡公所 _{Xiāng Gōng Sǒ} 楼上 _{Léu Hàng}。上了 _{Shāng Lǐ} 一段 _{Yi Tòan} 阴暗 _{Yīn àn}、逼仄的 _{Bo Ze Gì} 楼梯 _{Léu Tōi}，进到 _{Zìn Dào} 一间 _{Yi Gān} 有 _{Yēu} 一张 _{Yi Zhiāng} 方桌 _{Fāng Zō} 络佬 _{Lāo} 几张 _{Jǐ Zhiāng} 竹凳 _{Zhū Dèn}、墙上 _{Ciáng Hàng} 装了 _{Zang Lǐ} 一架电话 _{Yi Gà Tièn Fà} 的屋子 _{Gì Wū Zi}，再进去 _{Zai Zìn Xì} 就是 _{Ciù Hì} 熟人 _{Shù Ngín} 的房间 _{Gì Fáng Gān}，同 _{Tong} 外间 _{Ngòi Gān} 只隔了 _{Zhi Gā Lǐ} 一幅 _{Yi Fu} 布帘子 _{Bù Lién Zi}。其 _{Jí} 毋在 _{Ngú Cōi} 屋下 _{Wū Ha}，光窗 _{Gāng Cāng} 底下 _{Děi Ha} 的桌上 _{Gì Zō Hàng} 留了 _{Líu Lǐ} 一张 _{Yi Zhiāng} 字条 _{Sì Tiáo}，话 _{Wà} 其 _{Jí} 临时 _{Lín Shí} 有事 _{Yēu Sì} 出去 _{Chii Xì} 一下子 _{Yi Hà Zi}，喊我 _{Hēn Ngái} 等稳其 _{Děn Wěn Jí}。

我 _{Ngái} 在其的 _{Cōi Jí Gì} 桌子边上 _{Zō Zi Biēn Hàng} 坐到 _{Cô Dào}，信手 _{Sìn Shǔ} 拿起 _{Na Xǐ} 一张 _{Yi Zhiāng} 报纸 _{Bào Zhǐ} 来读 _{Lói Tù}，刹时 _{Sa Shiāng} 听到 _{Tiāng Dào} 外间屋 _{Ngòi Gān Wū} 的 _{Gì} 木板门 _{Mu Bǎn Mén} "吱" _{Zhi} 的一声 _{Gì Yi Shiāng} 桠开了 _{a Kōi Lǐ}。过了 _{Gò Lǐ} 一阵子 _{Yi Chèn Zi}，又听到 _{Yèu Tiāng Dào} 有人 _{Yēu Ngín} 在 _{Cōi} 扱 _{Cōng} 竹凳子 _{Zhū Dèn Zi}。我 _{Ngái} 桠开 _{a Kōi} 帘子 _{Lién Zi}，看到 _{Kòan Dào} 一个 _{Yi Gì} 细妹子 _{Sèi Mòi Zi}，只有 _{Zhi Yēu} 八九岁 _{Ba Jiǔ Sèi} 的样子 _{Gì Yàng Zi}，瘦瘦 _{Jiè Sèu}，面皙白 _{Mièn Sìè Pa}，啜唇 _{Zhòi Chén} 冻得 _{Dòng De} 发紫 _{Fa Zǐ}，头发 _{Téu Fa} 冇几长 _{Máo Jǐ Cháng}，着 _{Zho} 一身 _{Yi Shēn} 很旧 _{Ha-nín Qiù} 的衫裤 _{Gì Sān Fù}，光脚 _{Gāng Jo} 着 _{Zho} 一双 _{Yi Sōng} 草鞋 _{Cǎo Hái}，在该兹 _{Cōi Gǎi Zī} 企

---

① 根据冰心的《小橘灯》改写。

在(Qi Cōi)竹凳上(Zhū Dèn Hàng)想拿下(Siāng Na Ha)墙上(Ciáng Hàng)的(Gì)电话筒(Tièn Fà Tong)来(Lói),看到我(Koàn Dào Ngái)一惊觉(Yi Jiāng Go),把(Ba)手(Shǔ)缩了(Sò Lǐ)下来(Ha Lói)。我(Ngái)问其(Wèn Jí):"你要(Ní òi)打电话(Dǎ Tièn Fà)吗(Ma)?"其(Jí)一边(Yi)爬下(Ba Ha)竹凳(Zhū Dèn),一面(Yi Mièn)颔头话(Ngàm Téu Wà):"我要(Ngái òi)打(Dǎ)××医院(Yī Yèn),寻(Cín)胡医师(Fú Yī Sī),我阿母(Ngái Ngū Mēi)恰先(Ga Siēn)吐了(Tù Lǐ)很多(Ha-nín Dō)血(Xiě)!"我(Ngái)问其(Wèn Jí):"你晓得(Ní Xiǎo De)××医院的(Yī Yèn Gì)电话号码(Tièn Fà Hào Mǎ)吗(Ma)?"其摇了下(Jí Yáo Lǐ Hà)头颅(Téu Ngá)话(Wà):"我(Ngái)只样(Zhìang)想问(Siāng Wèn)电话局(Tièn Fà Qiu)……"我(Ngái)疾疾(Ja Ja)从(Cióng)电话机子(Tièn Fà Jī Zǐ)边上的(Biēn Hàng Gì)电话(Tièn Fà)本子里(Běn Zi Lǐ)寻到(Cín Dào)医院的(Yī Yèn Gì)号码(Hào Mǎ),又问其(Yèu Wèn Jí):"寻到了(Cín Dào Lǐ)医师(Yī Sī),请(Ciǎng)其(Jí)到(Dào)哪侪(Nǎi Sá)屋下(Wǔ Ha)去(Xì)?"其话(Jí Wà):"你(Ní)就(Ciù)话(Wà)王春林(Wāng Chēn Lín)屋下(Wǔ Ha)的人(Gì Ngín)发病了(Fa Piàng Lǐ),其(Jí)就会(Ciù Wòi)来的(Lói Gì)。"

我(Ngái)电话(Tièn Fà)打通了(Dǎ Tōng Lǐ)。其话了(Jí Wà Lǐ)"好得你(Hǎo De Ní)、着累你(Chò Lèi Ní)",转身(Zhuǎn Shēn)就走了(Ciù Zěu Lǐ)。我(Ngái)拉稳其(Lāi Wěn Jí)问(Wèn):"你等(Ní Děn)屋下(Wǔ Ha)隔得(Gā De)远吗(Yěn Ma)?"其(Jí)指稳(Zhǐ Wěn)光窗(Gāng Cāng)外部(Ngòi Bòi)应(èn):"就在(Ciù Cōi)山窝(Sān Wō)该蔸(Gāi Dēu)大黄果树(Tai Wāng Gǒ Shù)的下部(Gì Ha Bòi),冇几远子(Máo Jǐ Yěn Zi)就(Ciù)走到了(Zěu Dào Lǐ)。"话稳(Wà Wěn)就(Ciù)噔噔噔地(Den Den Den Gì)下楼里(Ha Léu Lǐ)。

我(Ngái)又(Yèu)转归到(Zhuǎn Guī Dào)屋里部(Wǔ Dī Bòi),把(Ba)报纸(Bào Zhǐ)前头(Cién Téu)后头(Hèu Téu)都读盖了(Dū Tù Hei Lǐ),又(Yèu)拿起(Na Xǐ)一本(Yi Běn)《唐诗三百首(Táng Shī Sān Bǎ Shǔ)》来读(Lói Tù),看了(Koàn Lǐ)一阵(Yi Chèn),天色(Tiēn Sa)更阴沉了(Gèn Yīn Chén Lǐ),熟人(Shù Ngín)还有归(Hán Máo Guī)。我(Ngái)觉得(Gò De)有点子(Yèu Diēn Zi)毋耐烦(Ngú Nài Fán),就(Ciù)企起来(Qi Xǐ Lói)望(Wàng)光窗(Gāng Cāng)外部(Ngòi Bòi),有浓雾(Yèu Ngóng Wù),山色(Sān Sea)看(Koàn)无太清张(Ngú Tài Cīng Zhiāng),看到(Koàn Dào)该蔸(Gāi Dēu)黄果树(Wāng Gǒ Shù)下部的(Ha Bòi Gì)细屋子(Sèi Wǔ Zi Gì),刹时(Sa Shiāng)想去(Siāng Xì)看下子(Koàn Hà Zi)该个(Gāi Gì)细妹子(Sèi Mòi Zi),还有(Hán Yèu)发稳病的(Fa Wěn Piàng Gì)其阿母(Jí Ngū Mēi)。我(Ngái)下楼(Ha Léu)在门口(Cōi Mén Hèu)买了(Māi Lǐ)几只(Jǐ Zha)大红橘子(Tai Fóng Jii Zi),塞桠(Se a)手提袋里(Shǔ Tiá Tòi Lǐ),沿稳(Yén Wěn)歪歪斜斜(Wāi Wāi Ciá Ciá)无平(Ngú Piáng)的(Gì)石板路(Sha Bǎn Lù),走到(Zěu Dào)该只(Gāi Zha)细屋下(Sèi Wǔ Ha)的门口(Gì Mén Hèu)。

我(Ngái)轻轻地(Qiāng Qiāng Gì)推下子(Kò Hà Zi)板门(Bǎn Mén),恰先(Ga Siēn)该个(Gāi Gì)细妹(Sèi Mòi)出来(Chii Lói)开了门(Kōi Lǐ Mén),仰头(āng Téu)看到(Koàn Dào)是我(Hì Ngái),愕了(Ngò Lǐ)一下(Yi Hà),就(Ciù)笑笑姿(Siào Siào Zi)曳手(Yà Shǔ)喊我(Hēm Ngái)进去(Zīn Xì)。屋子(Wǔ Zi)无大(Ngú Tai)、又很暗(Yèu Ha-nín àn),凭稳墙(Pèn Wěn Ciáng)的(Gì)板铺上(Bǎn Pū Hàng),其的(Jí Gì)阿母(Ngū Mēi)眯眼(Mī Ngǎn)平睡到(Piáng Shòi Dào),可能是(Kǒ Néng Hì)睡着了(Shòi Chò Lǐ),被帛(Pi Pō)头上(Téu Hàng)有(Yèu)一迹一迹(Yi Zia Yi Zia)的(Gì)血印子(Xiě Yìn Zi),其面向(Jí Mièn Hàng)里部(Dī Bòi)侧到(Ze Dào),只看到(Zhi Koàn Dào)其面上(Jí Mièn Hàng)的(Gì)乱头发(Loàn Téu Fa)、头颅后(Téu Ngá Hèu)扎(Za)一只(Yi Zha)大髻子(Tai Ji Zi)。屋门(Wǔ Mén)边上(Biēn Hàng)一只(Yi Zha)细炭炉(Sèi Tàn Lù),上部(Shàng Bòi)放一只(Fàng Yi Zha)细砂

镬Sèi Sà Wò，还有点子Hán Yěu Diēn Zǐ出滚气Chii Gǔn Xì。细妹Sèi Mòi端Dēu炉子边上Lú Zi Biēn Hàng的Gì矮凳子ǎi Dèn Zǐ喊我坐Hēn Ngái Cō，其自家Jí Cī Ga就Cìu踞在Gū Cōi我Ngái边上Biēn Hàng，上上下下Shāng Shāng Ha Ha看我Kòan Ngái。我Ngái细细声Sèi Sèi Shiāng问其Wèn Jí："医师Yī Sī来了吗Lói Lǐ Ma？"其话Jí Wà："来过了Lói Gò Lǐ，帮Bāng阿母Ngū Mēi打了Dǎ Lǐ一针Yi Zhēn……其Jí以阵子Yǐ Chèn Zǐ好多了Hǎo Do Lǐ。"其Jí像是Ciàng Hǐ安慰我oān Wì Ngái，话Wà："你落心Ní Lò Sīn，医师Yī Sī天光Tiēn Gāng朝晨Zhāo Shén还会来Hán Wòi Lói。"我问Ngái Wèn："其Jí食了Shi Lǐ东西冇Dōng Sī Máo？砂镬里Sà Wò Lǐ焖的Wén Gì何者Ma Gì？"其笑稳Siào Wěn话Wà："番薯粥Fān Shú Zhū——我等Ngái Dēn过年Gò Nién的夜饭Gì Yà Fàn。"我Ngái记起Jì Xǐ带来Dài Lói的橘子Gì Jii Zǐ，就Cìu拿出来Na Chii Lói放在Fàng Cōi床边的Cáng Biēn Gì细矮桌上Sèi ǎi Zō Hàng。其Jí冇作声Máo Zo Shiāng，伸手Chēn Shǔ拿起Na Xǐ一只Yi Zha头大的Téu Tai Gì橘子Jii Zǐ来Lói，用Yòng一张Yi Zhāng细刀子Sèi Dāo Zǐ削了Siō Lǐ上部的Shàng Bòi Gì一裁Yi Cōi子皮Zǐ Pí，又用Yèu Yòng两只手Yǒng Zha Shǔ捉Zō底下的Děi Ha Gì一大半Yi Tài Bàn Zi慢慢子Màn Màn Zi揉Nó。

我Ngái细声Sèi Shiāng问Wèn："你等Ní Dēn屋下Wū Ha还有Hán Yěu何者人Ma Gì Ngín？"其应Jí èn："于今Yí Jīn冇Máo别人Pi è Ngín，我爸爸Ngái Ba Ba去Xì外部了Ngòi Bòi Lǐ……"其Jí冇话下去Máo Wà Ha Xì，慢慢子Màn Màn Zi从Cióng橘子皮里Jii Zi Pí Lǐ舞出Wǔ Chii一析一析的Yi Sa Yi Sa Gì橘子瓣Jii Zi Pàn来Lói，放在Fàng Cōi其阿母Jí Ngū Mēi的Gì枕头边Zhěn Téu Biēn。

炉火Lú Fo的光Gì Gāng，慢慢子Màn Màn Zi暗盍了àn Heì Lǐ，外部Ngòi Bòi更暗了Gèn àn Lǐ。我Ngái企起来Qi Xǐ Lói要走òi Zěu，其Jí拉稳我Lāi Wěn Ngái，一边Yi Biēn疾疾地Ja Ja Gì拿起Na Xǐ一枚Yi Mói穿了麻线Chuān Lǐ Má Sièn的大针Gì Tài Zhēn把Bǎ该个Gài Gì橘子碗Jii Zi Wǒan四向Sì Xiàng穿起来Chuān Xǐ Lói，像Ciàng一只Yi Zha细篓子Sèi Léu Zi，用Yòng一皮Yi Pí细篾析Sèi Miè Sa挑到Tiāo Dǎo，又从Yèu Cióng光窗上Gāng Cāng Hàng捡了Jiěn Lǐ一裁Yi Cōi冇几长子Máo Jǐ Cháng Zi的蜡烛头Gì La Zhu Téu，点着来Diěn Chò Lói放在Fàng Cōi橘子碗里Jii Zi Wǒi Lǐ，拿颁我Na Bēn Ngái，话Wà："天断暗了Tiēn Tuàn àn Lǐ，路滑Lù Wa，以盏Yi Cǎn细橘灯Sèi Jii Dēn晟你Chiáng Ní上山吧Shāng Sān Ba！"

我Ngái欢喜地Fōan Xǐ Gì接过来Zie Gò Lói，多谢其Dō Sià Jí。其Jí送我Sòng Ngái到门外Dào Mén Ngòi，我Ngái毋晓得Ngú Xiǎo De话何者Wà Ma Gì好Hǎo，其Jí又像Yèu Ciàng安慰我oān Wì Ngái，话Wà："毋要Ngumoi几久Jǐ Jiǔ，我爸爸Ngái Ba Ba座定会Cò Tìn Wòi归的Guī Gì。该阵子Gài Chèn Zi阿母Ngū Mēi就Cìu会好Wòi Hǎo。"其用Jí Yòng细手子Sèi Shǔ Zi在面前Cōi Mièn Cién画Fà一只Yi Zha圆圈Yèn Qièn，后部Hèu Bòi又撽在Yèu Cèn Cōi我Ngái手上Shǔ Hàng，话Wà："我等Ngái Dēn大家Tài Ga也Yà都会Dū Wòi好的Hǎo Gì！"我Ngái听懂了Tiāng Dǒng Lǐ，其话的Jí Wà Gì"大家"Tài Ga也Yà包Bāo我Ngái在里部Cōi Dǐ Bòi。

我Ngái提到Tiá Dǎo以盏Yi Cǎn灵巧的Lín Qiǎo Gì细橘灯Gì Sèi Jii Dēn，慢慢在Màn Màn Cōi冥暗Miè àn潮湿的Cháo Shi Gì山路上Sān Lù Hàng走Zěu。橘红Jii Fóng的光Gì Gāng，朦朦子Méng Méng Zi，

照毋得_{Zhào Ngú De} 几远_{Jī Yěn}。该使_{Gǎi Shí}，该个_{Gǎi Gì}细妹的_{Sèi Mòi Gì} 稳当_{Wěn Dàng}、毋怕_{Ngú Pà}的气神_{Gì Xì Shén}，帮我_{Bāng Ngái}鼓了劲_{Gǔ Lī Jìn}，我_{Ngái}好像_{Hǎo Ciàng}也_{Yá}觉得_{Gō De}眼前_{Ngǎn Cién}旺光_{Wàng Gāng}！

二、现代汉语对照文本

小橘灯①

在一个春节前一天的下午，我到重庆郊外去看一位朋友。她住在那个乡村的乡公所楼上。走上一段阴暗的仄仄的楼梯，进到一间有一张方桌和几张竹凳，墙上装着一架电话的屋子，再进去就是我的朋友的房间，和外间只隔一幅布帘。她不在家，窗前桌上留着一张条子，说是她临时有事出去，叫我等着她。

我在她桌前坐下，随手拿起一张报纸来看，忽然听见外屋板门吱的一声开了。过了一会儿，又听见有人在挪动那竹凳子。我掀开帘子，看见一个小姑娘，只有八九岁光景，瘦瘦的苍白的脸，冻得发紫的嘴唇，头发很短，穿一身很破旧的衣裤，光脚穿一双草鞋，正在登上竹凳想去摘墙上的听话器，看见我似乎吃了一惊，把手缩了回来。我问她："你要打电话吗?"她一面爬下竹凳，一面点头说："我要打给××医院，找胡大夫，我妈妈刚才吐了许多血!"我问："你知道××医院的电话号码吗?"她摇了摇头，说："我正想问电话局……"我赶紧从机旁的电话本子里找到医院的号码，就又问她："找到了大夫，我请他到谁家去呢?"她说："你只要说王春林家里病了，她就会来的。"

我把电话打通了，她感激地谢了我，回头就走。我拉住她问："你的家远吗?"她指着窗外说："就在山窝那棵大黄果树下面，一下子就走到的。"说着就噔、噔、噔地下楼去了。

我又回到屋里去，把报纸前前后后都看完了，又拿起一本《唐诗三百首》来，看了一半，天色越发阴沉了，我的朋友还不回来。我无聊地站了起来，望着窗外浓雾里迷茫的山景，看到那棵黄果树下面的小屋，忽然想去探望那个小姑娘和她生病的妈妈。我下楼在门口买了几个大红橘子，塞在手提袋里，顺着歪斜不平的石板路，走到那小屋的门口。

我轻轻地叩着板门，刚才那个小姑娘出来开了门，抬头看了我，先愣了一下，后来就微笑了，招手叫我进去。这屋子很小很黑，靠墙的板铺上，她的妈妈闭着眼平躺着，大约是睡着了，被头上有斑斑的血痕，她的脸向里侧着，只看见她脸上的乱发，和脑后的一个大髻。门边一个小炭炉，上面放着一个小砂

---

① 冰心. 小橘灯［M］. 北京：北京时代华文书局，2016.

锅，微微地冒着热气。这小姑娘把炉前的小凳子让我坐了，她自己就蹲在我旁边，不住地打量我。我轻轻地问："大夫来过了吗？"她说："来过了，给妈妈打了一针……她现在很好。"她又像安慰我似的说："你放心，大夫明早还要来的。"我问："她吃过东西吗？这锅里是什么？"她笑着说："红薯稀饭——我们的年夜饭。"我想起了我带来的橘子，就拿出来放在床边的小矮桌上。她没有作声，只伸手拿过一个最大的橘子来，用小刀削去上面的一段皮，又用两只手把底下的一大半轻轻地揉捏着。

我低声问："你家还有什么人？"她说："现在没有什么人，我爸爸到外面去了……"她没有说下去，只慢慢地从橘皮里掏出一瓣一瓣的橘瓣来，放在她妈妈的枕头边。

炉火的微光，渐渐地暗了下去，外面变黑了。我站起来要走，她拉住我，一面极其敏捷地拿过穿着麻线的大针，把那小橘碗四周相对地穿起来，像一个小筐似的，用一根小竹棍挑着，又从窗台上拿了一段短短的蜡头，放在里面点起来，递给我说："天黑了，路滑，这盏小橘灯照你上山吧！"

我赞赏地接过，谢了她，她送我出到门外，我不知道说什么好，她又像安慰我似的说："不久，我爸爸一定会回来的。那时我妈妈就会好了。"她用小手在面前画一个圆圈，最后按到我的手上："我们大家也都好了！"显然的，这"大家"也包括我在内。

我提着这灵巧的小橘灯，慢慢地在黑暗潮湿的山路上走着。这朦胧的橘红的光，实在照不了多远，但这小姑娘的镇定、勇敢、乐观的精神鼓舞了我，我似乎觉得眼前有无限光明！

三、本文的客家话词语词义及读音

仿宋体为客家话词语，下标音节为客家话读音，宋体加粗为现代汉语词义，更加详细的释义请查阅第三章相关词语。

易得_{Yi De}～去了_{Xi Li}—**快要**～	屋下_{Wū Ha}—**家里**	细妹子_{Sèi Mòi Zi}—**小女孩**
一晡_{Yi B ū}—**某天**	光窗_{Gāng Cāng}—**窗户**	啜_{Zhòi}—**嘴**
下昼_{Ha Zhù}—**一下午**	喊_{Hēn}—**交待、叫**	冇几～_{Máo Ji}—**没有多**～
望_{Wàng}—**看望**	～稳_{Wěn}—～**着**	着_{Zho}—**穿**
该兹_{Gāi Zi}—**那里**	剎时_{Sa Shiāng}—**突然**	衫裤_{Sān Fù}—**衣服**
毋在_{Ngú Cōi}—**不在**	桠开_{a Kōi}—**敞开着**	企_{Qi}—**站**

一惊觉_{Yi Jiāng Go}—吃一惊　　　愕_{Ngò}—楞　　　　头大的_{Téu Tai Gì}—最大的

颔头_{Ngǎn Téu}—点头　　　笑笑姿_{Siào Siào Zi}—微笑着　　舞出_{Wǔ Chii}—弄出

恰先_{Ga Siēn}—刚才　　　曳手_{Yà Shǔ}—招手　　　一析_{Yi Sa}—一瓣

只样_{Zhiàng}—正要　　　被帛_{Pi Pǒ}—被子　　　一皮_{Yi Pí}—一片

寻_{Cín}—找　　　　　上部_{Shàng Bòi}—上面　　细篾析_{Sèi Miè Sa}—小竹片

哪侪_{Nǎi Sá}—哪个人　　落心_{Ní Lò Sīn}—放心　　以盏_{Yǐ Cǎn}—这盏

好得_{Hǎo De}—多亏了　　天光_{Tiēn Gāng}—明天　　后部_{Hèu Bòi}—后来

着累你_{Chò Lèi Ní}—多谢你　朝晨_{Zhāo Shén}—早上　　包_{Bāo}—包括

应_{èn}—回答　　　　夜饭_{Yà Fàn}—晚饭　　在里部_{Còi Dī Bòi}—在内

归_{Guī}—回来　　　　慢慢子_{Màn Màn Zi}—慢慢地　气神_{Xì Shén}—精神

清张_{Cīng Zhiāng}—清楚　细声_{Sèi Shiāng}—小声　　冥暗_{Miè àn}—幽暗

摧_{Kò}—敲　　　　　于今_{Yí Jīn}—现在　　旺光_{Wàng Gāng}—极其明亮

第三节　客家话文本之三《祖父的园子》

一、客家话文本及注音

公祖的_{Gōng Da Gì}菜园_{Còi Yén}①

我等_{Ngái Dēn}老屋下_{Lǎo Wū Ha}有_{Yēu}一座_{Yi Cò}大_{Tài}花园_{Fā Yén}，以座_{Yǐ Cò}花园_{Fā Yén}里部_{Dī Bòi}，蜂子_{Fōng Zi}、洋翼扑子_{Yáng Yii Pó Zi}、囊尾_{Néang Mī}、草蜢_{Cǎo Měng}，何者_{Ma Gì}都有_{Dū Yēu}。洋翼扑子_{Yáng Yii Pó Zi}有_{Yēu}白色的_{Pa Sea Gì}、黄色的_{Wáng Sea Gì}。以许_{Yǐ Xǐ}洋翼扑子_{Yáng Yii Pó Zi}很细_{Ha-nín Sèi}，无大_{Ngá Tài}好看_{Hǎo Koàn}。好看的_{Hǎo Koàn Gì}是_{Hì}大红色的_{Tài Fóng Sea Gì}，成身_{Shiáng Shēn}都是_{Dū Hì}金粉_{Jīn Fěn}。

囊尾_{Néang Mī}是_{Hì}金色的_{Jīn Sea Gì}，草蜢_{Cǎo Měng}是_{Hì}绿色的_{Liù Sea Gì}，蜂子_{Fōng Zi}就是_{Ciù}嗡嗡状_{Wēng Wēng Zàn}飞_{Fī}，成身_{Shiáng Shēn}是_{Hì}绒绒子的_{Yóng Yóng Zi Gì}毛_{Māo}，停在_{Tín Còi}一朵花上_{Yi Dǒ Fā Hàng}，阔壮_{Kuè Zàng}，完圆_{Kuēn Yén}，就像_{Ciù Ciàng}一只_{Yi Zha}细细子的_{Sèi Sèi Zi Gì}毛球_{MāoQiú}在花上_{Còi Fā Hàng}动都毋动_{Tōng Dū Ngú Tōng}。

花园_{Fā Yén}里部_{Dī Bòi}，旺光_{Wàng Gāng}，红的_{Fóng Gì}掀红_{Xiēn Fóng}，绿的_{Liù Gì}阔绿_{Kuè Liù}，又靓_{Yèu Ziāng}又新鲜_{Yèu Sīn Siēn}。

① 根据萧红的《祖父的园子》改写。

听到Tiāng Dǎo 屋下的人Wū Ha Gì Ngín 话Wà，以座Yǐ Cò 花园Fā Yén，早先Zǎo Siēn 是Hì 果园Gǒ Yén。母祖ōi Ziǎ 欢喜Fōan Xǐ 食Shi 水果Shěi Gǒ 就Ciù 种了Zhiòng Lǐ 果树Gǒ Shù。母祖ōi Ziǎ 又Yèu 欢喜Fōan Xǐ 畜羊子Qiū Yáng Zi，羊子Yáng Zi 会啮Wòi Ngia 果树Gǒ Shù。果树Gǒ Shù 就Ciù 死盏Sǐ Hei Lǐ 了。到Dào 我Ngái 记事的Jì Sì Gì 常间Cháng Gān，花园Fā Yén 里部Dǐ Bòi 就Ciù 盈了Ngiàng Lǐ 一蔸Yi Dēu 樱桃树Yīn Táo Shù、一蔸Yi Dēu 李子树Lǐ Zǐ Shù，就是Ciù Hì 樱桃树Yīn Táo Shù、李子树Lǐ Zǐ Shù，都Dū 无太Ngú Tài 结东西Jié Dōng Sii 了Lǐ，就该样的Ciù Gaāng Gì，无太Ngú Tài 觉得Gǒ De 以两蔸树Yi Yǎng Dēu Shù 还在Hán Cōi。细细子的Sèi Sèi Zi Gì 常间Cháng Gān，觉得Gǒ De 花园Fā Yén 里部Dǐ Bòi 就Ciù 只有Zhi Yěu 一蔸Yi Dēu 大榆树Tài Yii Shù。

以蔸Yí Dēu 榆树Yii Shù 在花园Cōi Fā Yén 的Gì 角落上Gǒ Lò Hàng，起了风Xǐ Lǐ Fōng，榆树Yii Shù 就会Ciù Wòi 萧萧响Sio Sio Xiǎng，落起雨来Lò Xǐ Yǐi Lói，大榆树Tài Yii Shù 就会Ciù Wòi 先Xiēn 出烟Chii Yiēn。日头Ngii Téu 一出来Yi Chii Lói，大榆树Tài Yii Shù 的Gì 叶子Yè Zi 就会Ciù Wòi 发光Fa Gāng，烁得Yia De 同Tóng 沙滩上Sā Tān Hàng 的Gì 蚌壳Bàng Ko 差无多Zā Ngú Dō。

公祖Gōng Da 成日Shiáng Ngii 都在Dū Cōi 花园Fā Yén 里部Dǐ Bòi，我也Ngái Yā 跟到Gēn Dào 公祖Gōng Da 在该兹Cōi Gǎi Zǐ 走Chō。公祖Gōng Da 戴一顶Dài Yi Diǎng 大麦笠Tài Mà Li，我Ngái 栋一顶Dōng Yi Diǎng 细麦笠Sèi Mà Li，公祖Gōng Da 栽花Zōi Fā，我就Ngái Ciù 栽花Zōi Fā；公祖Gōng Da 拔草Pa Cǎo，我就Ngái Ciù 扯草Chǎ Cǎo。公祖Gōng Da 衍种子Yèi Zhiòng Zi 种Zhiòng 细白菜Sèi Pa Còi 的常间Gì Cháng Gān，我就Ngái Ciù 跟在Gēn Cōi 后部Hèu Bòi，把Bǎ 该许Gǎi Xì 衍过种子Yèi Gǒ Zhiòng Zi 的泥窝子Gì Né Wō Zi，用脚Yòng Jo 一只Yi Zha 一只Yi Zha 走平Chō Piáng，哪兹Nǎi Zǐ 走得Chō De 准Zhěn，东一脚Dōng Yi Jo 西一脚Sii Yi Jo 乱走Loàn Chō。撞得Càng De，莫话Mò Wà 菜籽Còi Zǐi 有Máo 掩上泥e Shāng Né，还把Hán Bǎ 菜籽Còi Zǐi 走盏了Chō Hei Lǐ。

公祖Gōng Da 铲地Cǎn Tì，我也Ngái Yā 铲地Cǎn Tì。我Ngái 特细了Tie Sèi Lǐ，拿毋动Na Ngú Tōng 镢头把Jo Téu Bà，公祖Gōng Da 就把Ciù Bǎ 镢头把Jo Téu Bà 舞下来Wǔ Ha Lói，让我Ngàng Ngái 就拿到Ciù Na Dào 镢头的Jo Téu Gì "头Téu" 来铲Lói Cǎn。哪兹Nǎi Zǐ 是Hì 铲Cǎn，就是Ciù Hì 仆在Pū Cōi 地上Tì Hàng，用镢头Yòng Jo Téu 乱舞Loàn Wǔ 一阵Yi Chèn，也Yā 毋Ngú 认得Ngìn De 何者Ma Gì 是Hì 苗Miáo，何者Ma Gì 是Hì 草Cǎo，总把Zǒng Bǎ 韭菜Jiǔ Còi 当作Dāng Zò 草Cǎo 一起Yi Xǐ 铲盏了Cǎn Hei Lǐ，把Bǎ 狗尾草Gǒ Mǐ Cǎo 当作Dāng Zò 禾串Wó Chòan 留到Liú Dào。

等Děn 公祖Gōng Da 看到Kòan Dào 我Ngái 铲的Cǎn Gì 该块地Gǎi Kuài Tì 留到的Liú Dào Gì 都是Dū Hì 狗尾草Gǒ Mǐ Cǎo，其Jí 就问我Ciù Wèn Ngái："以许是Yǐ Xǐ Hì 何者Ma Gì？"

我话Ngái Wà："是Hì 谷Gu。"

公祖Gōng Da 大声Tài Shiāng 笑起来Siào Xǐ Lói，笑了Siào Lǐ 一阵Yi Chèn，就把Ciù Bǎ 草Cǎo 摘下来Zā Ha Lói 问我Wèn Ngái："你Ní 每晡Mǐ Bū 食的Shi Gì 就是Ciù Hì 以个Yi Gì？"

我话Ngái Wà："着Chò。"

看稳Kòan Wěn 公祖Gōng Da 还在Hán Cōi 笑Siào，我就话Ngái Ciù Wà："你毋信Ní Ngú Sìn，

我Ngái 去屋下Xì Wū Ha 拿来Na Lói 颁你看Bēn Ní Koàn。"

　　我Ngái 跑到Pǎo Dào 屋下Wū Ha 拿了Na Lǐ 鸟子笼上Diāo Zi Lóng Hàng 的Gì 一串Yi Choàn 禾串Wó Choàn，远远子Yěn Yěn Zi 就Cìu 丢颁Diū Bēn 公祖Gōng Da，话Wà："毋是Ngú Hì 一样的Yi Yàng Gì？"

　　公祖Gōng Da 把我Bǎ Ngái 喊过去Hēn Gò Xì，慢慢子Màn Màn Zi 话颁我听Wà Bēn Ngái Tiāng：谷子Gu Zi 是Hì 有芒的Yēu Máng Gì；狗尾草Gǒ Mī Cǎo 就有得Cìu Máo De，毛绒绒Māo Yóng Yóng 像Ciàng 狗尾巴Gǒ Mī Ba。

　　就是Cìu Hì 公祖Gōng Da 教了我Gāo Lǐ Ngái，我Ngái 也有Yā Máo 精细看Zīn Sèi Koàn，马马虎虎Mǎ Mǎ Fú Fú 应到èn Dào 认得了Ngìn De Lǐ。仰头āng Téu，看到Koàn Dào 一只Yi Zha 黄瓜Wáng Guā 长大Zhiǎng Tài 了Lǐ，跑过去Pǎo Gò Xì 摘下来Zā Ha Lói，我就Ngái Cìu 食黄瓜Shi Wáng Guā。黄瓜Wáng Guā 还有Hán Máo 食成Shi Zhiàng，又Yèu 看到Koàn Dào 一只Yi Zha 大囊尾Tài Neáng Mī 从边上Cióng Biēn Hàng 飞过去Fī Gò Xì，就Cìu 丢盍Diū Hei 黄瓜Wáng Guā 又去逐Yèu Xì Jiu 囊尾Neáng Mī 了Lǐ。囊尾Neáng Mī 飞得Fī De 很疾Ha-nín Ja，哪兹Nǎi Zi 逐得到Jiu De Dào。好得Hǎo De，起势Xī Shì 也Yā 有想Yā Máo Siǎng 应要Ngàng òi 捉到Zō Dào。企起来Qi Xī Lói，跟到Gēn Dào 囊尾Neáng Mī 跑了Pǎo Lǐ 几脚Jǐ Jo 就又Cìu Yèu 撩Liào 别Pie 何者Ma Gì 去了Xì Lǐ。摘了Zā Lǐ 一朵Yi Dǒ 番瓠花Pān Pú Fā，捉了Zō Lǐ 一只Yi Zha 绿的Liù Gì 草蜢Cǎo Měng，把Bǎ 草蜢脚Cǎo Měng Jo 用线Yòng Sièn 缔到Tia Dào，缔了Tia Lǐ 一阵Yi Chèn，草蜢脚Cǎo Měng Jo 就Cìu 缔断了Tia Toàn Lǐ，线头上Sièn Téu Hàng 盈到Ngàng Dào 缔了Tia Lǐ 一只Yi Zha 脚髀Jo Bia，草蜢Cǎo Měng 失盍了Shèi Hei Lǐ。

　　撩懒了Liào Lān Lǐ，又Yèu 跑到Pǎo Dào 公祖Gōng Da 该兹Gǎi Zi 乱舞Loàn Wǔ 一阵Yi Chèn，公祖Gōng Da 淋菜Lín Còi，我也Ngái Yā 抢过来Ciǎng Gò Lói 淋Lín，就是Cìu Hì 毋颁Ngú Bēn 菜上Còi Hàng 淋Lín，拿到Na Dào 勺子Shò Zi，尽命Cìn Miàng 颁Bēn 天上Tiēn Hàng 一扬Yi Yáng，大声喊Tài Shiāng Hēn："落雨了Lò Yiǐ Lǐ，落雨了Lò Yiǐ Lǐ"

　　在园子Cōi Yén Zi 里部Dǐ Bòi，日头Ngii Téu 很狼Ha-nín Cēn，天Tiēn 很高Ha-nín Gāo，日头线Ngii Téu Sièn 晟人Chiáng Ngín 晟得Chiáng De 眼珠Ngǎn Zhū 都Dū 睁Ziāng 毋开Ngú Kōi，热得Ngiè De 河螺Hó Xièn 都Dū 毋敢Ngú Gǎn 钻出Zoǎn Chii 地上Tì Hàng 来Lói，夜蝙蝠Yà Biēn Fu 也Yā 毋敢Ngú Gǎn 从Cióng 何者Ma Gì 档下Dàng Ha 飞出来Fī Chii Lói。会在Wòi Cōi 大日头Tài Ngii Téu 底下Děi Ha 现Xièn 的Gì，都是Dū Hì 健的Qièn Gì、靓的Ziāng Gì。拍下子Pa Ha Zi 巴掌Bā Zhiǎng，大树Tài Shù 都会Dū Wòi 响动Xiǎng Tōng；喊一喊Hēn Yi Hēn，就是Cìu Hì 企在Qi Cōi 对面的Dèi Mièn Gì 泥墙Né Ciáng 都会Dū Wòi 应你èn Ní。

　　花开Fā Kōi，就像Cìu Ciàng 花Fā 睡着了Shòi Chò Lǐ 醒了Siǎng Lǐ 样的Yàng Gì。鸟子Diāo Zi 飞走Fī Zěu，就像Cìu Ciàng 鸟子Diāo Zi 在天上Cōi Tiēn Hàng 走Chǒ 样的Yàng Gì。虫子叫Chóng Zi Jào，就像Cìu Ciàng 虫子Chóng Zi 在Cōi 话事Wà Sì 样的Yàng Gì。何者Ma Gì 都是Dū Hì 活的Weo Gì，想要Siǎng òi 做何者Zò Ma Gì，就会Cìu Wòi 做何者Zò Ma Gì。要òi 焉般Yāng Bān，就Cìu 焉般Yāng Bān，都

很Dū Ha-nín自在Cii Cài。番瓠Pān Pú愿Ngièn爬上架Bā Shāng Gà就Ciù爬上架Bā Shāng Gà，愿爬上Ngièn Bā Shāng屋栋Wu Dòng就Ciù爬上Bā Shāng屋栋Wu Dòng。

黄瓜Wáng Guā愿开Ngièn Kōi一朵Yi Dǒ花Fā，就Ciù开Kōi一朵Yi Dǒ花Fā；愿结Ngièn Jié一只Yi Zha瓜Guā，就结Ciù Jié一只Yi Zha瓜Guā；是话Hì Wà，何者都Ma Gì Dū毋愿Ngú Ngièn，就Ciù一只Yi Zha瓜Guā也毋结Yā Ngú Jié，一朵花Yi Dǒ Fā也毋开Yā Ngú Kōi，也有人Yā Máo Ngín问其Wèn Jí、话其Wà Jí。苞粟Bāo Siu愿Ngièn生Sēang几高子Jǐ Gāo Zi就Ciù生Sēang几高子Jǐ Gāo Zi，是话Wà其愿Jí Ngièn长上天Zhiǎng Shāng Tiēn去Xì，也Yā有人Máo Ngín管Goǎn。洋翼扑子Yáng Yii Pó Zi想Siǎng焉般Yāng Bān飞Fī就Ciù焉般Yāng Bān飞Fī，一下子Yi Hà Zi从Cióng墙头上Ciáng Téu Hàng飞Fī过来Gò Lói一对Yi Dèi黄Wáng洋翼扑子Yáng Yii Pó Zi，一下子Yi Hà Zi又Yèu从Cióng墙头上Ciáng Téu Hàng飞Fī走Zěu一只Yi Zha白Pa洋翼扑子Yáng Yii Pó Zi。其等Jí Dèn是Hì从Cióng哪兹Nǎi Zī屋下Wū Ha来的Lói Gì，又Yèu飞到Fī Dào哪兹Nǎi Zī屋下Wū Ha去Xì？日头Ngii Téu也Yā毋Ngú晓得Xiǎo De。

天Tiēn，是Hì蓝的Lan Gì，又Yèu高Gāo又Yèu远Yèn。

白云Pa Yín飘过来的Piāo Gò Lói Gì常间Cháng Gān，莫大Mèn Tài一团Yi Tuán白云Pa Yín，就像Ciù Ciàng衍了Yèi Lǐ花瓣的Fā Pan Gì银子Ngín Zi样的Yàng Gì，从Cióng公祖Gōng Da头上Téu Hàng过的Gò Gì常间Cháng Gān，就像Ciù Ciàng会Wòi筀到Za Dǎo公祖Gōng Da戴的Dài Gì麦笠Mà Lǐ该般Gāi矮ǎi。

我Ngái撩Liào劬Qòi了Lǐ，就在Ciù Cǒi屋底下Wū Děi Ha寻Cín只Zha阴凉的Yīn Liáng Gì档下Dàng Ha睡到Shòi Dǎo。毋要Ngú-mòi枕头Zhěn Téu，毋要Ngú-mòi籍子Cia Zi，捉Zō麦笠Mà Lǐ遮在Zha Cǒi面上Mièn Hàng就睡稳了Ciù Shòi Wěn Lǐ。

二、现代汉语对照文本

祖父的园子①

我家有一个大花园，这花园里蜂子、蝴蝶、蜻蜓、蚂蚱，样样都有。蝴蝶有白蝴蝶、黄蝴蝶。这种蝴蝶小，不太好看。好看的是大红蝴蝶，满身带着金粉。蜻蜓是金的，蚂蚱是绿的，蜂子则嗡嗡地飞着，满身绒毛，落到一朵花上，胖圆得就和一个小毛球似的不动了。

花园里边明晃晃的，红的红，绿的绿，新鲜漂亮。

据说这花园，从前是一个果园。祖母喜欢养羊，羊把果树给啃了，果树渐渐地都死了。到我有记忆的时候，园子就只有一棵樱桃树、一棵李子树，因为

---

① 引自义务教育课程标准实验教科书：语文：九年级下册［M］.南京：江苏凤凰教育出版社，2018：132-136.

樱桃和李子都不大结果子，所以觉得它们并不存在。小的时候，只觉得园子里边就有一棵大榆树。这榆树在园子的西北角上，来了风，榆树先呼叫，来了雨，榆树先冒烟。太阳一出来，榆树的叶子就发光了，它们闪烁得和沙滩上的蚌壳一样。

祖父整天都在园子里，我也跟着他在里面转。祖父戴一顶大草帽，我戴一顶小草帽；祖父栽花，我就栽花；祖父拔草，我就拔草。祖父种小白菜的时候，我就在后边，用脚把那下了种的土窝一个一个地溜平。哪里会溜得准，不过是东一脚西一脚地瞎闹。有时不但没有把菜种盖上，反而把它踢飞了。

祖父铲地，我也铲地。因为我太小，拿不动锄头，祖父就把锄头杆拔下来，让我单拿着那个锄头的"头"来铲。其实，不过是伏在地上，用锄头乱钩一阵。我认不得哪个是苗，哪个是草，往往把谷穗当作野草割掉，把狗尾草当作谷穗留着。

祖父发现我铲的那块地还留着一片狗尾草，就问我："这是什么？"

我说："谷子。"

祖父大笑起来，笑够了，把草拔下来，问我："你每天吃的就是这个吗？"

我说："是的。"

我看祖父还在笑，就说："你不信，我到屋里拿来给你看。"

我跑到屋里拿了一个谷穗，远远地抛给祖父，说："这不是一样的吗？"

祖父把我叫过去，慢慢讲给我听，说谷子是有芒针的，狗尾草却没有，只是毛嘟嘟的，很像狗尾巴。

我并不细看，不过马马虎虎承认下来就是了。一抬头，看见一个黄瓜长大了，我跑过去摘下来，吃黄瓜去了。黄瓜还没有吃完，我又看见一只大蜻蜓从旁边飞过，于是丢下黄瓜又去追蜻蜓了。蜻蜓飞得那么快，哪里会追得上？好在一开始我也没有存心一定要追上，跟着蜻蜓跑了几步就又去做别的了。采一朵倭瓜花，捉一个绿蚂蚱，把蚂蚱腿用线绑上，绑了一会儿，线头上只拴着一条腿，蚂蚱不见了。

玩腻了，我又跑到祖父那里乱闹一阵。祖父浇菜，我也过来浇，但不是往菜上浇，而是拿着水瓢，拼尽了力气，把水往天空一扬，大喊着："下雨啰！下雨啰！"

太阳在园子里是特别大的，天空是特别高的。太阳光芒四射，亮得使人睁不开眼睛，亮得蚯蚓不敢钻出地面来，蝙蝠不敢从黑暗的地方飞出来。凡是在太阳下的，都是健康的、漂亮的。拍一拍手，仿佛大树都会发出声响；叫一两声，好像对面的土墙都会回答。

花开了，就像睡醒了似的。鸟飞了，就像在天上逛似的。虫子叫了，就像虫子在说话似的。一切都活了，要做什么，就做什么。要怎么样，就怎么样，都是自由的。倭瓜愿意爬上架就爬上架，愿意爬上房就爬上房。黄瓜愿意开一朵花，就开一朵花，愿意结一个瓜，就结一个瓜。若都不愿意，就是一个瓜也不结，一朵花也不开，也没有人问它。玉米愿意长多高就长多高，它若愿意长上天去，也没有人管。蝴蝶随意地飞，一会儿从墙头上飞来一对黄蝴蝶，一会儿又从墙头上飞走一只白蝴蝶。它们是从谁家来的，又要飞到谁家去？太阳也不知道。

天空蓝悠悠的，又高又远。

白云来了，一大团一大团的，从祖父的头上飘过，好像要压到了祖父的草帽上。

我玩累了，就在房子底下找个阴凉的地方睡着了。不用枕头，不用席子，把草帽遮在脸上就睡了。

三、本文的客家话词语词义及读音

仿宋体为客家话词语，下标音节为客家话读音，宋体加粗为现代汉语词义，更加详细的释义请查阅第三章相关词语。

公祖 Gōng Da —**祖父**　　盈 Yiāng —**剩下**　　撞得 Càng De —**有的时候**

里部 Dī Bòi —**里面**　　一蔸 Yi Dēu —**一棵**　　食得 Shi De —**可以吃**

洋翼扑子 Yáng Yii Pó Zi —**蝴蝶**　　淋 Lín —**浇水**　　特细了 Tie Sèi Li —**太小**

囊尾 Neáng Mī —**蜻蜓**　　就该样的 Ciù Gaāng Gì —**因此**　　镢头 Jo Téu —**锄头**

草蜢 Cǎo Měng —**蚂蚱**　　落雨 Lò Yiǐ —**下雨**　　仆 Pū —**趴**

阔壮 Kuè Zàng —**胖、壮实**　　日头 Ngii Téu —**太阳光、太阳**　　禾串 Wó Choàn —**谷穗**

完圆 Kuēn Yén —**很圆**　　狠 Cěn —**烈日**　　话颁我听 Wà Bēn Ngái Tiāng —**说给我听**

何者 Ma Gì —**什么**　　该兹 Gǎi Zī —**那里**

以许 Yǐ Xǐ —**这些**　　麦笠 Mà Li —**草帽**　　应 èn —**回答**

无太 Ngú Tài —**不太**　　栋 Dòng —**头上顶着**　　好得 Hǎo De —**幸亏**

成身 Shiáng Shēn —**全身**　　衍 Yèi —**撒下**　　起势 Xǐ Shì —**开始**

靓 Yèu Ziāng —**漂亮**　　哪兹 Nǎi Zī —**哪里**　　捉 Zō —**抓、拿**

畜 Qiū —**饲养**　　走 Chō —**遛、逛**　　几脚 Jī Jo —**几步**

番瓟 _{Pān Pú}—南瓜 话事 _{Wà Sì}—说话 莫大 _{Mèn Tài}—非常大

缔 _{Tia}—捆绑 是话 _{Hì Wà}—如果 笮 _{Za}—压

脚髀 _{Jo Bia}—大腿 苞粟 _{Bāo Siu}—玉米 劬 _{Qòi}—疲劳、累

失盍了 _{Shèi Hei Lǐ}—丢失 生 _{Seāng}—长 档下 _{Dàng Ha}—地方

晟 _{Chiáng}—耀眼 几 _{Jǐ}—多么 籍子 _{Cia Zi}—席子

河蚿 _{Hó Xién}—蚯蚓 晓得 _{Xiǎo De}—知道 面上 _{Mièn Hàng}—脸上

健 _{Qièn}—健康、身体好

第四节 客家话文本之四《猫》

一、客家话文本及注音

我等 _{Ngái Dēn} 屋下的 _{Wū Ha Gì} 细猫工 _{Sèi Miào Gōng} ①

我等 _{Ngái Dēn} 屋下 _{Wū Ha} 畜过 _{Qiù Gò} 几道 _{Jǐ Tào} 猫工 _{Miào Gōng}，后部 _{Hèu Bòi} 无是 _{Ngú Hì} 失盍了 _{Shèi Hei Lǐ} 就是 _{Ciù Hì} 死盍了 _{Sǐ Hei Lǐ}。三老妹 _{Sān Lǎo Mòi}，很欢喜 _{Ha-nín Foān Xǐ} 猫子 _{Miào Zi}，其 _{Jí} 从学堂 _{Cióng Hò Táng} 归来 _{Gūi Lói} 总 _{Zǒng} 欢喜 _{Foān Xǐ} 同 _{Tóng} 猫子 _{Miào Zi} 撩 _{Liào}。有一道 _{Yēu Yi Tào}，同 _{Tóng} 隔壁 _{Gā Bia} 邻舍 _{Lín Shà} 到 _{Qiú Dǎo} 了 _{Lǐ} 一只 _{Yi Zha} 样 _{Zhiàng} 降的 _{Jiòng Gì} 细猫子 _{Sèi Miào Zi}，其 _{Jí} 的毛 _{Jí Gì Māo} 是 _{Hì} 花白色的 _{Fā Pa Sea Gì}，很欢喜 _{Ha-nín Foān Xǐ} 动 _{Tōng}，总在 _{Zǒng Cói} 走廊的 _{Zěu Láng Gì} 日头 _{Ngii Téu} 底下 _{Děi Ha} 滚来滚去 _{Gǔn Lói Gǔn Xì}，舞到 _{Wǔ Dǎo} 就 _{Ciù} 好像 _{Hǎo Ciàng} 一只 _{Yi Zha} 染到泥 _{Niěn Dǎo Né} 的 _{Gì} 白雪球 _{Pa Siē Qí ú} 样的 _{Yàng Gì}。

三老妹 _{Sān Lǎo Mòi} 总是 _{Zǒng Hì}，拿 _{Na} 一根红线 _{Yi Gēn Fóng Sièn}，无是 _{Ngú Hì} 就拿 _{Ciù Na} 一根绳子 _{Yi Gēn Shén Zi}，在 _{Cói} 其 _{Jí} 面前 _{Mièn Cién} 曳来曳去 _{Yià Lói Yià Xì}，其 _{Jí} 就会 _{Ciù Wòi} 扑过来 _{Pù Gò Lói} 争 _{Ziāng}。我 _{Ngái} 坐在 _{Cō Cói} 藤椅上 _{Tén Yǐ Hàng} 笑笑姿 _{Siào Siào Zi} 看到 _{Koàn Dǎo} 其等 _{Jí Dēn}，看得 _{Koàn De} 过 _{Gò} 一两个 _{Yi Yǎng Gì} 钟头。该阵子 _{Gǎi Chèn Zi}，日头 _{Ngii Téu} 泛暖 _{Fa Noān} 晟稳 _{Chiáng Wěn}，心里 _{Sīn Lǐ} 知得 _{Dī De} 细头牲 _{Sèi Téu Chu} 的 _{Gì} 新鲜 _{Sīn Siēn} 络 _{Lào} 安乐 _{oān Lò}。后部 _{Hèu Bòi}，以只 _{Yǐ Zha} 猫工 _{Miào Gōng} 毋晓得 _{Ngú Xiǎo De} 焉般 _{Yàng Bān} 刹时 _{Sa Shiāng} 瘦盍了 _{Sèu Hei Lǐ}，也 _{Yǎ} 毋颌 _{Ngú Hěn} 食东西 _{Shi Dōng Sii}，毛 _{Māo} 也 _{Yǎ} 有亮光 _{Máo Liàng Gāng} 了 _{Lǐ}，成日 _{Shiāng} 蜷在 _{Kuēn Cói} 厅下的 _{Tiāng Ha Gì} 椅子 _{Yǐ Zi} 底下 _{Děi Ha}，毋颌 _{Ngú Hěn} 出来 _{Chii Lói}。三妹 _{Sān Mòi} 用 _{Yòng} 何者 _{Ma Gì} 法子 _{Fa Zi} 撩 _{Liào} 其 _{Jí}，其 _{Jí} 都 _{Dū} 毋睬 _{Ngú So}。我等 _{Ngái Dēn} 都 _{Dū} 操心 _{Cāo Sīn} 其 _{Jí} 病

---

① 根据郑振铎的《猫》改写。

了Piàng Lǐ。三妹Sān Mòi 特事Tè Sì 买了Mǎi Lǐ 一只Yi Zha 点点子大Diēn Diēn Zi Tài 的Gì 铜铃铛Tóng Liǎng Dāng，穿Choān 一条Yi Tiáo 红带子Fōng Dài Zǐ，挽在Kuàn Cōi 其颈筋上Jiǎng Jīn Hàng，真毋像样Zhēn Ngú Ciàng，挽到Kuàn Dào 铜铃铛的Tóng Liǎng Dāng Gì 猫工Miào Gōng 还是Hàn Hì 有何者Yǒu Má Gì 气神Xì Shén，总是Zǒng Hì 懒懒子Lǎn Lǎn Zi、有味道地Yǒu Wèi Tào Gì 睡到Shòi Dào。有一晡Yěu Yi Bū 当昼子Dāng Zhù Zi，我Ngài 从Cióng 编译所Biēn Yì Só 归来Gūi Lói，三妹Sān Mòi 很伤心地Ha-nín Shāng Sīn Gì 话Wà："哥哥Gō Gō，细猫子Sèi Miào Zi 死盖了Sǐ Hèi Lǐ！"

我心里Ngái Sīn Lǐ 也觉得Yā Gó De 无太Ngú Tài 安落oān Lò，可怜Kó Lièn 该只Gǎi Zha 两个来月Liǎng Gì Lói Ngiè 做阵Zò Chèn 的Gì 细性命Sèi Seàng Miàng！只好Zhī Hǎo 安慰oān Wèi 三妹Sān Mòi 话Wà："无要紧Ngú Mòi Jin，我再寻Ngái Zài Cín 别人家Piè Ngín Ga 舞Wǔ 一只Yi Zha 来颁你Lói Bēn Ní 做阵Zò Chèn。"

间了Gàn Lǐ 几晡Bū，二老妹Nì Lǎo Mòi 从Cióng 舅舅Qiū Qiū 屋下Wù Ha 归Gūi，其话Jí Wà，舅舅Qiū Qiū 该兹Gǎi Zi 有Yěu 三四只San Sìi Zha 细猫子Sèi Miào Zi，真有Zhēn Yěu 味道Wèi Tào，打算Dǎ Soàn 送人Sòng Ngín 呢Nè。三妹Sān Mòi 就Ciù 唆到其Só Dǎo Jí 去Xì 拿Na 一只Yi Zha 归来Gūi Lói。礼拜天Lǐ Bài Tiēn，阿母Ngū Mēi 归来Gūi Lói，带了Dài Lǐ 一只Yi Zha 成身Shiǎng Shēn 黄色的Wǎng Sea Gì 细猫子Sèi Miào Zi。刹时Sa Shiāng 三妹Sān Mòi 又欢喜上了Yěu Foān Xǐ Shǎ ng Lǐ 以只Yǐ Zha 黄猫子Wǎng Miào Zi。以只Yǐ Zha 黄猫子Sèi Miào Zi 比Bǐ 该只Gǎi Zha 花白猫子Fā Pa Miào Zi 更有味道Gèn Yěu Wèi Tào，更欢喜动Gèn Foān Xǐ Tōng。其在Jí Cōi 园子里部Yièn Zi Dǐ Bòi 上下Shǎng Ha 成处Shiǎng Chà 乱飙Loàn Biāo，又会Yěu Wòi 爬树Ba Shù，撞得Càng De，洋翼扑子Yáng Yii Pó Zi 轻轻子Qiāng Qiāng Zi 飞过Fī Gò，其Jí 也会Yā Wòi 扑过去Pù Gò Xì 捉Zò。其Jí 有点子Yěu Diēn 特Tie 欢喜动Foān Xǐ Tōng 了Lǐ，一点Diēn 也Yā 毋怕Ngú Pa 生当人Seàng Dàng Ngín，撞得Càng De 从Cióng 树上Hàng 飙到Biāo Dào 墙上Ciáng Hàng，跑到Pǎo Dào 街上Gāi Hàng 去Xì，在Cōi 该兹Gǎi Zi 炙日头Zha Ngii Téu 我等Ngái Dēn 总要Zǒng òi 操心Cāo Sīn 其Jí，成日Shiǎng 都要问Dū Ai Wèn "细猫子Sèi Miào Zi 呢Nè？又踔在Yěu Co Cōi 哪兹Nài Zi 去了Xì Lǐ？" 道道Tào Tào 总要Zǒng òi 寻一阵Cín Yi Chèn，只样Zhiàng 寻得到Cín Dè Dào。三妹Sān Mòi 总是Zǒng Hì 指到其Zhǐ Dǎo Jí 笑稳Siào Wěn 骂Mà："你Nì 以只Yǐ Zha 细猫子Sèi Miào Zi，是话Hì Wà，被Bēn 告化Gào Fà 捉到Zǒ Dǎo 就Ciù 毋得Ngú De 乱跑了Loàn Pǎo Lǐ！" 我Ngái 归屋下Gūi Wù Ha 食昼饭Shí Zhù Fàn，总Zǒng 看到Koàn Dào 其Jí 坐在Có Cōi 铁门Tiě Mén 外部Ngòi Bòi，一看到Yi Koàn Dào 我进门Ngái Zìn Mén，就Ciù 疾疾Ja Ja 跑进屋去Pǎo Zìn Wu Xì。我等Ngái Dēn 食Shí 成Zhiàng 饭Fàn，就Ciù 看Koàn 其Jí 爬树Ba Shù。身子Shēn Zi 屏在Biàng Cōi 日头线Ngii Téu Sièn Chiáng 无太到的Ngú Tài Dào Gì 树叶Shù Yè 里部Dǐ Bòi，好像Hǎo Ciàng 是在Hì Cōi 等稳Děn Wěn 捉Zò 何者东西Ma Gì Dōng Sii。把其Ba Jí 捧下来Běng Ha Lói，一松手Yi Sōng Shǔ，又Yěu 挥疾Fī Ja 爬上去Ba Shāng Xì。过了Gò Lǐ 两三个月Liǎng San Gì Ngiè，其Jí 学会Ho Wòi 捉老鼠Zò Lǎo Shǔ 了Lǐ。有一道Yěu Yi Tào，其Jí 还Hàn 捉到Zǒ Dǎo 一只Yi Zha 莫大的Mèn Tài Gì 老鼠Lǎo Shǔ，后部Hèu Bòi，晏晡ân Bū 就Ciù 听毋到Tiāng Ngú Dào 得人恼的De Ngín Nǎo Gì 吱吱

声了Zhi Zhi Shiāng Lǐ。

一晡Yi Bū朝晨Zhāo Shēn，我Ngái旷了床Hàng Lǐ Cáng，披件衫Pia Qièn Sān下楼Ha Léu，右看到Mào Koàn Dào细猫子Sèi Miào Zi，在园子Cói Yén Zi里部Dī Bòi寻了Cín Lǐ一阵Yi Chèn，也右Yā Mào寻到Cín Dào。心想Sīn Siǎng：无是Ngú Hì走Zěu失盖了Shèi Hei Lǐ吧Ba。

"三妹Sān Mòi，细猫子Sèi Miào Zi呢Nē？你Ní看到了Koàn Dào Lǐ吗Má？"

其Jí疾疾Ja Ja跑下楼Pǎo Ha Léu来Lói，应我èn Ngái："我Ngái恰先Ga Siēn也Yā寻了Cín Lǐ一阵Yi Chèn，右看到Mào Koàn Dào。"屋下的人Wǔ Ha Gì Ngín都Dū帮到Bāng Dào寻Cín，哪兹都Nǎi Zī Dū寻交了Cín Gāo Lǐ，也Yā右寻到Mào Cín Dào。

李嫂话Lǐ Sáo Wà："我Ngái朝晨Zhāo Shēn旷床Hàng Cáng起来Xǐ Lói开门Kōi Mén，还看到Hán Koàn Dào其Jí在厅下Cói Tiāng Ha。煮饭食Zhǔ Fàn Shi的常间Gì Cháng Gān，只样Zhiàng毋见的Ngú Jièn Gì。"

大家Tài Ga都Dū奔谢Da Sié，好像Hǎo Ciàng失盖了Shèi Hei Lǐ一个Gì常日Cháng Ngii做一合Zò Yi Hà的阵Gì Chèn，就是Ciù Hì常日间Cháng Ngii Gān无太Ngú Tài欢喜其Foān Xǐ Jí的Gì张叔母Zhiāng Shu Mēi都话Dū Wà："可惜了Kǒ Sii Lǐ，可惜了Kǒ Sii Lǐ，该般好的Gān Hǎo Gì一只Yi Zha细猫子Sèi Miào Zi。"

我Ngái还有点子Hán Yēu Diēn Zi盼Pàn，把作Ba Zò其Jí毋惊觉Ngú Jāng Go跑远了Pǎo Yiěn Lǐ，过阵子Gò Chèn Zi就会Ciù Wòi认得路Ngìn De Lù自家Cī Ga归Gūi。

昼饭Zhù Fàn常间Cháng Gān，张叔母Zhiāng Shu Mēi话Wà："恰先Ga Siēn撞到Càng Dào隔壁Gā Bia周家的Zhū Ga Gì丫头a Téu，其话Jí Wà，朝晨Zhāo Shēn看到Koàn Dào我等Ngái Dēn屋下Wǔ Ha的细猫子Gì Sèi Miào Zi在门口Cói Mén Hèu，被Bèn一个Yi Gì过路的人Gò Lù Gì Ngín捉走了Zō Zěu Lǐ。"

真的Zhēn Gì失盖了Shèi Hei Lǐ！三妹Sān Mòi很着气Ha-nín Chò Xì，啜上Zhòi Hàng叽叽咕咕话Ji Ji Gu Gu Wà："真是的Zhēn Hì Gì！其等Jí Dēn看到了Koàn Dào Lǐ，焉般Yàng Ban毋出来Ngú Chii Lói话下子Wà Ha Zi？其等Jí Dēn晓得Xiǎo De细猫子Sèi Miào Zi是Hì我等屋下Ngái Dēn Wǔ Ha的Gì！"

我Ngái也有Yā Yēu点子Diēn着气Chò Xì，无好Ngú Hǎo话点子Wà Diēn Zi何者Ma Gì，心里Sīn Lǐ也咒Yā Zhù该只Gāi Zha毋晓得Ngú Xiǎo De名字Miáng Sì、偷走Tēu Zěu我等Ngái Dēn好东西Hǎo Dōng Sii的贼牯Gì Cèi Gǔ。

后部Hèu Bòi，我等Ngái Dēn屋下Wǔ Ha间了Gàn Lǐ莫久Mèn Jiǔ都右Dū Mào再畜Zài Qiù猫工Miào Gōng了Lǐ。

冬下的Dōng Ha Gì朝晨Zhāo Shēn，门口Mén Hèu蜷稳Kuēn Wěn一只Yi Zha很Ha-nín得人Ngín可怜的Kǒ Lién Gì细猫子Sèi Miào Zi。毛是Mào Hì花白色的Fā Pa Sea Gì，无好看Ngú Hǎo Koàn，又Yèu瘠瘦Jiè Sèu。其Jí仆稳Pù Wěn在该兹Cói Gāi Zī毋走Ngú Zěu。我等Ngái Dēn就Ciù留下其Liú Ha Jí来Lói

畜到 Qiū Dǎo，该就 Gǎi Ciù 毋得 Ngú De 在冬下 Cōi Dōng Ha 冻死 Dòng Sǐ、饿死 Ngò Sǐ。张叔母 Zhiāng Shu Mēi 捡其 Jiěn Jí 进来 Zìn Lói，每日 Mī Ngii 颁其 Bēn Jí 饭食 Fàn Shi。该阵子 Gǎi Chèn Zǐ，大家都 Tài Ga Dū 无太 Ngú Tài 欢喜其 Foān Xǐ Jí，其又 Jí Yèu 无好 Ngú Hǎo 撩 Liào，也 Yā 无像 Ngú Ciàng 盈的 Yíang Gì 细猫子 Sèi Miào Zǐ 该样地 Gaāng Gi 成处 Shiāng Chu 乤 Chō，好像 Hǎo Ciàng 天生 Tiēn Seāng 就 Ciù 乤谢 Da Sié，就连 Ciù Lién 三妹 Sān Mòi 该般欢喜 Gǎn Foān Xǐ 猫子 Miào Zǐ 的人 Gì Ngín，都 Dū 无太 Ngú Tài 上心 Shà ng Sīn。以样子 Yǐ Yàng Zǐ，过了 Gò Lǐ 几个月 Jí Gì Ngiè，其在 Jí Cōi 我等屋下 Ngái Dēn Wū Ha 还是 Hán Hì 一只 Yi Zha 话有 Wà Yēu 就算有 Ciù Soàn Yēu、话有 Wà Máo 就算有 Ciù Soàn Máo 的活物 Gì Weo Wu。其慢慢子 Màn Màn Zǐ 就 Ciù 壮了 Zàng Lǐ，还是 Hán Hì 无太 Ngú Tài 欢喜 Foān Xǐ 动 Tōng。大家 Tài Ga 在走廊 Cō i Zěu Láng Hàng 上炙日头 Zha Ngii Téu 闲谈 Hán Tán 的常间 Gì Cháng Gān，其也总是 Jí Yā Zǒng Hì 会来 Wòi Lói 蜷在 Kuēn Cōi 阿母 Ngū Mēi、无是 Ngú Hì 就是 Ciù Hì 三妹 Sān Mòi 的脚下 Gì Jo Ha。三妹 Sān Mòi 撞得 Càng De 也会 Yā Wòi 撩 Liáo 其 Jí 撩 Liào，有得 Máo De 对前头两只 Cién Téu Yǎng Zha 细猫子 Sèi Miào Zǐ 该般好 Gǎn Hǎo、该般上心 Gǎn Shà ng Sīn。一日晡 Yi Ngii Bū，其晏晡 Jí àn Bū 怕冷 Pa Lāng，钻到 Zoān Dào 火炉子 Fǒ Lú Zǐ 底下 Děi Ha 去了 Xì Lǐ，毛 Māo 被 Bēn 烧脱 Shāo To 几块 Jǐ Kuài，觉得 Go De 更无好看 Gèn Ngú Hǎo Koàn 了 Lǐ。

到了 Dào Lǐ 春上 Chēn Hàng，其 Jí 成了 Shiāng Lǐ 一只 Yi Zha 阔壮的 Kuè Zàng Gì 猫工 Miào Gōng，还是 Hán Hì 毋欢喜 Ngú Foān Xǐ 动 Tōng、还是 Hán Hì 心事 Sīn Sì 很重 Ha-nín Chiōng 的样子 Gì Yàng Zǐ，也 Yā 毋去 Ngú Xì 捉老鼠 Zō Lǎo Shǔ，成日 Shiàng Ngii 端懒地 Dè Lān Gì 仆到 Pù Dào，食得 Shi De 阔壮 Kuè Zàng。

以个 Yǐ Gì 常间 Cháng Gān，我老婆 Ngái Lǎo Pó 买归来 Mǎi Gūi Lói 一对 Yi Dèi 黄色的 Wáng Sea Gì 安作 oān Zo 芙蓉鸟子 Fú Yóng Diāo Zǐ，畜在 Qiū Cōi 笼子里 Lóng Zǐ Lǐ 挂在 Guà Cōi 走廊上 Zěu Láng Hàng，叫得 Jào De 很好听 Ha-nín Hǎo Tiāng。老婆 Lǎo Pó 总要 Zǒng òi 喊稳 Hēn Wěn 张叔母 Zhiāng Shu Mēi 记得 Jì De 换水 Woàn Shěi、添鸟子食 Tiēn Diāo Zi Shi、洗笼子 Sě Lóng Zi。该只 Gǎi Zha 花白猫工 Fā Pa Miào Gōng，看到 Koàn Dào 该两只 Gǎi Yǎng Zha 黄鸟子 Wáng Diāo Zǐ，好像 Hǎo Ciàng 也 Yā 很上心 Ha-nín Shà ng Sīn，总是 Zǒng Hì 飙到 Biāo Dào 桌上 Zo Hàng，死死地 Sǐ Sǐ Gì 觑稳 Chī Wěn 鸟子笼 Diāo Zi Lóng。

老婆话 Lǎo Pó Wà："张叔母 Zhiāng Shu Mēi，看稳 Koàn Wěn 猫工 Miào Gōng，其 Jí 会食 Wòi Shi 鸟子 Diāo Zǐ 的呢 Gì Nè。"

张叔母 Zhiāng Shu Mēi 跑过来 Pǎo Gò Lói 把 Bǎ 猫工 Miào Gōng 捉出去 Zō Chii Xì。隔阵子 Gā Chèn Zǐ，其又 Jí Yèu 爬上桌 Ba Shà ng Zo 死死地 Sǐ Sǐ Gì 觑稳 Chī Koàn 鸟子笼 Diāo Zi Lóng。

一晡 Yi Bū，我 Ngái 下楼 Ha Léu 的常间 Gì Cháng Gān，听到 Tiāng Dǎo 张叔母 Zhiāng Shu Mēi 在该兹 Cōi Gǎi Zī 喊 Hēn："鸟子 Diāo Zǐ 死盍了 Sǐ Hei Lǐ 一只 Yi Zha，一只脚髀 Yi Zha Jo Bia 被 Bēn 啮盍了 Ngia Hei Lǐ，笼子 Lóng Zi 底下 Děi Ha 都是 Dū Hì 血 Xiě。是 Hì 何者东西 Ma Gì Dōng Sii 把其 Bǎ Jí 啮死的 Ngia Sǐ Gì？"

我 Ngái 疾疾 Ja Ja 跑下楼 Pǎo Ha Léu 一看 Koàn，真的 Gì 一只 Yi Zha 鸟子 Diāo Zǐ 死盍了 Sǐ Hei Lǐ，

其的(Ji Gì)毛(Mǎo)散到(Sàn Dǎo)成处(Shiàng Chù)，好像(Hǎo Ciàng)其(Jí)同(Tóng)唔其(M̀ Ngia Jí)的东西(Gì Dōng Sii)争了(Ziāng Lǐ)莫久(Mèn Jiǔ)。

我(Ngái)莫发火(Mèn Fa Fǒ)，喊到(Hēn Dǎo)话(Wà)："应是(Ngàng Hì)猫工(Miào Gōng)，应是(Ngàng Hì)猫工(Miào Gōng)！"转身(Zhoǎn Shēn)就去(Ciù Xì)寻其(Cín Jí)。

老婆(Lǎo Pó)听到了(Tiāng Dǎo Lǐ)，也(Yā)疾疾(Ja Ja)跑下来(Pǎo Ha Lói)，看到(Koàn Dǎo)死鸟子(Sǐ Diāo Zi)，很伤心(Ha-nín Shāng Sīn)，话(Wà)："无是(Ngú Hì)该只(Gǎi Zha)猫工(Miào Gōng)唔死的(Nìa Sǐ Gì)还有(Hán Yēu)哪人(Nǎi Ngín)？其(Jí)总看稳(Zǒng Koàn Wěn)鸟子笼(Diāo Zi Lóng)，我(Ngái)总喊(Zǒng Hēn)张叔母(Zhiāng Shu Mēi)要(òi)看稳点子(Koàn Wěn Diēn Zi)。张叔母(Zhiāng Shu Mēi)！你(Ní)焉般(Yāng Bān)毋看稳(Ngú Koàn Wěn)？"张叔母(Zhiāng Shu Mēi)毋作声(Ngú Zò Shiāng)，无好(Ngú Hǎo)话(Wà)何者(Ma Gì)来争(Lói Ziāng)。

猫工(Miào Gōng)唔鸟子(Ngia Diāo Zi)的(Gì)罪(Cèi)就(Ciù)该样地(Gaāng Gi)定下来了(Tìn Ha Lói Lǐ)。大家(Tài Ga)都去寻(Dū Xì Cín)该只(Gǎi Zha)得人恼的(De Ngín Nǎo Gì)猫工(Miào Gōng)，想(Siǎng)打其(Da Jí)一阵(Yi Chèn)出下子气(Chii Ha Zi Xì)。寻了(Cín Lǐ)半昼(Bàn Zhù)，都(Dū)冇寻到(Máo Cín Dǎo)。我(Ngái)把作(Ba Zuò)：其逃盍了(Jí Táo Hei Lǐ)。

三妹(Sān Mòi)在楼上(Cōi Léu Hàng)喊(Hēn)："猫工(Miào Gōng)在以兹(Cōi Yǐ Zǐ)。"其(Jí)睡在(Shòi Cōi)露台地板上(Lù Tói Tì Bǎn Hàng)炙日头(Zha Ngii Téu)，冇点子(Máo Diēn Zi)怕的(Pà Gì)样子(Yàng Zi)，啜上(Zhòi Hàng)好像(Hǎo Ciàng)还在(Hán Cōi)食稳(Shi Wěn)何者(Ma Gì)。我(Ngái)心想(Sīn Siǎng)，座定(Cò Tìn)其(Jí)在该兹(Cōi Gǎi Zǐ)食(Shi)鸟子的(Diāo Zi Gì)脚髀(Jo Bia)。看到(Koàn Dào)其(Jí)该个(Gǎi Gì)样子(Yàng Zi)，火气(Fǒ Xì)莫大(Mèn Tài)，拿起(Na Xi)楼门口(Léu Mén Hēu)凭到(Pèn Dǎo)的(Gì)一根木棍(Yi Gēn Mu Gùn)，逐过去(Jiu Gò Xì)打了(Da Lǐ)一棍(Yi Gùn)。其(Jí)很(Ha-nín)凄声地(Cii Shiāng Gì)叫了(Jào Lǐ)一声(Yi Shiāng)"咪呜"(Mi-u)，就(Ciù)逃到(Táo Dào)屋瓦上(Wǔ Ngǎ Hàng)了(Lǐ)。我(Ngái)心里(Sīn Lǐ)还有(Hán Yēu)火气(Fǒ Xì)，觉得(Go De)气(Xì)还有(Hán Máo)出够(Chii Gèu)。

间了(Gàn Lǐ)几日(Jǐ Ngii)，李嫂(Lǐ Sǎo)在楼下(Cōi Léu Ha)喊(Hēn)："猫工(Miào Gōng)，猫工(Miào Gōng)！又来(Yèu Lói)偷(Tēu)鸟子(Diāo Zi)食了(Shi Lǐ)。"我(Ngái)看到(Koàn Dǎo)一只(Yi Zha)黑猫工(Hei Miào Gōng)挥疾(fi ja)逃过(Táo Gò)露台(Lù Tói)，啜上(Zhòi Hàng)衔稳(Hán Wěn)一只(Yi Zha)黄鸟子(Wáng Diāo Zi)。我(Ngái)只样(Zhiàng)晓得(Xiǎo De)我等(Ngái Dēn)错怪了(Cò Guài Lǐ)！

我(Ngái)心里(Sīn Lǐ)十分(Shi Fēn)无安落(Ngú oān Lò)，真的(Zhēn Gì)，我的(Ngái Gì)良心(Liáng Sīn)无安落(Ngú oān Lò)，自家(Cì Ga)冇(Máo)舞(Wǔ)清张(Cīng Zhiāng)，就(Ciù)随便(Séi Pièn)乱下结论(Loàn Ha Jiē Lùn)，冤枉了(Yēn Wǎng Lǐ)一只(Yi Zha)毋会(Ngú Wòi)话事(Wà Sì)、毋会(Ngú Wòi)争的(Ziāng Gì)头牲(Téu Seāng)。

我(Ngái)很想(Ha-nín Siǎng)补(Bǔ)我的错(Ngái Gì Co)，该使(Gǎi Shi)，其(Jí)又(Yèu)听毋懂(Tiāng Ngú Dong)我话的(Ngái Wà Gì)，我要(Ngái òi)焉般(Yāng Bān)同(Tóng)其(Jí)话(Wà)清张(Cīng Zhiāng)呢(Ně)?

两个月(Yǎng Gì Ngiè)后(Hèu)，我等的(Ngái Dēn Gì)猫工(Miào Gōng)，刹时(Sa Shiāng)死在(Sǐ Cōi)邻舍的(Lín Shà Gì)屋栋上(Wu Dòng Hàng)。看到(Koàn Dǎo)其的(Jí Gì)死(Sǐ)，比(Bǐ)前头(Cién Téu)两只(Yǎng Zha)猫

工_{Miào Gōng} 失盏_{Shēi Hei}，我_{Ngái} 更_{Gèn} 无安落_{Ngú oān Lò}。再都_{Zài Dū} 冇法子_{Máo Fa Zi} 补我的过_{Bǔ Ngái Gì Gò}了_{Lī}！

后部_{Hèu Bòi}，我等屋下_{Ngái Dēn Wǔ Ha} 再都_{Zài Dū} 毋畜_{Ngú Qiǔ} 猫工_{Miào Gōng} 了_{Lī}。

二、现代汉语对照文本

猫①

我家养了好几次的猫，结局总是失踪或死亡。三妹是最喜欢猫的，她常在课后回家时，逗着猫玩。有一次，从隔壁要了一只新生的猫来。花白的毛，很活泼，常如带着泥土的白雪球似的，在廊前太阳光里滚来滚去。三妹常常地，取了一条红带，或一根绳子，在它面前来回地拖摇着，它便扑过来抢，又扑过去抢。我坐在藤椅上看着他们，可以微笑着消耗过一二小时的光阴，那时太阳光暖暖地照着，心上感着生命的新鲜与快乐。后来这只猫不知怎地忽然消瘦了，也不肯吃东西，光泽的毛也污涩了，终日躺在厅上的椅下，不肯出来。三妹想着种种方法去逗它，它都不理会。我们都很替它忧郁。三妹特地买了一个很小很小的铜铃，用红绫带穿了，挂在它颈下，但只观得不相称，它只是毫无生意地、懒惰地、郁闷地躺着。有一天中午，我从编译所回来，三妹很难过地说道："哥哥，小猫死了！"

我心里也感着一缕的酸辛，可怜这两月来相伴的小侣！当时只得安慰着三妹道："不要紧，我再向别处要一只来给你。"

隔了几天，二妹从虹口舅舅家里回来，她道，舅舅那里有三四只小猫，很有趣，正要送给人家。三妹便怂恿着她去拿一只来。礼拜天，母亲回来了，却带了一只浑身黄色的小猫同来。三妹一部分的注意立刻又被这只黄色小猫吸引去了。这只小猫较第一只更有趣，更活泼。它在园中乱跑，又会爬树，有时蝴蝶安详地飞过时，它也会扑过去捉。它似乎太活泼了，一点儿也不怕生人，有时由树上跃到墙上，又跑到街上，在那里晒太阳。我们都很为它提心吊胆，一天都要"小猫呢？小猫呢"地查问好几次。每次总要寻找了一回，方才寻到。三妹常指它笑着骂道："你这小猫呀，要被乞丐捉去后才不会乱跑呢！"我回家吃中饭，总看见它坐在铁门外边，一见我进门，便飞也似的跑进去了。饭后的娱乐，是看它在爬树。隐身在阳光隐约里的绿叶中，好像在等待着要捕捉什么似的。把它捉了下来，又极快地爬上去了。过了二三个月，它会捉鼠了。有一次，它居然捉到一只很肥大的鼠，自此，夜间便不再听见讨厌的吱吱的声了。

---

① 义务教育教科书：语文：七年级上册［M］.北京：人民教育出版社，2016：92-95.

某一日清晨，我起床来，披了衣下楼，没有看见小猫，在小园里找了一遍，也不见。心里便有些亡失的预警。

"三妹，小猫呢？"

她慌忙地跑下楼来，答道："我刚才也寻了一遍，没有看见。"

家里的人都忙乱地在寻找，但终于不见。

李妈道："我一早起来开门，还见它在厅上。烧饭时，才不见了它。"

大家都不高兴，好像亡失了一个亲爱的同伴，连向来不大喜欢它的张妈也说："可惜，可惜，这样好的一只小猫。"

我心里还有一线希望，以为它偶然跑到远处去，也许会认得归途的。

午饭时，张妈诉说道："刚才遇到隔壁周家的丫头，她说，早上看见我家的小猫在门外，被一个过路的人捉去了。"

于是这个亡失证实了。三妹很不高兴的，咕噜着道："他们看见了，为什么不出来阻止？他们明晓得它是我家的！"

我也怅然地，愤然地，在诅骂着那个不知名的夺去我们所爱的东西的人。

自此，我家好久不养猫。

冬天的早晨，门口蜷伏着一只很可怜的小猫，毛色是花白的，但并不好看，又很瘦。它伏着不去。我们如不取来留养，至少也要为冬寒与饥饿所杀。张妈把它拾了进来，每天给它饭吃。但大家都不大喜欢它，它不活泼，也不像别的小猫之喜欢顽游，好像是具着天生的忧郁性似的，连三妹那样爱猫的，对于它，也不加注意。如此地，过了几个月，它在我家仍是一只若有若无的动物，它渐渐地肥胖了，但仍不活泼。大家在廊前晒太阳闲谈着时，它也常来蜷伏在母亲或三妹的足下。三妹有时也逗着它玩，但没有对于前几只小猫那样感兴趣。有一天，它因夜里冷，钻到火炉底下去，毛被烧脱好几块，更觉得难看了。

春天来了，它成了一只壮猫了，却仍不改它的忧郁性，也不去捉鼠，终日懒惰地伏着，吃得胖胖的。

这时，妻买了一对黄色的芙蓉鸟来，挂在廊前，叫得很好听。妻常常叮嘱着张妈换水，加鸟粮，洗刷笼子。那只花白猫对于这一对黄鸟，似乎也特别注意，常常跳在桌上，对鸟笼凝望着。

妻道："张妈，留心猫，它会吃鸟呢。"

张妈便跑来把猫捉了去。隔一会儿，它又跳上桌子对鸟笼凝望着了。

一天，我下楼时，听见张妈在叫道："鸟死了一只，一条腿被咬去了，笼板上都是血。是什么东西把它咬死的？"

我匆匆跑下去看，果然一只鸟死了，羽毛松散着，好像曾与它的敌人挣扎了许久。

我很愤怒，叫道："一定是猫，一定是猫!"于是立刻便去找它。

妻听见了，也匆匆地跑下来，看了死鸟，很难过，便道："不是这猫咬死的还有谁? 它常常对鸟笼望着，我早就叫张妈要小心了。张妈! 你为什么不小心?!"

张妈默默无言，不能有什么话来辩护。

于是猫的罪状证实了。大家都去找这可厌的猫，想给它以一顿惩戒。找了半天，却没找到。真是"畏罪潜逃"了，我以为。

三妹在楼上叫道："猫在这里了。"

它躺在露台板上晒太阳，态度很安详，嘴里好像还在吃着什么。我想，它一定是在吃着这可怜的鸟的腿了，一时怒气冲天，拿起楼门旁倚着的一根木棒，追过去打了一下。它很悲楚地叫了一声"咪呜"便逃到屋瓦上了。

我心里还愤愤的，以为惩戒得还没有快意。

隔了几天，李妈在楼下叫道："猫，猫! 又来吃鸟了!"同时我看见一只黑猫飞快地逃过露台，嘴里衔着一只黄鸟。我开始觉得我是错了!

我心里十分难过，真的，我的良心受伤了，我没有判断明白，便妄下断语，冤枉了一只不能说话辩诉的动物。想到它的无抵抗的逃避，益使我感到我的暴怒、我的虐待，都是针，刺我良心的针!

我很想补救我的过失，但它是不能说话的，我将怎样对它表白我的误解呢?

两个月后，我们的猫忽然死在邻家的屋脊上。我对于它的亡失，比以前的两只猫的亡失，更难过得多。

我永无改正我的过失的机会了!

自此，我家永不养猫。

三、本文的客家话词语词义及读音

仿宋体为客家话词语，下标音节为客家话读音，宋体加粗为现代汉语词义，更加详细的释义请查阅第三章相关词语。

几道 Jǐ Tào——**几次**　　只样 Zhiàng——**刚刚**　　笑笑姿 Siào Siào Zi——**微笑着**

猫工 Miào Gōng——**猫**　　降 Jòng——**出生**　　晟 Chiáng——**照射**

失盍 Shèi Hei——**丢失**　　老妹 Lǎo Mòi——**妹妹**　　头牲 Téu Chu——**动物**

有一道 Yēu Yi Tào——**有一次**　　曳来曳去 Yià Lói Yià Xì——**摇晃**　　毋颔 Ngú Hěn——**不肯**

毋睬 Ngú So—不理睬　　屏在 Biàng Cōi—藏在　　冬下 Dōng Ha—冬天

点点子 Diēn Diēn Zi——点儿　挥疾 fi ja—快速地　　盈的 Yiáng Gì—其他的

颈筋 Jiǎng Jīn—脖子　　晏晡 àn Bū—晚上　　该样地 Gaāng Gi—这样地

一晡 Yi Bū—某一天　　得人恼的 De Ngín Nǎo Gì—令人　春上 Chēn Hàng—春天

当昼子 Dāng Zhù Zi—中午　讨厌的　　　　　　喊稳 Hēn Wěn—仔细交代

做阵 Zò Chèn—做伴　　旷床 Hàng Cáng—起床　觑稳 Chī Wěn—盯着

唆 Sō—怂恿　　　　恰先 Ga Siēn—刚才　啮 Ngia—咬

飙 Biāo—跳跃　　　寻交了 Cín Gāo Lǐ—找遍了　哪人 Nǎi Ngín—谁

生当人 Sēāng Dàng Ngín—生人　做一合 Zò Yi Hà—在一起　把作 Ba Zò—认为

炙日头 Zha Ngii Téu—晒太阳　毋惊觉 Ngú Jāng Go—不知不觉　座定 Cò Tīn—必定

是话 Hī Wà—假如　　牟谢 Da Sié—无精打采　凭到 Pèn Dǎo—靠在

告化 Gào Fà—乞丐　　着气 Chò Xì—生气　　清张 Cīng Zhiāng—清楚

踔 Co—乱窜，乱蹿　　啜上 Zhòi Hàng—嘴上

昼饭 Zhù Fàn—午饭　　贼牯 Cèi Gǔ—窃贼

第三章

客家话书面表达体系的主要词语及解释

第一节　阐释与体例

本章，列出现代汉语（普通话）词汇对应的客家话词语，体例如下。

其一，现代汉语词汇与客家话词语一一对应，以"—"表示对应关系。现代汉语词汇列在前，以宋体加粗形式表示，客家话词语列在后，以仿宋体表示。

其二，客家话词语，以类似汉语拼音的方式标注其客家话参考读音（为不与现代汉语拼音相混淆，客家话标音声母首字母以大写方式表示），标音以客家话词语下标方式表示。

其三，除物品名称外，大部分客家话词语，均做简要的释义及相关知识论述，并举例句，以便人们更好地理解客家话词语的使用场景。客家话例句以仿宋体表示。

其四，客家话词语用字，特别是客家话"本字"问题，是客家话书面表达的一个难点。部分词语的用字，在客家话研究者及使用者群体内，能够取得共识，也有相当一部分词语的用字，在客家话研究者及使用者群体内，难以取得共识，且存在较大差异。本书所列客家话词语用字仅供参考，其用字的确定依据：一是与现代汉语词汇语义吻合，与现代汉语字词读音存在关联性，作为用字依据；二是有较为明确依据的中古汉语词汇的留存，且语义吻合、读音相近，作为用字依据；三是根据客家话词语语义及其读音，以逻辑合理为原则，推定某一词语的用字；四是对有一定逻辑依据的客家话词语用字，该词汇在现代汉语中广泛使用且语义不同，为了不与现代汉语词汇混淆，客家话词语用字不得不采用语义相近、语音相近的用字来替代；五是若干客家话本字无法确定，但在客家话中属于高频词语的用字，采用现代汉语词汇用字，但赋予其客家话读音；六是少量客家话词语，其语义明晰但读音已发生难以溯源的变化，则根据语义选择合理用字并赋予其客家话读音；七是少量客家话词语，考察其读音是连读的可能性，根据语义，选择两个字表达单音节读音，同理，针对个别客家话词语，考察其读音为慢读的可能性，根据语义，选择单字表达多音节词语；八是适当纠正既有客家话文献中不尽合理的客家话词语用字，特别是后造字、古汉语中的繁难生僻字，适当纠正因读音讹变导致的本字讹变。

其五，对现代汉语词汇与客家话词语的特色比较，在释义中做出了相应的提示。一是针对表达某类现象的相关用语，提示：现代汉语口语中常用的汉字，客家话中常用的汉字；二是针对某些相同含义的词语，现代汉语词汇与客家话词语用字倒置的情形，做出提示；三是对客家话词语中，以名词作动词、动词作名词、形容词作动词等情形，做出提示；四是对既有客家话文献中的不当释解，予以提示；五是针对中古时期诗词，以现代汉语读音不押韵的情形，提示可参考客家话读音的韵脚。

其六，部分客家话词语，未列为正式词语进行释义，但在例句中有所例示，在第五章客家话书面表达用字与现代汉语及口语字词的对比、第八章的特色词语中有所反映，在第二章客家话文本、附录的客家话参考篇目中有所反映。

其七，仅列出现代汉语与客家话显著不同的词语，两者共通的词汇，未列出，客家话中不常用的词汇，未列出，客家话中非常用的俗语、俚语、口语，大部分未列出，仅表示客家族群生活习俗、生活环境、地理特征，并不反映客家话语言特色的词汇，不作为客家话词语，未予列出。

其八，以现代汉语词汇的汉字拼音为序。

第二节 现代汉语词汇（A~Z）对应的客家话词语

A

艾草/艾蒿—艾 $_{Ngèi}$

艾"字从乂声，客家话读"Ngèi"。客家话保留了部分单音节词语，此为一例。例如，"春上，摘嫩嫩子的艾，做艾米果"（春天，摘嫩的艾草，可以做艾米果）。

碍事—杈事 $_{Cà Sì}$，杈事巴天 $_{Cà Sì Baa Tiēn}$

表"对他人行为有所妨碍"之义。该词由树枝等杂物挡在路上影响行人之义而来。例如，"走开点子，莫在以兹杈事"（走开些，不要在这里碍事）。

碍手脚/碍手碍脚—梗手梗脚_{Gàng Shŭ Gàng Jo}

　　表"妨碍别人做事"之义，类似现代汉语词汇"作梗"之用法。例如，"大人做事的常间，孩息子走开去撩，莫在以兹梗手梗脚"（大人干活的时候，小孩子到别的地方去玩，不要在这里碍手碍脚）。

安心—安落_{oān Lò}

　　表"心情安定"之义，与"安乐"的含义有所不同。例如，"其知到以许信，心里无太安落"（他听到这个消息，内心很不安）。

按—揿_{Cĕn}

　　表"用手按住"之义。在表"按住"相关的用语时，现代汉语口语中，多用"摁"，客家话中多用"揿"。例如，"断黑了，揿开电灯开关"（天黑了，按一下电灯开关）。

按压—捺_{Na}

　　表"用手指点击人体某部位、穴位"之义。例如，"你恰先用手指挫我一下，捺到了我的穴位，痛无过"（你刚才用手指戳我一下，点到了我的穴位，很疼）。

肮脏/脏乱—邋状_{Le Zhei}

　　表"住所、衣物等肮脏或脏乱"之义。例如，"你等住的宿舍也毋捡成下子，舞到该般邋状"（你们住的宿舍也不收拾收拾，弄得这么脏乱）。

凹/凹处—挖_{Ye}

　　表"器物上的凹陷处"之义。其本字或为"穵"，《说文解字》释为"穵，空大也。从穴。乙声"。此处动词、名词通用。例如，"以只铁盒子上部有一只挖，是跌在地上舞到的"（这个铁盒子上面有一个凹，是掉在地上弄成那样的）。

傲慢—神气_{Shén Xì}，眼珠生桠额角上_{Ngăn Zhū Seāng aa Ngă Go Hàng}

　　表"如同眼睛长在额头，比喻待人高高在上，看不起他人的态度"之义。例如，"以色人真神气，撞到熟人都毋睬"（这种人真傲慢，遇到熟人都不理睬）。

B

把—张_{Zhiāng}

　　量词。现代汉语口语用"把"的量词，客家话较多用"张"。例如，"一张刀"（一把刀）、"一张耒"（一把犁）、"一张弓"（一把弓）。

白天—日上_{Ngii Hàng}

白眼—愠_{Wěn}

表"对某人言行举止白眼相加、面有愠色"之义。例如，"其愠了你一眼，你莫再话了"（他白了你一眼，别再往下说了）。

摆架子—大佬_{Tài Lǎo}

表"以地位或资格高而对他人表现出高高在上或冷漠的态度"之义。此为形容词、名词通用。例如，"毋要坐到同人家讲事，莫该般大佬"（不要坐着同别人说话，不要这样摆架子）。

摆脱—脱爪_{To Zǎ}

表"从束缚、牵制、困难等状态中脱离"之义，类似现代汉语词语"脱手"的含义。例如，"惹上了以许事，毋晓焉般脱爪"（沾上了这样的事情，不知如何才能摆脱）。

拌和—络_{Lāo}

表"多类物品混合在一起"之义。本字或为"摎"，本书作者建议使用常用字"络"。例如，"把以两碗菜络在一起"（把这两碗菜合在一起）。

帮衬—衬~_{Tèn}

表"相互依托"之义。在"帮衬"相关的现代汉语口语用语中，其多用"帮"，客家话中多用"衬"。例如，"衬下子手"（帮一把）、"衬阵"（邀约作伴）、"衬闹热"（人多好热闹）、"衬背"（跟随）。

傍晚/黄昏—挨夜子_{ǎi Yà Zǐ}，断暗边子_{Toān àn Biēn Zǐ}

表"临近夜晚、日落左右"之义。例如，"日上尽在落雨，挨夜子只样敛"（白天一直在下雨，傍晚才不下了）。

保留—畜_{Qiu}

表"保留着仍在生长的事物"之义，不可用于"保留物品"等场合。例如，"毋剪头发，把其畜长来"（不要剪头发，让头发长长）。再如，"以只番瓠畜到莫摘，畜老了留到作种"（这个南瓜留着不要摘，养到它老了好做种子）。

宝气/出洋相—发保_{Fa Bǎo}，匏皮_{Páo Pí}，作怪_{Zo Guài}

表"语言或行为略带不合时宜的炫耀"之义。例如，"你戴以许花无好看，莫发保"（你戴这样的花不好看，别出洋相了）。

抱—捧_{Běng}

表"用手臂抱住"之义。在"抱"相关的现代汉语口语用语中，其多用"抱"，客家话中多用"捧"。例如，"捧孩息"（抱小孩）。

被—被_{Běn}

介词，用在句中表示主语为受事者。本书作者认为，此词与现代汉语的用法完全相同，建议使用同一用字，赋予其特定读音"被Bēn"。

背靠背/紧挨着—两凭背Yǎng Pèn Bòi

表"两者背部靠着背部，用以形容离得很近"之义。例如，"我等的老家在两凭背"（我们的老家离得很近）。

背篓—篓公Lěu Gōng

本书作者认为，客家话词语中以"公Gōng"读音结尾的词语，并非作词缀之用，相当部分是有实际意义的，但在传承过程中，误作词缀传播。此词的"公"表"大"之义，即比起其他型号的竹篓，背篓是最大的。

背脊/背部—背梁Bòi Neóng

表"背上部或背部骨架"之义。此处的"梁"的读音有所讹变。

~辈子/一生一~—世人Yi Shì Ngìn

表"一生一世"之义。例如，"以世人"（这辈子）、"下世人"（下辈子）、"前世人"（上辈子）、"一世人"（一辈子）。再如，"其一世人冇过过好日子，驮了兜苦食"（他一辈子都没有过过好日子，受了许多苦）。

本领—解数Hà Sì，道艺Tào Ngèi

表"某人在某方面有些能力或方法"之义，与成语"浑身解数"中的"解数"的含义相同，类似北方话中的"有两下子"。例如，"该般难的题都做出来了，你真有解数"（这么难的题目都做出来了，你真有两下子）。

鼻子—鼻拱Pì Gōng

俗作"鼻公"。本书作者认为，客家话词语中以"公Gōng"读音结尾的词语，并非都作词缀之用，相当部分是有实际意义的，但在传承过程中，误作词缀传播，此词即是一例。

鼻梁—鼻拱埂Pì Gōng Gèng

表"鼻子上端隆起部分，如同山埂"之义。例如，"鼻公埂底下有两只鼻公窿"（鼻梁下面有两个鼻孔）。

鼻涕—鼻脓Pì Neóng

古代汉语中"涕"本指"眼泪"。客家话此词更为准确。例如，"搌Sèn鼻脓"（搌鼻涕）。

比如/假如—着比Chò Bī

表"拿某事物作假设对象"之义，与"是话"是近义词。此词具有客家话用字倒置的特色。例如，"着比你是我，你会焉般做？"（如果你是我，你会怎么做？）

闭塞的—山_{Sān}

表"闭塞的、偏远山区的"之义，此处名词、形容词通用。例如，"其的老家很山"（他的老家在一个很偏远的山区）。

必定/肯定会—座稳_{Cò Wěn}，**座定**_{Cò Tìn}

表"肯定性的推测"之义。例如，"其座定会去"（他肯定会去的）。

~边/~片—~析_{Sa}

表"以某标志物为分界，划分为两部分或多部分"之义。例如，"以析"（这边儿）、"该析"（那边儿）、"左向以析"（左边这片儿）、"你座哪析"（你选择哪一边）。

边沿—沿_{Xién}

表"某物品或某场地的边沿部位"之义，本字或为"舷"。本书作者认为，为便于现代汉语读者理解，建议采用"沿_{Xién}"来表达。例如，"只坐到凳子沿上，易得跌倒"（只坐在凳子的边沿上，容易跌倒）。

蝙蝠—夜蝙蝠_{Yà Biēn Fu}

本书作者认为，此词或为"檐蝙蝠"音转而来。

变声—打哑声_{Dǎ aa Shiāng}

表"青少年处于变声期声音嘶哑"之义。本书作者认为，凡是字词中包含常见动物，但语义与该动物无关的词汇，多数都是由近音词语讹变而来的，此为一例。例如，"会成大人了，架势打哑声了"（快成大人了，开始变声了）。

变来变去/阴阳怪气—依风两斜_{Yī Féng Ngiāng Siá}

形象表"一会儿一个想法，故意变来变去，如同树枝取向因风而变"之义。例如，"老妹总是依风两斜，一下子话上街，一下子又话毋去了"（妹妹总爱变来变去，一会儿说上街，一会儿又说不去了）。

表兄弟—老表_{Lǎo Biǎo}

用于对姑表兄弟、姨表兄弟间的称谓，也用于不认识场合对年龄相近者的称谓，不得写作"老俵"。例如，"老表，请问以个档下焉般去?"（老乡，请问这个地方怎么走?）客家话中词语的"老"，多用于称呼同辈年龄相近的人，例如，"老妹"（妹妹）、"老弟"（弟弟）、"老庚"（同年者）。

鳖/王八—脚鱼_{Jo Ngié}

别/不要—莫_{Mò}

表"请不要"之义。在"别、不要"相关的用语中，现代汉语口语中，多用"别"，客家话中多用"莫"。例如，"以兹莫食烟"（在这里，请不要吸烟）。

别人/他人—人家_{Ngín Gā}

表"非特定指称的他人"之义。例如，"先莫收碗筷，人家还在该兹食稳"（先不要收拾碗筷，还有人没有吃完）。

冰凌—凌梗_{Lèn Guǎng}

表"冰锥、冰柱、冰挂，如同冰做的树梗"之义。例如，"屋檐边子挂了该般多凌梗，是屋上的雪融了，流下来的雪水冻成的"（屋檐上挂了好多冰凌，是房子上的雪化了，雪水流下来冻成的）。

伯父—大伯_{Tài Ba}

客家话中，"伯""百""陌""柏"等皆从"白"音，韵母为"a"。古诗词中，相关字的韵脚均为"a"，与客家话相同。例如，唐代李贺《梦天》：老兔寒蟾泣天色，云楼半开壁斜白_{Pa}。玉轮轧露湿团光，鸾珮相逢桂香陌_{Ma}。

伯母—伯母_{Ba Měi}

称谓伯父的妻子，也用于称谓伯辈女性亲属。"母"作为汉字表音部件，古代汉语中有"mei"的读音。

捕兽具—缔_{Tia}

表"一种捕兽装置，野兽误入后将自动被捆住"之义，亦表"此种捕兽方式"。此是动词、名词通用。例如，"在山上装了缔，去缔麂子"（在山上装了捕兽装置，用来捕捉麂子）。

不—无_{Ngú}

客家话中，作为否定的常用词"Ngú"，一般客家话文献中都写作"唔"。其实，只要关联性地考虑，客家话中读"Ngú"音的字，如"五""吴"等，就很容易确定客家话否定词的本字应为"无"。其写作"唔"，毫无道理，毫无必要，语义上没有任何关联性，"唔"的读音"wú"也没有更接近于"Ngú"的读音。本书作者建议形容词、副词之前使用"无"。例如，"我无太欢喜以门课"（我不大喜欢以门课程）。

不—毋_{Ngú}

客家话中，作为否定的常用词"Ngú"，一般客家话文献中都写作"唔"。从语义上、读音上来看，这毫无道理，毫无必要。本书作者建议动词前后使用"毋"，与形容词、副词之前使用"无"有所区分。例如，"我毋去!"（我不去!）

不必—毋使_{Ngú Sī}

表"即使……，也不……"之义。例如，"毋使学老师听，我也毋去"（不必告诉老师，怎么样我也不会去）。

不必了/用不着了/省得/以免—省使 _{Sǎng Sǐ}

表"由于条件变化而不必去做原定之事"之义。例如,"我等出去食饭,省使自家舞饭食了"(我们出去吃,省得自己做了)。

不成/不成功—谢了 _{Siá Lǐ},懈了 _{Siá Lǐ}

表"期待中的某事,结果没有达成"之义。例如,"其话的该宗事懈了"(他说的那件事不行了)。

不的话—毋时 _{Ngú Shí}

表"如果不……,就……"之义。例如,"你毋时,我学老师听"(你不这样的话,我告诉老师去)。

不抵事—毋遮挖 _{Ngú Zhe Ye}

表"与要求相比,实际过少而基本不起作用"之义,此处的"挖 _{Ye}"为"凹陷"之义。例如,"肚饥得该般狠,一只包子毋遮挖"(饿得这么厉害,吃一个包子根本不管用)。

不逗留/去一下—打转身 _{Dǎ Zhoǎn Shēn}

表"到某一地方去一下快速返回"之义。例如,"我去厂子里打一转身"(我到工厂去一下,马上就回来)。

不敢—冇本事 _{Máo Běn Sì}

表"没有胆量去尝试某事"之义。例如,"我使,冇本事开摩托车。毋像其,何者车都有本事开"(我呀,不敢开摩托车。不像他,什么车都敢开)。

~不动—~毋进 _{~Ngú Zìn}

表"物品过于结实,通过某一动作难以使之改变"之义。例如,"肉很硬,牙齿食毋进"(肉太硬了,牙齿咬不动)。再如,"喊其跌点子价,舞毋进"(让他砍点儿价,但砍不动)。

不敢当/不敢承受/失礼—潲了 _{Xiāo Lǐ},潲礼 _{Xiāo Lǐ}

对长辈或上级礼让自己时的回应,表"乱了礼数,叫我如何承受"之义。例如,"潲礼!还要你老人家同我筛茶"(你老人家给我倒茶,真不敢承受)。

不会—毋会 _{Ngú Wòi}

表"没有能力完成某事"之义。例如,"以道题,我毋会做"(这道题,我不会做)。

不会吧—冇该般多 _{Máo Gān Dō}

表"听闻某一消息后,不敢相信,认为不会是那样的吧"之义。例如,"冇该般多哟,今晡会落雨?"(不会吧?今天怎么会下雨呢?)

不会的—毋得_{Ngú De}

表"承诺不会去做某事"或"判断不会出现某种情况"之义。例如，"今晡会落雨吗？毋得！"（今天会下雨吗？不会的！）

不见了/丢失了—冇盍了_{Máo Hei Lì}

表"之前存在的某物或某人找不到了"之义。例如，"我的钱冇盍了"（我的钱找不到了，可能是丢失了）。

不讲究/不摆谱—撇脱_{Pie To}

表"不讲排场，不计较礼数"之义，亦表"为人大大方方"之义。例如，"以个领导很撇脱，冇何者官架子。该个后生也撇脱，毋怕生当"（这个领导很随和，没有什么官架子。那个年轻人也很大方，不怯不熟悉的场面）。

不讲卫生/脏兮兮—涎状_{Yè Zhei}

表"不讲卫生或不修边幅"之义。例如，"以个人很涎状"（这个人不讲卫生）。

不仅—无单是_{Ngú Dān Hì}

表"不仅所知范围，而且涉及更大范围"之义，例如，"无单是以栋楼停电了，四向的楼都停电了。"（不仅是这栋楼停电了，周围的楼都停电了。）

不靠谱—赊_{Shéi}

表"某人办事不靠谱"之义，此是动词、形容词通用。本字或为"悬出"。例如，"该个人做事蛮赊，莫该般信其"（那个人办事不是很牢靠，不要那样相信他）。

不客气—莫至礼_{Mò Zhì Lǐ}，**毋使拘礼**_{Ngú Sǐ Jǐ Lǐ}

一般作为对对方恭敬言行的回应用语，表"不必这么礼数周全地相待"之义。例如，"多谢你相帮！莫至礼，应当的，应当的！"（谢谢你的帮助！不客气，我应当做的！）再如，"请食茶！莫该般至礼！"（请喝茶！不要这么客气相待！）

不理睬—毋睃_{Ngú Soi}，**毋觑**_{Ngú Chī}

表"不理睬，懒得看他一眼"之义。例如，"该个人真得人恼，我无愿睃其"（那个人真令人讨厌，我不愿理睬他）。

不起作用/不管用—空的_{Kòng Gi}

表"白白地用尽办法，也没有达到目的"之义。在"白白地"相关的用语中，现代汉语口语中，多用"白"，客家话中多用"空"。例如，"其求了该般多人相帮，也是空的"（他求了那么多人帮忙，结果也没有起作用）。

不确定/尚不好说—话毋成的_{Wà Ngú Zhiàng Gì}

表"在目前条件下尚无法明确确定"之义。例如,"于今还话毋成的,要等上部的通知"(现在还无法明确,要等上面的通知)。

不然/不然的话—无是使_{Ngú Hì Shí}

表"如果不是这样的话,那就会……"之义。此词有客家话用字倒置的特征,表"假设","使"放在"无是"之后。例如,"无是使,我就昼盍了"(不然的话,我就晚了、迟到了)。

不认账—痞_{Piě}

表"赖账、耍赖"之义。此是形容词、动词通用。在"耍赖"相关的用语中,现代汉语口语中,多用"赖",客家话中多用"痞"。例如,"你打赌输了,又毋认。真痞!痞盍我10块钱"(你打赌输了,又不认账。真赖皮!赖了输给我的10元钱)。

不如/抵不上—无当_{Ngú Dāng}

表"比不上后面所说的事物"之义。例如,"我等做一个月,无当人家一工"(我们做一个月,抵不上人家一天的工夫)。

不是—无是_{Ngú Hì}

用于"否定"的判断。例如,"其无是客家人"(他不是客家人)。

不舒畅—无自在_{Ngú Cì Cài}

表"不快乐、不舒适"之义。例如,"其冇考好,心里无自在"(他没有考好,内心不太畅快)。

不像样—无像_{Ngú Ciàng}

表"没有达到应有的水平",亦表"不像话""不成样子""不行了"之义。本书作者认为,"像_{Ciàng}"似为"像_{Siàng}样_{Yàng}"连读而来。

不省人事—毋知人事_{Ngú Dī Ngín Sì}

表"失去知觉"之义。例如"其病得毋知人事了"(他病得不省人事了)。

不消说—冇得话的_{Ngú De Wà Gì}

表"好得挑不出毛病"之义。例如,"以兹的风景真靓,冇得话的"(这里的风景真漂亮)。

不用/不要—毋要_{Ngu- moi}

本书作者认为,此词似为"毋_{Ngúm}"与"要_{ôi}"的连读。例如,"要用以个东西吗?毋要!"(要用到这个东西吗?不用!)再如,"你想要以个吗?毋要!"(你想要这个吗?我不要!)

不愿管—冇该般健_{Máo Gǎn Qièn}，冇该般闲得_{Máo Gǎn Hán De}

表"没有工夫、没有精力去管那样的闲事"之义。例如，"其等两个人天天吵啜，你毋管下子？冇该般闲得，莫睬其等"（他们两个人天天吵嘴，你不管管？我才没有工夫去管闲事，别理他们）。

不知不觉—毋惊觉_{Ngú Jāng Go}

表"某事或某种情况在不知不觉中发生了"之义。例如，"毋惊觉就天光了"（不知不觉就天亮了）。

不知所措/无从入手—冇门头_{Máo Mén Téu}

表"对于某件事物不知如何入手，如何应对"之义。此处"门头"，或为"进入门户关键所在"的引申之义。例如，"该般难的事，我使，真冇门头"（这么困难的事情，对我来说，实在是不知该如何处理）。

不走运—背时_{Pi Shí}

在"时运"相关的用语中，现代汉语口语中，多用"运"，客家话中多用"时"。

不正/歪/变形—翘_{Ngáo}，歪_{Ngói}

表"理应正、直的物品或其部件发生了偏转或变形"之义。例如，"以扇门板翘了"（这块门板变形了）。再如，"墙上的相框挂翘了"（墙上挂的相框挂歪了）。

~步—~脚_{Jo}

表"行走的步数"之义。在表"脚步"相关的用语中，现代汉语口语中，多用"步"，客家话中多用"脚"。例如，"疾行几脚"（快走几步）。

C

~截—~裁_{Cói}

表"长条形物体的一部分"之义。此为动词、名词通用。在表"裁、截"相关的用语中，现代汉语口语中，多用"截"，客家话中多用"裁"。例如，"一裁蜡烛"（一截蜡烛）。

苍蝇—乌蝇_{Wū Yín}

草莓—蔗子_{Pāo Zi}

表"莓类植物果实"之义。此为古汉语词语留存。

侧目—睪_{Ze}

表"侧目以示责备"之义。此为古汉语词语留存。《说文解字》释为"睪，目视也。从横目"。例如，"其毋听课，老师睪了其一眼"（他不好好听讲，老师侧目看了他一眼）。

差/弱—衰_{Só}，孱_{Càn}

表"某方面的能力较差或较弱"之义。此为古汉语词语留存。在"差、较差"相关的用语中，现代汉语口语中，多用"差"，客家话中多用"衰"。例如，"其在班上的成绩很衰，气运也衰"（他在班上的成绩很差，运气也差）。

缠绕—萦_{Ngiáng}，萦_{Yáng}

表"缠绕、萦绕"之义。此为古汉语词语留存。现代汉语口语多用"绕"，而客家话多用"萦"。例如，"萦一陀毛线"（绕一团毛线）。

缠身/羁绊—婴_{Yáng}

表"被琐事羁绊"之义。此为古汉语词语留存，"婴"本义为"女孩子的颈饰"，引申为"羁绊"之义。例如，"其婴到几多事头"（他被许多事情缠身）。

颤抖/寒战—忍忍子_{Nin Nin Zi}

表"人体颤抖时的生理反应"之义。例如，"霎时打了一下忍忍子"（突然打了一个寒战）。

敞开—披_{Pia}，披_{Siá}

表"敞开衣服、敞开门"之义。

焯水—㷛_{Lù}

表"用热水烫一下"之义。例如，"做细白菜，要先用滚水㷛下子"（做小白菜时，要先用热水焯一下）。

嘲讽/贬损—诮贬_{Cio Bo}

表"嘲弄讥讽"之义，多用于开玩笑场合。例如，"其话我戴眼镜是四只眼珠，诮贬我像四眼狗"（他说我戴眼镜是四个眼，贬损我像四眼狗）。

巢穴/窝—窦_{Dèu}

表"禽类动物的巢穴"之义。此为古汉语词语留存。在"巢穴"相关的用语中，现代汉语口语中，多用"巢"，客家话中多用"窦"。

朝着—照_{Zhà}

表"朝着某一参照方向行进"之义。本书作者认为，此词读音应为"zhao"短促读出而形成的。例如，"照以向去"（往这个方向走）。

沉渣/剩余物—~脚_{Jo}

表"液体中的沉渣或剩余的一小部分物品"之义。例如，"茶脚"（茶杯中剩余的茶水或茶水中的沉淀物）、"菜脚"（盘子中吃剩的菜）。

趁着—赶_{Goǎn}

表"利用某一条件或机会"之义。例如，"赶滚食"（趁热吃）。

成/成了—成_{Shiáng}

表"某事办妥了"之义。例如，"其的事舞成了"（他的事做成了）。

客家话中，"成"读"Shiáng"。在古诗词中，其韵脚为"ang"，与客家话读音相同。例如，唐代白居易《后宫词》：泪湿罗巾梦不成_{Shiáng}，夜深前殿按歌声_{Shiāng}。红颜未老恩先断，斜倚薰笼坐到明_{Miáng}。

成熟—畜熟了_{Siū Lî}

表"果实成熟了"之义。此处"畜熟"连读且有音转，或类似当代人有意将某些字词的读音发成近似音。例如，"该蔸树上的李子畜熟了，食得了"（那颗树上的李子成熟了，可以吃了）。

盛—张_{Zhiāng}

表"用容器盛放物品"义。在表"盛放"相关的用语中，现代汉语口语中，多用"盛"，客家话中多用"张"。本字或为"盛_{Zhiāng}"。例如，"拿钵头来张面"（拿大碗来盛面条）。

盛饭—撮饭_{Zòi Fàn}

表"用饭勺将饭装入碗中"之义。

承受—驮_{Tó}

在"承受"相关的用语中，现代汉语口语中，多用"挨"，客家话中多用"驮"。例如，"驮打、驮骂，驮苦、驮累"（挨打挨骂、受苦受累）。

逞能/逞强—称傲_{Chēn Ngáo}，**煞猛**_{Sa Měng}

表"显示、炫耀自己的能力"之义。有人提出"束芒_{Sa Měng}"作为本字，以表"不顾险难"之义，可备一说。例如，"你荷不起一百斤的担子，莫称傲。煞猛，可能荷得起八十斤"（你挑不起一百斤的担子，不要逞能！努努力，大概能够担起八十斤）。

乘凉—透凉_{Tèu Liáng}

表"为避热而在阴凉处"之义。例如，"去树蔸下透凉"（到树底下乘凉）。

吃—食_{Shi}

表"食用食物"之义。此为古汉语词语在客家话中的留存。在"食用"相关的用语中，现代汉语口语中，多用"吃"，客家话中多用"食"。例如，"食饭"（吃饭），"食菜"（吃菜），"食东西"（吃东西）。

吃惊—着吓_{Chò Ha}，**着惊**_{Chò Jāng}

表"因意外事物影响而受到惊吓"之义。例如，"着了一吓"（吃了一惊）。

吃亏—契亏_{Qia Kuī}

表"处于吃亏的地位"之义，本书作者认为，此处似可理解为"认可了不甚公平的约定"之义。不可写作"噢亏"。例如，"你是老实人。以宗事你契了亏"（你是老实人，这件事你吃亏了）。

迟—晏_{àn}

表"比预定时间晚了"之义。在"迟、晚"相关的用语中，现代汉语口语中，多用"晚"，客家话中多用"晏、昼"。例如，"睡过了身，旷床晏了"（睡过了，起床晚了）。

翅膀—翼扑_{Yii Pa}

表"禽类动物或昆虫能扑动的翅膀"之义，俗作"翼拍"。

重复/琐碎—重痴_{Chōng Chì}，**痴**_{Chì}，**重重重重**_{Chōng Chōng Chòng Chòng}

表"说话重重复复、琐碎"之义。例如，"以个人讲事是还重痴"（这个人说话总是重重复复，十分琐碎）。

重做—～改_{Gò}

表"重新再做一次"之义，俗作"～过"。本书作者认为，本字当为"改"音转而来。此词符合客家话用字倒置的特色。例如，"写得该般潦草，都认毋出。写改！"（写得这么潦草，都认不出来。重写！）

抽屉—拖箱_{Tō Siāng}

厨房—灶下_{Zào Ha}

客家话称呼灶台称"灶头"，灶台后面称"灶背"，灶膛烧柴之所称"灶下"。此词是以厨房局部代指厨房。

除了—除开_{Chú Kōi}

表"表示所说的对象不计算在内"之义。例如，"除开你，还有三个人一起去"（除你之外，另外还有三个人一起去）。

锄头、小锄—钁头_{Jo Téu}、**挖子**_{Ye Zi}

指称"挖穴、耕垦、除草、碎土、培土等作业的常用农具"。本书作者认为，客家话词语中的以"头"_{Téu}读音结尾的词语，并非都作词缀之用，相当部分是有实际意义的，但在传承过程中，误作词缀传播，此词即是一例。因为，此处"头"为"不含柄的锄之头部"之义。此词实际上是以锄的局部代称锄头。"挖子"_{Ye Zi}，为"头部仅为四五寸长、一两寸宽，柄仅为一尺多长的小锄"。

出生—出世_{Chii Shì}，**降**_{Jòng}

表"进入人世"之义，代指人的出生，此词或源于佛教。例如，"其是1960年出世的"（他是1960年出生的）。

触碰/蹭到—偈_{Ngiè}

表"轻轻触碰、不小心触碰"之义。例如，"衫上偈到了白墙灰"（衣服上粘到了白墙灰）。再如，"其用衫袖偈了下共桌的同学"（他用袖子轻轻地碰了碰同桌）。

触摸—沾 Nién

表"身体某一部分短时间接触某物"之义。在表"触摸"的相关词语中，现代汉语口语多用"摸"，客家话多用"沾"。例如，"以只开关有电，交待孩息子莫去沾"（这个开关有电，告诉小孩不要去触摸）。

穿着—着 Zho

此为古汉语用词在客家话中的留存。在"穿着"相关的用语中，现代汉语口语中，多用"穿"，客家话中多用"着"。例如，"天热了，要着凉快点子的衫裤"（天气转热，应该穿凉快一些的衣服）。

传染/递延—辵 Chèi，**偈** Ngiè

本书作者认为，本字或为"邋"，但"辵"读音接近，且表示疾病的"行走"之义。例如，"新冠，是一起很会辵人的病"（新冠是一种很容易传染的病症）。再如，"以兹着火，辵到间壁也烧到了"（这里发生火灾，火势延烧到了隔壁）。

传闲话—学舌 Ho She

表"把听到的话或知道的事转述他人"之义。与"讲空事"是近义词。例如，"莫该般会学舌，总惹人家着气"（别这样传闲话，总是让别人生你的气）。

窗户—光窗 Gāng Cāng

吹嘘—号高 Hào Gāo

表"在他人面前吹嘘自己有能耐"之义。与"称傲"是近义词。例如，"其又在该兹话其赚了一万块钱，真号高"（他又在那里说他赚了一万元，就是爱吹）。

蠢人—憨牯 Hān Gǔ、**憨嫲** Hān Má；**蠢牯** Chěn Gǔ、**蠢嫲** Chěn Má；**愕牯** Ngò Gǔ、**愕嫲** Ngò Má

多为骂人用语，在特定情境中表"嗔爱"之义。各组分别用于男性、女性。

春天—春上 Chēn Hàng

表"春季时节"之义。例如，"春上，花就会开"（春天，花就会开）。

~次/~回—~道 Tào

表"次数"。俗作"套"。在表"次数"的相关词语中，现代汉语多用"次"，口语多用"回"，客家话多用"道"。例如，"去过两道"（去过两回）、"头一道"（上次）、"以道"（这次）。

刺眼—晟眼 Chàng Ngǎn

表"强光线明亮而刺眼睛"之义。例如，"当昼子，莫觑日头。会晟坏眼珠"（正中午的时候，不要直接看太阳，会照伤眼睛的）。

聪慧—灵醒Lín Siǎng，灵泛Lín Fán，机灵Jì Lín

用于表"某人灵性与否"。例如，"以个孩息无大话事，还是蛮灵泛"（这个小孩不怎么说话，但还是很聪慧的）。

聪明—刁Diāo

表"小聪明"之义，多为贬义。与"憨""囊"是反义词。例如，"以个孩息蛮刁，晓得拣只大的拿"（这个小孩有点小聪明，知道拣大的拿）。

从前—早先Zǎo Siēn

表"很久以前、过去"之义。例如，"早先，食烟要用纸媒子Zhi Moi Zi点烟"（从前，抽烟要用纸捻子去点烟）。

蹿/蹦—踔Co

表"人或动物跳跃行进"之义。例如，"逐得鸡络狗乱踔"（追赶得鸡和狗乱蹦）。

D

答应/回答—应èn

表"回应他人说话"之义。在"答应"相关的用语中，现代汉语口语中，多用"答"，客家话中多用"应"。例如，"其喊你，快应！"（他叫你，快答应！）

打鼾—扯鼾Chǎ Koān

表"某人睡眠在过程中此起彼伏的鼾声"之义。

打雷—雷公霹Léi Gōng Pia

留存了"霹雳"的古汉语词语用字。

打听—根Gēn、根问Gēn Wèn

表"打听来龙去脉"之义。此是名词、动词通用。例如，"同你根下子：以路子有一个算命的，晓得吗?"（向你打听一下，这一带有一个算命的，你知道吗?）

大—大Tài

俗作"太"。本书作者认为，本字为"大"无疑，不可因其读音，将之写作"太"，否则徒增混乱。

在客家话中，"大"读"Tài"。古诗词中，其韵脚为"ai"。例如，唐代王维《奉和圣制送不蒙都护兼鸿胪卿归安西应制》：上卿增命服，都护扬归旆Poài。杂虏尽朝周，诸胡皆自郐Kuài。鸣笳瀚海曲，按节阳关外Ngoài。落日下河源，寒山静秋塞_{Sài}。万方氛祲息，六合乾坤大_{Tài}。无战是天心，天心同覆载_{Zài}。

大部分是—概是_{Gěn Hì}

表"某事物整体中大部分的构成或来源"之义。例如，"卖零细收的钱概是细票子"（卖小商品收到的钱大部分是小面额的纸币）。

大方—捨得_{Shă De}，**捨己**_{Shă Jì}

表"不小气、不吝啬"之义。例如，"你真捨得，买该般贵的菜请客"（你真大方，买这么贵的菜请客）。

大碗/汤盆—钵头_{Ba Téu}

表"较大型的碗或盆"之义。本书作者认为，客家话词语中的以"头_{Téu}"读音结尾的词语，并非都作词缀之用，相当部分是有实际意义的，但在传承过程中，误作词缀传播，此词即是一例。因为，此处"头"为"极大"之义，此词符合客家话用字倒置的语言特色。

当作—准_{Zhěn}

表"用类似事物当作原本事物来替代"之义。例如，"毋要把零食准饭食"（不要把零食当作饭来吃）。

当时—彼时_{Bì Shí}

表"过去发生某事的当时时点"之义。例如，"以个事，其问了我。我彼时冇应其"（这件事，他问过我。我当时没有答应他）。

荡妇—亵嫲_{Sià Má}

通常为骂人用语，含贬斥之义。本字应为"亵母"，鉴于其含贬义，可写作"亵嫲"。

到处/四周—四向_{Sù Xiàng}，**成处**_{Shiáng Chù}

表"某一范围内的各处"之义。例如，"以只间四向都漏风，墙上成处都是眼"（这间房间，到处都漏风，墙上哪里都有窟窿眼）。

稻草—稈_{Goăn}

表"脱粒后的稻秆"之义。例如，"稈，冬下供牛。稈，也盖得茅草屋"（稻草，冬天可以用来喂牛，也可以用来盖茅草屋）。

稻—禾_{Wó}

古代汉语中，"禾"为谷类作物总称，泛指庄稼。客家话中"禾"通常代指水稻。例如，"栽禾"（栽种水稻秧苗）、"耘禾"（采除稻田中的杂草以利于禾苗生长）、"打禾"（收割稻子）。

稻穗—禾串_{Wó Choàn}

倒出—孔_{Kòng}

表"从器物的孔里倒出来"之义，此词是名词、动词通用。例如，"从油瓶子里孔点子油出来炒菜"（从油瓶子里倒出些油来炒菜）。

倒掉—空_{Kōng}

表"将容器中的物品清空"之义。此是形容词、动词通用。例如，"把茶杯里的茶水空盏，换新茶叶再泡"（将茶杯中的茶水倒掉，换上新茶叶再沏）。

倒放—覆_{Pu}

表"器皿口向下放置"之义。例如，"把洗净的盅子覆到放，更易得燥"（把洗净的杯子倒放，干得更快）。

倒霉/糟糕—绝命_{Cie Miàng}，输命_{Shū Miàng}，输实了_{Shū Shi Lǐ}

夸张表达"命悬一线般的倒霉、糟糕"之义，类似北方方言中的"要命"一词。例如，"真绝命，又撞到以许事"（真是倒霉，又遇到这种事情）。再如，"七点钟了。输实了！今晡又会迟到"（都七点了。糟糕！今天又要迟到了）。

倒竖—逆_{Ngià}

表"某物倒着竖立"之义。例如，"头发逆起来"（头发竖起来）。

倒也不必—该使毋要_{Gǎi Shi Ngú- mōi}

表"没有必要过当作为"之义。例如，"要我自家亲自去吗？该使毋要做得"（需要我亲自去吗？那倒不必）。

~得动/可承受—~得起_{De Xǐ}

表"能够承受一定的重量而完成某一动作"之义。例如，"扛得起"（抬得动）、"荷得起"（挑得动）、"拿得起"（拿得动）、"肩得起"（扛得动）、"承得起"（承受得住）、"供得起"（有能力供养）。

~得出—~得识_{De Shi}

表"听、看、认等动作能够辨别出动作对象的特征"之义。例如，"听得识"（听得出）、"认得识"（认得出）、"看得识"（看得清）、"读得识"（读得懂）。

~得很—~无过_{Ngú Gò}

表"没有比这更强烈的程度"之义。例如，"兴无过"（高兴得很）、"伤心无过"（很伤心）、"滚无过"（烫得很）。

瞪—睨_{Ngià}，眼横横_{Ngǎn Wàng Wàng}

表"睁大眼睛注视以示不满意"之义，例如，"老师看到其在课堂上舞撩的，睨了其一眼，冇话何者"（老师看见他在课堂上玩玩具，瞪了他一眼，没有说什么）。

滴滴答答—滴滴滴滴_{Diē Diē Diē Diē}，冽冽冽冽_{Liè Liè Liè Liè}

表"湿衣等物品不断滴水"之义。例如，"衫裤冇扭干就晒，滴滴滴滴，滴到地下都是水"（衣服没有拧干就晾起来，滴滴答答，流了一地水）。

~的样子—~状_{Zàn}

俗作"赞"，表"专注于某种动作的状态"之义。例如，"眼珠碌碌状看稳其"（眼睛紧紧盯着他）。

弟弟—老弟_{Lǎo Tēi}

例如，"我等五姊妹。一个哥哥、一个姊姊、一个老妹、一个老弟，络我共五个"（我们兄弟姊妹5人，一个哥哥、一个姐姐、一个妹妹、一个弟弟，加上我共五个）。客家话中，一般说"几姊妹"，包含全部的兄弟姐妹，并非只指女性姐妹。客家话中词语的"老"，多用于称谓同辈年龄相近的人，例如，"老妹"（妹妹）、"老庚"（同年者）、"老表"（表兄弟）。

~的—~的_{Gì}

用在定语，对中心语加以描绘，对中心语的领属关系加以限定，对中心语的性质、范围加以限定等。本书作者认为，本字或为"具"，为现代汉语读者便于理解，建议写作"的"，但赋予其读音"的_{Gì}"。

~地—~地_{Gì}

用在副词后作助词。本书作者认为，为便于现代汉语读者理解，建议写作"地"，但赋予其读音"地_{Gì}"。例如，"听到以许信，我疾疾地逐过去"（听到这个消息，我急忙追赶过去）。

地方—档下_{Dàng Ha}，捺间_{Nán Gān}

表"当前所指的地方"之义。本字或为"当下"，亦即"当下"既用于指称时间，也可用于指称地点。例如，"以个档下无好寻"（这个地方不好找）。"捺间"表"用手指指向的地方"引申而来。例如，"其在以个捺间做事"（他在这个地方工作）。

颠倒/弄错了—颠碓_{Diēn Dòi}

表"弄错了契合的对象"之义，源于"碓"与"碓臼"之间的契合对象关系。例如，"舞颠碓了，我把作是我的同学"（认错人了，我以为你是我的同学）。再如，"原本是我请你的，颠碓颠让你出了钱"（本来是我请客的，反倒让你付了钱）。

垫—楔_{Sie}

表"用木块等垫平、塞紧"之义。此是名词、动词通用。例如，"桌子脚无稳，楔块板子就稳了"（桌子腿不平，垫上一块木板就平了）。

踮起——荐_{Ziěn}

表"踮起脚跟"之义。例如，"冇该般高的话，荐起下子就拿得到了"（不够高的话，踮起脚来就拿得到了）。

盯——觑_{Chī}

表"盯着看"之义。例如，"猫工觑稳鸟子"（猫紧盯着鸟）。

顶/头顶——栋_{Dǒng}

表"用头顶物"之义，原为名词"顶部"之义，此处名词、动词通用。现代汉语口语表"顶部"多用"顶"，如"头顶""屋顶""山顶"，客家话则多用"栋_{Dòng}"，如"头颅栋""屋栋""岭冈栋"。例如，"新娘头颅上栋一块红布"（新娘子头上顶着一块红布）。再如，"猪肝栋白菜"（菜品，猪肝盖在白菜上）。

丢失——失盉_{Shèi Hei}**，失掉**_{Shèi Tiào}**，跌掉**_{Diě Tiào}

表"丢失了，找不到了"之义。在"丢失"相关的用语中，现代汉语口语中，多用"丢、失"，客家话中多用"失"，音转而来。例如，"我的手表失掉了"（我的手表丢失了、找不到了）。

东倒西歪/踉踉跄跄——斜斜斜斜_{Ciá Ciá Cià Cià}**，趄趄趄趄**_{Ciá Ciá Cià Cià}**，趄趄趄趄**_{Cié Cié Ciè Ciè}

表"理应整齐的却不整齐的状态"之义，亦表"走路不稳而踉踉跄跄"之义。例如，"栽禾栽得斜斜斜斜"（插秧插得一行行歪七扭八）。再如，"其食醉了酒，走路趄趄趄趄"（他喝醉了，走起路来踉踉跄跄）。

客家话中，"斜"读"Ciá"或"Siá"。在古诗词中，其韵脚为"a"，与客家话读音相同。例如，唐代杜甫的《禹庙》：禹庙空山里，秋风落日斜_{Siá}。荒庭垂橘柚，古屋画龙蛇_{Shá}。云气生虚壁，江声走白沙_{Sā}。早知乘四载，疏凿控三巴_{Bā}。

冬天——冬下_{Dǒng Ha}

表"冬季时节"。例如，"冬下，就会落雪"（冬天，就会下雪）。

懂事——省事_{Siǎng Sì}

表"体谅他人的良苦用心或他人的难处"之义。此词与现代汉语的"省事"含义不同，或可俗作为"醒事"。在表"省悟"的相关词语中，现代汉语多用"懂""悟"，客家话多用"省"。例如，"其的孩息蛮省事"（他的孩子很懂事）。

动身去~——来去_{Lói Xì}

表"动身去干某事，或准备去某地"之义。例如，"来去学堂"（动身去学校）。

斗笠一笠麻_{Li Má}

俗作"笠嫲"，本书作者认为，客家话词语中的以"嫲_{Má}"读音结尾的词语，并非都作词缀之用，相当部分是有实际意义的，但在传承过程中，误作词缀传播，此词即是一例。因为，斗笠常用箬叶制成，叶上长有杂色斑点，客家话称之为"麻"，很显然此词应为"笠麻"，符合客家话用字倒置的语言特色。

嘟囔一喃喃喃喃_{Nán Nán Nàn Nàn}，喃喃喃喃_{Náng Náng Nàng Nàng}

表"不断地小声自言自语"之义。例如，"其自家在该兹喃喃喃喃，毋晓话的何者"（她自己在那里嘟囔，不知道说些什么）。

毒害一药_{Yo}

表"与服用毒药相关的行为"之义。此为名词、动词通用。例如，"该个人是药倒的"（那个人是被毒药毒到的）。

堆积一樵_{Ziāo}

表"将物品堆集成堆"之义。本书作者认为，此词或源于将柴草堆积成堆而来，名词、动词、量词通用。例如，"把斫好的柴樵成一樵"（将砍好的柴堆成一堆）。

对不起一对毋住_{Dèi Ngú Chù}

用于表"歉意"的礼貌用语。例如，"对毋住，冇帮到你"（对不起，没有帮上忙）。

对的一着_{Chò}

表"说对了，说中了"之义。例如，"你话着了，就是该样的"（你说对了，就是那样的）。

蹲一踞_{Gū}

本字应为"居"，《说文解字》释为"蹲也。从尸古者，居从古。踞，俗居从足"。例如，"你踞在以兹做何者？我有点子肚子痛"（你蹲在这里干什么？我有点儿肚子疼）。

钝/生锈一鲁_{Lū}

表"铁制利器因久用未磨变钝"之义，亦表"生锈之锈"。此是形容词、名词通用。俗作"黸"，仅有黑色之义，与客家话语境不符。本书作者认为，该词由"鲁钝"引申而来。例如，"以把刀鲁了，要磨下子只样好用"（这把刀钝了，应该磨磨才好使）。

多此一举一攮_{Ngiāng}

表"为显示自身的某种行为，在旁人看来纯属多此一举"之义，例如，"攮何者订婚仪式，直接做结婚酒就够了"（多此一举办什么订婚仪式，直接办结婚典礼就可以了）。

多么——无晓得几……_{Ngú Xiǎo De Jǐ}，无虑几……_{Ngú Lǜ Jǐ}

表"超乎想象的程度"之义，例如，"其无晓得几会读书"（她是多么会读书）。

多嘴——啜贱_{Zhòi Cièn}，啜多_{Zhòi Do}

表"不该说的也说"之义。此词有客家话用字倒置的特色。例如，"莫啜多，等其自家去寻到"（别多嘴，让他自己去找出来）。

多事的——事头多_{Si Teu Do}

表"某人多事，找出各种理由对小事计较、挑剔"之义，类似于北方方言中的"事儿妈"。例如，"其事头真多"（他是一个事儿妈）。

E

儿子、女儿——郎子_{Lài Zi}、妹子_{Mòi Zi}

本书作者认为，或源于"令郎""令嫒"之用语，本字当为"郎""嫒"（分别对应"男""女"的雅称），音变转为"lài""mòi"。有学者论证，"儿子"（Lài Zi）的本字为"崽子"，独立来看有一定的道理，但结合表"男性"的"Lài Zi Ngín"来看，则完全站不住脚。加之，此处的"子"仅为词语后缀，"崽子"的说法更加站不住脚。例如，"其有两个孩息，大的是郎子，细的是妹子"（他有两个孩子，大的是儿子，小的是女儿）。

儿子——息子_{Sèi Zi}

狭义指称"某人或某家的男孩子"，广义指称"某人或某家的儿女"。例如，"你等屋下有几个息子?"（你们家有几个小孩?）

儿媳——息妇_{Sīn Qiū}

俗作"心白""新白"。本书作者认为，此词或为"息妇"连读音变而来。"媳妇"由"息妇"而来无疑，本意就是"儿媳妇"，北方方言用于指称妻子，存在讹变。

额头——额门_{Ngiǎ Mén}，

表"人脸头发以下、眉毛以上部分"之义，类似北方方言中的"脑门儿"。

F

烦闷——懊燥_{ào Zào}

表"内心憋闷、心情不畅"之义。例如，"其失盍100块钱，心肝下很懊燥"（他丢了100块钱，心里很烦闷）。

返回—倒转_{Dào Zhuǎn}

表"重新回到一个地方或状况"之义。例如，"于今毋买，倒转来再买"（现在先不买，返回的时候再买）。

反悔—倒啜_{Dào Zhòi}

表"否认之前说过的话，或说与之前所说不同的话"之义。例如，"昨晡你话同意了，今晡就倒啜"（你昨天已经说同意了，今天又反悔）。

反反复复—颠碓_{Diēn Dòi}

表"反反复复而难以确认准确信息的状态"之义。例如，"以许天是还颠碓，一阵子晴一阵子落雨"（这种天气反反复复，一会儿晴一会儿雨）。再如，"老人家头颅毋太清张，话起事来是还颠碓"（老人脑子不很清醒，说话总是来来回回地说）。

反正—横事_{Wáng Sì}，横竖_{Wáng Sì}

表"无论如何结果都不会改变"之义。本字或为"横竖"。例如，"你毋要话了，横事我无得去"（不要费口舌了，反正我不会去）。

饭粒—饭粲_{Fàn Cǎn}

仅用于指称米饭饭粒，不可用于指称其他食物碎粒。本书作者认为，其含义应是指称泛出光泽的饭粒。

放过/饶过—赦了_{Shǎ Lì}

表"对某人的过错不予追究"之义，俗作"捨哩"。例如，"你讨饶了？以道就赦了你，下次子就冇该样的好事了"（你求饶了？这次就饶了你，下次就没有这么好说话了）。

放入袋中—袋起来_{Tòi Xǐ Lói}

表"将物品装入口袋、提包等袋状物中"之义。此是名词、动词通用。例如，"把桌上的钱袋起来"（把放在桌上的钱装入口袋中）。

放下—放落_{Fàng Lò}

表"将物品放下"之义。例如，"放落行李担子，歇下子"（放下行李担子，休息一会儿）。

放心—落心_{Lò Sīn}

表"放下心中的忧虑和牵挂"之义。与"操神""劳神"是反义词。"放落"相关的用语中，现代汉语口语中，多用"放"，客家话中多用"落"。例如，"落心等，毋要操心"（放心等就可以了，不用操心）。

非常—是还_{Hì Hán}

本书作者认为，"是还"表"是且更是"之义，此词亦有可能由"很"字慢读分成两个音节而来。例如，"以个人是还得人恼"（这个人非常令人讨厌）。

废渣——~屎_{Shǐ}

　　表"加工木材、铁器过程中遗留的废渣"之义。例如，"锯屎"（锯末）、"铁屎"（铁渣）。

蜂——囊蜂_{Neáng Fēng}

　　客家话中，多种昆虫的称谓中含有"囊"字，或为指称其身体主要部位类似口袋的形态。

风筝——纸鹞_{Zhǐ Yào}

　　古代汉语称之为"纸鸢"，"鸢"即"鹰"。"鹞"即客家话中的"鹰"。由此可见，"纸鹞"与"纸鸢"同源同义。

丰盛——脸面_{Liěn Mièn}

　　表"情面很大的丰盛招待"之义。此是名词、形容词通用。例如，"该般脸面，一桌子菜"（太丰盛了，满满一桌子的菜）。

缝——联_{Lién}

　　表"缝、补衣物"之义。在相关用语中，现代汉语口语中，多用"缝"，客家话中多用"联"。例如，"联扣子"（缝纽扣）。

缝隙——坼_{Ca}

　　表"原本平整的物体上裂开出现了缝隙"之义。例如，"地上有条坼"（地上有一条缝隙）；再如，"手上裂爆了坼"（手上裂开一条缝）。

敷衍/应付——衍_{Yé}**，衍衍子**_{Yé Yé Zi}

　　表"对所承担的任务采取应付、不认真的态度"之义，与"恳心"是反义词。例如，"喊你做的事，总是衍衍子"（交代给你的工作，你总是在敷衍）。

腐朽/霉烂——殁_{Mee}

　　表"木材等长时期浸蚀而导致的腐朽，朽而未烂"之义，与"烂"是近义词。在表"腐朽"的词语中，现代汉语口语多用"腐"，客家话多用"殁"。例如，"床脚殁盎了"（床脚都腐烂了）。

覆盖全部地——~煞_{Sa}

　　表"某一行为无所漏洞地覆盖全部"之义。例如，"蒙煞被帛"（盖好被子）、"盖煞镬盖"（盖紧锅盖）。

父亲——父亲_{Yá Zi}

　　在客家话中，凡是含"父"字的词语，读作"父_{Yá}"，本书作者认为不宜写作"爷"。此词，建议直接写作"父亲"，赋予其读音为"父亲_{Yá Zi}"。

父母——父_{Yá}母_{ǒi}

客家话中读为"父_{Yá}母_{ǒi}",本书作者认为不宜写作"爷娭",建议直接写作"父母",赋予其读音为"父母_{Yá ǒi}"。

妇女——妇娘子_{Bū Ngiáng Zi}

本书作者认为,"娘"字的本义即为"年轻女子",因此,此词写作"妇娘子_{Bū Ngiáng Zi}"是合适的。

G

旮旯——角落_{Go Lò},角_{Go}

表"狭窄偏僻的地方,屋子及院子的角落"之义。"旮旯"即为"角落"的音转而来,"角落"为"角"慢读而来。

盖盖——盖_{Kěi}

表"盖上器皿的盖"之义,此读音源于"盖"字的另一读音(gě)。例如,"煮煎水,要记稳盖壶盖"(烧水时,不要忘记盖壶盖)。

甘蔗——蔗梗_{Zhà Guǎng}

泔水/猪食——潲_{Sào}

此为古汉语在客家话中的留存。

干爹/义父——契父_{Kèi Yá}

此处"契"即表"不是血缘意义上的,而是约定意义上的亲属"之义,类似于英语"~ in law"之用法。

干涸/放完水——敛_{Lièn}

表"河流、水田、池塘等没有水"之义,亦表"将池塘等的水放完"之义。例如,"田丘的水快敛了"(稻田的水快干了)。

干净——伶俐_{Leáng Lì}

表"清洁干净"之义,也表"人品干净"之义。例如,"以个保姆屋下打扫得很伶俐,真无错。无像以前该个,毋听话,手脚还毋伶俐"(这个保姆收拾房间收拾得很干净,很不错。不像以前那个,不听话,手脚还有点不太干净)。

赶走——逐_{Jiù}

表"赶走、逐开动物"之义。例如,"飞机场有专门逐鸟子的人"(机场有专门赶鸟的人)。再如,"快逐鸡,莫等其在该兹攫_{qie}晒的谷"(快赶走鸡,别让它在那里弄乱晾晒的稻谷)。

感冒①—伤风_{Shāng Fēng}

客家话保留了中医用语。

感觉/感觉到—知得_{Dǐ De}

表"感觉到了、有感觉"之义。在"知觉"相关的用语中，现代汉语口语中，多用"觉"，客家话中多用"知_{Dǐ}"。例如，"其病莫重，毋知得人事了"（他病得很重，不省人事了）。

干活—做事_{Zò Sù}

表"工作或劳动"之义。例如，"其冇在屋下，去田里做事了"（他不在家，到田里干活去了）。

刚才—恰先_{Ga Siēn}

源自古汉语"恰才"一词。例如，"其屏在哪兹去了，恰先还看到了其"（他藏到哪里去了，刚才还看到他呢）。

刚/刚刚—只样_{Zhiàng}

此处连读。例如，"我只样食成饭"（我刚刚吃完饭）。

高粱—芦粟_{Lú Siu}

高兴—兴_{Xìn}

客家话留存有单音节词语，此为一例。例如，"孩息见了母祖兴无过"（小孩见了奶奶高兴得很）。

告诉/转告—学 ~ 听_{Hò ~ Tiāng}**，话 ~ 知**_{Wà ~ Dī}

表"使人知道某事"之义。例如，"你晓得昨晡出了何者事吗？要毋要我学你听？莫话其知就是"（你知道昨天出了什么事吗？要不要我告诉你？但不要让他知道）。

搁—承_{Shēn}

表"放置物品"之义。例如，"以只该般重的箱子，是话，放在该只纸箱子上，会承毋起"（这个那么重的箱子，如果放在那个纸箱上，会承受不住）。

胳膊/大腿—髀_{Bǐ}

表"四肢的上部"之义。例如，"脚髀"（大腿）、"手髀"（手臂）、"鸡髀"（鸡腿）。再如，"手髀也安作手梗，脚髀也安作脚棍"（手臂也称作手梗，腿也称作脚棍）。

个—个_{Gì}

量词，用于计数没有专用量词的事物，俗作"介"。本书作者认为，此词与

---

① "感冒"一词的来源：宋代太学生请假时将"风寒"写作"感风"，此后流行于官场。到了清代，"感风"改为"感冒"，"冒"表"透出"之义。

现代汉语"个"的用法完全相同，建议采用同一汉字来表达，但赋予其特定读音"个_{Gì}"。

个——只_{Zha}

量词，用于抽象事物的量词，客家话较多用"只"。例如，"一只大天晴"（一个大晴天）、"一只话把"（一个谚语）、"一只比方"（一个比喻）。

个/根/颗/粒——枚_{Mói}

量词。现代汉语口语用"个、根、颗、粒"的量词，客家话较多使用"枚"。例如，"一枚针"（一根针）、"一枚银毫子"（一个硬币）、"一枚瓜子仁"（一粒瓜子）。

给——颁_{Bēn}

本书作者认为，本字或为"分"，但现代汉语中"分"字用法很多，如果使用此字易造成误读，建议使用近音且语义有所关联的"颁_{Bēn}"来表示。例如，"以个礼物送颁你"（这个礼物送给你）。

给您拜年——请拜年_{Ciăng Bài nién}，将拜年_{Ciăng Bài nién}

本书作者认为，本来的含义是"请接受我为您向上天祈福"。李白《将进酒》的"将"与此处"请"的含义相通，且读音相近。回答"请拜年"的用语是"毋要拜年"，其含义是"不敢承受"。例如，"母祖，请拜年！毋要拜年！"（奶奶，我给您拜年了！谢谢，不用拜了！）

根/根部——蔸_{Dēu}，蔸下_{Dēu Ha}

表"植物的根部"，亦作为量词，表"几根或几棵植物"。例如，"一蔸蒜"（一棵蒜）。

~跟——踭_{Zāng}

表"手、脚及其穿戴物的跟部"之义。例如，"脚踭"（脚跟）、"鞋踭"（鞋跟）、"手胳踭"（胳膊肘）。

跟随/随大流——跟阵_{Gēn Chèn}

表"跟随某个人或某群体的行动而行动"之义。例如，"冇何者意见，就跟阵"（没有什么意见，就随大流）。

公、母——牯_{Gŭ}、嫲_{Má}

本字当分别为"公""母"，音变转为"牯""嫲"，表"动物的雄雌"，亦用于某些单音节词语的后缀。例如，"牛牯、牛嫲"（公牛、母牛）。

公爹、婆母——家官_{Ga Goān}、家娘_{Ga Ngiáng}

女性对丈夫父母的称谓（背称）。此词保留了中古时期的称谓。

工夫/时间——人工_{Ngín Gōng}，**工夫**_{Gōng Fū}

表"是否有时间干某事"之义。例如，"天光去看电影，你有人工吗?"(明天去看电影，你有时间吗?)

公鸡——鸡公_{Gī Gōng}，**鸡公头**_{Gī Gōng Téu}

本书作者认为，客家话词语中的以"公_{Gōng}"读音结尾的词语，并非都作词缀之用，相当部分是有实际意义的，但在传承过程中，误作词缀传播，此词即是一例。因为，此处的"公"为"雄性"之义。此词符合客家话用字倒置的语言特色。

工具——牙业_{Ngá Niè}

本书作者认为，手艺人各行业多称为"牙行"，此词或源于此。例如，"以阵子做无成，有带牙业"(现在做不了这个，因为没有带工具)。

供奉/祭祀——敬仰_{Jìn Ngiòng}

表"摆放供品对先人的祭祀活动"之义。此是动词、名词通用。例如，"以许东西莫动，是留到敬仰用的"(这些物品不要乱动，是留着用来祭祀的)。

共用——共_{Qiòng}

表"两人或多人共用一物"之义，客家话词语是"共用"二字合音音转。例如，"其等两个人共一把伞"(他们两人共用一把伞)。

垢泥——埋_{Màn}

表"存于人体皮肤表面的污秽物"之义。此是动词、名词通用。例如，"几久有洗身了，该样多埋?"(多久没有洗澡了，身上这么多泥儿?)

够人忙的——够~得了_{Gèu ~ De Lǐ}

表"预期目标量大，需要坚持很久才可能做完"之义。例如，"够走得了"(要走很长的路程)，"够做得了"(要大量地做)，"够写得了"(要写很多的文字)。

购置/置办——置_{Zhì}

表"购置家当"之义。例如，"我置了一套餐桌椅"(我买了一套餐桌椅)。

估计/估摸——把脉_{Bǎ Mo}

表"内心考量"之义。例如，"我把脉其会去参加"(我推测他会去参加)。

估量/估测——恻下子_{Zě Hà Zi}，**约摸**_{Yo Mo}

表"内心里简单观测、考量"之义。例如，"恻了下子，差无多六十斤子"(看了看，大约六十斤)。

姑娘——满姑_{Mān Gū}

一般指未出嫁的年轻女性。例如，"以个满姑真靓"(这个姑娘真漂亮)。

固执—硬颈_{Ngàng Jăng}，矢固_{Shi Giŭ}

　　或源于古汉语"彊项"一词。例如，"以个孩息真硬颈，就是毋颔认错"（这个小孩真固执，就是不肯认错）。

顾念—有心_{Yĕu Sīn}

　　表"顾念情分之用心"之义。例如，"该般有心，特事来望早先的老师"（真是顾念情分啊！还专门来看望很久以前的老师）。本书作者认为，唐代鱼玄机《寄李亿员外》："羞日遮罗袖，愁春懒起妆。易求无价宝，难得有心郎。枕上潜垂泪，花间暗断肠。自能窥宋玉，何必恨王昌？"其中的"有心"，与客家话词语"有心"是同一意思，指顾念情分，尤其是顾念旧时的情分。现代汉语读者往往解读为"有爱意"，有的版本干脆改为"易求无价宝，难得有情郎"，这其实是不准确的。

瓜葛—绷绷扯扯_{Bāng Bāng Chă Chă}

　　表"有扯不断的关联"之义。例如，"你同其讲清楚，莫总在该兹绷绷扯扯"（你和他的关系要区分清楚，不要总是那样纠缠着）。

寡淡—清_{Xiĕn}

　　表"汤类菜品清淡、不稠"之义。本书作者认为，本字应为"鲜"，即"寡廉鲜耻"之"鲜"字用法，但鉴于现代汉语读者理解的"鲜"多为"新鲜""海鲜"之义，建议写作"清_{Xiĕn}"并赋予其特殊读音。例如，"以许汤无好煮，无是醪了，就是清了"（这种汤不好做，不是稠了，就是稀了）。

挂在—挽_{Wăn}

　　表"将物品吊挂在某处"之义。例如，"把篮子挽在钩子上"（将篮子挂在钩子上）。

乖巧—活泛_{Fa}

　　表"小孩子乖巧而讨人喜欢"之义。此词连读而成。例如，"我满子真活泛，好食的都舍得拿颁阿母食"（我的小儿子真乖巧，好吃的东西舍得给妈妈吃）。

罐/坛—罂_{āng}，罂子_{āng Zi}，罂头_{āng Téu}

　　此为古汉语词语在客家话中的留存。《说文解字》释为"罂，缶也"。在客家话中，凡是在比较大或小的场合或语境下，"罂头"表较大的罐子，"罂子"表较小的罐子，在不比较大小的场合或语境下，均可通用。其他器物的用法，大体如此。

拐弯—转角_{Zhoăn Go}

　　表"沿一定角度改变方向"之义。例如，"走到红绿灯的地方，就向右边以析转角"（走到红绿灯的地方，就向右这边拐）。

光明—旺光_{Wàng Gang}

表"明亮"，亦表"充满希望"之义。例如，"听了其的话，心里旺光"（听了他说的话，内心充满希望）。

滚动—擂_{Lêi}

表"圆形物体滚动"之义。例如，"擂铁环，是细细子常间撩的东西"（推铁环，是小时候玩的游戏）。

锅—镬头_{Wò Téu}

表"烹煮食物的大锅"之义。

果脐/果蒂—蒂_{Nèi}

"果脐"是果实在开花的地方留下来的疤痕，本字或为"蘂"，客家话读音或由此而来。"果蒂"是果实与枝、茎相连接的部分。一般情形下不作区分均称为"蒂"，客家话却保留了近似"蘂"的读音。

过后—莫待_{Màn Dēu}

表"事情过后，转而……"之义。"莫待"连读存在音变。例如，"是你毋喊我莫去的。莫待，你又话我有帮你"（是你不叫我去的。之后，又说我不帮助你）。

过继—过房_{Gò Fâng}

表"过继到另一房世系名下"之义。例如，"老二过房颁其叔叔了"（老二过继给他叔叔了）。

过去/以前—在早_{Cài Zǎo}

表"以前、过去的情况"之义。例如，"在早，屋下还有买电脑"（那时候，家里还没有买电脑）。

过去了/错过了—过了趟_{Gò Lî Tàng}，**过了身**_{Gò Lî Shēn}

表"过了所谈论事物的有效时间"之义，"过身"也用于婉转表述"某人逝世了"之义。例如，"等我晓得以个信的常间，该个事早就过了趟"（等我知道这个消息的时候，那件事早就过去了）。

过于/太~—特_{Tiě}

表"超过正常程度"之义，俗作"忒"。本书作者认为，本字或为"太"之音变，建议采用近音近义的"特"_{Tiě}来表示。例如，"以碗汤做得特醪了"（这个汤做得过于稠了）。

H

还要——还要_{Ha-òi}

表"仍需要"之义。此处为两字连读有所音变。

孩子/小孩——孩息_{Hài Sèi}

俗作"孩细"。本书作者认为，此词原意应为长辈指称晚辈，后转化为成人指称小孩。

害怕——怕畏_{Pà Wì}

表"不敢独自住在或走在一个可怕的地方"之义。例如，"其胆子大，毋怕畏。一个人都敢进山"（他胆子大，不害怕，一个人都敢进到山里去）。

寒冷——冷人_{Lāng Ngín}

表"天气寒冷"之义。以人体的感受作为天气情况的表征，这是客家话较有特色的词语。例如，"今晡的天气真冷人"（今天真冷）。

好成活——滥贱_{Làn Cièn}

表"动植物生存条件要求不高、容易成活"之义。例如，"以色菜滥贱，种在哪兹都会活"（这种菜很好活，种在哪里都能够活）。

好好地/请当心/小心——好践_{Hǎo Sièn}，**好心**_{Hǎo Sièn}，**照拂**_{Zhāo Fū}

俗作"好先"。一般作为客气用语，表"请当心""请注意""好好地"之义。本书作者认为本字或为"好心"，根据其词义，建议写作"好践"。例如，"好践行"（请慢走），"好践看稳脚下"（请当心脚下），"好践照拂其"（请精心照看他）。再如，"去草蓬里，脚下照拂蛇呢！"（到草丛里去，要小心脚下有蛇！）

好惹的/善茬——善_{Shièn}

表"好对付的人"之义，多用于否定。与"恶"是反义词。例如，"以两个人打架，都无善"（这两个人打架，两个人都不是善茬）。

好胜/要强——好赢_{Hào Yàng}

表"争强好胜"之义。例如，"其就是好赢"（他就是争强好胜）。

和/与——络_{Lāo}

表"和""与"之义，亦表"邀约同伴一起行动"之义。本书作者认为，本字难以取得共识，建议采用同音且含义相近的"络_{Lāo}"来表示。例如，"我络其，作阵坐飞机去旅游"（我和他，做伴坐飞机去旅游）。再如"络到几个阵，做一合去旅游"（邀上几个伙伴，一起去旅游）。

河流——河坝_{Hó Bà}

客家话中的"河坝"，指称河流，与现代汉语中的作为拦河之用的"河坝"

不是同一含义。

何苦—食了斋_{Shi Lǐ Zāi}

表"何必如此一点一滴地计较"之义。例如，"食了斋，靠你该般省，积点几多子钱?"（何苦呢! 靠你这么节省，能积攒多少钱?）

狠—惨_{Cěn}，狠_{Cěn}

表"程度很严重"之义。例如，"饿得狠了"（饿坏了），"打得真狠"（被打得很厉害）。

横七竖八—横横横横_{Wáng Wáng Wàng Wàng}，梗梗梗梗_{Gáng Gáng Gàng Gàng}

表"东西摆放杂乱，如同树木无规律倒伏的无序状态"之义。例如，"屋下的东西横横横横，也毋晓得捡成下子"（家里乱得乱七八糟，也不知道收拾收拾）。

很/非常/十分—很_{Ha-nín}

本字应为"很"字慢读而来，与"是还"是近义词，由读音可俗作"吓人_{Ha Ngín}"。

洪水—涨水_{Zhiǎng Shěi}，发水_{Fa Shěi}，大水_{Tài Shěi}

表"出现超过正常状态的降水量或河水流量"之义。例如，"今年还好，冇发水"（今年还不错，没有发洪水）。

烘干—焙_{Pòi}，熇_{Ho}

表"用近火烤干衣物、食品等，使之干燥"之义。"熇"，为古汉语词汇在客家话中的留存。在表"烘焙"相关的用语中，现代汉语口语中，多用"烘"，客家话中多用"焙""熇"。例如，"冇出日头，把衫裤熇燥吧"（没有太阳，把衣服烘干吧）。

虹/彩虹—天弓_{Tiēn Jiōng}

红薯—蕃薯_{Fān Shú}

本书作者认为，此词是称谓，符合外来物的命名特征。从外来物的引入时期对比来看，"胡"早于"番"，"番"早于"蕃"，"蕃"早于"洋"。我国引进物"胡"主要引自中西亚（两汉、两晋直至隋唐时期），"番"主要引自美洲、东南亚（宋、元至明末清初时期），"洋"主要引自欧洲、印度、日本（清代中后期）。

哄—乖_{Guāi}，乖_{Guǎi}

表"哄小孩听话、睡觉、不生气等"之义，由"乖"引申为"使之乖"之义。此是形容词、动词通用。例如，"乖下子孩息，等其睡着"（哄小孩睡觉）。

哄骗—超_{Chāo}

表"用言过其实的大话哄骗他人听信"之义。本字或为"召",与"扯"是近义词。例如,"莫信其在该兹超"(别信他那些哄人的大话)。

后代/后辈们—子女_{Zǐ Nguǐ},**子伍**_{Zǐ Nguǐ}

狭义指称"子女",广义指称"所有后辈"。本字应为"子女"。例如,"子伍都看得其很重"(后辈们都很敬重他)。

囫囵—打完吞_{Dǎ Wán Tūn}

表"完整的、整个儿的"之义。本字为"楜",慢读为"囫囵"。本书作者认为,客家话将之讹变为"完吞"。例如,"慢点子食,毋要打完吞"(慢些吃,不要不嚼就咽下去)。

呼吸/透透气—出气_{Chǐi Xì},**透气**_{Těu Xì}

表"人的呼吸"之义。例如,"共一只鼻拱出气"(同一个鼻孔呼吸,比喻臭味相投)。再如,"灶下十分室人,出来透下子气"(在厨房里很憋气,出来透透气)。

蝴蝶—洋翼扑子_{Yáng Yii Pó Zi}

表"翅膀特别的昆虫"之义,俗作"洋翼婆子"。"翼扑"即"翅膀",被讹变为"翼婆子"。本书作者认为,从"洋翼"与"胡蝶"的对比不难看出,两者造词结构完全相同,应当有源流关系,与汉语"趋雅避俗"风气关联。我们也可推测与"蝴蝶"相关的"胡""洋",就是"外来"之意,但未必一定是外来物种,而是新发现的物种都可能称之为"胡""洋"。

核儿/籽儿—仁_{Yín}

表"果核或果壳内的东西"之义。例如,"我就喜欢食瓜子仁、花生仁,还喜欢冇仁的西瓜、橘子"(我就喜欢吃瓜子仁、花生仁,还喜欢没有籽的西瓜、橘子)。

葫芦—瓠子_{Pú Zi}

此词,北方方言中也保留了这一用法,读音与客家话有所不同。"葫芦"一词由"瓠"慢读而来。

胡说—乱话_{Luàn Wà},**乱日**_{Luàn Ye},**信话**_{Sìn Wà}

表"说没有根据的话"之义。在表"胡乱"相关的用语中,现代汉语口语中,多用"胡",客家话中多用"乱"。例如,"你又毋看到,莫在以兹打信话、打乱话"(你又没有见到,不要在这里随口乱说)。

糊弄—扯鬼_{Chě Guǐ}

表"蒙混、将就"之义,此处的"扯"为"扯谎、哄骗"之义。例如,

"你做的以许东西，只好扯鬼"（你做的这些东西，都是糊弄人的玩意儿）。

花费/用去——去盍_{Xi Hei}，用盍_{Yòng Hei}，消得_{Siáo De}

表"花费了若干钱财或时间"之义，一般用于不情愿的情形下。此处的"消"，与现代汉语"何消"的"消"用法相同，为"需要"连读而来。例如，"以餐饭，去盍我 1000 块钱，还去盍一晏晡的工夫"（这顿饭，花了我 1000 元，还费了一晚上的时间）。再如，"买只鸡，消得该般多钱?"（买只鸡，需要花那么多的钱吗?）

花招/花样——名堂_{Mín Táng}，明堂_{Miáng Táng}

表"耍各种花招、花样、心计、形式等"之义，本字或为"明堂"，本书作者认为，为便于现代汉语读者理解，建议写作"名堂"。例如，"婚礼要办得简单点子，毋要生出该般多名堂"（婚礼应当简简单单，不要搞那么多的花样）。

划分/割开——界开_{Gài Kōi}

此词是名词、动词通用。例如，"把以张大纸，界成两张"（把这张大纸，分割为两张）。

"界"字，从"介"音，读作"gai"。在古诗词中，相关字的韵脚为"ai"，与客家话读音相同。例如，唐代孟浩然的《越中逢天台太乙子》：往来赤城中，逍遥白云外_{Ngoài}。苺苔异人间，瀑布当空界_{Gài}。福庭长自然，华顶旧称最_{Zeài}。永此从之游，何当济所届_{Gài}。

滑坡——崩坡_{Boēn Pò}

表"山体出现滑坡"之义。例如，"该条路坎上打了崩坡，过毋去了"（那条路的山体一侧出现了滑坡，过不去了）。

滑跤——荡_{Tàng}

表"因滑倒而失去控制"之义。例如，"我在烂泥路上荡了一跤"（我在泥泞路上滑了一跤）。

划算/合适——划得着_{Fá De Chò}

表"通过付出与收益的比较后，觉得划算"之义，与"划无着"是反义词。例如，"以点子工钱，划无着"（这么点儿工钱，不划算）。

~化了——融_{Yóng}

表"雪、冰等固态物融化为液态"之义。在表"融化"相关的用语中，现代汉语口语中，多用"化"，客家话中多用"融"。例如，"天晴，雪就融掉了，塘上部的冰也架势融了"（天晴了，雪就化了，水塘上面的冰也开始化了）。

怀孕——挽大肚_{Kuàn Tài Dŭ}，挽人_{Kuàn Ngín}

表"孕妇身体形态"，进而用于表"怀孕"之义，或与"娩"字有一定关联。例如，"其老婆挽大肚了，话是十月会降"（他老婆怀孕了，说是十月生）。

晃动—晃晃状_{Ngiǎng Ngiǎng Zǎn}

表"吊桥等晃动"或"弹性好的物品呈晃动状"之义，"Ngiǎng"可理解为"摇晃"的连读。例如，"我使，怕过吊桥。冇风的常间，都晃晃状"（我的话，不敢过吊桥。没有风的时候，它看上去都在晃动）。再如，"以许豆腐真好，晃晃状"（这种豆腐真好，一晃一晃有弹性）。

~回/~趟—~转_{Zhoǎn}

表"去往某地的次数"。在相关的用语中，现代汉语口语中，多用"趟"，客家话中多用"转"。例如，"北京，我只去过一转"（北京，我只去过一回）。

回去—去归_{Xì Guī}，**归**_{Guī}

在"回、归"相关的用语中，现代汉语口语中，多用"回"，客家话中多用"归"。例如，"归昼"（中午收工回家）"归夜"（下午收工回家）。

回嘴/顶嘴/争辩—应啜_{èn Zhòi}，**还啜**_{Wán Zhòi}，**撑啜**_{Càng Zhòi}

表"受到指责时进行争辩"之义。例如，"莫应啜了，莫待其更着气了"（别回嘴了，否则他会更生气）。

会/能—会_{Wòi}

表"通晓、熟悉、擅长""有能力做某事""有可能实现某一目标""定要"等义。上述词义，与现代汉语"会"的用法相同。本书作者认为，该字读音或由"kuai"向"huai"，进而向"wai"音转。为现代汉语读者便于理解，我们建议写作"会"，但赋予其读音"会"_{Wòi}。

灰尘—尘灰_{Chēn Fōi}

客家话部分词语，与现代汉语用字倒置，此为一例。

昏沉—昏昏昏昏_{Fén Fén Fèn Fèn}

表"头脑昏乱、精神不适"之义。例如，"以两日头颅总是昏昏昏昏"（这两天头总是昏昏沉沉的）。

活该/自作自受/遭报应—消得_{Siāo De}，**该煨**_{Gōi Wòi}

表"活该承受某一后果"之义，前者恨意程度较低，后者恨意较强。此处的"消"，与现代汉语"何消"的"消"用法相近，为"需要"连读而来，进而引申为"应该"之义。例如，"跌了跤吧，消得！喊你莫从滑苔上走"（摔跤了吧，活该！叫你别从青苔上面走）。再如，"其做以许事，被公安局捉到了，该煨！"（他做那样的事情，被公安局抓了，真是活该！）

火焰—火舌_{Fō She}

拟人化，表"火焰之形态"。

火灾—起火 Xǐ Fŏ

表"发生了火灾"之义。例如,"岭冈起火了"(山上发生了火灾)。

J

极—莫 Mèn

俗作"闷"。本书作者认为,此词本字或为"莫无"之连读,以否定之否定表"程度极高"之义,建议以省略语"莫 Mèn"来表示,如同现代汉语"莫大"表示"极大"之用法。其与"蛮"是近义词。例如,"于今的火车莫快,半个子钟头就到了"(现如今的火车极快,半个来小时就能够到达)。

极其—晓得几~ Xiǎo De Jǐ

表"程度超乎想象"之义,与"无虑几~"是近义词。例如,"晓得几好食子!"(你不知道多么好吃!)

即便……也/纵然—然 àng

表"即使条件再宽一些,也是如此"之义。例如,"然冇钱也要食饭"(即便再穷也要吃饭)。

系/拴—结 Jie,羁 Gi

表"用绳索系紧某物"之义,与"缔"是近义词。例如,"结稳鞋带"(系好鞋带)。

记号/做标志—记认 Jì Ngìn

此词是动词、名词通用。例如,"其的钱自家屏到,怕毋记得,自家做了记认"(他的钱自己藏起来,怕记不住藏的地方,自己做了记号)。

忌/忌口—儆 Jìn,儆 Jiàng,儆 Qiàng

表"生病等情形下,忌吃一些食物"之义,也表"禁做某些事情",亦表"小心防护"之义。例如,"发烧了,儆下子嗳,莫去食海鲜"(发烧了,要忌口,不要吃海鲜)。再如,"考试边子,儆稳打游戏"(快考试了,切忌打游戏)。又如,"手上舞出了血。洗手的常间要儆稳"(手破了,洗手时要小心一点)。

加水—参同 Cōng

表"在液体中加水使之性质适应预期"之义,与"掺"的含义有所区别。本字或可理解为"参同"连读。例如,"水特滚了,参同点子冷水凑"(水太热了,要再加一些凉水)。

架设—探 Tàn

表"架设桥梁、水管"等义。例如,"以兹探了一渡桥,去河对面就近多了"(这里架起了一座桥,到河对面去就近多了)。

家族遗传—种曹_{Zhiǒng Cáo}

　　表"家族有某方面的基因"之义，俗作"种草"。"曹"为"种类"之义，《说文解字注》释为"曹之引申为辈也"。例如，"其等屋下的孩息都会读书，种曹好"（他们家的小孩都会读书，遗传基因好）。

拣/挑拣/拨出—拣_{Gǎn}

　　表"挑选、选择"之义。例如，"拣出一半饭菜来，留到你哥哥归来食"（拨出一半饭菜，留给你哥哥回来吃）。

健康/身体好—健_{Qièn}

　　表"身体状况良好"之义。客家话中保留了一些单音节词语，此为一例。例如，"以个老人家九十多岁了，还该般健"（这个老人已经九十多岁了，身体还那么好）。

茭白—禾笋_{Wó Sěn}

交代给~/吩咐—喊~_{Hēn}**，交代**_{Gāo Dài}

　　表"吩咐某人办某事"之义。在相关的用语中，现代汉语口语中，多用"叫"，客家话中多用"喊"。例如，"我喊你去买东西，焉般还冇出门?"（我叫你去买东西，你怎么还不去?）再如，"以许事你交代颁其了吗? 我同其话了!"（这件事你交代给他了吗? 我和他说过了!）

交往—行往_{Háng Wǎng}**，走动**_{Zěu Tōng}

　　表"与他人之间的往来关系"之义。例如，"以门亲戚，以几年子冇太行往"（这门亲戚，这几年不怎么来往了）。

较—蛮_{Mán}

　　表"程度相对较高"之义，与"莫_{Mèn}"是近义词。本书作者认为，本字未必是此字，鉴于客家话普遍将此字写作"蛮_{Mán}"，按照约定俗成的原则，保留此用法。例如，"以路子的人蛮热心，我同人问路，其还带我寻到该只档下"（这个地方的人挺热心的，我向人问路，他带我找到了那个地方）。

搅拌—搂_{Lǔ}**，攉**_{qiè}

　　表"用手或器具使汁状或糊状物转动、拌合"之义。例如，"煮羹的常间，要毋停地搂稳"（煮羹的时候，需要不停地搅拌着）。

叫花子/乞丐—告化_{Gào Fà}**，讨米的**_{Tǎo Mǐ Gì}

　　"告化"一词来源与宗教有关，表"求告化缘"之义。此是动词、名词通用。例如，"莫着该般烂的衫裤，别人还把作是告化"（别穿这么破的衣服，别人还以为是叫花子呢）。

叫苦连天—喊捨Hàn Shǎ，恨捨Hèn Shǎ

表"难以支撑，恨不得放弃"之义，与"会煞瘾"是近义词。例如，"该般重的担子，要荷到屋下，真的喊捨"（这么重的担子，要挑到家里，真是艰难呀）。

接—驳Bo

表"连接、续接、嫁接"之义。在"接驳"相关的用语中，现代汉语口语中，多用"接"，客家话中多用"驳"。例如，"裤子特短了，要驳一截裤脚"（裤子太短了，需要加长一节裤腿）。

接近~—~边子Biēn Zi

表"接近于~时间（地点）"之义，与"易得~去了"是近义词句。例如，"旧年过年边子，有一晡当昼边子，我上街会走到大桥边子的常间，撞到了其"（去年快过年的时候，有一天快正午了，我上街快走到大桥的时候，我遇到了他）。

节俭—悭Kàn

表"花钱精打细算"之义，与"省省子"是近义词。例如，"其用钱总是悭悭子"（他花钱的时候总是精打细算）。

结冰—打凌Dǎ Lèn，鉴冰Kièn Bīn

表"水面冻结成冰"之义。例如，"湖水鉴冰了，走得人"（湖面结冰了，上面可以走人）。

解开—取开Cǐ Kōi

表"解开系紧的物品"之义。在"解开"相关的用语中，现代汉语口语中，多用"解"，客家话中多用"取"。例如，"缔得特紧了，取开点子"（系得太紧了，解开放松一些）。

借你吉言—打帮你话得好Dǎ Bāng Nǐ Wà De Hǎo

表"对发言者祝愿的谢意"之义。例如，"老人家，你真有福气，祖孙满堂！多谢，打帮你话得好！"（老人家，你真有福气，祖孙满堂！谢谢，借你吉言！）

姐姐、姐夫—姊姊Ziǐ Zii，姊丈Ziǐ Chāng

客家话中，"姊丈"亦用于称谓"女婿"，可理解为随同子女作客气的称呼，类似北方方言中的"他姐夫"。

紧—緪Hèn

表"如同弦绷得紧"之义。例如，"罐头瓶的盖很緪，扭Ziǔ 毋开"（罐头瓶盖很紧，拧不开）。

进而/索性—佐使_{Zo Si}，佐加_{Zo Ga}

　　表"干脆就"之义。例如，"反正睡毋着，佐使再看一集电视"（反正睡不着，干脆就再看一集电视剧）。再如，"十八块钱都出了，佐加再添两块"（十八元钱都出了，干脆再加两元）。

劲儿大—煞_{Sa}

　　表"酒劲儿、药劲儿很大"之义。例如，"你等屋下做的酎酒很煞，我等做的就衰多了"（你们家做的酎酒劲儿很大，我们家做的就差多了）。

尽力/使劲—尽命_{Cin Miàng}

　　表"竭尽全力干某事"之义，与"死命""拼命"是近义词。例如，"其尽命做以宗事，后部就做成了"（他尽力去做这件事，最后就做成了）。

经常—常日_{Chiāng Ngii}

　　表"经常发生的情况"之义，与"成日"是近义词。例如，"其常日问你的事"（他经常打听你的情况）。

荆棘—束_{Nē}

　　指称"丛生多刺的灌木"，亦指称"一根小刺"，俗作"芴"。本书作者认为，本字应为"束"。《说文解字》释为"束，木芒也。象形"。若细分的话，"木刺"为"束"，"竹刺"为"芴"，"草刺"为"芒"。

　　本书作者认为，"束"的本音似应为"Nē"，因为，"策""责"等字皆从"束"音，或可参照客家话读音。

荆棘丛生/不通畅—博塞_{Bo Se}

　　表"荆蔓蒺藜丛生，使人无法穿过"之义，亦表"不通畅"之义。例如，"路都寻毋到了，四向都博塞"（路都找不到了，到处都长满了荆棘）。再如，"伤风了，鼻拱博塞"（感冒了，鼻子不通气）。

精气神/精神头—气神_{Xì Shén}

　　表"某人的精神状态"之义，亦表"精力"之义。例如，"我冇该般多气神同其着气"（我没有那么多的精神头去生他的气）。

精明/机灵—刁_{Diāo}，精_{Zīn}，尖_{Ziēn}

　　表"精明"之义（有时表贬义），相当于现代汉语的"机灵"，该词即为"精"慢读而来。例如，"你使，真刁！就晓得拣大的拿"（你呀，过于精明了，就会挑大的）。

经受艰难—捡了几多子苦食_{Jiěn Lǐ Jǐ Dō Zǐ Fǔ Shi}

　　表"某人经历了许多苦难、难处"之义，与"捡了福享"是反义词句。例如，"其该阵子晓得几难！捡了几多苦食，捡了几多累，捡了几多饿"（他那个时候很难，吃了许多苦，受了许多累，挨了许多饿）。

敬重/疼爱——看得重 _{Koàn De Chōng}，看得重 _{Koàn De Chòng}

表"晚辈在言行上敬重长辈"之义，亦表"长辈疼爱晚辈"之义，与"看得轻"是反义词句。例如，"郎子、息妇、孙子都看得我重"（儿子、儿媳、孙子都很敬重我）。再如，"细细子的常间，其父母很看得其重"（小的时候，他的父母非常宠爱他）。

纠缠——哽人 _{Gǎng Ngín}

表"为小事而持续纠缠他人"之义，亦表"小孩很黏人"。例如，"莫总在以兹哽，冇用的"（不要总在这里纠缠，没有作用的）。

酒窝——酒靥 _{Ziǔ Ye}，酒挖 _{Ziǔ Ye}

为古汉语留存字词，亦可理解为"酒挖（孔）"。

居然——硬 _{Ngàng}

表"没想到，出乎意料"之义。例如，"放得该般高，硬是等其拿到了"（放得那么高，居然被他拿到了）。

居住在——下舍 _{Hèi}，寒舍 _{Hèi}

表"居住在某地"之义。此为两字连读。"下舍"，本为名词，为"私宅"之义，此词是动词、名词通用，亦或由"寒舍"引申而来。例如，"我下舍在乡下"（我住在乡下）。

举——擎 _{Ciàng}

表"向上托举某物"之义。在表"举起"相关的用语中，现代汉语口语中，多用"举"，客家话中多用"擎"。此为古汉语字词在客家话中的留存。例如，"擎伞"（打伞）、"擎旗子"（打旗）。

举起/高举——迎 _{Ngiáng}

表"高高举起"之义。例如，"其等迎了一面国旗"（他们高举一面国旗）。

据估计/据说——讲话 _{Gǎng Wà}

表"据说或据估计，已经达到某种程度"之义，类似北方方言中的"话说"，与现代汉语的"讲话"含义不同，应予以区分。在口语中，"讲"字可拉长音。例如，"其讲话就易得 20 岁了"（他好像就快 20 岁了）。再如，"讲话其快到县上工作去了"（听说他快要到县里工作去了）。

倦怠——懒 _{Lǎn}

表"因干某事次数过多而出现乏味、懈怠的情绪"之义。此为古汉语词语在客家话中的留存。《说文解字》释为"嬾（懒），懈也，怠也"类似北方方言词语"够够的"之义。例如，"以个档下，我来过毋晓几多次，都撩懒了"（这个地方，我不知来过多少次，玩得够够的）。

觉察—惊觉_{Jǎng Go}

表"突然发觉"之义。例如，"无惊觉就过盍一日"（不知不觉就过去了一天）。此外，"一惊觉_{Yi Jǎng Go}"表"因意外触碰而吃了一惊"之义。

客家话中，"觉"字读"Go"。古诗词相关韵脚为"o"，与客家话读音相同。例如，宋代范成大的《醉落魄·雪晴风作》：雪晴风作_{Zo}。松梢片片轻鸥落_{Lo}。玉楼天半褰珠箔_{Po}。一笛梅花，吹裂冻云幕_{Mo}。去年小猎漓山脚_{Jo}。弓刀湿遍犹横槊_{So}。今年翻怕貂裘薄_{Po}。寒似去年，人比去年觉_{Go}。

均匀—匀净_{Yín Cìn}

表"均匀、程度一致"之义。例如，"衍种子要衍匀净"（撒种子要撒均匀了）。

K

开始—起始_{Xǐ Shì}，**架势**_{Gà Shì}

表"做好了相关准备，正要开始"之义。例如，"我等架势食饭了"（我们准备吃饭了）。

开始行动/动身—起身_{Xǐ Shēn}

表"与行走相关活动的开始"之义。例如，"9点钟起身，10点钟到得"（9点开始走，10点可以到）。

开头—起头_{Xǐ Téu}

表"某一事情的开始部分"之义。例如，"何者事都是起头难"（万事开头难）。

开水—煎水_{Ziēn Shěi}

表"煮沸的水"之义。本书作者认为，本字或为"溅"，即热水由"滚"而"溅"的形态。为不与现代汉语"溅水"的含义相混淆，我们建议使用"煎水"来表达。

砍—斫_{Zho}

表"用刀斧砍削"之义，亦表"购买大型动物的肉块"之义。在相关的用语中，现代汉语口语中，多用"砍"，客家话中多用"斫"。例如，"上街斫几斤猪肉"（上街买几斤猪肉）。

坎儿—跳_{Tiào}

迷信说法指"某个时间点要经历的一个坎坷或灾难"。此是名词、动词通用。例如，"算命的话，其以几日子有一跳"（算命的说，他这几天有一坎儿要过）。

看护/看管/放牧—营_{Ngiàng}

表"守护小孩、动物、物品"之义。本书作者认为，《汉字源流字典》释"营"字有"卫护、看护"的含义，此处之义与之相符。例如，"营牛食草"（放牛去吃草）；再如，"在屋下营细人子"（在家里看小孩）；又如，"在以兹营东西，莫走开"（在这里看着东西，别走开）。

看到/看了一眼—影到_{Yiǎng Dǎo}

表"影影绰绰看到"之义。此处名词、动词通用。例如，"你昨晡也去上街了吧？我影到了"（你昨天也上街了吧？我好像看到了）。

靠在/倚靠—凭_{Pèn}

表"身体或物品侧靠在他人或他物上"之义。此为古汉语词语在客家话中的留存。《说文解字》释为"凭，依几也"。在表"倚靠"相关的用语中，现代汉语口语中，多用"靠"，客家话中多用"凭"。例如，"其坐在凭背椅上，凭到椅子背睡着了"（他坐在靠背椅上，靠着椅背睡着了）。

蝌蚪—蛤蟆原籽_{Há Má Nién Zǐ}

表"青蛙、蟾蜍幼体"之义。类似北方方言中的"蛤蟆秧子"。

渴—啜燥_{Zhòi Zāo}

在"干渴"相关的用语中，现代汉语口语中，多用"干"，客家话中多用"燥"。例如，"啜燥无过，很想食水"（口很渴，非常想喝水）。

磕碰—掩_{Ngǎn}

表"身体某部位与其他物体之间的碰撞"之义，此词类似北方方言中"被门掩着了"的含义。例如，"其比门框还高，进门总掩到头"（他比门框还高，进门时都磕到头）。

瞌睡/打盹—目盹_{Mu Du}

表"极短时间的睡眠状态"之义。例如，"打目盹"（打瞌睡）。

咳嗽/呛着—呛嗽_{Cu}

表"喘不过气来而急促的咳嗽声"之义，或为"呛嗽"连读而来。例如，"昨晡晏晡其呛嗽了一夜"（昨天晚上他咳嗽了一晚上）。

可满足/~得下—~得落_{De Lò}

表"所给条件能够得以满足"之义。例如，"以壶煎水，一只热水瓶就张得落"（这壶开水，一个暖瓶就能够盛下）。

空手—打空手_{Dǎ Kǒng Shǔ}

表"两手空空，不承担任务或不带礼物"之义。例如，"我今晡打空手来你以兹食饭"（我今天什么礼品没有带就到你这里来做客）；再如，"有郎子荷担，我只盈打空手"（有儿子挑担子，我剩下就什么都不用拿了）。

空心的—膨_{Pàng}**，胖**_{Pàng}

表"本应实心的事物却是空心的"之义，俗作"胖"。本书作者认为，本字或为"膨"，语义和语音都接近，建议使用此字。例如，"膨谷"（没有米粒的空稻谷）、"膨树"（不结实的速生树木）、"膨筒"（形容说话不算数的人）。

空中/半空中—半天云_{Bàn Tiēn Yín}

表"在空中出现某事物或某现象"之义。例如，"你仰头看，半天云是非有架飞机?"（你抬头看，空中是不是有架飞机?）

恐怕/担心—惊怕_{Jāng Pà}

表"对某事或某人挂念、不放心"之义。例如，"我惊怕考试毋及格"（我总是担心考试不及格）。

口吃/结巴—结舌_{Jie She}

抠取—挖_{Ye}

表"用手指或细小物掏挖"之义。《说文解字》："圣，空大也。从穴，乙声。"例如，"莫去挖鼻拱窿"（别抠鼻孔）。

扣纽扣—纽纽扣子_{Něu Něu Zi}

客家话表"纽扣"为"Něu"，可理解为"纽扣"连读而来。此词亦为动词，表"扣上纽扣"之义。本书作者建议名词写作"纽扣子_{Něu Zi}"，动词写作"纽_{Něu}"。

哭—叫啜_{Jiào Zhòi}

表"因痛苦或伤心而流泪并发出声音"之义。本书作者认为，此处的"啜"，或可理解为"抽泣"的连读，并非"嘴"之义。例如，"孩息子总叫啜"（小孩总在哭）。

挎—挽_{Kuàn}

表"用手臂挂着或钩住物件"之义。在表"挎"相关的用语中，现代汉语口语中，多用"挎"，客家话中多用"挽"。例如，"挽书包"（挎书包）。

快到了—易得～去了_{Yì De ～ Xì Lǐ}

表"快到某一时间点了"之义。例如，"易得过年去了"（快过年了）。

宽—阔_{Kua}

表"宽度大、面积大"之义。在"宽阔"相关的用语中，现代汉语口语中，多用"宽"，客家话中多用"阔"，与现代汉语口语中表"阔气"的"阔"含义不同，应予区分。例如，"以只厅下真阔"（这间厅堂面积真大）。

昆虫—虫豸 _{Chóng Chī}

表"各种昆虫的统称"。此为古汉语用词的留存。

捆/缚/系—缔 _{Tia}

表"用绳、线等系束"之义。例如,"缔紧鞋带"(系好鞋带)。

L

垃圾—邋屑 _{Le Se},邋析 _{Le Sa}

表"脏秽物、尘土及被弃物品的统称"之义。此处可理解为肮脏物与细碎物的合称。

拉拽/拖着—拉 _{Lāi},拉曳 _{Lāi}

表"人或其他动力拖着物品、人、动物等移动"之义,或为"拉"的音转,或为"拉曳"的连读。例如,"孩息子无领走,阿母拉曳到其走"(小孩不肯走,妈妈拽着他走)。

来得及—舞得盈 _{Wǔ De Yiáng}

表"时间上有富余,来得及"之义。在"及时"相关的用语中,现代汉语口语中,多用"及",客家话中多用"盈",与"舞无盈"是反义词。例如,"快点子,舞无盈去了"(快点儿,快要来不及了)。

癞—瘌 _{La}

表"物体表面凸凹不平"之义。例如,"瘌壳"(癞头)、"饭瘌"(锅巴)。

老奶奶/老太婆—老祖子 _{Lǎo Ziǎ Zi},老妈子 _{Lǎo Ma Zi}

对年龄较大或老态女性的称谓,与旧称岁数偏大的女仆之"老妈子"的含义不同。例如,"以个老妈子看到有70多岁了,还蛮健"(这个老太太看上去有70多岁了,身体还很好)。

泪汪汪—眼泪扑簌 _{Ngǎn Lèi Pá Sā}

表"眼泪不断向下流的样子"之义。例如,"其真伤心,成日都眼泪扑簌"(他真的很伤心,只见他成天两眼泪汪汪)。

……了—……了 _{LI}

助词,用在句尾,表示动作或变化已完成,或表示确定语气,俗作"哩"。本书作者认为,其与现代汉语助词"了"的用法完全相同,建议采用同一汉字,赋予其读音"了 _{LI}"。

礼轻/不成敬意—少少子 _{Shǎo Shǎo Zi}

表"礼物很轻"之义,送上礼物时的客气用语。例如,"少少子,毋成敬意"(礼物很轻,不成敬意)。

犁—耒_{Léi}

表"耕作过程中用于翻土的农具"之义。此为古汉语用字的留存，此动词、名词通用。例如，"一只牛拉一张耒耒田"（一头牛拉一把犁在犁田）。

立春—交春_{Gāo Chūn}

表"二十四节气立春的时间点"之义。例如，"今年交春是哪晡?"（今年哪一天立春?）

怜爱/抚爱—惜_{Siǎ}

表"长辈对晚辈的怜爱、爱怜之言行"之义。"惜"字从"昔"音，皆读"sia"。例如，"阿母惜了惜细妹子"（妈妈怜爱地抚摸了小女儿）。本书作者认为，古代小说中女性名字常见"婆惜"，如果用客家话来理解，即"深受祖母爱怜的小女孩"之义，其含义极有意味，现代汉语读者很难理解其意趣。

脸—面_{Mièn}

表"脸、脸部"之义。现代汉语口语多用"脸"，而客家话多用"面"。例如，"其睡目的常间，被人画了花面"（他睡着的时候，被人画了一个花脸）。

脸皮厚/不知进退—涎_{Siên}

表"不知进退地纠缠"之义。例如，"莫该般涎，总在以兹话得去，人家都毋睬你了"（别那么脸皮厚，总在这里纠缠，人家都不理你了）。

俩—俩子_{~ Yǎng Zi ~}

表"两个有一定亲属关系人的合称"之义。例如，"俩子母_{Yǎng Zi ōi}"（母子俩）、"俩子兄弟"（兄弟俩）、"俩子哥"（哥俩）、"俩子姑"（姑侄俩）。

亮—光_{Gāng}

表"光亮"之义，现代汉语口语多用"亮"，而客家话多用"光"。例如，"电灯特光了，晟眼珠"（电灯太亮了，晃眼睛）。再如，"朝晨五点钟就天光了"（早上五点就天亮了）。

裂开—析开_{Siǎ Kōi}

表"某物因受外力影响破裂而分开"之义。例如，"该只西瓜自家就析开了"（那个西瓜自己就裂开了）。

烈性—煞瘾_{Sa Yǐn}，煞_{Sa}

表"酒、药等物性强烈，或药物等见效显著"之义。例如，"以帖药很煞"（这剂药的药性很烈）。

淋雨—涿雨_{Do Yǐ}，溻雨_{Ta Yǐ}

表"被雨淋在身上"之义。例如，"会落雨了，快进屋，莫等到涿雨了"（快下雨了，快点进到屋里去，不要被雨淋着）。

邻居—邻舍Lín Shà，左邻右舍 Zǒ Lín Yèu Shà，共屋 Qòng Wu

　　表"住处邻近的人或人家"之义。"共屋"指称同住一座房子的邻居。表"居所"相关词语，客家话多用"舍"。例如，"旅舍"（旅馆）、"宿舍"（寝室）。

　　客家话中，"舍"读"Shà"。古诗词中，其韵脚为"a"，与客家话读音相同。例如，宋代欧阳修的《蝶恋花·小院深深门掩亚》：小院深深门掩亚 à。寂寞珠帘，画阁重重下 Hà。欲近禁烟微雨罢 Bà，绿杨深处秋千挂 Guà。傅粉狂游犹未舍 Shà。不念芳时，眉黛无人画 Fà。薄幸未归春去也，杏花零落香红谢 Sià。

零钱—散钱 Sàn Cién

　　在"零散"相关的用语中，现代汉语口语中，多用"零"，客家话中多用"散"。

零星/零碎—零零搭搭 Liāng Liāng Da Da

　　表"各种零碎的事物"之义。例如，"零零搭搭算做一合，每月一络索要花千把块钱"（各种零星的费用加在一起，每个月总共要花一千来元钱）。

灵验/管用—喊得应 Hēn De èn

　　表"某种方法管用、有效果"之义。例如，"是话，以许病，该个郎中的方子，喊得应"（这种病的话，那个郎中开的方子，的确管用）。

令人~—得人~ De Ngín

　　例如，"得人恼 Nǎo"（令人讨厌）、"得人惜 Sia"（令人喜爱）、"得人服 Fù（令人信服）"。本书作者认为，"恼 Nǎo"的本字，或为"毋好"的连读，俗作"孬"，建议采用近音近义的"恼 Nǎo"来表示。

吝啬/小气—乖道 Guǎi Tào，啬毛 Se Māo

　　表"过分舍不得自己的钱财等，为人小气"之义。"乖道"，本义为"违背正常情理"之义，引申为"不通人情"之义。在表"吝啬"的相关词语中，北方方言多用"抠"，客家话多用"啬"。例如，"同其借十块钱都毋借，该般乖道，真啬毛"（向他借 10 元钱都不借给，这么小气，真抠）。

流浪者—流囚 Liú Qiú

　　表"某人流转各地、居无定所、无所事事"之义。例如，"晓得以只流囚又走到哪兹去了?!"（谁知道这个流浪者又逛到哪里去了?!）

流行—作兴 Zo Xīn，时兴 Shí Xīn

　　表"某事物正处于盛行状态"之义。例如，"于今作兴减肥"（当今流行减肥）。

隆起/鼓起—耸_{Zōng}

表"局部高出一部分"。例如，"桌面当中间耸起一只鼓包"（桌面中间鼓起一个包）。

漏撒—衍衍衍衍_{Yé Yé Yè Yè}

表"由于不稳当或有漏洞，导致容器中的细小物件在运动中不断漏撒"之义。例如，"货车装的砂子，衍衍衍衍，衍了一路"（货车装的砂子，不断漏撒，漏了一路）。

乱翻—抄_{Cào}

表"漫无目的地到处翻找物品"之义。类似现代汉语"抄家"之"抄"的含义。例如，"莫乱抄，舞得间里拢拢落落"（不要乱翻，弄得房间乱七八糟）。

乱翻—攞_{qiè}

表"禽类动物用爪翻动、抓取物品"之义。例如，"有只鸡在菜地上乱攞寻虫子食"（有只鸡用鸡爪乱翻菜地，找土中的虫子吃）。

乱糟糟—拢落_{Lóng Lòi}

表"物品放置零落呈不整洁状态"之义，亦表"零碎零散的低价物品"。本书作者认为，此词或为"聚拢"的反义词。例如，"以许拢落，留到有何者用。拂盍算了"（这些零碎的物品，留着有什么用，扔掉算了）。

摞—层_{Ceén}

此是名词、动词通用。在"层叠"相关的用语中，现代汉语口语中，多用"叠"，客家话中多用"层"。例如，"把书层起来放"（把书摞起来放）。

轮流—照轮_{Zhào Lín}

表"按一定次序一个接一个地周而复始地做某一事情，或出现某一现象"之义。例如，"早先，人多的屋下，煮饭食是照轮的"（从前，人口多的大家庭，轮流承担做饭的家务）。

落空了/糟糕了—扼盍_{ō Ho}**，塌钵**_{Taa Baa}

表"希望落空，无法达成目的时的感叹或幸灾乐祸"之义，由"堆状物坍塌下来了"引申而来。"扼"为"牛马拉车架在其脖子上的木制器具"，引申为"坍塌"之义。例如，"扼盍！以宗事舞毋成了"（糟了！这件事办不成了）。

路过—过趟_{Gò Tàng}

表"途中经过了某地"之义。例如，"我去广州，过趟去过长沙"（我去广州，路过长沙）。

M

马上/立刻—就~ _{Ciu~}

表"获得信息或指令后立即进行某一行动"之义。例如，"我就去"（我马上就去），"我就来"（我马上就到），"我就舞"（我马上就去做）。

蚂蚁—蚁工 _{Ngèi Gōng}

俗作"蚁公"，本书作者认为，客家话词语中的以"公 _{Gong}"读音结尾的词语，并非都作词缀之用，相当部分是有实际意义的，但在传承过程中，误作词缀传播，此词即是一例。此处的"工"，可理解为"忙碌的昆虫"之义。

蚂蚱—草蜢 _{Cǎo Měng}

麻雀—禾鸡子 _{Wó Bì Zi}

此为古汉语词语在客家话中的留存。

麻木—痹 _{Bì}

在"麻痹"相关的用语中，现代汉语口语中，多用"麻"，客家话中多用"痹"。例如，"企了该般久，脚都痹了"（站了那么久，腿都麻了）。

迈过去—迈 _{Maa}

表"跨一步"之义。例如，"以条沟很窄，一迈就迈过去了"（这条沟很窄，一迈就迈过去了）。

蛮横/顽劣—顽横 _{Ngá Wǎng}

俗作"牙王"，表"小孩顽劣、成人蛮横"之义，相当北方方言中的"横"（hèng）。此处"顽"之读音为连读过程中"Ngan"之省音。例如，"以个人，细细子就很顽横"（这个人，小时候就很蛮横）。

蛮干—发莽 _{Fa Měng}，毋知死 _{Ngú Dí Sǐ}

表"不考虑能力或不计风险地干某事"之义，相当于现代汉语中的"孟浪"，该词即为"莽"慢读而来。例如，"莫发莽，你荷毋起 100 斤"（别蛮干，你挑不起 100 斤的担子）。

满满的—扎实 _{Za Shi}

表"盛放物品充满整个容器，或非常密实地盛放"之义，类似北方方言词语"瓷实"之义。例如，"扎实一碗饭"（满满的一碗饭）。

满是—一…… _{Yi}

表"整个空间或时间都是如此"之义。在"满、全"相关的用语中，现代汉语口语中，多用"满、全"，客家话中多用"一、成"。例如，"一岭岗的红花子"（满山的红杜鹃）、"一蓬竹子"（一丛竹子）、"一春的雨"（整个春天都下雨）。

慢/缓慢—缓_{Foàn}

忙不过来—做毋盈_{Zò Ngú Yáng}，舞毋盈_{Wǔ Ngú Yáng}

表"要做的事情太多，忙不过来"之义，与"舞得盈"是反义词。例如，"生意很好，舞毋盈"（生意太好，忙不过来）。

猫—猫工_{Miào Gōng}

俗作"猫公"。本书作者认为，客家话词语中的以"公_{Gōng}"读音结尾的词语，并非都作词缀之用，相当部分是有实际意义的，但在传承过程中，误作词缀传播，此词即是一例。因为，猫作为家畜，并非作为食用，而是其有捉老鼠之"工"。

毛巾—面帕_{Mièn Pa}

表"洗脸用的毛巾"之义，与现代汉语用字正好相对，客家话表"毛巾"的词语为"面帕"，客家话表"手帕"的词语为"手巾"。

茂盛/繁盛—秾_{Ngóng}

表"草叶茂盛"之义。例如，"菜地上的草很秾"（菜地上的草很繁盛）。

没问题—冇事_{Máo Sì}

表"没有问题、不会的"之义。例如，"慢点子走，莫跌了。你落心，冇事"（慢走，别摔了！你放心，不会有问题的）。

没有—冇_{Máo}，冇得_{Máo De}

本书作者认为，本字应为"莫有"之连读。"冇"是后造字，鉴于客家话领域普遍使用此字，且已经收入现代汉语用字范围。按照约定俗成的原则，我们不妨将之作为客家话用字。

梅雨—梅雨_{Mói Yii}，霉雨_{Mói Yii}

我国南方地区每年初夏常常出现的一段降水频繁的连阴雨天气，因时值梅子黄熟而得名。又因，其时温高、湿重，器物易受潮生霉，又名霉雨。

现代汉语中读"mei"的字，在客家话中多读作"moi"，如"梅""媒""眉""莓"等。古诗词中相关字的韵脚均为"oi"，与客家话读音相同。例如，唐代冯延巳的《采桑子》：酒阑睡觉天香暖，绣户慵开_{Kōi}。香印成灰_{Fōi}，独背寒屏理旧眉_{Mói}。朦胧却向灯前卧，窗月徘徊_{Fói}。晓梦初回_{Fói}，一夜东风绽早梅_{Mói}。

每次—下下_{Hà Hà}，道道_{Tào Tào}

表"每次都……"之义。例如，"猜拳的常间，其下下都出'剪刀'"（猜拳时，他每次都出"剪子"）；再如，"其道道都考头一名"（他每次都考第一名）。

每况愈下—孱Càn

表"境况越来越差"之义，为古汉语字词的留存。例如，"其等屋下的日子越舞越孱"（他们家的日子越过越差）。

妹妹—老妹Lǎo Mòi

本书作者认为，由于客家话领域普遍使用"妹子Mòi Zi"表示"女儿"，所以，在使用此二词语时，应严谨区分，不要混淆。例如"以个细妹子，真靓！是你的妹子，还是老妹子？"（这个小女孩，长得真漂亮！是你女儿，还是妹妹？）

妹婿/妹夫—老妹婿Lǎo Mòi Sèi

焖—燜Wén

表"紧盖锅盖，把水中食物煮熟"之义，俗作"炆"。本书作者认为，"炆"仅有微火之义，与客家话语境完全不同。此外，"炆"若有"煮熟"之义，被取作明代皇太孙朱允炆名字的可能性很小。例如，"老鸡母，燜几个钟头都有燜烂"（老母鸡，焖煮了几个小时都没有煮烂）。

～们—～侪Sá，**～等**Dēn

附着在人称代词后，表示复数，此为古汉语用字在客家话中的留存。例如，"我等"（我们）、"你等"（你们）、"其等"（他们）、"哪侪"（谁们）。

门后—门背Mén Bòi

表"门的背后"之义。在表"背后"的相关词语中，现代汉语口语多用"后"，客家话多用"背"。例如，"扫把顿在门背"（扫帚竖放在门后）。

门开着/敞开—丫 Ngā，**桠**Ngā

表"非主动地开门，而门开着，或被风吹开了的状态"之义，亦表"不自觉分开某物"之义。本书作者认为，此词或源于"树木分枝"之"丫（桠）"，名词、动词通用。例如，"门半桠到，我就自家进去了"（门半开着，我就自己进去了）；再如，"妹子人，桠开两只脚，无好看"（女孩子，岔开两条腿，不雅）。

懵懂/无知—愕呆āng Dāng，**婴懂**āng Dāng

表"头脑不清楚，辨别事物不明"之义。此词或由"幼稚无知"引申而来，与"婴呱"是近义词。例如，"莫该般婴懂，以许东西都去食？"（别那么蠢，这种东西也敢吃？）

梦话—打呓话Dǎ Ngàn Wà

表"梦中无意识的话语"，亦表"不切实际的空想"之义。"呓"的读音或为"呓言"连读而来。例如，"你想开飞机？打呓语吧？!"（你想开飞机？做梦吧?!）

谜语——令_{Liàng}

原本为"酒令"。本书作者认为，"令"字由"时令"引申，而有"迎合"之义，如"巧言令色"。"酒令"亦有"迎合其意"之义。例如，"打只令你猜下"（说个谜语让你来猜）。

米虫——蛘_{Siàng}，**象子**_{Siàng Zi}

指称"生在米谷中的一种小黑甲虫"（又称"米象"）。例如，"该缸米生蛘子了"（那缸米长虫子了）。

面庞/脸颊——面罂_{Mièn āng}

表"面孔、面容、脸的轮廓"之义。例如，"面罂上有两只酒靥_{Ziu Ye}"（脸上有两个酒窝）。

面貌/相貌——面啜_{Mièn Zhòi}

表"人的容貌、相貌"，引申表"某人的真实本性"之义。例如，"两兄弟面啜一样子的"（兄弟两个面部长相一样）。

~面——~部_{Bòi}

表示"上面""下面""里面""外面"，分别为"上部_{Shiāng Bòi}""下部_{Ha Bòi}""里部_{Dī Bòi}""外部_{Ngòi Bòi}"，俗作"背"。本书作者认为，从其表音构件"音"来分析，"部"有此读音。

勉强——打蛮_{Dǎ Mán}

表"能力不足的情况下，还尽力做"之义。例如，"发病了，何者都毋想食。只好打蛮食点子粥"（生病了，什么都不想吃。只好勉强喝点儿粥）。

灭绝——烬殁_{Gò Mò}

表"如同柴火燃到尽头"之义。例如，"烬殁绝代"（骂人话：断子绝孙）。

明日/明天——天光_{Tiēn Gāng}

古代汉语中的"明日"一般指称"第二天"，因而客家话用"天光"来指称"明天"，此是动词、名词通用。"第二天"则用"第二日_{Tin Nii}"来表达，其中"第二_{Tin}"为连读。例如，"今晡的第二日安作天光，天光的第二日安作后日，后日的第二日安作大后日"（今天的第二天叫作明天，明天的第二天叫作后天，后天的第二天叫作大后天）。

名义上——安名_{oān Miáng}

表"安上某一个名义，实际上……"之义。例如，"安名去读书，就是去撩"（说是去上学，其实就是去玩儿）。

摸黑—打暗摸_{Dǎ àn Mō}

表"在黑暗环境中摸索行动"之义。例如，"冇开灯，打暗摸去厕所"（没有开灯，摸黑上厕所）。

磨蹭—蹭_{Cèn}

表"在时间上拖拉，有意无意地推迟"之义，与"挨"是近义词。例如，"莫在该兹蹭了，会迟了"（别在那里磨蹭了，快迟到了）。

蘑菇—菌子_{Qīn Zi}

在表"菌、菇"相关的用语中，现代汉语口语中，多用"菇"，客家话中多用"菌"。

陌生—生当_{Seāng Dàng}

表"对某人、某地、某事物生疏、不熟悉"之义，或为"生疏的当下"之略语。例如，"以个人有点子生当，毋认得其"（这个人不熟悉，不认识他）。

~母——~母_{ōi}**，~母**_{Mēi}

俗作"娭"与"嬰"，用于称谓母辈女性的用字。前者，用于称谓"姨母"（读音为"Yi ōi"）等，后者用于称谓舅母（读音为"Qiū Mēi"）、伯母（读音为"Ba Mēi"）、叔母（读音为"Shū Mēi"）。在客家话中，作为对女性长辈亲属称谓的"mēi"，一般客家话字典词典把该字的本字认定为"嬰"（或简化作"弥"），并举例句：《李贺小传》中有"阿嬰老且病，贺不愿去"之句。本书作者认为，"嬰"这个本字并不正确，而其本字应为"母"。古代汉语中"母"本来就有"mei"这一读音，如形声字"每""梅"等的读音由此而来。本书作者认为，"阿嬰老且病，贺不愿去"这一例句，不足为凭。"嬰"读音为"mi"，与"mēi"读音不同，更何况"嬰"这个字即使在唐宋时期也不常见，怎么可能作为客家话中高频率常用字"mēi"的本字呢？清人方以智的《通雅·称谓》记载，"齐人呼母为嬰，李贺称母曰阿嬰，江南曰阿妈，或作姥……皆母之转也"，此乃正解。因读音变化，人为地后造出或挖掘出许多"字"，实无必要，反倒人为地割裂了语言文字与历史的联系。

母亲—阿母_{Ngū Mēi}**，母亲**_{ōi Zi}

"母"有两个读音"母"_{Mēi}与"母"_{ōi}，在不同的词语中读音不同。"阿母"多用于直接称呼，"母亲"多用于背称。背称，读为"母亲"_{ōi Zi}，本书作者认为不宜写作"娭子"，建议直接写作"母亲"，并赋予其读音为"母亲"_{ōi Zi}。

母鸡—鸡母_{Gī Má}

俗作"鸡嫲"。本书作者认为，客家话词语中的以"嫲"_{Má}读音结尾的词语，并非都作词缀之用，相当部分是有实际意义的，但在传承过程中，误作词缀传播，此词即是一例。因为，客家话中指称"公鸡"为"鸡公"，很显然"母鸡"应为"鸡母"。

拇指、小指—手指公_{Shǔ Zhǐ Gong}**、手指尾**_{Shǔ Zhǐ Mǐ}

本书作者认为，客家话词语中的以"公_{Gōng}"读音结尾的词语，并非都作词缀之用，相当部分是有实际意义的，但在传承过程中，误作词缀传播，此词即是一例。因为，此处"公"为"最大"之义，此词符合客家话用字倒置的语言特色。

墓—邸_{Tì}

俗作"地"。本书作者认为，"墓"为"阴宅"，因而客家人所说应为"阴邸"（省略为"邸_{Tì}"）。

木讷—木笃_{Mu Du}

表"某人迟钝朴实，不善言辞"之义。

N

难/为难—泥泞_{Ngiá Ngín}

俗作"惹人"，表"不情愿应对的情形，如雨雪天难走的路、难办的事、难缠的人"之义。本书作者认为，该词由"泥泞"（难走的路）引申而来，与"惹人"无关联。例如，"以许事真泥泞，我使，毋敢去惹"（这种事情，很不好办的。我的话，不敢去招徕这样的事）。

难以持续—熄火_{Sǐi Fǒ}

表"事情到了难以持续或难以挽回的地步"之义，俗作"死火"。例如，"以下子熄火了"（这下完蛋了）。

那—该_{Gǎi}

远指代词。例如，"该个_{Gǎi Gì}"（那个）、"该兹_{Gǎi Zī}"（那里）、"该许_{Gǎi Xī}"（那些）。此词的本字难以探究。我们建议采用语义语音相近的"该_{Gǎi}"来表示。

那次—该道子_{Gǎi Tào Zi}

那个—该个_{Gǎi Gì}

那里—该兹_{Gǎi Zī}**，该蒙**_{Gǎi Yāng}

那么—该就_{Gǎi Ciù}

那时—该阵子_{Gǎi Chèn Zi}

那些—该许_{Gǎi Xī}

那样—该样_{Gǎi Yàng}

那样的—该样的_{Gaāng Gì}

"该样"为两字连读。

那样的话—该使_{Gǎi Shǐ}

"该"表"这样","使"表"如果",该词符合客家话用词倒置的语言特色,表"假设"的"使"放在"该"之后。例如,"你话了去又毋去,该使无好"(你说了去又不去了,这样的话不好)。

那样地—该般地_{Gāng Gì}

"该般"为两字连读。

那种—该色_{Gǎi Sei}

哪—哪_{Nǎi},哪一_{Nǎi}

疑问代词。本字应为"哪一",连读而成。例如,"哪个_{Nǎi Gì}"(哪个)、"哪兹_{Nǎi Zǐ}"(哪里)。

哪个—哪个_{Nǎi Gì}

哪里—哪兹_{Nǎi Zǐ},哪萦_{Nǎi Yāng}

哪些—哪许_{Nǎi Xǐ}

哪种—哪色_{Nǎi Sei}

哪次—哪道_{Nǎi Tào}

难看/其貌不扬/不好看—悚_{Sióng}

表"某人或某物丑陋、不美"之义。例如,"以只狗子一点都无靓,真悚"(这个小狗一点都不漂亮,真难看)。

难道是/莫非—宁_{Ngàng}

表猜测性疑问"难道、莫非"之义。例如,"宁是其话出去的?"(难道是他说出去的?)

难道说—谓且_{Wì Cie}

表反问。此词符合客家话用字倒置的特色。例如,"谓且,走路会比坐车更疾?"(难道说,走路会比坐车更快?)

难得/很少—罕得_{Hàn De}

表"稀少、罕见"之义。例如,"每侪都很忙,我罕得见其等"(大家都很忙,我很少和他们见面)。

难得的/宝贵的—毋得到的_{Ngú De Dǎo Gì},金贵_{Jīn Gùi}

表"难以获得的,珍贵的、稀少的"之义。例如,"以个是毋得到的"(这个东西很珍贵)。

难以承担——煞瘾_{Sa Yǐn}

表"所承担的任务将非常艰难"之义。例如，"以许事会煞瘾"（要完成这件事很艰难）。

难以忍受——毋得该般煞_{Ngú De Gǎn Sa}

表"不知道何以承受，难以承受"之义。例如，"以许病痛真毋得该般煞"（这种病的痛真是难以忍受）。

南瓜——番瓟_{Pān Pú}，蕃瓟_{Fān Pú}

本书作者认为，此词之称谓，符合外来物的命名特征。从外来物的引入时期对比来看，"胡"早于"番"，"番"早于"蕃"，"蕃"早于"洋"。

男性——郎子人_{Lài Zi Ngín}

古汉语中，"男"即为"儿子"之义，"郎"（儿子）源于"青壮侍卫"的引申，抑或为"男儿_{Nán Ní}"连读音变而来。例如，"郎子人、妹子人，分开企两队"（男的、女的，分开站两队）。

内心——心肝下_{Sīn Goān Ha}

表"内心的感受"之义。例如，"出了以许事，其心肝下很无安落"（出了这个事，他的内心感到很不安）。

能/强/厉害——必_{Bia}，傲_{Ngáo}，会_{Wòi}

表"在某方面获得实力高强的本事或结果"之义。"必"表"通过努力达成了目标"之义，"傲"表"超出众人"之义。例如，"你考了一百分，真必，真傲！"（你考了一百分，真努力，真厉害！）

你——你_{Ngí}，尔_{Ngí}

本字为"尔"无疑，因为，普通话中读音为"er"的字，在客家话中大多读"ni"，如"二_{ni}""儿_{ni}""耳_{ni}"等。本书作者认为，为降低客家话与现代汉语的差异程度，可选用"你_{Ní}"来表示第二人称代词。

你们——你等_{Ní Dēn}，尔等_{Ní Dēn}

是第二人称复数。本书作者认为，无论从语义还是从读音来看，本字都应为"你等"或"尔等"。

腻味——囊人_{Neāng Ngín}

既表"肉肥腻"之义，也表"让人腻味的举止"之义。例如，"以许肥肉真囊人，食无得几块"（这个肥肉很腻，吃不了几块）。又如，"以色人话的事，真囊人"（这种人说的话太让人腻味了）。

年轻/年轻人——后生_{Hèu Seāng}

此词形容词、名词通用。例如，"几年冇看到，你一点子都冇变，还是该般后生"（好几年没见，你一点都没变，还是那么年轻）。

年头/岁月/年景—年黄$_{Nién Fáng}$

本书作者认为，此处的"黄"应是指称"黄历"，代指年份。客家话中只有表颜色的"黄"读"黄$_{Wáng}$"，其他情形的"黄"读"黄$_{Fáng}$"。例如，"你是哪只年黄出世的？今年几多子年黄了？你等出世的该几年子年黄无太好吧？"（你是哪年出生的？今年多大岁数了？你们出生的那年年景不太好吧？）

黏液—融$_{Yóng}$

表"植物流汁液的状态"之义，此是动词、名词通用，俗作"淫"。例如，"松树出融，用竹筒接到，就做得松香"（松树流出的胶，用竹筒接住，就可以用来做松香）。

娘家—外家$_{Ngòi Ga}$

表"母系、妻系的亲戚"之义。此为古汉语词语留存。

鸟—鸟子$_{Diāo Zi}$

"diāo"为"鸟"字的本来读音。明清小说中骂人的词语"鸟人"理应读作"diao ren"。

宁可—肯座$_{Hěn Cò}$

表"宁可作某一选择，而放弃其他选择"之义。例如，"我先毋去工作，肯座去读书"（我还是选择读书，先不去工作）。

浓稠—醪$_{Néu}$

表"汤汁过于浓稠"之义。例如，"以许汤做得特醪了，第二道做清$_{Siēn}$点子"（这个汤太稠了，下次做得稀一些）。

女儿—妹子$_{Mòi Zi}$

本书作者认为，本字或为"嫒"，音变为"moi"之读音。鉴于客家话领域普遍使用"妹子$_{Mòi Zi}$"，我们建议按照约定俗成的原则，保留此用法。

女孩—妹子$_{Mòi Zi}$

用于指称小女孩，或尚未出嫁的姑娘。例如，"以个细妹子，还冇几大，毋要喊作'妇娘子'"（这个小女孩，还没有多大，不能称为"妇女"）。

女婿—婿郎$_{Sèi Láng}$

指称"女儿的丈夫"，不可写作"细郎"。

女性—妇娘子$_{Bū Ngióng Zi}$**，妹子人**$_{Mòi Zi Ngín}$

前者多用于成年及年长女性的场合，后者多用于未成年及年轻女性的场合。例如，"以个长头发的，是妹子人，还是郎子人，真看毋出"（这个长头发的，是女的，还是男的，真看不出来）。

O

偶尔/有的时候—撞得_{Càng De}，**寥寥子**_{Lào Lào Zi}

表"间或；有的时候"之义。本字或为"寥落"连读而来。例如，"其也在以路子，寥寥子碓得到其"（他也在这一带，有的时候能够碰到他）。

偶遇/碰巧—碓到_{Dòi Dǎo}

表"非经安排的相遇"之义。"碓"与"臼"的关系，有"相遇"之义。在表相关词语中，现代汉语多用"遇"，客家话多用"碓"。例如，"碓到其等在开会，我也就顺到参加了"（碰巧他们在开会，我也就顺便参加了）。再如，"我在北京街上碓到了其"（我在北京的大街上偶遇了他）。

P

趴下—仆_{Pu}

表"趴伏"义。例如，"其等仆在地上，学打靶"（他们趴伏在地上，练习打靶）。

爬—缘_{Yén}

表"攀爬、爬过"之义。例如，"孩息子真有气神，舞到该只杨梅树缘上缘下"（小孩子真有精神头，对那棵杨梅树爬上爬下）；再如，"以碗菜无净了，被乌蝇缘过了"（这碗菜不干净了，被苍蝇爬过）。

怕痒/挠痒痒肉—狔人_{Há Ngín}

表"被他人触碰到腋下、手心、脚底等怕痒的地方"之义，为动词、形容词通用。例如，"莫动我以个地方，我怕狔"（别碰我这个地方，我怕痒）。

旁边—侧边_{Ze Biēn}，**侧角**_{Ze Go}

在"旁边"相关的用语中，现代汉语口语中，多用"旁"，客家话中多用"侧"。

跑腿费—脚钱_{Jo Cién}

表"付帮忙者的报酬"之义。

疲劳/倦/累—劬_{Qòi}

此为古代汉语用词，客家话保留了一定数量的单音节词语，此为一例。例如，"荷担子走了该般远，劬了吧，坐到歇下子肩"（挑担子走了这么远，累了吧，坐下来歇一歇）。

偏僻—背_{Bò}

表"居住等处处于偏僻之地"之义。例如，"其等屋下很背，隔几里路都冇得邻舍"（他们家住在很偏僻的地方，周围几里路都没有其他住户）。

偏要——硬_{Ngáng}，就_{Ciù}

表"坚持要、偏偏要做某事"之义。例如，"话了莫走，其硬要走"（说了不要走，他偏要走）。

漂浮——浮_{Fó}

在表"漂浮"相关的用语中，现代汉语口语中，多用"漂"，客家话中多用"浮"。

瓢/水瓢——勺母_{Sho Má}

表"舀水用的大勺"，本书作者认为，本字应为"勺母"，此处"母"为"大"之义。因为，此词只可用于指称"大勺"，不可以指称"小勺"。客家话词语中的以"嫲_{Má}"读音结尾的词语，并非都作词缀之用，相当部分是有实际意义的，但在传承过程中，误作词缀传播，此词即是一例。在表"瓢、勺"相关的名词用语中，现代汉语口语中，多用"瓢"，客家话中多用"勺"；在表"瓢、勺"相关的量词用语中，现代汉语口语中，多用"勺"，客家话中多用"瓢"。

客家话中，"药""约""芍"等，均从"勺"音，读"~o"。古诗词中，相关字的韵脚均为"o"，与客家话读音相同。例如，宋代辛弃疾的《贺新郎·曾与东山约》：曾与东山约_{Yo}。为傃鱼、从容分得，清泉一勺_{Sho}。堪笑高人读书处，多少松窗竹阁_{Go}。甚长被、游人占却_{Qo}。万卷何言达时用，士方穷、早去声与人同乐_{Lo}。新种得，几花药_{Yo}。山头怪石蹲秋鹗_{Ngo}。俯人间、尘埃野马，孤撑高攫_{Jo}。拄杖危亭扶未到，已觉云生两脚_{Jo}。更换却、朝来毛发。此地千年曾物化，莫呼猿且自多招鹤_{Ho}。吾亦有，一丘壑_{Ho}。

拼合/拼凑/安装——斗_{Dèu}

表"拼合完好"之义，由"斗榫合缝"而来，亦表"由多部件组合完成"之义，例如，"以座钟毋走了，想拆开来看下子，就怕斗毋上了"（这架钟不走了，想拆开来检查一下，又怕拆开后还原不了）。

平常/平时——恒常_{Hán Cháng}，闲时_{Hán Shí}

表"平常时候，平日、平素"之义。本字或为"恒"。例如，"恒常毋烧香，临时拜菩萨"（平时不烧香，临时抱佛脚）。

平原——平洋_{Piáng Yáng}

表"一马平川的平原"之义，原为堪舆中的述语，客家话保留了此词。例如，"北方都是平洋，右太有山"（北方多是平原之地，很少有山地）。

破—烂_{Làn}

表"物品残破"之义。在表"破、坏"相关的用语中，现代汉语口语中，多用"破"，客家话中多用"烂"。例如，"灯笼烂盏了"（灯笼破了）。

破玩意儿/差劲的—蹩壳_{Bie Ko}

表"对低劣品质的物品、人物、技艺等的蔑称"之义，俗作"屃壳"。本书作者认为，客家话中与男女相关的粗俗词语，多数是近音词语讹变而来，此词或为"蹩脚"讹变而来。例如，"以个蹩壳顶多值五角钱"（这个破玩意儿最多值五毛钱）。

剖开—析_{Sa}

表"剖开竹子等物以形成片状物"之义。在表"分、析"相关的用语中，现代汉语口语中，多用"分"，客家话中多用"析"。例如，"析一皮篾析"（片一片竹片）。

铺开—摊_{Tān}

在表"铺开"相关的用语中，现代汉语口语中，多用"铺"，客家话中多用"摊"。例如，"摊床"（铺床）。

Q

其他—别_{Piè}

在表"其他"相关的用语中，现代汉语口语中，多用"其他"，也用"别"，客家话中多用"别"。例如，"行李拿齐了吗？冇别何者了吧！"（行李都拿齐了吗？没有其他什么了吧！）再如，"以兹冇得，去别的档下寻下子看"（这里没有，去其他地方找找看）。

齐全/全—齐_{Cé}

在表"齐全"相关的用语中，现代汉语口语中，多用"全"，客家话中多用"齐"。例如，"老人家过生日，其的子孙齐都来了"（老人过生日，他的子孙后辈全部都来了）。

起床—旷床_{Hòng Cáng}

本字应为"上床"。宋代之前，床在地上，所以不存在"上床睡觉"之说，"上床"就是"从床上起来"之义。客家话表"上床睡觉"为"进床睡目"。本书作者为不与现代汉语"上床睡觉"之词混淆，建议写作"旷床"。例如，"晏晡十点钟进床睡目，朝晨六点钟旷床"（晚上十点上床睡觉，早上六点起床）。

气闷/呛人—窒_{Xi}，窒_{Xiǔ}

表"气息不顺畅、呼吸费力"之义，亦表"烟气使人受呛"之义。例如，

"觉得气窒无过"（觉得胸闷得很）；再如，"湿柴烧出来的烟，是还窒人"（湿柴烧出来的烟，非常呛人）。

前后—头尾_{Téu Mǐ}

表"从开始到结束的一段时间内"之义。例如，"头尾用了一个月"（前后花了一个月的时间）。

牵—縻_{Meèn}

表"用绳状物拉着动物或人"之义。本书作者认为，此词或由"縻牵"连读而来。《说文解字》释为"牵，象引牛之縻也"。例如，"縻稳牛，莫等其脱盍了"（牵住牛，不要让它走脱了）。

签字—落名_{Lò Miáng}

表"在相关文书上签署自己的姓名"之义。类似"落款"的用法，应为古汉语词语的留存。例如，"请在簿子上落只名"（请在登记簿上签名）。

清楚/清晰—清张_{Cīn Zhiāng}，**省**_{Siǎng}

表"说话或表达是否清楚"之义。例如，"其话事话毋清张"（他说话说不清楚）。再如，"其讲得十分省"（他讲得十分清晰）。

清楚/仔细—真着_{Zhēn Zhǒ}

表"看得清晰"之义。例如，"看毋真着"（看不清楚）。

倾倒下—转_{Zhoàn}，**横**_{Wàng}

表"直立的物品倾倒"之义。在表"倾倒"的相关词语中，现代汉语口语多用"倒"，客家话多用"转"。例如，"墙转盍了"（墙体倾倒了）。

青苔—溜苔_{Liū Tói}

表"苔藓植物的溜滑特性"之义。例如，"莫走在溜苔上，易得滑倒"（不要走在青苔上，容易滑倒）。

蜻蜓—囊尾_{Neáng Mǐ}

客家话中，多种昆虫的称谓中含有"囊"字，或为指称其胸部三节类似口袋的形态。例如，"囊尾飞得很低，冇论会落雨"（蜻蜓飞得低，可能要下雨）。

晴天—天晴_{Tiēn Ciáng}

客家话部分词语，与现代汉语用字倒置，此为一例。

清新味—菲菲状_{Fī Fī Zàn}

表"薄荷等引发的一种清新醒脑的感受"之义。"菲菲"本义为"花草香气浓郁"，或由此引申而来。例如，"以许薄荷糖真有味道，食起来菲菲状"（这种薄荷糖真有味道，吃起来有一种清新的感觉）。

庆幸—揖拜_{Yiā Bà}

表"庆幸某一结果,真该谢天谢地"之义。本书作者认为,此词类似英语"My God"之语境。例如,"揖拜!郎子妹子争气都考上了大学"(真庆幸呀!儿子女儿都很争气,都考上了大学)。

强迫/强人所难—强蛮_{Qáng Mán},**监到**_{Gān Dǎo}

表"施加压力使他人听从"之义。例如,"以许节目,我毋想看,你莫监到人家看"(这样的节目,我不想看,你不要强迫别人看)。

悄悄话—嘅声_{She Shiāng}

表"窃窃私语"之义。此为古汉语词汇在客家话中的留存,俗作"舌声"。例如,"大点子声话大家听,莫打嘅声"(大点声音说给大家,不要窃窃私语)。

切开—剖_{Po}

俗作"破",表"切开瓜类"之义。例如,"剖只西瓜来食"(切开一个西瓜来吃)。

勤快—捨交_{Shǎ Gāo},**捨己**_{Shǎ Jǐ}

表"忘我地劳作,勤劳、勤快"之义。例如,"你该般捨己,该般早就出来做事了"(你真是勤快,这么早就到外面去劳动了)。

请—来_{Lói}

表"语气较简便的邀请或招呼"之义,是敬辞。例如,"有空来撩!"(有时间请来玩儿吧!)再如,"来食碗茶只样!"(请先来喝杯水吧!)

秋天—秋上_{Ciū Hàng}

表"秋季时节"。例如,"秋上,瓜果就畜熟了"(秋天,瓜果就成熟了)。

蚯蚓—河蜓_{Hó Xién}

古汉语中称蚯蚓为"蜓蚕",此词由此而来。

娶亲—讨_{Tǎo}

表"男方娶入"之义,为古汉语词语的留存。例如,"讨亲"(娶亲)、"讨新人"(娶新娘子)、"讨老婆"(娶妻)、"讨息妇"(娶儿媳)。

取笑/逗弄—讪_{Seēn}

表"用言语使他人难为情"之义,通常用于大人逗弄小孩的情形。例如,"莫讪其,莫待其会叫嗳"(别逗弄他,否则,逗到最后他会哭的)。

去年—旧年_{Qiù Nién}

表"相对当前而言的上一年"。例如,"旧年的旧年,安作'前年'。旧年的前年,安作'大前年'"(去年的去年,叫作"前年"。去年的前年,叫作"大前年")。在表"过去的"相关词语中,客家话多用"旧"。例如,"旧同学"（老同学）、"旧邻舍"（老邻居）、"旧客"（熟客）。

全部/到处—成_{Shiǎng}

表"所指范围内的各处"之义。例如，"舞到成屋子都是灰尘"（弄得房间里到处都是尘土）。

蜷缩/困守—蜷_{Kuěn}

表"处于蜷曲状"之义。例如，"其成日都蜷在屋下，踞_{Gu}在间里，也毋出去"（他成天都无所事事地待在家里，待在房间里，也不出去）。

泉水—潺水_{Cǎn Shěi}

表"泉水潺潺涌出"之义。本书作者认为，本字或为"泉_{Ciěn}"之音转。

缺指/短尾—屈_{Kué}

表"先天或因故手指、脚趾、尾巴缺失的形态"之义。例如，"其的右手是屈的"（他的右手没有了手指）。

却又/偏偏—该时_{Gǎi Shí}

表"某个时间点，原本就不顺利，却又出现新的情况"之义。本书作者认为，在"该时"之后省略了转折语，而体现在语气上。例如，"该时，作业还有做成，你又来络我撩"（我作业还未做完，偏偏你又来叫我一起玩）。

R

燃尽—烬_{Gō}

表"燃烧物燃烧到尽头"之义。本书作者认为，此词读音或可理解为"火"为其表音部件。此词还可引申为"烬殁"（"灭绝"之义）。例如，"要等到蜡烛全部烧烬了再走"（要等到蜡烛完全燃完后再离开）。

让/容由—等_{Děn}

表"宽容地容许某人做某事"之义。此处的"等"为"等闲"（"平常地、随便地"）之义。例如，"其着气了，等其骂两句"（他生气了，由他骂几句）。

让人着急/使人烦恼—燥人_{Zào Ngín}

在"烦、躁"相关的用语中，现代汉语口语中，多用"烦"，客家话中多用"燥"。例如，"真燥人，以个孩息一点都毋听话"（真让人着急，这个小孩一点儿都不听话）。

热情—虔诚_{Qién Chén}

表"对待客人非常热情、用心招待"之义，由"恭敬而有诚意的态度"引申而来。例如，"其等屋下的人很虔诚"（他们家的人对待访客非常热情）。

热水—滚水_{Gǔn Sheǐ}

表"热水"之义，在特定情境下指"开水"。在"滚热"相关的用语中，现代汉语口语中，多用"热"，客家话中多用"滚"。例如，"把饭盒浸在滚水里放阵子，饭菜就会滚"（把饭盒泡在热水里，一会儿，饭菜就会热起来）。

认为—把作_{Ba Zò}

表"大致估量后认为"之义。或为"把脉认作"之略语。例如，"其还有走呀?！我把作其走盍了"（他还没有走呀?！我以为他走了）。

忍受不了—耐毋得_{Nai Ngú De}

表"忍受不了某种场合、某种举止等"之义。在"忍、耐"相关的用语中，现代汉语口语中，多用"忍"，客家话中多用"耐"。例如，"以色味道，我耐毋得。该色，还耐得"（这种味道，我受不了。那种，还可以接受）。

扔—挥_{Fi}

表"扔得很远的意愿和动作"，与"拂"是近义词。例如，"冇用的东西，挥盍其"（没有用处的东西，扔掉它）。

~日—~晡_{Bū}

本书作者认为，本字或为"分"。鉴于客家话文献普遍写作"晡"，按约定俗成的原则，我们沿用这一写法。"今天""昨天""夜晚"分别用"今晡_{Jīn Bū}""昨晡_{Có Bū}""晏晡_{àn Bū}"来表达。

容易/易于—颔_{Hěn}

表"物品具有的某种特性"之义，相当于"物品愿意如何"之义。例如，"以许菜颔烂"（这种菜容易煮得熟烂）；再如，"以菮苹果树颔结苹果"（这棵苹果树容易结很多的苹果）。

揉搓—搓_{Cāi}

表"用手揉弄压挤面团等物"之义。此字保留了表音部件"差"的读音。例如，"搓米果"（揉搓米粉成团做米果）。

如同—像_{Ciàng}

表"犹如、好像、类似"之义。例如，"像你话的"（如你所说）。

如此—该般_{Gǎn}

俗作"敢"。本书作者认为，此处为"该_{Gāi}般_{Bān}"连读省读，表"如此的、如此地、十分、非常"之义。例如，"其有该般好心?"（他会如此好心?）

如此之类/等等—样什_{Yàng Shèn}

表"列举未尽"之义。例如，"买几斤水果，苹果样什"（买些水果，苹果之类的）。

如果—是话 _{Hì Wà}

表"假如、假使、倘使、假设、即使、即便、哪怕"之义，与"着比"是近义词。此词具有客家话用字倒置的特色。例如，"是话毋去，会焉般？"（如果不去，会怎么样？）

乳房—奶菇 _{Neèn Gū}

"奶"的表音部件为"乃"，在客家话中的韵母"en"，"扔""仍"的韵母均相同。

S

撒—衍 _{Yè}

表"撒种子"或"细粒物撒出"之义。例如，"你端碗米乱跑，衍 _{Ye} 衍 _{Ye} 衍 _{Yè} 衍 _{Yè}，衍到一地"（你端着一碗米乱跑，米粒一直乱撒，撒了一地）。

撒泼—打泼赖 _{Dǎ Poi Lài}

表"小孩等躺在地上撒泼"之义。例如，"莫睬其，又在该兹打泼赖"（别理他，又在哪里撒泼呢）。

撒谎/骗人—打扯 _{Dǎ Che}，扯人 _{Che Ngín}

表"说不真实的话"之义，由"扯谎"而来。例如，"尽打扯，我毋信！"（你总撒谎，我不相信了！）

撒娇—作娇 _{Zo Xiāo}，装娇 _{Zāng Jiāo}

表"因受宠而故意作态"之义。例如，"妹子在爸爸面前作娇"（女儿在爸爸面前撒娇）。

涩—艰涩 _{Jie}

表"水果未成熟果实的生涩味道"之义，为"艰涩"连读而来。例如，"以许柿子是艰涩的，无好食"（这些柿子是涩的，不好吃）。

晒/烤—炙 _{Zhā}

表"晒太阳、烤火"之义。在"炙、烤"相关的用语中，现代汉语口语中，多用"烤"，客家话中多用"炙"。例如，"冬下，日上出去炙日头，朝晨、晏晡要炙火"（冬天，白天去外面晒太阳，早晚则要烤火）。

闪电—火闪子 _{Fǒ Shiěn Zi}

指称人们观察到闪电当时的形态。

扇/扇耳光等—扇 _{Shiēn}，劈 _{Pia}，勺 _{Shò}

均表用巴掌打人的动作形态。

赡养—供_{Jiōng}

表"供养长辈"之义。在"供养"相关的用语中，现代汉语口语中，多用"养"，客家话中多用"供"。例如，"父母老了，就要你等兄弟来供"（父母老了，就要你们兄弟来赡养）。

商量—讲_{Gǎng}

表"通过语言交换意见或商讨某事"之义。例如，"冇得讲"（没有商量的余地）。

上火—热气_{Ngiè Xì}**，有热**_{Yēu Ngiè}

表"中医的热证"之义。在表中医热证的相关词语中，现代汉语口语多用"火"，客家话多用"热"。例如，"医师话其的病是有热气"（医生说他的病是上火了）。

尚可—还抵_{Hán De}

表"尚可接受，程度尚未达到难以承受"之义。例如，"进伏了，很热吧？还抵，温度还毋算高"（入伏了，天气很热吧？还可以，温度不算太高）。

少量—点把子_{Diēn Bǎ Zi}**，滴把子**_{Di Bǎ Zi}

表"与预期相比仅为少量"之义。例如，"以许煎的东西有热，食点把子无要紧"（这种煎的食物，容易上火，少量吃不要紧）。

伸手—去手_{Xii Shǔ}

表"伸手触摸某物"之义。例如，"水特滚了，莫去手，会燂到"（水太烫了，不要伸手去试，容易被烫到）。

哂笑—哂_{Siē}**，涎**_{Siē}

表"与其无关的笑或强颜欢笑"之义，后者表"嬉皮笑脸"之义。例如，"你在以兹哂何者？还毋赶紧做自家的事"（你在这里傻笑什么？还不赶紧做自己的事）。

舌头—舌麻_{She Má}

俗作"舌嘛"，本书作者认为，客家话词语中的以"嘛_{Má}"读音结尾的词语，并非都作词缀之用，相当部分是有实际意义的，但在传承过程中，误作词缀传播，此词即是一例。因为，舌头有味蕾组成的许多点状物，客家话称之为"麻"，很显然此词应为"舌麻"，符合客家话用字倒置的语言特色。例如，"做菜食的猪舌麻，安作'利钱'。怕听作'蚀本'的'蚀'无好听"（做菜的猪舌头，一般叫作"利钱"。怕人家听作"蚀本"的"蚀"，不好听）。

什么—何者_{Ma Gì}

疑问代词。本书作者认为，本字或为"物何"，但现代汉语读者、现代客家话读者都已经很难直接理解，建议使用语义上易于理解的"何者_{Ma Gì}"来表示，并赋予其客家话读音。

生孩子/出生在—降_{Jiòng}

表"母亲生产子女"之义，亦表"子女出生"义。例如，"我是 1964 年降在乡下的"（我 1964 年出生在农村）。

生虫子/长虫子—发虫_{Fa Chóng}

在"生、发"相关的用语中，现代汉语口语中，多用"生"，客家话中多用"发"。例如，"发病"（生病）、"发豆芽"（生豆芽）。

生气—着气_{Chò Xì}

表"对某人或某事怀有怒气或怨气"之义。例如，"你话了其，其着气了"（你责备他了，他生气了）。

生硬/直截了当—硬柞_{Ngàng Co}

俗作"硬凿"。本书作者认为，此词源于"柞树木质坚硬"，引申使用。此名词、形容词通用。例如，"其话事真硬柞，一点面子都毋留颁人家"（他说话真是直截了当，一点面子都不留给别人）。

生新枝—绽荪_{Càn Sēn}

表"树干或枯树的某处分蘖出新枝"之义。例如，"以只树茇绽了荪"（这个树茇长出了新枝）。

剩/剩余—盈_{Ngiàng}

表"遗留或多余之物"之义。此是形容词、动词通用。例如，"把碗里的饭食净，毋要盈饭碗"（把碗里的饭吃完，不能剩）。

剩饭—现饭_{Xièn Fàn}

指"对新做而言的剩饭"。客家话表"现成的"，多用"现"。例如，"老板，你以许饭菜无是新的，是现饭现菜吧？"（老板，你这些饭菜不是新做的，是之前做的留下来的吧？）

虱子—虱麻_{Se Má}

俗作"虱嬷"。本书作者认为，客家话词语中的以"嬷_{Má}"读音结尾的词语，并非都作词缀之用，相当部分是有实际意义的，但在传承过程中，误作词缀传播，此词即是一例。此处的"麻"，是指其小若芝麻，符合客家话用字倒置的特色。

实在是—应_{Ngiàng}

表"切实有一种无可奈何的感受"之义。例如，"我应是怕了其，应会等其吓死"（我实在是怕了他，实在是怕被他吓死）。

时间—当间_{Tāng Gān}，常间_{Cháng Gān}

　　表"在某一时间点、时间段"之义。本字或为"当间"。例如，"以个常间，其可能睡目了"（这个时间，他可能睡了）。

使……紧—荐_{Ziēn}

　　此是名词、动词通用。例如，"斧子把有点子松了，舞只荐，荐稳其"（斧子把松了，做一个荐，把斧子把弄紧）。

使坏—屏_{Càn}，屏头_{Càn Téu}

　　表"某人言行导致他人处于不利或尴尬境地"之义，由"卑懦"引申为"行为或人品卑劣"之义。例如，"莫该般屏，害得别人家都无好办"（别使坏，害得别人不好办）。

是—是_{Hì}

　　用作系词表示判断，用在主语之后，联系两种事物，表示两者是同一或领属关系。本书作者认为，本字或为"系"，与现代汉语系词"是"的用法相同。为现代汉语读者便于理解，我们建议写作"是"，但赋予其读音"是_{Hì}"。

是不是/也许/或许—是非_{Hì Mì}

　　表"两可之间的疑问"之义。本字或由"是无是"连读而来。例如，"听到话你会钓鱼子，是非真的?"（听说你会钓鱼，是不是真的?）

丝瓜—线瓜_{Sièn Guā}

收拾—捡_{Jien}

　　表"整理物品"之义。例如，"捡好东西好出门"（收拾好行李准备出远门）。

手艺人/匠人—艺匠_{Ngèi Ciòng}，艺匠_{Ngèi Siòng}

　　表"以手工技能为业的匠人"之义。例如，"其毋作田，做艺匠"（他不种田，是手艺人）。

守规矩—尊卑_{Zēn Bi}

　　表"小孩很懂事、安静、守规矩"之义，或为"谨守尊卑"之略语。例如，"以个孩息学得很尊卑，啜模子也好。以色孩息得人欢喜，以后会出息"（这个小孩学得很守规矩，也懂得向大人打招呼。这种小孩让人喜欢，以后会有出息的）。

受潮—润_{Yìn}

　　表"干燥的物品受潮后的状态"之义。在"湿润"相关的用语中，现代汉语口语中，多用"潮"，客家话中多用"润"。例如，"打开包装的饼干，放一阵子就转润了"（打开包装的饼干，放一会儿就受潮发软了）。

受惊—着惊_{Chò Jāng}，着吓_{Chò Ha}

表"受某种刺激或威胁而被吓到"之义。例如，"刹时霹雷公，着了一惊"（突然打雷，吓了一跳）。

舒服—安乐_{oān Lò}

表"心理上安心称意"，亦表"身体状况良好"之义，与"安落"语义语境有所不同，应予区分。例如，"其知到以许信，心里觉得很安乐"（他听到这个消息，内心很高兴）。

叔母/婶婶/婶子—叔母_{Shu Měi}

用于称谓叔叔的妻子，亦用于称谓叔辈女性。

数字—数目字_{Sìi Mù Zii}

表"表达数目的字或符号"之义。例如，"一_{Yi}二_{Nì}三_{Sān}四_{Sìi}五_{Ngǔ}六_{Liu}七_{Cii}八_{Baa}九_{Jiǔ}十_{Shi}，用客家话你晓得焉般读吗？"（一二三四五六七八九十，用客家话你知道怎么读吗？）

甩/扔/撒—拂_{Fi}，拂_{Fù}

表"用手投掷、抛弃、扔掉"之义，亦表"用力抛撒"之义。例如，"其拂铅球拂得很远"（他扔铅球扔得很远）；再如，"用手拂肥料"（用手抛撒肥料）。

爽快—爽利_{Sang Li}

表"说话办事干脆利落"之义。例如，"其应得很爽利"（他答应得很干脆）。

睡觉—睡目_{Shòi Mu}

表"闭眼完成睡眠"之义。例如，"晏晡十一点以前，应要进床睡目"（晚上十一点之前，必须上床睡觉）。

顺便—顺脚_{Shèn Jo}，顺带_{Shèn Dài}

表"做某事过程中顺带做另一件事"之义。例如，"我去卖菜，顺脚斫了一块猪肉归来"（我去卖菜，顺便买了一块猪肉回来）。

顺利—顺遂_{Shèn Sèi}，顺顺遂遂_{Shèn Shèn Sèi Sèi}

表"事情或生活顺利、合乎心愿"之义。

说—话_{Wà}，声_{Shiang}

均为名词、动词通用。表"说话"之义，现代汉语口语多用"说"，而客家话多用"话"。客家话表名词的"话"则读"话_{Fà}"。例如，"其打电话_{Fà}话_{Wà}今晡要歇"（他打电话来说今天要休息）。

说大话/说话不可信—膨筒_{Pàng Tōng}，打膨啜_{Dǎ Pàng Zhòi}，打膨话_{Dǎ Pàng Wà}

表"某人喜欢说大话，说话不靠谱不可信"之义，膨筒是一种主杆很空洞的植物，以此作喻。例如，"其就是膨筒，莫信其的"（这个人就是个说大话的，别信他说的)。

说话—话事_{Wà Sì}

表"用语言表达"之义。例如，"其一岁冇到，就会话事了"（他一岁不到，就会说话了）。

说出来/开口—声事_{Shiāng Sì}，**作声**_{Zo Shiāng}，**开嘬**_{Kōi Zhòi}

表"开口出声说话"之义，亦表"开口求人办事"之义。例如，"声事呀！莫毋作声"（说话呀！不要在那里不作声）。再如，"想同其借钱，又无好作声"（打算向他借钱，又不好意思开口）。

斯文—演文_{Yěn Wén}

表"因拘谨而客气，作斯文状"之义。例如，"莫演文，饭菜用粗点子"（不要客气，多吃一些）。

思考—默神_{Me Shén}

表"默默计算思考什么"之义。例如，"其毋作声，是在该兹默神"（他不说话，可能是在那里思考什么吧）。

苏醒/复活—翻生_{Fān Seāng}，**还生**_{Fān Seāng}

表"昏迷后醒过来，昏死状态后复活过来"之义。例如，"以只鱼子，买归来就发死，把作其死盖了，放到水里头又翻生了"（这条鱼，买回来好像死的，我以为它死掉了，放进水里又活了）。

随便—不拘_{Beu Jiī}

表"不论什么都可以"之义。例如，"你要哪色？不拘"（你要哪一种？随便哪种都可以）。

随便了/不去管了—定其常_{Tìng Jí Cháng}

表"无论结果如何，都不做更多努力了"之义，亦表"就保持这种状况，不要去改变"之义。本字或为"听任"之"听"。例如，"晋级有冇我，毋去想，定其常"（不管晋级有没有我，不去考虑了，随便什么结果）。再如，"地毋要扫，定其常"（地不要扫了，就让它这样吧）。

随便他—定其_{Tìng Jí}

表"不替他做安排，随他自己的意愿决定"之义。本字或为"听任"之"听"。例如，"大家莫管其的闲事，定其自家"（大家都不要去管他的事，随他自己决定）。

酸菜—溚菜_{Ca Còi}，**渍菜**_{Zii Còi}

酸菜坛子—浸罂_{Zìn āng}

碎片—析_{Sa}

表"破碎的片状物片"之义，动词、名词通用。例如，"竹析、篾析"（竹片）、"瓦析"（碎瓦片、碎瓷片）。

唢呐/喇叭—吹笛_{Chà}，笛_{Tà}

传统乐器。此词的读音或为"吹_{Chei}笛_{Tià}"连读而来，可理解为"吹呐"之义。

T

他/她/它—其_{Jí}

俗作"渠/佢"，是第三人称代词。本书作者认为，无论从语义还是从读音来看，本字都必然是"其"，将之写作其他汉字，毫无价值，徒增混乱。

他们/她们/它们—其等_{Jí Dēn}

是第三人称复数。本书作者认为，无论从语义还是从读音来看，本字都应为"其等"。

抬—扛_{Goāng}

表"两人合力抬"之义。此字词留存古汉语音义。北方方言中的"扛起"，客家话为"肩"，应予以区分。例如，"一个和尚荷水食，两个和尚扛水食，三个和尚冇水食"（一个和尚挑水喝，两个和尚抬水喝，三个和尚没水喝）。

抬头—仰_{Ngāng}

表"把头抬起来"之义。

太/过于—特_{Tie}

表"程度特别突出"之义，本书作者认为，此词可理解为"特别"二字快读连读而来。例如，"你跑得特疾了，我逐毋到你"（你跑得太快了，我赶不上你）。

太阳/阳光—日头_{Ngii Téu}，日头须_{Ngii Téu Sī}

表"太阳或阳光"之义，俗作"热头"。本书作者认为，为不与"月头"（月光）读音相混，建议将此词正式明确为"日头_{Ngii Téu}"，不再保留"热头"的写法。例如，"日头须晟眼珠"（太阳光刺眼）。

态度差/没好气—诋诋状_{De De Zàn}，吼吼诋诋_{Háng Háng De De}

表"对他人没有好声气"之义。例如，"其对家娘诋诋状"（她对婆母说话态度不好）。

坍塌—扼_ǎ

表"堆状物坍塌下来"之义。"扼"为"牛马拉车架在其脖子上的木制器具"，本书作者认为，此词由此形态引申而来。此词名词、动词通用。例如，"堆在该兹的灰堆扼下来了"（堆积在那里的灰堆坍塌下来了）。

炭—火噬炭_{Fǒ Shì Tàn}，火屎_{Fǒ Shì}

表"木柴被火焰吞噬烧过而形成的木炭"之义。本书作者认为，此词本字或为"火噬炭"，后被讹变为"火屎"。

探探/巡看—逻_{Lá}

表"非正式地探试一下某场合"之义。例如，"该兹新开张了一家店子，哪晡去逻下子"（那里新开了一家店，哪天去看一看）。

螳螂—猴哥_{Héu Go}

汤匙/勺子—调羹_{Tiáo Gāng}

表"用于搅拌或舀汤的餐具小勺"之义。此词本义为"调拌羹品使之均匀、美味"，转义为"调拌的用具"。例如，"孩息子还冇学会用筷子，就拿调羹食饭"（小孩还没有学会用筷子，就用勺子吃饭）。

烫—爈_{Lù}

表"温度过高被烫到"之义。此是形容词、动词通用。例如，"掀红的火屎真爈人，被其爈起一只泡"（通红的木炭真烫，被烫起一个泡）。

淘气—划掉_{Sièn Diào}，划掉_{Sièn Tiào}

夸张表达"他要是被阉了，就不会那么淘气"，含嗔爱之义。此词动词、形容词通用。例如，"以个孩息真划掉"（这个小孩真淘气）。

讨厌—恼_{Nǎo}

表示"不喜欢某人、某事"之义。在"烦、恼"相关的用语中，现代汉语口语中，多用"烦"，客家话中多用"恼"。例如，"我真恼其等屋下的人做的该许事"（我真不喜欢他们家里人做的那种事）。

讨债—取债_{Qǐ Zài}

表"索取债务的偿还"之义。在表"讨要、索取"的词语中，现代汉语口语多用"讨"，客家话多用"取"。

特意/专门/故意/有意—特事_{Tè Sì}

本书作者认为，本字或为"特此"。例如，"你以个学生真有心，还特事来望老师我"（你这个学生真是重情分，还专程来看望我这个老师）。

疼/疼痛—痛_{Tòng}

表"疼痛"之义，现代汉语口语多用"疼"，而客家话多用"痛"。例如，"肚子痛，要多食滚水"（肚子疼，要多喝热水）。

体恤—思谅_{Sī Liáng}

表"为他人处境着想而怜惜、帮扶"之义，俗作"思量"。例如，"母亲老了，郎子妹子很思谅其"（母亲老了，儿女们很关怀她）。

替—同_{Tóng}

表"替他人办某事"之义。在"替代"相关的用语中，现代汉语口语中，多用"替、代"，客家话中多用"同"。例如，"我同你做值日，你同我做作业"（我替你做值日，你替我写作业）。

天数/日数—~工_{Gōng}

表"所需时间的天数"之义，一般用于概数表达。此处的"工"为"工夫"之义。例如，"到煞般，还要成十工"（离完成，还需要十来天）。

田—田丘_{Tién Qiu}

表"由田塍、田坎自然包围形成的一块农田"之义。"丘"为农田的量词。此词有客家话用字倒置的特色，类似"纸张"的组词方式。

舔—舐_{Shiē}

表"舔舐"之义，现代汉语口语多用"舔"，而客家话多用"舐"。例如，"细人子食粥，欢喜用舌麻舐碗"（小孩喝粥的时候，喜欢用舌头舔碗）。

挑担—荷_{Kāi}

表"用肩挑起担子"之义，为古汉语字词在客家话中的留存。本书作者认为，本字或为"克"（《说文解字》释为"克，肩也"）。相关文献较为普遍采用"荷"字，按照约定俗成的原则，沿用此字。

听从—依_{Yī}

表"接受并依照他人意见去行动"之义。例如，"我依你"（我听从你所说的）。

厅堂—厅下_{Tiāng Ha}

表"日常白天生活或接待来客的宽敞房间"之义。此词或为"下厅"二字倒置而来。

同年—同庚_{Tóng Gēn}，**老庚**_{Lǎo Gēn}

表"两人同年份出生、同年龄"之义。此处的"庚"即表示"年"。例如，"我同其是老庚"（我和他是同年）。

同意/肯/认可—颔_{Hěn}，**准**_{Zhěn}

表"点头同意、认可"之义。"点头"为"颔头_{Ngǎn Téu}"。此是动词、名词通用。例如，"我问过其，其颔了"（我问过他，他同意了）。再如，"准了"（答应了）。

同样—共样_{Gong Yang}

表"没有区别"之义。在表"相同"的相关词语中，现代汉语口语多用"同"，客家话多用"共"。例如，"共姓"（同姓）、"共桌"（同桌）。

同一伙的/一起的—一连经_{Yi Lién Jīn}

表"同一行动的多人行为者"之义。例如，"以几个贼牯是一连经的"（这几个贼是同一伙的）。

挑拣—挑拓_{Tò}

表"从全部物品中挑拣出需要的、留下不要的"之义，与"拣"的含义有所不同。本书作者认为，此词或为"挑拓"二字连读而来，"挑"表"挑拣出需要的"，"拓"表"丢下不要的"（《集韵》释：拓，手推物）。例如，"以篮桃子，你挑拓大的拿"（你从这篮桃子中，挑大的拿）。

跳/跳跃—飙_{Biāo}

本书作者认为，本字或为"猋"，但建议采用常用字"飙"。例如，"好践行，莫飙上飙下"（好好走路，不要跳来跳去）。

捅—笃_{Du}

本字或为"抵"。例如，"莫去笃囊蜂窦"（不要去捅马蜂窝）。

头—头颅_{Téu Ngá}

表"人或动物的头部"之义。例如，"其头颅栋上有得头发，像个和尚"（他头顶上没有头发，像个和尚）。

突然/忽然—刹时_{Sa Shiāng}

本书作者认为，此词或在传播过程中，将"刹时"讹为"刹声"而形成此读音。例如，"看稳电视，刹时就停电了"（正看着电视，突然停电了）。

土豆/马铃薯—洋芋_{Yáng Yì}

本书作者认为，此词之称谓，符合外来物的命名特征。从外来物的引入时期对比来看，"胡"早于"番"，"番"早于"蕃"，"蕃"早于"洋"。

团结/和睦—和气_{Fó Xì}**，好顺**_{Hào Shèn}

表"人与人关系和睦"之义。例如，"你等两个人要和气"（你们俩要团结）。

推—扡_{Ciŏng}

表"向外用力使他人或物体移动"之义。例如，"冰箱特重，扛毋起，扡稳走"（冰箱太重了，抬不起来，只得推着移动）。

推责—荐_{Ziēn}

表"强调别人是否尽责任，以减轻自己的责任"之义。例如，"兄弟都毋愿供父母，哥哥荐老弟，老弟荐阿哥"（兄弟两人都不想赡养父母，哥哥认为弟弟尽责任不够，弟弟认为哥哥尽责任不够）。

腿—脚髀_{Jo Bǐ}

在表"腿部"相关的用语中，现代汉语口语中，多用"腿"，客家话中多用"脚"。例如，"外婆惜细外孙子，鸡脚髀总是夹颁其食"（外婆偏爱小外孙，鸡大腿总是夹给他吃）。

客家话中，"脚"读音为"Jo"。古诗词中，其韵脚为"o"，与客家话读音相同。例如，宋代苏轼的《谒金门·秋池阁》：秋池阁_{Go}。风傍晓庭帘幕_{Mo}。霜叶未衰吹未落_{Lo}。半惊鸦喜鹊_{Cio}。自笑浮名情薄_{Po}。似与世人疏略_{Lio}。一片懒心双懒脚_{Jo}。好教闲处著_{Zho}。

褪色—脱色_{To Se}

在表"褪去"相关的用语中，现代汉语口语中，多用"褪"，客家话中多用"脱"。

托起/端起—兜_{Dēu}，**擝**_{Mǒ}

表"用手平举托起某物品"之义。"兜"的动作原为"合手拢住东西"之义，由此引申而来。"擝"表"对无耳无从着力的器物，依靠双手横向用力抓牢使之移动"之义。例如，"兜张凳子颁你坐"（拿一把椅子给你坐）；再如，"以只缸右得提手，只好擝进灶下去"（这个缸没有抓手，只能用手端到厨房去）。

拖延—挨_{Kái}

表"拖延时间"义，亦表"患重病治愈无望而延年"之义。例如，"莫挨了，疾点子走"（别拖延时间了，快点走吧）。再如，"其的病有正手了，在该兹挨到"（他的病没办法治了，只是延缓时日罢了）。

W

蛙/青蛙—蛙子_{Guǎi Zi}

客家话从"圭"之字，多从"ai"音，如"蛙_{Guǎi}""鞋_{Hǎi}""街_{Gǎi}"。相关字词出现在古诗词中，其韵脚亦为"ai"。例如，欧阳修的《题张应之县斋》：小官叹簿领，夫子卧高斋_{Zāi}。五斗未能去，一丘真所怀_{Fái}。绿苔长秋雨，黄叶堆空阶_{Gāi}。县古仍无柳，池清尚有蛙_{Guai}。

外祖父、外祖母—外公_{Ngòi Gōng}，**外婆**_{Ngòi Pó}

即北方方言中的姥爷、姥姥。

外孙—外孙_{Ngòi Sēn}

俗作"外生"，读音为"Ngòi Seāng"。逻辑推断其存在讹变，该词不应与"外甥"同音。本书作者认为，客家话用字应恢复为"外孙"。

弯弯曲曲—扭_{Ziú}扭_{Ziú}扭_{Ziù}扭_{Ziù}

表"线条弯弯曲曲"之义。例如，"以根铁丝，舞得扭扭扭扭"（这根铁丝被弄得弯弯曲曲）。

弯腰—佝腰_{Gêu Yāo}

在表"弯腰"的相关词语中，客家话使用"佝"。例如，"佝下腰去捡东西"（弯腰去捡物品）。

玩—撩_{Liào}

俗作"嫽"，表"非正式的活动，玩耍、休闲、游戏、闲逛等活动"之义。此词词义适用范围较广，本字不可考。本书作者认为，该词并非指称男女关系，该词用字表音部件不应为"女"，故不宜采用"嫽"。

玩具/好玩的—撩的_{Liào Gì}，好撩的_{Hǎo Liào Gì}

完—了_{Liǎo}

表"没有剩余多少"之义。在相关词语中，现代汉语口语多用"光"，客家话多用"了"。例如，"人都走得蛮了了"（人都走光了）。

完成—成_{Zhiàng}

在客家话中，"成"是多音字。在不同的读音下，其含义不同。"成_{Zhiàng}"，表"完成"之义。例如，"其的饭食舞成了"（她的饭菜做好了）。

~完了/~终了/~掉—~盍_{Hei}

此为古代汉语留存词语。例如，"饭菜都食盍了"（饭菜都吃光了）。再如，"钱包失盍了"（钱包丢失了）。

完结—结煞_{Jie Sa}，煞般_{Sa Bǎn}

本书作者认为，该词可能源于道教"画符结煞"，表"某一事情得以完结终了"之义。例如，"好得你相帮，总算煞般了。我自家真毋得该般煞"（多亏有你帮助，总算完成了。我自己真难以解决）。

枉然/枉费—枉谓_{Wǎng Wi}

表"徒然、枉然"之义。例如，"枉谓你读了该般多书，一点道理都毋讲"（枉费你读了那么多的书，一点道理都不讲）。

忘恩负义—黄眼_{Wǎng Ngǎn}

此词由"忘恩"谐音而来。客家话中表颜色的"黄"读"黄_{Wǎng}"，其他情形的"黄"读"黄_{Fáng}"。例如，"以个人有良心，真黄眼"（这个人没有良心，真是忘恩负义）。

微不足道—拓落_{To Loǎn}

表"对整体而言所起作用微不足道"之义，蔑称，俗作"托卵"。本书作者认为，客家话中与男女性器官相关的粗俗词语，多数是近音词语讹变而来的，此词或为"拓落"（表"失意、不得志"之义）讹变而来。例如，"该般多子钱，够拓落"（这么点儿钱，够干什么的）。

未曾/尚未—莫曾_{Máng}

表"尚未有过，从未有过，不曾"之义，俗作"盲"。此词为两字连读而来。本书作者建议使用"莫曾_{Máng}"表示。例如，"你莫曾食昼饭吧？"（你还没有吃午饭吧？）

畏怯—畏势_{Wì Shì}

表"对某种场合感到紧张、不适"之义。例如，"城里头该般多人，我使，真的畏势"（城里那么多人，我真的很不适应）。

喂养—供_{Jòng}

表"给鸡鸭等家养动物喂食"之义。例如，"现饭现菜拿到去供鸡"（拿剩饭剩菜去喂鸡）。

为什么—焉般_{Yàng Mān}，焉般_{Yàng Bān}，做何者_{Zò Ma Gì}

俗作"样般"，或为"么样"倒置而来。本书作者认为，此词的本字难以取得共识，建议使用读音相近且语义上易于理解的"焉般_{Yàng Bān}"（亦可读作"焉般_{Ngiàng Mān}"）来表示。在某些情形下，我们也可以用"做何者_{Zò Ma Gì}"（做什么）来表示。

蚊子—蚊家_{Wēn Gā}，蚊家_{Mēn Gā}

此词或为"家蚊"用字倒置而来，称谓相对野外蚊子而言的日常家中所见的蚊子。

吻/亲吻—打哺_{Dǎ Bū}

表"以唇接触以示亲近"之义。例如，"活泛满子，哺阿母一下"（乖儿子，亲妈妈一下）。

我—我_{Ngái}

俗作"𠊎"。本书作者认为，作为第一人称用词，"我_{Ngái}"是古代本音本字。"吾""俺"等，均为该字的音转。"𠊎"是后造字（汉语中的所有人称代词都是借用字，凡是以"亻"表征的人称代词，均为后造字），既不符合其语义，也不符合其读音（按现代汉语读音应为"ya"），将之引入客家话文本中，完全无益于客家话的传承与传播，徒增混乱。所以，客家话文本将"我_{Ngái}"作为第一人称用字，是不二选择。此应成为客家话文献作者的共识。

我们—我等_{Ngái Dēn}

是第一人称复数。本书作者认为，无论从语义还是从读音来看，本字都应为"我等"。

握—扼_ā

表"用手握住某物"之义。例如，"去医院抽血的常间，拳头要扼紧"（去医院抽血时，要握紧拳头）。

卧室/里间—间里_{Gān Lǐ}

表"一套住房中不直接与室外相通的房间"之义，与"厅下"一词相对而言。此词有客家话词语用字倒置的特色。例如，"过厅下进间里"（经过厅走到卧室）。

屋内—屋底下_{Wu Du Ha}，屋底里_{Wu Du Lǐ}

表"室内、房间内、家里"之义。此处"底"，是古汉语用字的留存，相当现代汉语的"的"，可不译出。

无法修复/没有办法了—冇治_{Máo Chì}，冇整_{Máo Zhiǎng}，冇治手_{Máo Chì Shǔ}

表"物品无法修复，或事物无法恢复了的状态""对于某一问题没有办法可想了""某种疾病无法根治"之义。例如，"以只机子坏盏了，冇治手了"（这个机器全坏了，无法修理了）。

无能—祭窑_{Zì Yáo}

表"无能到只能用于祭窑的程度"之义，通常为骂人语，与"傲"是反义词。此是名词、形容词通用。例如，"冇该般祭窑，该般重子都荷毋起"（没有那么无能吧?! 这么点分量都抬不起来）。

无精打采/失落—奋谢_{Da Sié}，怠谢_{Da Siá}

表"精神不振，提不起劲头"之义，或以花谢之态引申而来，与"彻兴"是反义词。例如，"以个孩息，以几日子奋谢"（这个小孩，这几天总是无精打采的）。

无恙—人好_{Ngín Hǎo}

客家话中用于问候他人身体安好的用语，与"安乐"是近义词。例如，"该般久冇看到了，你老人家人好吧?"（这么久都没有见到了，你老人家身体还好吧?）

无中生有/没有的事—冇影_{Máo Yǎng}

表"没有依据的传言"之义。例如，"莫信其，冇影的事"（别听那么说，根本没有的事）。

屋后—壁背_{Bia Bòi}

表"一所房屋的背后或侧边之处"之义。例如，"以兹屋下的井在壁背"（他们家的水井就在屋后）。

午一昼_{Zhù}

表时间段"~午"之义。现代汉语口语多用"午",而客家话多用"昼"。例如,"上昼"(上午)、"昼边"(接近中午)、"当昼子"(中午)、"下昼"(下午)。

捂住一遏_e

表"捂住某缺口以免出气、出水、出血等"之义。例如,"遏稳气球口,莫等其漏气"(按住气球口,不要让它漏气)。

X

熄灭一乌_{Wū}

表"燃烧着的状态中止了"之义。此词形容词、动词通用。例如,"着稳的蜡烛被风吹乌盏了"(点着的蜡烛被风刮熄灭了)。

蟋蟀一草姬子_{Cǎo Jī Zi}

另有,"灶姬子_{Zao Ji Zi}"表"在厨房的一种灶马",亦即"蛛丝马迹"中的"马"。

席子一籍子_{Cia Zi},席子_{Cia Zi}

表"用蒲草或竹条编织而成的床上用品"。例如,"热天,你等是垫草籍子还是竹籍子?"(夏天,你们是用草席还是竹席?)

"席""籍"等字从"昔""惜"音,皆读作"~ia"。在古诗词中,其韵脚为"ia",与客家话读音相同。例如,唐朝苏颋的《和杜主簿春日有所思》:朝上高楼上,俯见洛阳陌_{Ma}。摇荡吹花风,落英纷已积_{Zia}。美人不共此,芳好空所惜_{Sia}。揽镜尘网滋,当窗苔藓碧_{Bia}。缅怀在云汉,良愿暌枕席_{Cia}。翻似无见时,如何久为客_{Ka}。

喜欢/爱好一欢喜_{Fōin Xǐ}

表"喜欢、爱好"之义,部分词语中,客家话用字与现代汉语呈倒置关系,此为一例。例如,"我欢喜集邮"(我爱好集邮)。

喜鹊一阿鹊_{ā Sia}

"鹊"字从"昔"音,读作"Sia"。

洗脸一洗手面_{Sěi Shǔ Mièn}

洗澡一洗身_{Sěi Shēn}

戏弄/逗弄/撩拨/惹一撩_{Liáo}

表"撩拨、招惹、逗弄他人"之义。例如,"莫去撩老妹子,舞到其叫噭"(不要去逗弄你妹妹,会弄得她哭)。

下饭—傍饭_{Bǎng Fàn}

表"就着菜把主食吃下去"之义。例如，"食点子何者菜好傍饭？莫打净食！"（吃些什么菜才好下饭？不要光吃饭不吃菜！）

下颌—颏下_{Gōi Ha}

表"下巴和颈部的交界处"之义。例如，"孩息子漏颏，口水流到了颏下"（小孩子老是流口水，口水流到了下巴底下）。

下雨/下雪/下雹子—落~_{Lò}

在"下、落"相关的用语中，现代汉语口语中，多用"下"，客家话中多用"落"。例如，"今年的雨水真多，无是落雨（落水）、落雪，就是落雹子"（今年的雨水天气真多，不是下雨、下雪，就是下冰雹）。

虾—虾躬_{Hā Gōng}

俗作"虾公"，本书作者认为，客家话词语中的以"公_{Gōng}"读音结尾的词语，并非都作词缀之用，相当部分是有实际意义的，但在传承过程中，误作词缀传播，此词即是一例。因为，"虾"的形态通常是弯曲着的，客家话称之为"躬背"，很显然此词应为"虾躬"，符合客家话用字倒置的语言特色。

下巴—啜颌底_{Zhòi Ngǎn Du}

下次—另一道_{Tīn Tào}

"另一"连读音转为"另一_{Tīn}"，表"再找下一次机会"之义。例如，"今晡有别何事，另一道子去拜望你"（今天有其他事，下次再去拜望您）。

掀被子—拂被帛_{Fù Pī Pǒ}

表"睡觉过程中不知不觉地把被子掀开或掀掉"之义。例如，"孩息子晏晡睡目总拂被帛"（小孩晚上睡觉总是把被子掀开）。

闲不住—冇时安落_{Máo Shí oān Lò}

表"没有安静一会儿的时间"之义，类似北方方言中的"不识闲儿"。例如，"孩息子成日都蹿上蹿下，冇时安落"（小孩子成天都蹿上蹿下，没有安静一会儿的时间）。

闲话/牢骚—空事_{Kòng Sì}

表"背后议论他人是非，或向他人发牢骚"之义。例如，"莫去讲别人家的空事"（不要去说他人的闲话）。

闲聊/胡扯—扯乱谈_{Chě Loǎn Tán}

表"漫无主题随意地闲谈"之义，亦表"非正经的看法"之义，俗作"扯卵谈"。本书作者认为，客家话中与男女性器官相关的粗俗词语，多数是近音词语讹变而来的，此词为一例。例如，"做正事吧。莫总在该兹扯乱谈"（做正事吧，别总在那里闲聊了）。再如，"正经问你呢，莫扯乱谈"（正经问你的问题，不要胡扯）。

咸蛋—腌蛋_{Yén Tàn}

表"用盐腌制的禽蛋"之义。"腌蛋"为汉语词语的本字，袁枚的《随园食单》中有"腌蛋"一词，俗作"盐蛋"。

嫌弃/挑剔—嫌样_{Siàng}，**嫌气**_{Xién Xì}

表"对食物等很挑剔"之义，本书作者认为，该词为"嫌_{Xién}样_{Yàng}"合音。例如，"莫该般嫌样，连猪肉都嫌无好食。莫总该般嫌气！"（别这么挑剔，连猪肉都嫌不好吃。不要总是这样挑三拣四！）

羡慕/嫉妒—发眼烧_{Fa Ngǎn Shāo}，**眼热**_{Ngǎn Ngiè}

现成的—现的_{Xièn Gì}

表"既有的，不是新做的"之义。例如，"买现的，还是等到买新的？"（是买现成的，还是等着买新做的？）

现眼/出丑—现遮_{Xièn Zhe}

表"原本可遮蔽的负面状态显现在他人面前，出丑、丢脸"之义，与"酊人"是近义词。例如，"食醉了酒，就会现遮"（喝醉了，就会出丑）。

限于—限只_{Kàn Zhiàng}

表"限定的某一范围"之义。例如，"限只今晡"（仅限于今天）。

现在—于今_{Yí Jīn}

表"说话的时间点、时间段或所处时期"之义。本字或为"如今"。例如，"于今的日子还好过，以前苦得狠_{Cěn}"（现在的日子还不错，以前日子过得很惨）。

相处—洽_{Gaa}

表"两人共同生活、交往等相处状态"之义。在表"相处"的词语中，现代汉语口语多用"处"，客家话多用"洽"。例如，"两子嫂洽了几十年"（两妯娌相处了几十年）。

相隔/间隔—间_{Gàn}

表"相隔一段时间或相隔一段距离"之义。在表"相隔"的词语中，现代汉语多说"隔"，客家话多说"间"。例如，"间了几年冇食过以色东西"（隔了许多年没有吃过这种食物了）。

想办法—觅门头_{Miě Mén Téu}

表"对于某件事物想办法应对"之义。此处"门头"，或为"进入门户关键所在"的引申之义。例如，"觅门头出去"（想办法走出去）。

想开—想得省 _{Siǎng De Siǎng}

表"聊以自慰、去除心中郁结"之义。例如,"撞到以许事,自家要想得省点子,莫想毋省"（遇到这样的事,自己要想开些,不要想不开）。

向日葵—向东莲 _{Xàng Dōng Lién}

消散—去~ _{Xì}

表"通过一定方式消散某种病征"之义。例如,"去风"（消散风寒）、"去湿"（消散湿气）、"去毒"（消散毒性）。

消息—信 _{Sìn}

表"关于某人或某事的情况"之义。例如,"我听到其的信,只样晓得其于今在哪兹"（我听到关于他的信息,才知道他现在在什么地方）。

小—细 _{Sèi}

在表"细、小"相关的用语中,现代汉语口语中,多用"小",客家话中多用"细"。例如,"细人子"（小孩）、"细妹子"（小女孩）、"细的"（小的）。

小孩—细人子 _{Sèi Ngín Zi}

指称"幼儿、儿童",与"孩息子"是近义词,多用于指称"婴幼儿"。客家话读音为"子 _{Zi}",作为后缀,此处相当于北方方言中"儿化音"所表达的语义。

小时候—细细子 _{Sèi Sèi Zi}

表"年龄尚小的时期"之义。客家话读音为"子 _{Zi}",并非都后缀,部分有实际意义。此处的"Zi"或为"之时"连读而来。例如,"我还记得你细细子的样子"（我还记得你小时候的样子）。

笑—笑笑姿 _{Siào Siào Zi},嘻笑 _{Sī Siào},嬉笑 _{Siē Siào}

表"笑的各种姿态"之义。例如,"笑笑姿"（微笑）、"嘻笑"（有笑容的笑）、"嬉笑"（调皮的笑）。

谢谢—多谢 _{Dō Sià},多谢 _{Dō Cià}

表"殷勤致谢"之义,与"累得你""好得你""打帮你"是近义词。客家话中的"谢"字,作为姓氏或致谢可读"谢 _{Sià}"或"谢 _{Cià}",作为"花谢"时只读"谢 _{Sià}"。

客家话中,"谢"等皆从"射"音,读作"~a"。古诗词中,相关字的韵脚均为"a",与客家话读音相同。例如,宋代晏几道的《生查子》:金鞭美少年,去跃青骢马 _{Mǎ}。牵系玉楼人,绣被春寒夜 _{Yà}。消息未归来,寒食梨花谢 _{Sià}。无处说相思,背面秋千下 _{Hà}。

谢谢好意—打帮_{Dǎ Bāng}

表"对对方言行上的好意或帮助表达谢意"之义。例如,"今晡的事,打帮你!"(今天的事情,多谢你的帮助!)

谢谢款待—累得你_{Lèi De Nǐ}

表"你为款待我,付出了很多辛劳"之义。例如,"我告辞了!酒足饭饱。累得你等!"(我告辞了。在你们这里吃得酒足饭饱,多谢!)

心脏/胸口—心肝下_{Sīn Goān Ha},**心肝前**_{Sīn Goān Cién}

表"心脏或胸部"之义。例如,"其话心肝下很无安乐"(他说胸口很不舒服)。

辛苦—累人_{Lèi Ngín}

表"做事辛劳,或做较为劳苦的事"之义。以人体的感受作为讨论事物的表征,这是客家话较有特色的词语。例如,"以许工作很累人"(这个事是很辛苦的)。

行/可以—做得_{Zò De}

表"可以做、同意做、愿意做"之义。例如,"以样子做得了吗?你以许做得了,其该许还做无得!"(这样可以了吗?你这些可以了,他那些还不行!)

行走/走—行_{Háng}

表"步行"之义。此词留存了古汉语用词及读音。在表"行走"相关的用语中,现代汉语口语中,多用"走",客家话中多用"行"。

幸亏/多亏—好得_{Hǎo De}

表"幸亏有某种原因出现,否则后果不好"之义,与"打帮"是近义词。例如,"好得你帮我,无是使,我就塌钵了"(幸亏有你帮助我,不然的话,我就失败了)。

兴趣—兴头_{Xìn Téu}

表"对某类事物喜好或关切"之义。例如,"我对以许事冇何者兴头"(我对这类事情不感兴趣)。

凶/凶狠—恶_ð,**恶**_{Ngǒ},**恶势**_{ð Shì}

在"凶、恶"相关的用语中,现代汉语口语中,多用"凶",客家话中多用"恶",与"善"是反义词。例如,"细人子莫学得该般恶"(小孩子别学得那么凶)。

羞惭/害羞—酡人_{Diǎng Ngín},**差人**_{Cì Ngín}

表"失了礼数而羞惭"之义,引申表"不光彩、难为情、害臊"之义。本书作者认为,《汉字源流字典》释为"酡酊,'慒懂'之音转",或源于此,引申为"害羞"之义。"差人_{Cì Ngín}"为"不及他人"之义而引申为"羞惭"之义。例如，"礼物特轻，拿毋出手，真酊人"（礼物太轻，真是拿不出手，很不好意思）。

修理——正_{Zhiǎng}，整_{Zhiǎng}

在表"整修"相关的用语中，现代汉语口语中，多用"修"，客家话中多用"整"。例如，"手表坏掉了，毋晓得正得好吗?"（手表坏了，不知道能不能修好?）

嗅——鼻_{Pi}，嗅_{Xòng}

此是名词、动词通用。例如，"你鼻下子，看香无香"（你闻一闻，看香不香）。

选择——座_{Cò}

表"在多种选择中，选择其中之一"之义。在表"选择"相关的用语中，现代汉语口语中，多用"选"，客家话中多用"座"。例如，"你座哪只时间，前头，后部，还是当中"（你选择哪一个时间点，前面，后面，还是中间）。再如，"毋要争了，座阄头公平"（不要争了，抓阄最公平）。

虚疏——寥_{Lào}

表"间隔过大、不密"之义，既表空间上的不密状态，也表时间上的不密状态。本字或为"寥落"连读而来。例如，"禾栽得特寥了"（禾苗栽得太疏了）。

悬挂——顶顶顶顶_{Dín Dín Dìn Dìn}，顶顶顶顶_{Diáng Diáng Diàng Diàng}

表"物品垂挂无序，或影响空间，或不断晃动"之义。例如，"衫裤晒在房间里，顶顶顶顶，权事霸天"（衣服晾在房间里，悬挂着，非常碍事）。

Y

鸭——鸭麻_{aa Má}

俗作"鸭嫲"，本书作者认为，客家话词语中的以"嫲_{Má}"读音结尾的词语，并非都作词缀之用，相当部分是有实际意义的，但在传承过程中，误作词缀传播，此词即是一例。因为，常见的鸭子的羽毛通常为杂色，客家话称之为"麻"，很显然此词应为"鸭麻"，符合客家话用字倒置的语言特色。

压——笮_{Za}

表"用重物压住"之义。例如，"笮稳其，莫等其走脱了"（用东西压住它，别让它挣脱走了）。

阉割—划_{Siàn}，羯_{Jiě}

表"阉割动物"之义，此是动词、名词通用。例如，"划鸡子"（阉割过的公鸡）。

掩埋—窖_{Gào}

表"将物品掩埋在地里"之义，此处名词、动词通用。例如，"把偷到的番薯窖起来"（把偷来的红薯埋到土里）。

掩土—壅_{Yōng}

表"用土掩盖上"之义。例如，"种菜时，莴下要多壅点子土"（种菜的时候，在菜苗的根部要多掩上一些土）。

严格/非常紧—緪缯_{Hēn Zèng}

表"绷得很紧般的严格程度"之义。例如，"我等的老师，管我等管得很緪缯"（我们的老师管我们管得极严）。

延误—宕_{Tàng}

表"未能按预期进行"之义。例如，"塌了宕"（延误而错过了时机）。

眼睛/眼—眼珠_{Ngǎn Zhū}

眼珠—眼珠仁_{Ngǎn Zhū Yín}

砚台—墨盘_{Mè Pán}

央求—哽_{Gǎng}

表"令人厌烦地恳求、乞求某人某事"之义。另有，骂人语"哽颈_{Gǎng Jǎng}"，含义类似。例如，"孩息哽到要跟到大人去"（小孩央求要跟着大人一起去）。

养—畜_{Qiū}

表"生养子女、畜养动物、种养植物"之义。在"畜、养"相关的用语中，现代汉语口语中，多用"养"，客家话中多用"畜"。例如，"畜猪、畜牛、畜鸡鸭，何者都畜"（养猪、养牛、养鸡鸭，什么都养）。

腰部—腰骨_{Yāo Gue}

指称"人体的腰部"。"腰骨"本为中医用语，此处代指腰部。例如，"腰骨痛"（腰疼）。

妖精—精怪_{Zīn Guāi}

在"妖、怪"相关的用语中，现代汉语口语中，多用"妖"，客家话中多用"精"。例如，"其化妆得像精怪"（她化妆画得妖精一样）。

妖冶—姣_{Jāo}

表"女性打扮艳丽而不庄重、不正派"之义。例如，"姣嫲"（妖艳的女人）。

摇/摆—拂_{Fīn}

表"摇头、摆手"之义。例如,"拂头"(摇头)、"拂手"(摆手)。

咬—啮_{Ngia}

表"用牙齿咬物"之义。例如,"狗啮骨头"(狗咬骨头)。

要—要_{ði}

表"希望、想做某事的意愿"之义,亦表"将要、将近"之义,亦表"让、使"之义,俗作"爱"。本书作者认为,本字或为"曷",由"何不"转化为"应当"之义,该字似可读作"ai",类如"藹"。此词上述含义与现代汉语"要"的用法相同,为现代汉语读者便于理解,建议写作"要",但赋予其读音"要_{ði}"。

要不要/要吗—要毋要_{ði Mōi}

三字连读为"要毋要_{ði Mōi}"。例如,"以许橘子好食,要毋要?"(这种橘子好吃,你吃不吃?)

钥匙—锁匙_{Sǒ Shǐ}

噎—鲠颈_{Gǎng Jǎng}

表"被食物噎住了喉咙"之义。

噎人—撑人_{Càng Ngín},村人_{Cēn Ngín}

表"拿话噎人"之义。程度不同读音有所不同,前者噎人程度重一些,后者噎人程度较轻。例如,"我话我的眼珠好,其就话'你都晓得该只蚊子是公的还是母的'来撑人"(我说我的视力好,他就说"你连那个蚊子是公还是母都知道"来噎人)。

《红楼梦》中有"村"字作动词的用法,客家话读者很容易理解,其实就是"噎人"的意思,即"根据对方所说逻辑,无限延展,而导致对方被噎住而无言以对"。不知道《红楼梦》作者是怎样知道这个词的,其经历必然与使用"村人"的方言区有某种联系。《现代汉语词典》中,解释"村"是"用不好听的话冒犯对方",其实解释得不很准确。

夜晚/晚上—夜晡_{Yà Bū},晏晡_{àn Bū}

表"每日日落之后的一段时间"之义。在表"夜、晚"相关的用语中,现代汉语口语中,多用"晚",客家话中多用"晏"。例如,"晏晡6点钟食夜饭"(晚上6点钟吃晚饭)。

腋下/胯下—手胁下_{Shǔ Qiè Ha},脚胁下_{Jo Qiè Ha}/脚下_{Jo Ha}

一拨人——筐_{Yi Po}

表"一批人或一群人"之义。例如,"以筐"(这群人)、"该筐"(那群人）。

一撮——簇_{Yi Cù}

表"一撮毛发、胡须、杂草等"之义。

一定要——确实_{Ko Shi}

表"嘱咐他人一定要做某事"之义。例如，"确实要记得"（一定要记住）。

一段/一阵——稍_{Yi Sāo}，一驳_{Yi Bo}

表"时间或路程的一小部分"之义。例如，"六月天每晡都要落一稍雨"（农历六月时节每天都要下一阵雨）。再如，"我要去城里住一驳"（我要到城里住一段时间）。

一会儿——下子_{Hà Zi}，一下子_{Yi Hà Zi}，两下半_{Yǎng Hà Bàn}

表"很短的时间内"之义。例如，"等一下子"（请等一会儿）。再如，"其食饭真疾，一大碗饭两下半就食盍了"（他吃饭真快，一大碗饭几口就吃完了）。

一片——一皮_{Yi Pí}

片状物的数量词。例如，"一皮菜叶"（一片菜叶）。再如，"一皮篾"（一片篾）。

一一一一一二二_{Yi Yi Nì Nì}

表"一个一个地说出"之义。例如，"一一二二地话清张"（一个一个地说清楚）。

依赖/指望——倚恃_{Yǐ Sì}

表"依赖他人来解决自己的困难"之义。例如，"自家的事毋使倚恃别人"（自己的事不要依赖别人）。

依然/还是——本本_{Běn Běn}

姨——姨母_{Yí ōi}

客家话中，作为对女性长辈亲属有"mei""ōi"两个读音。本字均为"母"。

溢出——漾_{Yàng}

表"容器内液态物向外流出"之义。例如，"煮的粥沸了，都漾出来了"（煮的粥开锅了，都溢出来了）。

异味——臭~_{Chù}

表"表闻到有某种异味"之义。例如，"臭尿骚"（有尿骚味）、"臭饭瘌"（有饭烧焖的味道）。

饮/喝——食_{Shii}

此为古汉语词语在客家话中的留存。在"饮用"相关的用语中，现代汉语口语中，多用"饮、喝"，客家话中多用"食"。例如，"啜燥了，你话食水，食茶，还是食酒，哪许更管事?"（口渴了，你说是喝水、喝茶，还是喝酒，哪一种解渴更管用?）

因此—就该样的 Ciù Gaāng Gì

表"某事的前因"之义。此处"该样"为连读。例如，"我话了其几句，就该样的，着气了"（我说了他几句，因此生气了）。

殷勤/用心—捨交 Shǎ Gāo

一般是欢迎来客的用语，表"感谢来客放弃自己的要事而来成全交情"之义，引申用于表"勤快"之义，亦用于路遇的问候。例如，"该般捨交，请进"（你真有心，请进）。再如，"该般捨交，该般早去哪兹?"（这么勤快，你这么早是到哪里去了?）

隐藏/藏—屏 Biàng

表"隐蔽躲藏、不让他人发现"之义。《说文解字》释为"屏，屏蔽也"。例如，"快屏到，莫等其寻到了。孩息子就欢喜'捉屏子'"（快藏起来，别被他找到了。小孩就喜欢"捉迷藏"）。

印泥—印色 Yìn Sea，印色油 Yìn Sea Yéu

鹰—鹞麻 Yào Má

俗作"鹞嫲"，本书作者认为，客家话词语中的以"嫲 Má"读音结尾的词语，并非都作词缀之用，相当部分是有实际意义的，但在传承过程中，误作词缀传播，此词即是一例。因为，鹰的羽毛通常为杂色，客家话称之为"麻"，很显然此词应为"鹞麻"，符合客家话用字倒置的语言特色。

婴儿—婴伢子 āng Ngá Zi

一般用作指称刚出生不久的小孩。

婴儿笑/幼稚—嘤呱 āng Gǔ，婴呱 āng Gǔ

表"婴儿与大人交流发出的呱呱声，或大人逗婴儿发出的声音"之义，引申为"幼稚"之义。例如，"婴伢子同阿母打一个嘤呱"（小孩对妈妈笑了一下）。再如，"其毋懂事，还是婴呱"（他还不懂事，还很幼稚）。

萤火虫—火萤虫 Fǒ Yiǎng Chóng

迎接/向—迎 Ngiáng，迎 Yiáng

在"迎接"相关的用语中，现代汉语口语中，多用"接"，客家话中多用"迎"。例如，"其快到了，我去前头迎下子"（他快到了，我到前面去接一下）。再如，"四脚迎天"（四脚朝天）。

拥挤/人多—攘 Ngiàng，攘 Yàng

此词与"熙熙攘攘"的含义近似。例如，"今晡商场很攘，各处都人挤 Zie

人"（今天商场人真多，到处都人挤人）。

油炸—浮_{Fó}

表"油炸物浮起在油上面的状态"之义。例如，"浮豆腐"（油炸的豆腐）、"浮薯片"（油炸的薯片）、"浮米果"（油炸的米果）。

有可能/说不定会—冇论_{Máo Lèn}

表"存在某种可能性，但不确定"之义。本书作者认为，本字或为"莫有定论"之意。例如，"今晡冇论会落雨"（今天有可能会下雨）。

有能力顺利完成/吃得消—～得抻_{~De Chēn}，吃得住_{Qia De Chù}

表"在能力有限的条件下，能否完成或把控一定的任务"之义。该词或与"抻扯"一词相关，表"能否顺畅完成目标"之义。例如，"要走 10 里路，7 岁的细人子走得抻吗？"（要走 10 里路，七岁的小孩能走下来吗？）再如，"以个事，惹得抻吗？"（这件事，你把控得了吗？）

（幼儿）学～—学～_{Ho}

表"婴幼儿开始学走路、学说话等"之义。例如，"学行"（学走路）、"学话"（学说话）。

雨停/雨后天晴—敛_{Liěn}，开天_{Kōi Tiēn}

表"雨不再下了、放晴了的天气"之义。此为古汉语词语在客家话中的留存。例如，"雨落了一阵子就敛了"（雨下了一会儿就不下了）。再如，"落了该般久的雨，总算开天了"（下了这么长时间的雨，总算晴了）。

玉米—苞粟_{Bāo Siu}

类似北方方言中"苞米"的表达。

遇到—撞到_{Càng Dǎo}

客家话用"撞到"表"遇到"，如同现代汉语中的"碰到"之义。真正的"撞倒"，一般情况用"撞跌"来表达。例如，"我上街撞到了其"（我上街遇到了他。）

原初—本本子_{Běn Běn Zi}

表"和原来的一样"之义。例如，"本本子一样新，一点都冇坏"（和原来的一样新，一点儿也没有坏）。

月亮—月光_{Ngiè Gāng}

月光—月头_{Ngiè Téu}

越来越—紧～紧～_{Jǐn～Jǐn～}

表"进行过程中，程度越来越强化"之义。例如，"其话事，总是紧话紧快"（他说话，总是越说越快）。

岳父、岳母—丈人佬_{Chāng Ngín Lǎo}、丈人母_{Chāng Ngín ōi}

用心/下决心—恳心_{Jién Sīn}

　　表"尽可能地使用心力、专心"之义。例如，"其发恳要考上大学，以阵子，读书还算恳心"（他下定决心要考上大学，这段时间，读书还算用心）。

游逛—辵_{Chō}

　　表"漫无目的地行走"之义。此为古汉语存留在客家话中的单音节字词。例如，"其成日都在街上乱辵，一点正事都毋做"（他成天都在街上闲逛，一点儿正事都不做）。

有些—有兜_{Yēu Dēu}

　　类似北方方言中的"有点儿"的用法和含义。本书作者认为，本字或是"有点"的音转。

有序/平顺/平整—抻扯_{Chēn Chǎ}

　　表"井井有条""日子过得平顺""衣物平整"等义。此处动词、形容词、名词通用。例如，"秘书把领导的日程排得很抻扯"（秘书把领导的日程安排等井井有条）。再如，"其会过日子，工资无算高，该就一家人的生活抻抻扯扯"（他很会过日子，工资不算高，但一家人的生活很平顺）。

Z

宰杀—褫_{Chí}

　　俗作"治"。本书作者认为，该词的核心要义在于表"宰杀动物并处理其皮毛"，"治"无法表达这一内涵。例如，"易得过年去了，又褫猪，又褫鸡鸭"（快过年了，又杀猪，又宰鸡，宰鸭）。

在—在_{Cōi}

　　用作动词，表"存在"之义；用作副词，表"动作或状态处于进行中"之义；用作介词，引出与动作相关的时间、地点等。上述词义，与现代汉语"在"的用法相同。本书作者认为，为现代汉语读者便于理解，建议写作"在"，但赋予其读音"在_{Cōi}"。

在一起—做一合_{Zò Yi Hà}

　　表"同在一处，或混合在一起"之义，俗作"做一下"。此处"合_{Hà}"作为汉字表音部件，本有此读音。例如，"该晡，我同其做一合"（那天，我和他在一起）。

再~一些—~凑_{Cèu}

　　表"在原有基础上再添加一些"之义。例如，"睡阵子凑"（再睡一会儿）。

早上/早晨—朝晨_{Zhāo Shēn}

表"每日天明之后的一段时间"之义。在表"早晨"相关的用语中，现代汉语口语中，多用"早"，客家话中多用"朝"。例如，"朝晨6点钟食朝饭"（早上6点钟吃早饭）。

糟糕—收命了_{Shū Miàng Lǐ}**，输命了**_{Shū Miàng Lǐ}**，输实了**_{Shū Shi Lǐ}

表"到了被阎王收走性命般的危急地步"之义，类似北方方言中的"要命了"之义。例如，"收命了。易得下班去了，一半子都有做成"（糟糕！快到下班时间了，连一半任务都没有完成）。

聒噪—叽喳_{Jià}

此处为连读。例如，"其等以许妇娘子做一合，就在该兹叽喳，吵死人了"（她们这些女人在一起，就是大声说话，吵死了）。

责骂—辱_{Lū}

表"用语言责骂"之义。例如，"自家做错了事，就莫怪人家辱你一阵"（你自己做了错事，就不能怪人家责骂你一顿）。

怎么了—做何者_{Zò Ma Gì}**，舞何者**_{Wǔ Ma Gì}

表"针对异常的情况，进行询问、关心"之义。例如，"你手上有只疤，做何者?"（你手上有块疤，怎么了?）

扎一挫_{Ciō}

表"被尖锐物扎到"之义。《淮南子》有"锐而不挫"之语。例如，"手被竹尖子挫了一下"（手被竹签子扎了一下）。

只有—只样_{Zhiàng}

表"在一定范围内唯有的"之义。例如，"生日，一年只样一道的"（生日一年只有一次）。

站立—企_{Qii}

本字应为"起"，《说文解字》释为"能立也"。本书作者以为，为不与现代汉语的"起"相混淆，建议采用"企"字代替，《说文解字》释为"企，举踵也"，即"踮起脚跟"之义。

蟑螂—黄蚗_{Wáng Ca}

客家话中表颜色的"黄"读"黄_{Wáng}"，其他情形的"黄"读"黄_{Fáng}"。

招手—曳手_{Ya Shū}

表"举起手上下摇动，打手势招呼人或向人问候"之义。在表"摇、曳"相关的用语中，现代汉语口语中，多用"摇"，客家话中多用"曳"。例如，"该承车子开出去几远了，其还在曳手"（那辆汽车都开走很远了，他还在招手示意）。

着急—着慌_{Chò Fāng}

在"急忙"相关的用语中，现代汉语口语中，多用"急、忙"，客家话中多用"慌"。例如，"莫该般着慌，莫慌！"（别着急，别急！）

笊篱—笊㧅_{Zào Lěu}

照视/耀眼—晟_{Chiáng}

表"对着光线看视"，亦表"光线过亮而刺眼"之义。例如，"晟到光线看，就看得到钱上的水印"（对着光线看，就能够看到纸币上的水印）。

沼泽—湖洋_{Fú Yáng}

表"深不可测的烂泥田"之义。例如，"莫走到该兹湖洋田了去，会没到颈茎"（不要走到那个沼泽地方去，会没到脖子）。

照看/照顾—照拂_{Zhāo Fū}，照护_{Zhāo Fū}

表"照看老人、小孩、病人、弱者"之义。本字当为"照拂"，不可写作"招呼"。例如，"老人家不能一个人在屋下，要有人照拂"（老人家不能一个人在家，需要人照看）。

折断—㧅_{ǎo}

表"用手折断长形物体"之义。此为古汉语词语留存。例如，"㧅断一根树棍"（用手折断一根木棍）。

这~—以~_{Yǐ}

是近指代词。例如，"以个_{Yǐ Gì}"（这个）、"以色_{Yǐ Sei}"（这种）、"以道_{Yǐ Tào}、以次_{Yǐ}"（这次）、"以许_{Yǐ Xǐ}"（这些）、"以阵子_{Yǐ Chèn Zi}"（这时）、"以伐_{Yǐ Fa}"（这段时期）、"以路子_{Yǐ Lù Zi}"（这一带）、"以个档下_{Yǐ Gi Dàng Ha}"（这个地方附近）。

这里—以兹_{Yǐ Zī}，以迹_{Yǐ Zia}，以紫_{Yǐ Yāng}

俗作"以子"，本书作者认为，客家话词语中的以"子_{Zi}"读音结尾的词语，并非都作词缀之用，相当部分是有实际意义的，但在传承过程中，误作词缀传播，此词即是一例。我们建议使用"以兹"表示"这里"，"以迹"表示"这里"（范围极小的地方），"以紫"表示"这一带"或"这个方向"。

这么/这样—该样_{Gǎi Yàng}，该般_{Gǎn}

表"如此、这样、这般"之义。"该般"为连读。例如，"该般多子_{Gǎn Dǒ Zi}"（这么点儿）、"该般多_{Gǎn Dǒ}"（这么多）。

这么就/那么就—该就_{Gǎi Ciu}

表"如果的话……那么就……"之义。例如，"要赶快点子，该就开车去"

（想要快一些，那就开车去）。

这样的—该样的_{Gaāng Gì}

表"对事物样式、状态的定性表述"之义。"该样_{Gaāng}"为连读。例如，"我看到就是该样的"（我看到的就是这样的）。

正当……时—宁正_{Nìn Zhēn}

表"正沉浸在某种状态的时候"，俗作"认真"。例如"电视宁正好看的常间，刹时停电了"（电视正演到精彩的地方，突然停电了）。

止血—断血_{Toān Xiě}

表"止住血流"之义。例如，"以色药蛮煞，一下子就断血了"（这种药挺管用，一下就止住流血了）。

治—正_{Zhiǎng}

本书作者认为，有"治病"之义时，不宜写作"整"，写作"正"为好。此是形容词、动词通用。例如，"其发病了，去医院寻医师正"（他生病了，去医院找医生治）。

斟酒/倒茶—筛酒_{Sāi Ziǔ}，**筛茶**_{Sāi Cá}

在表"斟、倒"相关的用语中，现代汉语口语中，多用"倒"，客家话中多用"筛"。例如，"毋管哪人到屋下来，总要筛盅茶颁人家食"（不论谁到家里来，总要给人倒杯茶）。

真是……啊—~正得_{Zhiàng De}

表"对某种不愿接受状态的感叹"之义，与"真是的"是近义词句。此处有客家话词语倒置的特征。例如，"绝命正得！"（真是倒霉啊！要了命啊！）

正在……着—~稳_{Wěn}

助词。表"动作正在进行，状态持续"之义。例如，"睡稳目，刹时来了电话"（正睡觉，突然来了电话）。

知道/懂得/明白—晓得_{Xiǎo De}

表"知晓或懂得了某一事物"之义。在表"知晓"的相关词语中，现代汉语多用"知道"，客家话多用"晓得"。在表"懂得"的相关词语中，现代汉语口语多用"明白"，客家话多用"晓得"。例如"听懂了吗？晓得了！"（听懂了吗？明白了！）

执着/过执—痴_{Chii}，**执**_{Chìi}

表"执着追究或追求某事，没完没了，使人厌烦"之义。例如，"莫该般执！"（别那么执着！）

职业/工作—营生_{Yóng Seāng}

中午—昼边 Zhù Biⁿ

表"每日正午前后的一段时间"之义。在表"中午"相关的用语中，现代汉语口语中，多用"午"，客家话中多用"昼"。例如，"昼边12点钟食昼饭"（中午12点钟吃午饭）。

中心/正中间—心Sīn

表"某个范围的中心位置"之义。例如，"该个湖心舞了座亭子"（在那个湖的中央修了一个亭子）。

中途/半截子—半裁Bàn Cöi，**半烂裁**Bàn Làn Càn，**半道**Bàn Tào

表"某事项中途停办了"之义，例如，"建到半裁就毋建了，舞了个半烂裁"（建了一部分就不建了，弄了个半截子工程）。

肿包—发胿 Fa Chói

表"皮肤因发炎、化脓等而浮胀，或生疮"之义。

重视/抓紧—上紧 Shiǎng Jǐn

表"抓紧时机加速行动"之义。例如，"以个事蛮急，你应要上点子紧"（这个事挺急的，你必须抓紧）。

酎酒—醇酎Càng Ziǔ

表"一种多次发酵的糯米酒"之义，俗作"撑酒"。本书作者认为，本字应为"醇酎"，《说文解字》的解释是"酎，三重醇酒也"，即通常需要发酵三次。第一次发酵而成的酒，掺新料再发酵，再发酵而成的酒再掺新料再发酵。此词或为"醇_{Chen}酎_{Zheu}"连读而讹为"撑酒"。

筑/捣—舂 Zhiōng

此词源于"舂谷"的动作形态，后引申至表征类似形态的各种动作行为。例如，"舂墙"（筑墙）、"舂年糕"（捣年糕）。

撞—冲 Zhiōng

表"因一定的冲击力而撞到他人或物品"之义。本字应为"衝"。例如，"对毋住，我跑得特疾了，冲到了你"（对不起，我跑得太快了，撞到了你）。

抓/捕—捉Zŏ

表"捉住人或动物使其落入自己手中"之义。在"捕捉"相关的用语中，现代汉语口语中，多用"捕"，客家话中多用"捉"。

抓取/手抓—摄 Yiǎ

表"用手抓起"或"作量词表示一把"。例如，"细人子伸手去罂子里拿果子食，摄了一摄"（小孩把手伸进罐子去拿果子吃，用手抓了一把）。再如，"以许东西就是用手摄到食的，毋用筷子"（这种东西就是用手抓着吃的，不用筷子）。

捉迷藏—躲屏子 Dǒ Biàng Zi

《说文解字》释为"屏，屏蔽也"。此词名词、动词通用。

贼—贼牯 Cè Gǔ，**贼嫲** Cè Má

分别表"男贼""女贼"。本字应为"贼公""贼母"，具有客家话用字倒置的特色。

怎么/为什么—焉般 Yǎng Bān

表疑问词"怎么"。本书作者认为，此词读音为"焉般"两字连读而成。例如，"其焉般毋去？"（他怎么不去？）

怎么样—焉般样 Yǎng Bān Yǎng

表"询问情况、状态"之义。例如，"其的伤焉般样了？"（他的伤怎么样了？）

曾孙—孙曾 Se Zi

俗作"息子"。本书作者认为，客家话词语中的以"子" Zi 读音结尾的词语，并非都作词缀之用，相当部分是有实际意义的，但在传承过程中，误作词缀传播，此词即是一例。本书作者认为，此词或为"孙" Sēn "曾" Zēn 连读音变而来，符合客家话称谓中与现代汉语互为倒置的语言特色。

曾祖父、曾祖母—公太 Gōng Tài、**婆太** Pó Tài

本书作者认为，此词符合客家话称谓中与现代汉语互为倒置的语言特色，相当于古今汉语中的"太公""太婆"。

~着—~到 Dǎo，**~稳** Wěn

表"正在进行中的动作"之义。例如，"我正食稳饭"（我正吃着饭）。再如，"我拿到一本书"（我拿着一本书）。

真不错/高品质—恰价 Qia Gà

表"对某人、某事物高品质的赞美"之义。此词本义为"值价钱"引申而来。例如，"其等屋下讨的息妇真恰价"（他们家娶的儿媳妇真不错）。

挣脱—摒脱 Bǐn To

表"挣扎之形态"之义。例如，"其捉到了我，等我摒脱了"（他抓到了我，被我挣脱了）。

整洁—熨帖 Ye Tie，**熨事把帖** Ye Sì Ba Tie

表"整洁"之义，引申为"豪华"之义。现代汉语保留了此词，但其含义为引申义"贴切、妥帖、内心平静"，应予区分。例如，"其等的新屋装修得很熨帖"（他们的新房装修得很整洁、很有档次）。

蜘蛛—来客_{Lá Qiá}

本书作者认为，该词可能源自客家风俗说法：如果厅里出现"蜘蛛"代表有客人将要到来。进而，借用"来客"称谓"蜘蛛"，如同借用"利钱"称谓"猪舌"。

值得—抵得_{Dǐ De}

表"合算"之义。例如，"花1000块钱买了一件皮大衣，还算抵得"（花1000块钱买了一件皮大衣，还算值）。

值得一试—~手_{Shǔ}

表"某种事情，考虑是否值得做、想、看、说"之义，亦表"某种事情的归因，考虑是否有一定道理"之义。本字或为"试"。例如，"以许事，右何者做手；该许事，右何者话手"（这种事，不值得一做；那种事，不值得一说）。再如，"以件事，怪我使，右何者怪手"（这件事，责怪我的话，没有什么可责怪的吧）。

折腾/爱表现—好逐_{Hào Zhe}

表"在人前忙忙叨叨，以表现自己"之义，亦用于表"不嫌麻烦讲究虚礼"之义。此词与北方方言"折腾"（源自满语）一词，存在某些近似含义。本书作者猜测，"折腾"或与"逐"一词有某些关联。例如，"只看到其逐上逐下，真好逐"（就看到他忙前忙后，真是爱表现）。再如，"以个人真逐，一块钱都要特事来还"（这个人真不嫌麻烦，就一元钱都要专程来归还）。

蜇—叼_{Diāo}，**叮咬**_{Diāo}

表"蚊子、马蜂等昆虫叮刺"之义。本书作者认为，本字可理解为"叮咬"连读。在表"叮咬"的相关词语中，现代汉语口语常用"叮"，客家话常用"叼"。例如，"被蚊家叼了几只包"（被蚊子叮咬了好几个包）。

注定的/天生的—生成的_{Seāng Shiáng Gì}

表"某人或某事物原本如此、无法改变的性质"之义。例如，"其就是该样的，生成的，右办法"（他就是这个样子，天生如此，没有办法改变的）。

追赶—逐_{Jiù}

在"追赶"相关的用语中，现代汉语口语中，多用"赶"，客家话中多用"逐"。例如，"逐开鸡"（把鸡赶走）。

自己—自家_{Cǐ Ga}

表"本人、自身"之义。北方方言中的"咱"即为"自家"连读而来。

自找~—赚~_{Càn}

表"由自己非理性的行为招致某一后果"之义。例如，"你手该般贱，赚打驮"（你的手这么喜欢乱弄，难怪挨打）。

走遍——走交_{Zěu Gāo}

表"到处都走遍了"之义。例如，"以只景点，我很熟，哪兹都走交了"（这个景点，我很熟悉，哪里都走遍了）。

总共/统共——一络索_{Yi Lǒ So}

形象表达"用一根绳子穿起来统计"之义，引申为"加总"之义。例如，"一络索算下来，一个月的房租要 2000 块"（各种费用算在一起，每个月的房租要 2000 元）。

总……也不——紧_{Jǐn}

表"随着时间的推移或持续推进，预期结果还是没有出现"之义。例如，"公共汽车紧都毋来"（公共汽车总也不来）。

总在/一直——尽_{Zǐn}

表"总在重复或一直在做某一件事"之义。例如，"你有听到吗？你哥哥尽在喊你"（你没有听见吗？你哥哥一直在喊你）。

祖父——公祖_{Gōng Da}

本书作者认为，本字或为"公爹"，由于北方方言及现代汉语中的"公爹"含义完全不同，所以不宜使用本字。我们建议对照"母祖_{ǒi Ziǔ}"的表达方式，不妨将之用"公祖_{Gōng Da}"表示。此词符合客家话称谓中与现代汉语互为倒置的语言特色。

祖母——母祖_{ǒi Ziǔ}

指称"父亲的母亲"，俗作"娭姐"。本书作者认为，根据其读音和语义写作"母祖"，较为合理，且符合客家话称谓中与现代汉语互为倒置的语言特色。

张开嘴——擘开_{Ba Koi}，**擘开**_{Ma Koi}

表"原本闭合的嘴用力张开"之义。例如，"其总抿_{Mee}稳嗳，就是毋擘开"（他总是合着嘴，就是不张开）。

最——头_{Téu}

或为"头一个"之省称，表"处于最前头位置"之义，如同现代汉语"头名"的用法，但客家话的使用范围更广。例如，"我话使，以桌菜，头好食的是青菜，头无好食的是鱼子"（我认为，这桌菜里面，最好吃的是青菜，最不好吃的是鱼）。

最后——煞尾_{Sa Mī}

表"按顺序排在最后"之义。例如，"你头先，我煞尾"（你第一个，我最后一个）。

最先—头先_{Téu Siēn}

表"按顺序排在第一位"之义。例如，"你头先，我接稳你"（你第一个，我紧挨着你）。

作恶/做坏事—造恶_{Cào o}，**造孽**_{Cào Ngiè}

表"做了坏事会损其阴德"之义，或为佛家用语，客家话保留了此义。例如，"扯该般老人的钱，造恶"（骗这么老的老人家的钱，这是会有报应的）。

作揖—长揖_{Chàng Yā}，**长谒**_{Chàng Yā}

此词语常被讹为"唱诺"。本书作者认为本字应为"长揖"，更符合行为特征，或可理解为"长揖拜谒"之略语。例如，"向祖宗牌位长揖"（向祖宗牌位长揖以表敬仰之意）。

作伴—做阵_{Zò Chèn}

表"相互作为陪伴者"之义。例如，"我一个人在屋下，怕畏，喊同学来做阵"（我自己在家，有些害怕，叫同学来作伴）。

做/干/弄/办—舞_{Wǔ}，**办**_{Bàn}

不少客家话研究者将此字写作"舞"。本书作者认为，其读音似为"舞_{Nguǔ}"，本字或为"务"，《说文解字注》释为"务者，言其促疾于事也"。我们鉴于约定俗成的原则，仍采用"舞_{Wǔ}"。此词，类似现代汉语中的"做"，东北方言中的"整"，英语中的"do"，应用较为灵活，适用没有特定动词的动作，适用范围较广。

做梦—发梦_{Fa Mèng}

表"显现梦境"之义。例如，"昨晡晏晡我发了梦"（昨天晚上我做梦了）。

座—渡_{Tù}

量词。此是动词、量词通用。例如"一渡桥"（一座桥）、"一渡船"（一艘船）。

第四章

客家话书面表达的类汉语拼音标音体系

第一节　阐释与体例

本章列出了现代汉语（普通话）高频汉字对应的客家话用字参考读音。所列客家话用字读音，适用于现代汉语词汇与客家话词语用字相同的情形。在客家话词语与现代汉语词汇不同的情形下，客家话词语用字的读音，不能简单照搬，应以相关词语的标音（见第三章）为主要参考，体例如下。

其一，以现代汉语 3500 个常用汉字为基础，对其中主要读音的典型汉字，标注其客家话用字参考读音。现代汉语常用汉字以宋体加粗方式表示，客家话用字以仿宋体表示，客家话参考读音以客家话用字下标方式表示。现代汉语常用字与客家话用字之间以"—"表示对应关系。

其二，客家话用字的读音，以类似汉语拼音的方式标注。为不与现代汉语拼音相混淆，客家话用字标音声母首字母以大写方式表示。

其三，客家话用字读音的声调，采用汉语拼音作为标注基础。阴平（第一声），用"ˉ"表示，如 Lā；阳平（第二声），用"ˊ"表示，如 Lá；上声（第三声），用"ˇ"表示，如 Lǎ；去声（第四声），用"ˋ"表示，如 Là；入声，不标调，如 La。

其四，现代汉语同一读音对应的一组汉字，列为一个词条，并对该组客家话用字的读音特征做出提示。一是客家话读音与现代汉语读音存在明显差别的，列出所有的常用汉字及其对应的客家话参考读音，并对其声母、韵母是否存在差别做出提示，其他未列出的非常用汉字的客家话读音可参考相关汉字的客家话读音特征；二是客家话读音与现代汉语读音基本是相同的，仅列出一个代表性汉字及其客家话参考读音，同一读音的其他汉字未予一一列出。

其五，分布在各省区各个客家话方言区的客家话读音并不统一，且存在较大差异。本书所列客家话读音仅是参考读音，其读音的确定依据：一是依据各方言区读音在声母或韵母某一方面的共同特征；二是与现代汉语常用字读音相比较，在声母或韵母方面存在某种对应关系的，作为相关汉字读音的依据；三是归纳汉字表音部件在客家话读音中的特征，相互参照；四是参考中古时期汉语诗词韵脚，以此作为相关汉字客家话读音的重要参考依据；五是客家话读音与现代汉语读音基本相同，但存在些微差别的，以现代汉语读音为准；六是尽可能采用现代汉语拼音方案中的声母、韵母对客家话用字标音，尽量不过多引入新的声母、韵母，对个别难以表达的读音，采用较为接近的读音代替；七是针对客家话流传中某些词语因释义不明晰而导致读音讹变的情形，适当地纠正某些汉字读音的讹变，来还原其原本读音。

其六，针对中古时期汉语诗词，用现代汉语读音不押韵的典型韵脚，做出"可参考客家话读音韵脚"的提示。

其七，以现代汉语汉字读音的拼音字母为序。

第二节　现代汉字（A~Z）对应的客家话读音

A

阿—阿$_{ā}$；……

现代汉语中读"a"的字，其客家话读音基本相同。

埃—埃$_{ōi}$；挨—挨$_{Kái}$；哀—哀$_{ōi}$；皑—皑$_{Ngái}$；癌—癌$_{Ngái}$；蔼—蔼$_{ŏi}$；矮—矮$_{ŏi}$；艾—艾$_{Ngèi}$；碍—碍$_{Ngòi}$；爱—爱$_{òi}$；隘—隘$_{Ngòi}$

现代汉语中读"ai"的字，其客家话读音声母、韵母有所不同。

安—安$_{oān}$；鞍—鞍$_{oān}$；俺—俺$_{Ngái}$；按—按$_{oàn}$；暗—暗$_{àn}$；岸—岸$_{Ngàn}$；案—案$_{oàn}$

现代汉语中读"an"的字，其客家话读音声母、韵母有所不同。

肮—肮$_{Ngāng}$；昂—昂$_{Ngáng}$；盎—盎$_{àng}$

现代汉语中读"ang"的字，其客家话读音声母有所不同。

凹—凹$_{āo}$；敖—敖$_{Ngáo}$；熬—熬$_{Ngáo}$；翱—翱$_{Ngáo}$；袄—袄$_{ăo}$；傲—傲$_{Ngào}$；奥—奥$_{ào}$；懊—懊$_{Ngào}$；澳—澳$_{ào}$

现代汉语中读"ao"的字，其客家话读音声母有所不同。

B

捌—捌$_{Baa}$；扒—扒$_{Pá}$；八—八$_{Baa}$；拔—拔$_{Pa}$；跋—跋$_{Bá}$

现代汉语中读"ba"的字，其客家话读音基本相同，个别声母、韵母有所不同。

白—白$_{Pa}$；柏—柏$_{Ba}$；百—百$_{Ba}$；佰—佰$_{Ba}$；稗—稗$_{Pà}$

现代汉语中读"bai"的字，其客家话读音声母、韵母有所不同。其在古诗词中的韵脚各不相同，可参考客家话读音。

扮—扮$_{Pàn}$；拌—拌$_{Pàn}$；伴—伴$_{Pàn}$；瓣—瓣$_{Pàn}$；半—半$_{Bàn}$；办—办$_{Pàn}$；绊—绊$_{Pàn}$

现代汉语中读"ban"的字，其客家话读音声母有所不同。

邦—邦$_{Bāng}$；帮—帮$_{Bāng}$；榜—榜$_{Bǎng}$；膀—膀$_{Bǎng}$；绑—绑$_{Bǎng}$；棒—棒$_{Pàng}$；蚌—蚌$_{Pàng}$；傍—傍$_{Pàng}$；谤—谤$_{Pàng}$

现代汉语中读"bang"的字，其客家话读音声母有所不同。

苞—苞$_{Bāo}$；胞—胞$_{Pāo}$；包—包$_{Bāo}$；褒—褒$_{Bāo}$；剥—剥$_{Bo}$；薄—薄$_{Po}$；雹—雹$_{Bào}$；保—保$_{Bǎo}$；堡—堡$_{Bǎo}$；饱—饱$_{Bǎo}$；宝—宝$_{Bǎo}$；抱—抱$_{Pào}$；报—报$_{Bào}$；暴—暴$_{Bào}$；豹—豹$_{Bào}$；爆—爆$_{Pào}$

现代汉语中读"bao"的字，其客家话读音声母有所不同，个别韵母不同。

杯—杯$_{Bī}$；碑—碑$_{Bī}$；悲—悲$_{Bī}$；卑—卑$_{Bī}$；北—北$_{Bei}$；辈—辈$_{Bei}$；背—背$_{Bòi}$；贝—贝$_{Bì}$；倍—倍$_{Pì}$；备—备$_{Pì}$；惫—惫$_{Pì}$；焙—焙$_{Pòi}$；被—被$_{Pi}$

现代汉语中读"bei"的字，其客家话读音声母、韵母有所不同。其在古诗词中的韵脚各不相同，可参考客家话读音。

奔—奔$_{Bēn}$；……

现代汉语中读"ben"的字，其客家话读音基本相同。

崩—崩$_{Bēng}$；……

现代汉语中读"beng"的字，其客家话读音基本相同。

鼻—鼻$_{Pì}$；比—比$_{Bì}$；鄙—鄙$_{Pì}$；笔—笔$_{Bi}$；彼—彼$_{Pi}$；蔽—蔽$_{Bì}$；毕—毕$_{Bi}$；币—币$_{Bì}$；庇—庇$_{Pi}$；痹—痹$_{Pì}$；闭—闭$_{Bì}$；敝—敝$_{Bì}$；弊—弊$_{Bì}$；必—必$_{Bi}$；陛—陛$_{Bì}$；壁—壁$_{Bia}$；璧—璧$_{Bia}$；碧—碧$_{Bia}$；避—避$_{Pia}$；臂—臂$_{Bìa}$

现代汉语中读"bi"的字，其客家话读音声母、韵母有所不同。其在古诗词中的韵脚各不相同，可参考客家话读音。

鞭—鞭$_{Biēn}$；边—边$_{Biēn}$；编—编$_{Biēn}$；贬—贬$_{Biěn}$；扁—扁$_{Biěn}$；便—便$_{Pièn}$；变—变$_{Bièn}$；辨—辨$_{Pièn}$；辩—辩$_{Pièn}$；辫—辫$_{Pièn}$；遍—遍$_{Pièn}$

现代汉语中读"bian"的字，其客家话读音韵母有所不同。其在古诗词中的韵脚各不相同，可参考客家话读音。

标—标$_{Biāo}$；……

现代汉语中读"biao"的字，其客家话读音基本相同。

憋—憋$_{Biē}$；别—别$_{Piè}$；瘪—瘪$_{Biě}$；……

现代汉语中读"bie"的字，其客家话读音基本相同，个别声母不同。

彬—彬$_{Bīn}$；……

现代汉语中读"bin"的字，其客家话读音基本相同。

兵—兵$_{Bīn}$；冰—冰$_{Bīn}$；柄—柄$_{Bīn}$；丙—丙$_{Bīn}$；秉—秉$_{Bīn}$；饼—饼$_{Biǎng}$；

炳—炳$_{Bīn}$；病—病$_{Piàng}$；并—并$_{Bīn}$

现代汉语中读"bing"的字，其客家话读音声母、韵母有所不同。其在古诗词中的韵脚各不相同，可参考客家话读音。

播—播$_{Bō}$；拨—拨$_{Bo}$；钵—钵$_{Ba}$；波—波$_{Bō}$；博—博$_{Bo}$；勃—勃$_{Bo}$；搏—搏$_{Bo}$；

箔—箔$_{Po}$；伯—伯$_{Ba}$；帛—帛$_{Po}$；舶—舶$_{Bo}$；脖—脖$_{Bo}$；膊—膊$_{Bo}$；泊—泊$_{Po}$；

驳—驳$_{Bo}$

现代汉语中读"bo"的字，其客家话读音声母有所不同，个别韵母不同。

捕—捕$_{Pǔ}$；卜—卜$_{Pǔ}$；哺—哺$_{Pǔ}$；补—补$_{Bǔ}$；埠—埠$_{Pù}$；不—不$_{Beu}$；布—布$_{Bù}$；

步—步$_{Pù}$；簿—簿$_{Pù}$；部—部$_{Pù}$；怖—怖$_{Bù}$

现代汉语中读"bu"的字，其客家话读音声母有所不同。

C

擦—擦$_{Cì}$

现代汉语中读"ca"的字，其客家话读音韵母有所不同。

猜—猜$_{cāi}$；裁—裁$_{cói}$；材—材$_{cói}$；才—才$_{cói}$；财—财$_{cói}$；睬—睬$_{cǎi}$；踩—踩$_{cǎi}$；

采—采$_{cǎi}$；彩—彩$_{cǎi}$；菜—菜$_{còi}$；蔡—蔡$_{cài}$

现代汉语中读"cai"的字，其客家话读音韵母有所不同。其在古诗词中的韵脚各不相同，可参考客家话读音。

餐—餐$_{Coān}$；参—参$_{Cān}$；……

现代汉语中读"can"的字，其客家话读音基本相同。个别韵母有所不同。

苍—苍$_{Cāng}$；……

现代汉语中读"cang"的字，其客家话读音基本相同。

操—操$_{Cāo}$；……

现代汉语中读"cao"的字，其客家话读音基本相同。

厕—厕$_{Ce}$；策—策$_{Ce}$；侧—侧$_{Ze}$；册—册$_{Cǎ}$；测—测$_{Ce}$

现代汉语中读"ce"的字，其客家话读音有所不同。

层—层_{Cén}；蹭—蹭_{Cèn}

现代汉语中读"ceng"的字，其客家话读音韵母有所不同。

插—插_{Ca}；叉—叉_{Cā}；苴—苴_{Cá}；茶—茶_{Cá}；查—查_{Cá}；搽—搽_{Cá}；察—察_{Ca}；岔—岔_{Cà}；差—差_{Cā}

现代汉语中读"cha"的字，其客家话读音声母有所不同。

柴—柴_{Cái}；豺—豺_{Cói}；拆—拆_{Cā}

现代汉语中读"chai"的字，其客家话读音声母、韵母有所不同。

搀—搀_{Cān}；掺—掺_{Cān}；蝉—蝉_{Cán}；馋—馋_{Cán}；谗—谗_{Cán}；缠—缠_{Chién}；铲—铲_{Cǎn}；产—产_{Cǎn}；阐—阐_{Cǎn}；颤—颤_{Chièn}

现代汉语中读"chan"的字，其客家话读音声母、韵母有所不同。

昌—昌_{Chiāng}；猖—猖_{Chiāng}；尝—尝_{Shiáng}；常—常_{Chiáng}；长—长_{Chiáng}；偿—偿_{Shiáng}；肠—肠_{Chiáng}；场—场_{Chiáng}；厂—厂_{Chiǎng}；敞—敞_{Chiǎng}；畅—畅_{Chiàng}；唱—唱_{Chiàng}；倡—倡_{Chiàng}

现代汉语中读"chang"的字，其客家话读音韵母略有不同。个别声母有所不同。

超—超_{Chāo}；抄—抄_{Cāo}；钞—钞_{Cāo}；朝—朝_{Cháo}；嘲—嘲_{Cháo}；潮—潮_{Cháo}；巢—巢_{Cáo}；吵—吵_{Cǎo}；炒—炒_{Cǎo}

现代汉语中读"chao"的字，其客家话读音声母有所不同。

撤—撤_{Chè}；掣—掣_{Chè}；彻—彻_{Chè}；澈—澈_{Chè}；车—车_{Chā}；尺—尺_{Chǎ}；坼—坼_{Ca}；扯—扯_{Chǎ}

现代汉语中读"che"的字，其客家话读音韵母有所不同，个别声母不同。其在古诗词中的韵脚各不相同，可参考客家话读音。

臣—臣_{Chén}；衬—衬_{Cèn}；……

现代汉语中读"chen"的字，其客家话读音基本相同，个别声母有所不同。

撑—撑_{Cāng}；称—称_{Chēn}；城—城_{Chén}；橙—橙_{Chén}；成—成_{Shiáng}；呈—呈_{Cháng}；乘—乘_{Shién}；程—程_{Cháng}；澄—澄_{Chén}；诚—诚_{Chén}；承—承_{Shién}；骋—骋_{Chén}；秤—秤_{Chèn}

现代汉语中读"cheng"的字，其客家话读音韵母有所不同。个别声母也不同。其在古诗词中的韵脚各不相同，可参考客家话读音。

尺—尺_{Cha}；赤—赤_{Cha}；斥—斥_{Cha}；炽—炽_{Cha}；痴—痴_{Chī}；持—持_{Chí}；匙—匙_{Shī}；池—池_{Chí}；迟—迟_{Chí}；弛—弛_{Chí}；驰—驰_{Chí}；耻—耻_{Chǐ}；齿—齿_{Chǐ}；侈—侈_{Chǐ}

现代汉语中读"chi"的字，其客家话读音韵母有所不同。个别声母也不同。其在古诗词中的韵脚各不相同，可参考客家话读音。

充—充 $_{Chiōng}$；冲—冲 $_{Chiōng}$；重—重 $_{Chiōng}$；虫—虫 $_{Chiōng}$；崇—崇 $_{Cóng}$；宠—宠 $_{Chiōng}$

现代汉语中读"chong"的字，其客家话读音韵母略有不同。个别声母也不同。

抽—抽 $_{Chū}$；酬—酬 $_{Chú}$；畴—畴 $_{Chú}$；踌—踌 $_{Chú}$；稠—稠 $_{Chú}$；愁—愁 $_{Céu}$；

筹—筹 $_{Chú}$；仇—仇 $_{Chú}$；绸—绸 $_{Chú}$；丑—丑 $_{Chū}$；臭—臭 $_{Chù}$

现代汉语中读"chou"的字，其客家话读音韵母有所不同。个别声母也不同。

初—初 $_{Cii}$；出—出 $_{Chii}$；锄—锄 $_{Cíi}$；雏—雏 $_{Cíi}$；楚—楚 $_{Cǐi}$；础—础 $_{Cǐi}$；

橱—橱 $_{Chú}$；厨—厨 $_{Chú}$；躇—躇 $_{Chú}$；滁—滁 $_{Chú}$；除—除 $_{Chú}$；储—储 $_{Chū}$；

矗—矗 $_{Chù}$；触—触 $_{Chu}$；处—处 $_{Chu}$

现代汉语中读"chu"的字，其客家话读音基本相同，个别声母、韵母不同。其在古诗词中的韵脚各不相同，可参考客家话读音。

川—川 $_{Choān}$；穿—穿 $_{Choān}$；椽—椽 $_{Choán}$；传—传 $_{Choán}$；船—船 $_{Choán}$；

喘—喘 $_{Choǎn}$；串—串 $_{Choàn}$

现代汉语中读"chuan"的字，其客家话读音韵母有所不同。

疮—疮 $_{Cāng}$；窗—窗 $_{Cāng}$；床—床 $_{Cáng}$；闯—闯 $_{Chiǎng}$；创—创 $_{Càng}$

现代汉语中读"chuang"的字，其客家话读音声母、韵母有所不同。

吹—吹 $_{Chēi}$；炊—炊 $_{Chēi}$；捶—捶 $_{Chéi}$；锤—锤 $_{Chéi}$；垂—垂 $_{Chéi}$

现代汉语中读"chui"的字，其客家话读音声母、韵母有所不同。个别声母也不同。

春—春 $_{Chēn}$；椿—椿 $_{Chēn}$；醇—醇 $_{Chén}$；唇—唇 $_{Shén}$；淳—淳 $_{Chén}$；纯—纯 $_{Chén}$；

蠢—蠢 $_{Chěn}$

现代汉语中读"chun"的字，其客家话读音韵母有所不同。

戳—戳 $_{Cō}$；绰—绰 $_{Ciō}$

现代汉语中读"chuo"的字，其客家话声母、韵母有所不同。

辞—辞 $_{Cf}$；……

现代汉语中读"ci"的字，其客家话读音基本相同。

聪—聪 $_{Ceōng}$；葱—葱 $_{Ceōng}$；囱—囱 $_{Ceōng}$；匆—匆 $_{Ceōng}$；从—从 $_{Cióng}$；丛—丛 $_{Cióng}$

现代汉语中读"cong"的字，其客家话读音韵母有所不同。

凑—凑 $_{Cèu}$

现代汉语中读"cou"的字，其客家话读音韵母有所不同。

粗—粗 $_{Cii}$；醋—醋 $_{Cìi}$；簇—簇 $_{Cu}$；促—促 $_{Cu}$

现代汉语中读"cu"的字，其客家话读音韵母有所不同。

蹿—蹿_{Coàn}；篡—篡_{Coàn}；窜—窜_{Coàn}

  现代汉语中读"cuan"的字，其客家话读音韵母有所不同。

摧—摧_{Cèi}；崔—崔_{Cèi}；催—催_{Cèi}；脆—脆_{Cèi}；瘁—瘁_{Cèi}；粹—粹_{Cèi}；翠—萃_{Cèi}

  现代汉语中读"cui"的字，其客家话读音韵母有所不同。其在古诗词中的韵脚各不相同，可参考客家话读音。

村—村_{Cēn}；存—存_{Cén}；寸—寸_{Cèn}

  现代汉语中读"cun"的字，其客家话读音韵母不同。

磋—磋_{Cō}；撮—撮_{Co}；搓—搓_{Cō}；措—措_{Cò}；挫—挫_{Cò}；错—错_{Cò}

  现代汉语中读"cuo"的字，其客家话读音韵母不同。

D

搭—搭_{Deā}；达—达_{Ta}；答—答_{Deā}；瘩—瘩_{Deā}；打—打_{Dǎ}；大—大_{Tài}

  现代汉语中读"da"的字，其客家话读音声母有所不同。

呆—呆_{Dāi}；歹—歹_{Dǎi}；戴—戴_{Dài}、戴_{Dòi}；带—带_{Dài}；殆—殆_{Dài}；代—代_{Tòi}；贷—贷_{Tòi}；袋—袋_{Tòi}；怠—怠_{Toi}；待—待_{Tòi}

  现代汉语中读"dai"的字，其客家话读音声母、韵母有所不同。其在古诗词中的韵脚各不相同，可参考客家话读音。

耽—耽_{Dān}；担—担_{Dān}；丹—丹_{Dān}；单—单_{Dān}；郸—郸_{Dān}；胆—胆_{Dǎn}；旦—旦_{Tàn}；但—但_{Tàn}；惮—惮_{Tàn}；淡—淡_{Tàn}；诞—诞_{Tàn}；弹—弹_{Tàn}；蛋—蛋_{Tàn}

  现代汉语中读"dan"的字，其客家话读音声母有所不同。

当—当_{Dāng}；荡—荡_{Tàng}；……

  现代汉语中读"dang"的字，其客家话读音基本相同，个别声母有所不同。

刀—刀_{Dāo}；捣—捣_{Dǎo}；蹈—蹈_{Tǎo}；倒—倒_{Dǎo}；岛—岛_{Dǎo}；祷—祷_{Dǎo}；导—导_{Tǎo}；到—到_{Dào}；稻—稻_{Tào}；悼—悼_{Tào}；道—道_{Tào}；盗—盗_{Tào}

  现代汉语中读"dao"的字，其客家话读音声母有所不同。

德—德_{De}；……

  现代汉语中读"de"的字，其客家话读音基本相同。

蹬—蹬_{Dēn}；灯—灯_{Dēn}；登—登_{Dēn}；等—等_{Děn}；瞪—瞪_{Dèn}；凳—凳_{Dèn}；邓—邓_{Tèn}

  现代汉语中读"deng"的字，其客家话读音韵母有所不同，个别声母不同。其在古诗词中的韵脚各不相同，可参考客家话读音。

低—低_{Dēi}；抵—抵_{Děi}；底—底_{Děi}；弟—弟_{Tēi}；缔—缔_{Tia}

  现代汉语中读"di"的字，其客家话读音声母、韵母有所不同。其在古诗词中的韵脚各不相同，可参考客家话读音。

颠—颠$_{Diēn}$；点—点$_{Diēn}$；典—典$_{Diēn}$；垫—垫$_{Tiēn}$；电—电$_{Tiēn}$；佃—佃$_{Tiēn}$；

甸—甸$_{Tiēn}$；店—店$_{Diēn}$；惦—惦$_{Diēn}$；奠—奠$_{Tiēn}$；殿—殿$_{Diēn}$

现代汉语中读"dian"的字，其客家话读音声母、韵母有所不同。其在古诗词中的韵脚各不相同，可参考客家话读音。

凋—凋$_{Diāo}$；……

现代汉语中读"diao"的字，其客家话读音基本相同。

跌—跌$_{Diē}$；碟—碟$_{Tiē}$；蝶—蝶$_{Tiē}$；迭—迭$_{Tiē}$；谍—谍$_{Tiē}$；叠—叠$_{Tiē}$

现代汉语中读"die"的字，其客家话读音声母有所不同。

丁—丁$_{Diāng}$；盯—盯$_{Diāng}$；钉—钉$_{Diāng}$；酊—酊$_{Diāng}$；顶—顶$_{Diǎng}$；鼎—鼎$_{Dǐng}$；

定—定$_{Tìn}$

现代汉语中读"ding"的字，其客家话读音韵母有所不同。个别声母、韵母都不同。其在古诗词中的韵脚各不相同，可参考客家话读音。

丢—丢$_{Diū}$；……

现代汉语中读"diu"的字，其客家话读音基本相同。

东—东$_{Dōng}$；冬—冬$_{Dōng}$；董—董$_{Dǒng}$；懂—懂$_{Dǒng}$；动—动$_{Tōng}$；栋—栋$_{Dòng}$；

恫—恫$_{Tòng}$；冻—冻$_{Dóng}$；洞—洞$_{Tòng}$

现代汉语中读"dong"的字，其客家话读音声母有所不同。

兜—兜$_{Dēu}$；抖—抖$_{Dēu}$；斗—斗$_{Dēu}$；陡—陡$_{Děu}$；豆—豆$_{Tèu}$；逗—逗$_{Dèu}$；痘—痘$_{Tèu}$

现代汉语中读"dou"的字，其客家话读音声母、韵母有所不同。

都—都$_{Dū}$；督—督$_{Dū}$；毒—毒$_{Tu}$；独—独$_{Tu}$；读—读$_{Tu}$；堵—堵$_{Dū}$；睹—睹$_{Dǔ}$；

赌—赌$_{Dǔ}$；杜—杜$_{Tù}$；肚—肚$_{Dù}$；度—度$_{Tù}$；渡—渡$_{Tù}$；妒—妒$_{Tù}$

现代汉语中读"du"的字，其客家话读音声母有所不同。

端—端$_{Doān}$；短—短$_{Doǎn}$；锻—锻$_{Toàn}$；段—段$_{Toàn}$；断—断$_{Toàn}$；缎—缎$_{Toàn}$

现代汉语中读"duan"的字，其客家话读音声母、韵母有所不同。

堆—堆$_{Dōi}$；兑—兑$_{Dèi}$；队—队$_{Dèi}$；对—对$_{Dèi}$

现代汉语中读"dui"的字，其客家话读音韵母有所不同。

墩—墩$_{Dūn}$；蹲—蹲$_{Dūn}$；敦—敦$_{Dūn}$；顿—顿$_{Dùn}$；囤—囤$_{Tún}$；钝—钝$_{Tùn}$；

盾—盾$_{Dùn}$；遁—遁$_{Dùn}$

现代汉语中读"dun"的字，其客家话读音声母有所不同。

多—多$_{Dō}$；夺—夺$_{Tō}$；躲—躲$_{Dǒ}$；朵—朵$_{Dǒ}$；跺—跺$_{Dò}$；舵—舵$_{Tò}$；惰—惰$_{Tò}$；

堕—堕$_{Tò}$

现代汉语中读"duo"的字，其客家话读音声母、韵母有所不同。

E

蛾—蛾_{Ngó}；峨—峨_{Ngó}；鹅—鹅_{Ngó}；俄—俄_{Ngó}；额—额_{Ngiǎ}；娥—娥_{Ngó}；恶—恶_ǒ；
厄—厄_{Ngò}；扼—扼_ǒ；遏—遏_{Ngò}；鄂—鄂_{Ngò}；饿—饿_{Ngò}

现代汉语中读"e"的字，其客家话读音声母、韵母有所不同。其在古诗词中的韵脚各不相同，可参考客家话读音。

恩—恩_{ēn}；……

现代汉语中读"en"的字，其客家话读音基本相同。

儿—儿_{Ní}；耳—耳_{Nǐ}；尔—尔_{Nǐ}；饵—饵_{Nǐ}；二—二_{Nì}；贰—贰_{Nì}

现代汉语中读"er"的字，其客家话读音声母、韵母有所不同。其在古诗词中的韵脚，可参考客家话读音。

F

发—发_{Fa}、发_{Fue}；罚—罚_{Fa}；筏—筏_{Fa}；伐—伐_{Fa}；乏—乏_{Fa}；阀—阀_{Fa}；
法—法_{Fa}

现代汉语中读"fa"的字，其客家话读音相近，音调有所不同。"发"也读"Fue"的字，其在古诗词中的韵脚，可参考客家话读音。

番—番_{Fān}；……

现代汉语中读"fan"的字，其客家话读音基本相同。

方—方_{Fāng}；……

现代汉语中读"fang"的字，其客家话读音基本相同。

菲—菲_{Fī}；非—非_{Fī}；飞—飞_{Fī}；肥—肥_{Fí}；匪—匪_{Fǐ}；诽—诽_{Fǐ}；肺—肺_{Fì}；
废—废_{Fì}；沸—沸_{Fì}；费—费_{Fì}

现代汉语中读"fei"的字，其客家话读音韵母有所不同。

分—分_{Fēn}；……

现代汉语中读"fen"的字，其客家话读音基本相同。

丰—丰_{Fēng}；……

现代汉语中读"feng"的字，其客家话读音基本相同。

否—否_{Fěu}

现代汉语中读"fou"的字，其客家话读音韵母略有不同。

夫—夫_{Fū}；……

现代汉语中读"fu"的字，其客家话读音基本相同。

G

该—该$_{Gǒi}$；改—改$_{Gǒi}$；概—概$_{Kòi}$；盖—盖$_{Gòi}$、盖$_{Kei}$；溉—溉$_{Kòi}$

　　现代汉语中读"gai"的字，其客家话读音声母、韵母有所不同。

干—干$_{Goān}$；甘—甘$_{Gān}$；杆—杆$_{Goān}$；柑—柑$_{Gān}$；竿—竿$_{Goān}$；肝—肝$_{Goān}$；

赶—赶$_{Goǎn}$；感—感$_{Gǎn}$；秆—秆$_{Goǎn}$；敢—敢$_{Gǎn}$；赣—赣$_{Gàn}$

　　现代汉语中读"gan"的字，其客家话读音韵母有所不同。

纲—纲$_{Gāng}$；……

　　现代汉语中读"gang"的字，其客家话读音基本相同。

高—高$_{Gāo}$；……

　　现代汉语中读"gao"的字，其客家话读音基本相同。

哥—哥$_{Gō}$；歌—歌$_{Gō}$；搁—搁$_{Gō}$；戈—戈$_{Gō}$；鸽—鸽$_{Go}$；割—割$_{Go}$；葛—葛$_{Go}$；

格—格$_{Ga}$；阁—阁$_{Go}$；隔—隔$_{Ga}$；个—个$_{Gò}$；各—各$_{Go}$

　　现代汉语中读"ge"的字，其客家话读音韵母有所不同。其在古诗词中的韵脚各不相同，可参考客家话读音。

给—给$_{Gěi}$；……

　　现代汉语中读"gei"的字，其客家话读音基本相同。

根—根$_{Gēn}$；……

　　现代汉语中读"gen"的字，其客家话读音基本相同。

耕—耕$_{Gēn}$；更—更$_{Gèn}$；庚—庚$_{Gēn}$；羹—羹$_{Gāng}$；埂—埂$_{Gěn}$；耿—耿$_{Gěn}$；

梗—梗$_{Guǎng}$

　　现代汉语中读"geng"的字，其客家话读音韵母有所不同。其在古诗词中的韵脚各不相同，可参考客家话读音。

工—工$_{Gōng}$；攻—攻$_{Gōng}$；功—功$_{Gōng}$；恭—恭$_{Gōng}$；

龚—龚$_{Gōng}$；供—供$_{Jiōng}$、供$_{Gōng}$；躬—躬$_{Gōng}$；公—公$_{Gōng}$；

宫—宫$_{Gōng}$；弓—弓$_{Jiōng}$、弓$_{Gōng}$；巩—巩$_{Gǒng}$；拱—拱$_{Gǒng}$；贡—贡$_{Gòng}$；

共—共$_{Qiòng}$、共$_{Kòng}$

　　现代汉语中读"gong"的字，其客家话读音声母有所不同。

钩—钩$_{Gēu}$；勾—勾$_{Gēu}$；沟—沟$_{Gēu}$；苟—苟$_{Gěu}$；狗—狗$_{Gěu}$；垢—垢$_{Gèu}$；

构—构$_{Gèu}$；购—购$_{Gèu}$；够—够$_{Gèu}$

　　现代汉语中读"gou"的字，其客家话读音韵母有所不同。

姑—姑$_{Gū}$；……

　　现代汉语中读"gu"的字，其客家话读音基本相同。

瓜—瓜_{Guā}；……

现代汉语中读"gua"的字，其客家话读音基本相同。

怪—怪_{Guài}；……

现代汉语中读"guai"的字，其客家话读音基本相同。

官—官_{Goān}；棺—棺_{Goān}；关—关_{Guān}；冠—冠_{Goàn}；观—观_{Goān}；管—管_{Goǎn}；
馆—馆_{Goǎn}；罐—罐_{Goàn}；惯—惯_{Guàn}；灌—灌_{Goàn}；贯—贯_{Goàn}

现代汉语中读"guan"的字，其客家话读音韵母有所不同。

光—光_{Gāng}；广—广_{Gǎng}；逛—逛_{Gàng}

现代汉语中读"guang"的字，其客家话读音韵母有所不同。

规—规_{Guī}；刿—刿_{Kui}

现代汉语中读"gui"的字，其客家话读音基本相同，个别声母不同。

滚—滚_{Gǔn}；……

现代汉语中读"gun"的字，其客家话读音基本相同。

锅—锅_{Go}；郭—郭_{Gò}；国—国_{Gue}；果—果_{Gǒ}；裹—裹_{Gǒ}；过—过_{Gò}

现代汉语中读"guo"的字，其客家话读音韵母有所不同。其在古诗词中的韵脚各不相同，可参考客家话读音。

H

孩—孩_{Hái}；海—海_{Hǒi}；骸—骸_{Hòi}；亥—亥_{Hòi}；害—害_{Hòi}；骇—骇_{Hòi}

现代汉语中读"hai"的字，其客家话读音韵母有所不同。其在古诗词中的韵脚各不相同，可参考客家话读音。

韩—韩_{Hoán}；含—含_{Hán}；涵—涵_{Hán}；寒—寒_{Hoán}；函—函_{Hán}；喊—喊_{Hēn}；
罕—罕_{Hoǎn}；翰—翰_{Hoàn}；撼—撼_{Hoàn}；旱—旱_{Hoàn}；憾—憾_{Hàn}；悍—悍_{Hoàn}；
汗—汗_{Hoàn}；汉—汉_{Hoàn}

现代汉语中读"han"的字，其客家话读音韵母有所不同。其在古诗词中的韵脚各不相同，可参考客家话读音。

好—好_{Hǎo}、好_{Hào}；……

现代汉语中读"hao"的字，其客家话读音基本相同。

杭—杭_{Hoáng}；航—航_{Hoáng}

现代汉语中读"hang"的字，其客家话读音韵母有所不同。

喝—喝_{Ho}；荷—荷_{Hó}；菏—菏_{Hó}；核—核_{He}；禾—禾_{Hó}；和—和_{Hó}；何—何_{Hó}；
合—合_{Ho}；盒—盒_{Ho}；貉—貉_{Ho}；阂—阂_{Ho}；河—河_{Hó}；褐—褐_{Hò}；鹤—鹤_{Hò}；

贺—贺_{Hò}

现代汉语中读"he"的字，其客家话读音韵母有所不同。其在古诗词中的韵脚各不相同，可参考客家话读音。

黑—黑_{Hei}；……

现代汉语中读"hei"的字，其客家话读音基本相同。

很—很_{Hěn}；……

现代汉语中读"hen"的字，其客家话读音基本相同。

亨—亨_{Hēn}；**横**—横_{Wáng}；**衡**—衡_{Hén}；**恒**—恒_{Hén}

现代汉语中读"heng"的字，其客家话读音韵母有所不同。个别声母、韵母不同。其在古诗词中的韵脚各不相同，可参考客家话读音。

轰—轰_{Fōng}；哄—哄_{Fŏng}；烘—烘_{Fōng}；**虹**—虹_{Fóng}；**鸿**—鸿_{Fóng}；**洪**—洪_{Fóng}；
宏—宏_{Fóng}；弘—弘_{Fóng}；**红**—红_{Fóng}

现代汉语中读"hong"的字，其客家话读音声母有所不同。

喉—喉_{Héu}；**侯**—侯_{Héu}；**猴**—猴_{Héu}；**吼**—吼_{Hěu}；**厚**—厚_{Hèu}；**候**—候_{Hèu}；后—后_{Hèu}

现代汉语中读"hou"的字，其客家话读音韵母有所不同。

呼—呼_{Fū}；乎—乎_{Fū}；忽—忽_{Feu}；瑚—瑚_{Fú}；壶—壶_{Fú}；葫—葫_{Fú}；胡—胡_{Fú}；
蝴—蝴_{Fú}；狐—狐_{Fú}；糊—糊_{Fú}；湖—湖_{Fú}；弧—弧_{Fú}；**虎**—虎_{Fǔ}；**护**—护_{Fù}；
互—互_{Fù}；沪—沪_{Fù}；户—户_{Fù}

现代汉语中读"hu"的字，其客家话读音声母有所不同。个别韵母、声母都不同。

花—花_{Fā}；华—华_{Fá}；猾—猾_{Wa}；滑—滑_{Wa}；**画**—画_{Fà}；划—划_{Fa}；化—化_{Fà}；
话—话_{Wà}

现代汉语中读"hua"的字，其客家话读音声母、韵母有所不同。其在古诗词中的韵脚，可参考客家话读音。

槐—槐_{Fái}；徊—徊_{Fái}；怀—怀_{Fái}；淮—淮_{Fái}；**坏**—坏_{Fài}

现代汉语中读"huai"的字，其客家话读音声母、韵母有所不同。

欢—欢_{Fōan}；**环**—环_{Fān}；桓—桓_{Fān}；**还**—还_{Wán}；**缓**—缓_{Fŏan}；**换**—换_{Fòan}；
患—患_{Fàn}

现代汉语中读"huan"的字，其客家话读音声母、韵母有所不同。

灰—灰_{Fōi}；**挥**—挥_{Fi}；**辉**—辉_{Fi}；徽—徽_{Fi}；**恢**—恢_{Fōi}；回—回_{Fói}；**毁**—毁_{Fi}；
悔—悔_{Fi}；**慧**—慧_{Fi}；卉—卉_{Fi}；惠—惠_{Fi}；晦—晦_{Fi}；贿—贿_{Fi}；会—会_{Wòi}；
汇—汇_{Fi}；讳—讳_{Fi}；海—海_{Fi}；绘—绘_{Fòi}

现代汉语中读"hui"的字，其客家话读音声母、韵母有所不同。其在古诗词中的韵脚各不相同，可参考客家话读音。

荤—荤_{Fēn}；昏—昏_{Fēn}；婚—婚_{Fēn}；魂—魂_{Fén}；浑—浑_{Fén}；混—混_{Fèn}

现代汉语中读"hun"的字，其客家话读音声母、韵母有所不同。其在古诗词中的韵脚，可参考客家话读音。

豁—豁_{Fo}；活—活_{Fué}；伙—伙_{Fǒ}；火—火_{Fǒ}；获—获_{Fué}；或—或_{Fué}；
惑—惑_{Fué}；霍—霍_{Fò}；货—货_{Fò}；祸—祸_{Fò}

现代汉语中读"huo"的字，其客家话读音声母、韵母有所不同。其在古诗词中的韵脚各不相同，可参考客家话读音。

J

击—击_{Ji}；圾—圾_{Qi}；基—基_{Ji}；机—机_{Ji}；积—积_{Zi}；箕—箕_{Ji}；肌—肌_{Ji}；
饥—饥_{Ji}；迹—迹_{Zia}；激—激_{Ji}；讥—讥_{Ji}；鸡—鸡_{Gī}；姬—姬_{Ji}；绩—绩_{Zi}；
缉—缉_{Qiī}；吉—吉_{Ji}；极—极_{Qiī}；棘—棘_{Ji}；辑—辑_{Ji}；籍—籍_{Qi}；集—集_{Cii}；
及—及_{Qi}；急—急_{Ji}；疾—疾_{Ci}；即—即_{Zi}；级—级_{Qi}；挤—挤_{Ziē}；几—几_{Jǐ}；
脊—脊_{Zǐi}；已—已_{Jǐ}；蓟—蓟_{Giè}；技—技_{Qiì}；冀—冀_{Ji}；季—季_{Ji}；祭—祭_{Zìi}；
剂—剂_{Zìi}；济—济_{Zìi}；寄—寄_{Jì}；寂—寂_{Cìi}；计—计_{Jì}；记—记_{Jì}；既—既_{Jì}；
忌—忌_{Jì}；际—际_{Zìi}；继—继_{Jì}；纪—纪_{Jì}

现代汉语中读"ji"的字，其客家话读音声母、韵母各不相同，在古诗词中的韵脚也有所不同，可参考客家话读音。

嘉—嘉_{Gā}；枷—枷_{Gā}；夹—夹_{Giā}；佳—佳_{Gā}；家—家_{Gā}；加—加_{Gā}；
荚—荚_{Giā}；颊—颊_{Giā}；贾—贾_{Gǎ}；甲—甲_{Giā}；假—假_{Gǎ}；稼—稼_{Gà}；
价—价_{Gà}；架—架_{Gà}；驾—驾_{Gà}；嫁—嫁_{Gà}

现代汉语中读"jia"的字，其客家话读音声母、韵母有所不同。其在古诗词中的韵脚，可参考客家话读音。

监—监_{Gān}；坚—坚_{Jiēn}；尖—尖_{Ziēn}；笺—笺_{Ciēn}；间—间_{Gān}；煎—煎_{Ziēn}；
兼—兼_{Jiēn}；肩—肩_{Jiēn}；艰—艰_{Gān}；奸—奸_{Gān}；缄—缄_{Gān}；茧—茧_{Jiēn}；
检—检_{Jiěn}；柬—柬_{Gǎn}；碱—碱_{Gǎn}；拣—拣_{Gǎn}；捡—捡_{Jiěn}；简—简_{Gǎn}；
俭—俭_{Jiěn}；剪—剪_{Jiěn}；减—减_{Gǎn}；槛—槛_{Qiěn}；荐—荐_{Zièn}；鉴—鉴_{Gàn}；
践—践_{Cièn}；贱—贱_{Cièn}；见—见_{Jièn}；键—键_{Jièn}；箭—箭_{Zièn}；件—件_{Qièn}；
健—健_{Qièn}；舰—舰_{Gàn}；剑—剑_{Jièn}；饯—饯_{Cièn}；渐—渐_{Cièn}；溅—溅_{Cièn}；
涧—涧_{Gàn}；建—建_{Jièn}

现代汉语中读"jian"的字，其客家话读音声母、韵母有所不同。其在古诗词中的韵脚各不相同，可参考客家话读音。

僵—僵_{Jāng}；姜—姜_{Jāng}；将—将_{Ziāng}；浆—浆_{Ziāng}；江—江_{Gāng}；疆—疆_{Jāng}；

蒋—蒋_{Ziǎng}；桨—桨_{Ziǎng}；奖—奖_{Ziǎng}；讲—讲_{Gǎng}；匠—匠_{Ziàng}；酱—酱_{Ziàng}；

降—降_{Gàng}

现代汉语中读"jiang"的字，其客家话读音声母、韵母有所不同。

蕉—蕉_{Ziāo}；椒—椒_{Ziāo}；礁—礁_{Ziāo}；焦—焦_{Ziāo}；胶—胶_{Gāo}；交—交_{Gāo}；

郊—郊_{Gāo}；浇—浇_{Jāo}；骄—骄_{Jāo}；娇—娇_{Jāo}；搅—搅_{Jǎo}；轿—轿_{Jāo}；

侥—侥_{Jǎo}；脚—脚_{Jò}；狡—狡_{Jǎo}；角—角_{Go}；缴—缴_{Jǎo}；剿—剿_{Ziǎo}；

教—教_{Gào}；轿—轿_{Qiào}；较—较_{Gào}；叫—叫_{Jào}；窖—窖_{Gào}

现代汉语中读"jiao"的字，其客家话读音声母、韵母有所不同。其在古诗词中的韵脚各不相同，可参考客家话读音。

揭—揭_{Jie}；接—接_{Zie}；截—截_{Zie}；劫—劫_{Jie}；节—节_{Zie}；杰—杰_{Qie}；

捷—捷_{Cie}；睫—睫_{Zie}；竭—竭_{Jie}；洁—洁_{Jie}；结—结_{Jie}；姐—姐_{Ziǐ}；

皆—皆_{Gāi}；街—街_{Gāi}；阶—阶_{Gāi}；解—解_{Gāi}；戒—戒_{Gài}；芥—芥_{Gài}；

界—界_{Gài}；借—借_{Zià}；介—介_{Gài}；疥—疥_{Gài}；诫—诫_{Gài}；届—届_{Gài}

现代汉语中读"jie"的字，其客家话读音声母、韵母有所不同。其在古诗词中的韵脚各不相同，可参考客家话读音。

劲—劲_{Jìn}；巾—巾_{Jīn}；筋—筋_{Jīn}；斤—斤_{Jīn}；金—金_{Jīn}；今—今_{Jīn}；津—津_{Zīn}；

紧—紧_{Jǐn}；锦—锦_{Jǐn}；仅—仅_{Jǐn}；谨—谨_{Jǐn}；进—进_{Zìn}；晋—晋_{Zìn}；禁—禁_{Jìn}；

近—近_{Qìn}；浸—浸_{Zìn}；尽—尽_{Cǐn}

现代汉语中读"jin"的字，其客家话读音声母有所不同。

荆—荆_{Jīn}；兢—兢_{Jīn}；茎—茎_{Jīn}；睛—睛_{Ziāng}；晶—晶_{Zīn}；京—京_{Jīn}；惊—惊_{Jiāng}；

精—精_{Zīn}；经—经_{Jīn}；井—井_{Ziāng}；景—景_{Jīn}；颈—颈_{Jiāng}；静—静_{Cìn}；境—境_{Jìn}；

敬—敬_{Jìn}；镜—镜_{Jiàng}；径—径_{Jìn}；靖—靖_{Cìn}；竟—竟_{Jìn}；竞—竞_{Jìn}；净—净_{Ciàng}

现代汉语中读"jing"的字，其客家话读音声母、韵母有所不同。其在古诗词中的韵脚各不相同，可参考客家话读音。

炯—炯_{Jǒng}；窘—窘_{Jǒng}

现代汉语中读"jiong"的字，其客家话读音韵母略有不同。

揪—揪_{Ziū}；究—究_{Jiū}；纠—纠_{Jiū}；玖—玖_{Jiǔ}；韭—韭_{Jiǔ}；久—久_{Jiǔ}；灸—灸_{Jiu}；

九—九_{Jiǔ}；酒—酒_{Ziǔ}；救—救_{Jiù}；旧—旧_{Qiù}；臼—臼_{Qiu}；舅—舅_{Qiù}；就—就_{Ciù}

现代汉语中读"jiu"的字，其客家话读音的声母有所不同。

鞠—鞠_{Qiu}；拘—拘_{Jii}；狙—狙_{Jii}；居—居_{Jii}；驹—驹_{Jii}；菊—菊_{Qiu}；局—局_{Qiù}；

矩—矩_{Jiǐ}；举—举_{Jiǐ}；沮—沮_{Jii}；聚—聚_{Cì}；拒—拒_{Qì}；巨—巨_{Qì}；具—具_{Qì}；

距—距$_{Qü}$；锯—锯$_{Giè}$；句—句$_{Jü}$；惧—惧$_{Qü}$；剧—剧$_{Jü}$

现代汉语中读"ju"的字，其客家话读音声母、韵母有所不同。其在古诗词中的韵脚各不相同，可参考客家话读音。

捐—捐$_{Jiên}$；鹃—鹃$_{Jiên}$；娟—娟$_{Jiên}$；倦—倦$_{Jiên}$；眷—眷$_{Jiên}$；卷—卷$_{Jiên}$；绢—绢$_{Jiên}$

现代汉语中读"juan"的字，其客家话读音韵母有所不同。

撅—撅$_{Jô}$；攫—攫$_{Jô}$；抉—抉$_{Jié}$；掘—掘$_{Kué}$；爵—爵$_{Zié}$；觉—觉$_{Gô}$；决—决$_{Jié}$；诀—诀$_{Jié}$；绝—绝$_{Cié}$

现代汉语中读"jue"的字，其客家话读音韵母、声母有所不同。其在古诗词中的韵脚各不相同，可参考客家话读音。

均—均$_{Jin}$；菌—菌$_{Qin}$；钧—钧$_{Jin}$；军—军$_{Jin}$；君—君$_{Jin}$；峻—峻$_{Zin}$；俊—俊$_{Zin}$；竣—竣$_{Zin}$；浚—浚$_{Zin}$；郡—郡$_{Jin}$；骏—骏$_{Zin}$

现代汉语中读"jun"的字，其客家话读音声母、韵母有所不同。其在古诗词中的韵脚，可参考客家话读音。

K

卡—卡$_{Kǎ}$；……

现代汉语中读"ka"的字，其客家话读音基本相同。

开—开$_{Kôi}$；楷—楷$_{Kôi}$；凯—凯$_{Kôi}$；慨—慨$_{Kôi}$

现代汉语中读"kai"的字，其客家话读音韵母有所不同。

刊—刊$_{Koân}$；堪—堪$_{Koân}$；勘—勘$_{Koân}$；坎—坎$_{Kǎn}$；砍—砍$_{Kǎn}$；看—看$_{Koàn}$

现代汉语中读"kan"的字，其客家话读音韵母有所不同。

康—康$_{Koâng}$；慷—慷$_{Koâng}$；糠—糠$_{Koâng}$；扛—扛$_{Goâng}$；抗—抗$_{Koàng}$；亢—亢$_{Koàng}$；炕—炕$_{Koàng}$

现代汉语中读"kang"的字，其客家话读音韵母有所不同，个别声母不同。

考—考$_{Kǎo}$；……

现代汉语中读"kao"的字，其客家话读音基本相同。

苛—苛$_{Kô}$；柯—柯$_{Kô}$；棵—棵$_{Kô}$；磕—磕$_{Ko}$；颗—颗$_{Ko}$；科—科$_{Kô}$；壳—壳$_{Ko}$；可—可$_{Ko}$；渴—渴$_{Ho}$；克—克$_{Ke}$；刻—刻$_{Ke}$；客—客$_{Ka}$；课—课$_{Kò}$

现代汉语中读"ke"的字，其客家话读音韵母有所不同，个别声母也不同。其在古诗词中的韵脚各不相同，可参考客家话读音。

肯—肯$_{Kěn}$；……

现代汉语中读"ken"的字，其客家话读音基本相同。

空—空_{Kōng}；……

现代汉语中读"kong"的字，其客家话读音基本相同。

口—口_{Hěu}；扣—扣_{Kěu}；寇—寇_{Kěu}

现代汉语中读"kou"的字，其客家话读音声母、韵母有所不同。

枯—枯_{Kū}；……

现代汉语中读"ku"的字，其客家话读音基本相同。

夸—夸_{Kuā}；……

现代汉语中读"kua"的字，其客家话读音基本相同。

快—快_{Kuài}；……

现代汉语中读"kuai"的字，其客家话读音基本相同。

宽—宽_{Koān}；款—款_{Koǎn}

现代汉语中读"kuan"的字，其客家话读音韵母有所不同。

匡—匡_{Koāng}；筐—筐_{Koāng}；狂—狂_{Koáng}；框—框_{Koàng}；矿—矿_{Koàng}；

眶—眶_{Koàng}；旷—旷_{Koàng}；况—况_{Koàng}

现代汉语中读"kuang"的字，其客家话读音韵母有所不同。

亏—亏_{Kuī}；……

现代汉语中读"kui"的字，其客家话读音基本相同。

坤—坤_{Kūn}；……

现代汉语中读"kun"的字，其客家话读音基本相同。

括—括_{Ko}；扩—扩_{Ko}；廓—廓_{Ko}；阔—阔_{Kua}

现代汉语中读"kuo"的字，其客家话读音韵母有所不同。

L

垃—垃_{Lā}；拉—拉_{Lāi}；喇—喇_{Lǎ}；蜡—蜡_{La}；腊—腊_{La}；辣—辣_{La}

现代汉语中读"la"的字，其客家话读音韵母有所不同。

莱—莱_{Lói}；来—来_{Lói}；赖—赖_{Lài}

现代汉语中读"lai"的字，其客家话读音韵母有所不同。

兰—兰_{Lán}；……

现代汉语中读"lan"的字，其客家话读音基本相同。

琅—琅_{Loáng}；榔—榔_{Loáng}；狼—狼_{Loáng}；廊—廊_{Loáng}；郎—郎_{Loáng}；朗—朗_{Loǎng}；

浪—浪_{Loàng}

现代汉语中读"lang"的字，其客家话读音韵母略有不同。

劳—劳_{Lāo}；……

  现代汉语中读"lao"的字，其客家话读音基本相同。

乐—乐_{Lò}

  现代汉语中读"le"的字，其客家话读音韵母有所不同。

雷—雷_{Léi}；……

  现代汉语中读"lei"的字，其客家话读音基本相同。

棱—棱_{Lén}；楞—楞_{Lén}；冷—冷_{Leāng}

  现代汉语中读"leng"的字，其客家话读音韵母有所不同。

梨—梨_{Lí}；……

  现代汉语中读"li"的字，其客家话读音基本相同。

联—联_{Lién}；莲—莲_{Lién}；连—连_{Lién}；镰—镰_{Lién}；廉—廉_{Lién}；怜—怜_{Lién}；

涟—涟_{Lién}；帘—帘_{Lién}；敛—敛_{Lién}；脸—脸_{Lién}；链—链_{Lièn}；恋—恋_{Lièn}；

炼—炼_{Lièn}；练—练_{Lièn}

  现代汉语中读"lian"的字，其客家话读音韵母有所不同。其在古诗词中的韵脚，可参考客家话读音。

粮—粮_{Liáng}；……

  现代汉语中读"liang"的字，其客家话读音基本相同。

辽—辽_{Líao}；……

  现代汉语中读"liao"的字，其客家话读音基本相同。

列—列_{Liè}；……

  现代汉语中读"lie"的字，其客家话读音基本相同。

林—林_{Lín}；……

  现代汉语中读"lin"的字，其客家话读音基本相同。

玲—玲_{Lín}；菱—菱_{Lín}；零—零_{Liáng}；龄—龄_{Lín}；铃—铃_{Liáng}；伶—伶_{Leáng}；

羚—羚_{Lín}；凌—凌_{Lèn}；灵—灵_{Lín}；陵—陵_{Lín}；岭—岭_{Liáng}；领—领_{Liang}；

另—另_{Liàng}；令—令_{Liàng}

  现代汉语中读"ling"的字，其客家话读音韵母有所不同。其在古诗词中的韵脚各不相同，可参考客家话读音。

六—六_{Liu}；……

  现代汉语中读"liu"的字，其客家话读音基本相同。

龙—龙_{Lóng}；……

  现代汉语中读"long"的字，其客家话读音基本相同。

楼—楼_{Léu}；娄—娄_{Léu}；搂—搂_{Léu}；篓—篓_{Léu}；漏—漏_{Lèu}；陋—陋_{Lèu}

现代汉语中读"lou"的字，其客家话读音韵母有所不同。其在古诗词中的韵脚，可参考客家话读音。

芦—芦_{Lú}；卢—卢_{Lú}；颅—颅_{Lú}；庐—庐_{Lú}；炉—炉_{Lú}；掳—掳_{Lŭ}；卤—卤_{Lŭ}；

虏—虏_{Lŭ}；鲁—鲁_{Lŭ}；麓—麓_{Lù}；碌—碌_{Liù}；露—露_{Lù}；路—路_{Lù}；赂—赂_{Lù}；

鹿—鹿_{Lù}；潞—潞_{Lù}；禄—禄_{Liù}；录—录_{Liù}；陆—陆_{Liù}；戮—戮_{Lù}

现代汉语中读"lu"的字，其客家话读音基本相近，个别韵母有所不同。

驴—驴_{Lǐ}；吕—吕_{Lǐ}；铝—铝_{Lǐ}；侣—侣_{Lǐ}；旅—旅_{Lǐ}；履—履_{Lǐ}；屡—屡_{Lǐ}；

缕—缕_{Lǐ}；虑—虑_{Lì}；律—律_{Lì}；率—率_{Lì}；滤—滤_{Lì}；绿—绿_{Liù}；捋—捋_{Lo}

现代汉语中读"lü"的字，其客家话读音韵母有所不同。其在古诗词中的韵脚各不相同，可参考客家话读音。

峦—峦_{Loán}；挛—挛_{Loán}；孪—孪_{Loán}；滦—滦_{Loán}；卵—卵_{Loán}；乱—乱_{Loàn}

现代汉语中读"luan"的字，其客家话读音韵母有所不同。

掠—掠_{Leò}；略—略_{Leò}

现代汉语中读"lue"的字，其客家话读音韵母有所不同。

轮—轮_{Lún}；……

现代汉语中读"lun"的字，其客家话读音基本相同。

萝—萝_{Ló}；螺—螺_{Ló}；罗—罗_{Ló}；逻—逻_{Ló}；锣—锣_{Ló}；箩—箩_{Ló}；骡—骡_{Ló}；

裸—裸_{Lŏ}；落—落_{Lò}；洛—洛_{Lò}；骆—骆_{Lò}；络—络_{Lò}

现代汉语中读"luo"的字，其客家话读音韵母有所不同。

M

马—马_{Mă}；……

现代汉语中读"ma"的字，其客家话读音基本相同。

埋—埋_{Mái}；买—买_{Măi}；麦—麦_{Ma}；卖—卖_{Mài}；迈—迈_{Ma}；脉—脉_{Ma}

现代汉语中读"mai"的字，其客家话读音韵母有所不同。

满—满_{Măn}；……

现代汉语中读"man"的字，其客家话读音基本相同。

芒—芒_{Moáng}；茫—茫_{Moáng}；盲—盲_{Moáng}；氓—氓_{Moáng}；忙—忙_{Moáng}；莽—莽_{Moăng}

现代汉语中读"mang"的字，其客家话读音韵母略有不同。

猫—猫_{Miào}；茅—茅_{Máo}；锚—锚_{Máo}；毛—毛_{Māo}；矛—矛_{Máo}；铆—铆_{Măo}；

卯—卯_{Măo}；茂—茂_{Meu}；冒—冒_{Mào}；帽—帽_{Mào}；貌—貌_{Mào}；贸—贸_{Mào}

现代汉语中读"mao"的字，其客家话读音韵母有所不同。

玫—玫_{Méi}；枚—枚_{Méi}；梅—梅_{Méi}；霉—霉_{Méi}；煤—煤_{Méi}；眉—眉_{Méi}；

媒—媒_{Méi}；每—每_{Mǐ}；美—美_{Mǐ}；昧—昧_{Mì}；寐—寐_{Mì}；妹—妹_{Mòi}；媚—媚_{Mòi}

　　现代汉语中读"mei"的字，其客家话读音韵母有所不同。其在古诗词中的韵脚各不相同，可参考客家话读音。

门—门_{Mén}；……

　　现代汉语中读"men"的字，其客家话读音基本相同。

蒙—蒙_{Méng}；……

　　现代汉语中读"meng"的字，其客家话读音基本相同。

米—米_{Mǐ}；……

　　现代汉语中读"mi"的字，其客家话读音基本相同。

棉—棉_{Mién}；眠—眠_{Mién}；绵—绵_{Mién}；冕—冕_{Miěn}；免—免_{Miěn}；勉—勉_{Miěn}；

娩—娩_{Miěn}；缅—缅_{Miěn}；面—面_{Mièn}

　　现代汉语中读"mian"的字，其客家话读音韵母有所不同。

苗—苗_{Miáo}；……

　　现代汉语中读"miao"的字，其客家话读音基本相同。

灭—灭_{Miè}；……

　　现代汉语中读"mie"的字，其客家话读音基本相同。

民—民_{Mín}；……

　　现代汉语中读"min"的字，其客家话读音基本相同。

明—明_{Miáng}；螟—螟_{Mín}；鸣—鸣_{Mín}；铭—铭_{Miáng}；名—名_{Miáng}；命—命_{Miàng}

　　现代汉语中读"ming"的字，其客家话读音韵母有所不同。

莫—莫_{Mò}；……

　　现代汉语中读"mo"的字，其客家话读音基本相同。

谋—谋_{Méu}；牟—牟_{Méu}；某—某_{Měu}

　　现代汉语中读"mou"的字，其客家话读音韵母有所不同。

拇—拇_{Mǔ}；牡—牡_{Měu}；亩—亩_{Měu}；姆—姆_{Mǔ}；母—母_{Mǔ}；墓—墓_{Mù}；暮—暮_{Mù}；

幕—幕_{Mo}；募—募_{Mù}；慕—慕_{Mu}；木—木_{Mu}；目—目_{Mu}；睦—睦_{Mù}；牧—牧_{Mù}；

穆—穆_{Mù}

　　现代汉语中读"mu"的字，其客家话读音韵母有所不同。

N

拿—拿_{Na}；……

　　现代汉语中读"na"的字，其客家话读音基本相同。

乃—乃_{Nǎi}；……
　　现代汉语中读"nai"的字，其客家话读音基本相同。

南—南_{Nán}；……
　　现代汉语中读"nan"的字，其客家话读音基本相同。

闹—闹_{Nào}；……
　　现代汉语中读"nao"的字，其客家话读音基本相同。

内—内_{Nèi}；……
　　现代汉语中读"nei"的字，其客家话读音基本相同。

嫩—嫩_{Nèn}；……
　　现代汉语中读"nen"的字，其客家话读音基本相同。

霓—霓_{Ni}；倪—倪_{Ni}；泥—泥_{Né}；尼—尼_{Ni}；拟—拟_{Ni}；你—你_{Ni}；腻—腻_{Ngìa}；
逆—逆_{Ngìa}；溺—溺_{Ngìa}
　　现代汉语中读"ni"的字，其客家话读音声母、韵母有所不同。

蔫—蔫_{Niēn}；拈—拈_{Niēn}；年—年_{Nién}；碾—碾_{Niěn}；撵—撵_{Niěn}；捻—捻_{Niěn}；
念—念_{Nièn}
　　现代汉语中读"nian"的字，其客家话读音韵母有所不同。

娘—娘_{Ngáng}；酿—酿_{Ngàng}
　　现代汉语中读"niang"的字，其客家话读音声母、韵母有所不同。

鸟—鸟_{Diāo}；尿—尿_{Ngào}
　　现代汉语中读"niao"的字，其客家话读音声母、韵母有所不同。

捏—捏_{Nie}；……
　　现代汉语中读"nie"的字，其客家话读音基本相同。

柠—柠_{Nín}；狞—狞_{Nín}；凝—凝_{Nín}；宁—宁_{Nín}；拧—拧_{Nín}；泞—泞_{Nìn}
　　现代汉语中读"ning"的字，其客家话读音韵母有所不同。

牛—牛_{Niú}；……
　　现代汉语中读"niu"的字，其客家话读音基本相同。

脓—脓_{Neóng}；浓—浓_{Ngóng}；农—农_{Neóng}；弄—弄_{Neóng}
　　现代汉语中读"nong"的字，其客家话读音韵母略有不同。

怒—怒_{Nù}；……
　　现代汉语中读"nu"的字，其客家话读音基本相同。

女—女_{Ngii}
　　现代汉语中读"nü"的字，其客家话读音声母、韵母有所不同。

暖—暖_{Noǎn}

现代汉语中读"nuan"的字，其客家话读音韵母有所不同。

挪—挪_{Nó}；懦—懦_{Nò}；糯—糯_{Nò}；诺—诺_{No}

现代汉语中读"nuo"的字，其客家话读音韵母有所不同。

O

欧—欧_{ēu}；鸥—鸥_{ēu}；殴—殴_{ēu}；藕—藕_{Ngěu}；呕—呕_{ěu}；偶—偶_{Ngěu}；沤—沤_{èu}

现代汉语中读"ou"的字，其客家话读音声母、韵母有所不同。

P

怕—怕_{Pà}；……

现代汉语中读"pa"的字，其客家话读音基本相同。

派—派_{Pài}；……

现代汉语中读"pai"的字，其客家话读音基本相同。

判—判_{Pàn}；……

现代汉语中读"pan"的字，其客家话读音基本相同。

庞—庞_{Poáng}；旁—旁_{Poáng}；胖—胖_{Poàng}

现代汉语中读"pang"的字，其客家话读音韵母略有不同。

泡—泡_{Pào}；……

现代汉语中读"pao"的字，其客家话读音基本相同。

胚—胚_{Pōi}；培—培_{Pói}；裴—裴_{Pí}；赔—赔_{Pói}；陪—陪_{Pói}；配—配_{Pì}；佩—佩_{Pòi}；沛—沛_{Pòi}

现代汉语中读"pei"的字，其客家话读音韵母有所不同。其在古诗词中的韵脚各不相同，可参考客家话读音。

盆—盆_{Pén}；……

现代汉语中读"pen"的字，其客家话读音基本相同。

朋—朋_{Péng}；……

现代汉语中读"peng"的字，其客家话读音基本相同。

坯—坯_{Pōi}；霹—霹_{Pia}；批—批_{Pī}；披—披_{Pia}；劈—劈_{Pia}；琵—琵_{Pí}；毗—毗_{Pí}；脾—脾_{Pí}；疲—疲_{Pí}；皮—皮_{Pí}；痞—痞_{Piě}；辟—辟_{Pia}；僻—僻_{Pia}

现代汉语中读"pi"的字，其客家话读音韵母有所不同。其在古诗词中的韵脚各不相同，可参考客家话读音。

篇—篇$_{Piēn}$；偏—偏$_{Piēn}$；片—片$_{Pièn}$；骗—骗$_{Pièn}$

现代汉语中读"pian"的字，其客家话读音韵母有所不同。

飘—飘$_{Piāo}$；……

现代汉语中读"piao"的字，其客家话读音基本相同。

撇—撇$_{Piě}$；……

现代汉语中读"pie"的字，其客家话读音基本相同。

拼—拼$_{Pīn}$；……

现代汉语中读"pin"的字，其客家话读音基本相同。

坪—坪$_{Piáng}$；苹—苹$_{Píng}$；萍—萍$_{Píng}$；平—平$_{Piáng}$；凭—凭$_{Peáng}$；瓶—瓶$_{Píng}$；

评—评$_{Píng}$；屏—屏$_{Biàng}$

现代汉语中读"ping"的字，其客家话读音韵母有所不同，个别声母也不同。其在古诗词中的韵脚各不相同，可参考客家话读音。

坡—坡$_{Bō}$；泼—泼$_{Po}$；颇—颇$_{Pŏ}$；婆—婆$_{Pó}$；破—破$_{Pò}$；魄—魄$_{Pa}$；迫—迫$_{Pa}$；

粕—粕$_{Pa}$

现代汉语中读"po"的字，其客家话读音韵母有所不同，个别声母不同。

普—普$_{Pŭ}$；……

现代汉语中读"pu"的字，其客家话读音基本相同。

Q

期—期$_{Qí}$；欺—欺$_{Qī}$；栖—栖$_{Qī}$；戚—戚$_{Cii}$；妻—妻$_{Cīi}$；七—七$_{Cii}$；凄—凄$_{Cii}$；

漆—漆$_{Cii}$；柒—柒$_{Cii}$；其—其$_{Gí}$；棋—棋$_{Qí}$；奇—奇$_{Qí}$；歧—歧$_{Qí}$；畦—畦$_{Qí}$；

崎—崎$_{Qí}$；脐—脐$_{Cíf}$；齐—齐$_{Cíf}$；旗—旗$_{Qí}$；祈—祈$_{Cíf}$；祁—祁$_{Cíf}$；骑—骑$_{Qí}$；

起—起$_{Xí}$；岂—岂$_{Qí}$；乞—乞$_{Qii}$；企—企$_{Qí}$；启—启$_{Xí}$；契—契$_{Kie}$；砌—砌$_{Cie}$；

器—器$_{Xí}$；气—气$_{Xí}$；弃—弃$_{Xí}$；汽—汽$_{Xí}$；泣—泣$_{Xí}$；讫—讫$_{He}$

现代汉语中读"qi"的字，其客家话读音声母、韵母有所不同。其在古诗词中的韵脚也有所不同。

牵—牵$_{Qiēn}$；铅—铅$_{Ciēn}$；千—千$_{Ciēn}$；迁—迁$_{Ciēn}$；签—签$_{Ciēn}$；仟—仟$_{Ciēn}$；

谦—谦$_{Qiēn}$；乾—乾$_{Qiēn}$；黔—黔$_{Qiēn}$；钱—钱$_{Cién}$；前—前$_{Cién}$；潜—潜$_{Cién}$；

遣—遣$_{Qiēn}$；浅—浅$_{Ciēn}$；谴—谴$_{Qiēn}$；堑—堑$_{Qièn}$；嵌—嵌$_{Kàn}$；欠—欠$_{Qièn}$；

歉—歉$_{Qièn}$

现代汉语中读"qian"的字，其客家话读音韵母有所不同，个别声母也不同。其在古诗词中的韵脚，可参考客家话读音。

枪—枪$_{Ciāng}$；呛—呛$_{Ciàng}$；腔—腔$_{Qāng}$；羌—羌$_{Qāng}$；墙—墙$_{Ciáng}$；蔷—蔷$_{Ciáng}$；

强—强$_{Qáng}$；抢—抢$_{Ciǎng}$

现代汉语中读"qiang"的字，其客家话读音声母、韵母有所不同。

桥—桥$_{Qiáo}$；悄—悄$_{Ciāo}$；瞧—瞧$_{Ciáo}$；……

现代汉语中读"qiao"的字，其客家话读音基本相同，个别声母有所不同。

切—切$_{Ciĕ}$；茄—茄$_{Qó}$；且—且$_{Ciĕ}$；怯—怯$_{Qo}$；窃—窃$_{Ciè}$

现代汉语中读"qie"的字，其客家话读音声母、韵母有所不同。

钦—钦$_{Qīn}$；侵—侵$_{Cīn}$；亲—亲$_{Cīn}$；秦—秦$_{Cín}$；琴—琴$_{Qín}$；勤—勤$_{Qín}$；芹—芹$_{Qín}$；擒—擒$_{Qín}$；禽—禽$_{Qín}$；寝—寝$_{Qǐn}$；沁—沁$_{Cīn}$

现代汉语中读"qin"的字，其客家话读音声母有所不同。

青—青$_{Ciāng}$；轻—轻$_{Qiāng}$；倾—倾$_{Qīng}$；卿—卿$_{Qīng}$；清—清$_{Ciāng}$；擎—擎$_{Qiáng}$；晴—晴$_{Ciáng}$；情—情$_{Ciáng}$；顷—顷$_{Qǐng}$；请—请$_{Ciāng}$；庆—庆$_{Qìng}$

现代汉语中读"qing"的字，其客家话读音声母、韵母有所不同。其在古诗词中的韵脚各不相同，可参考客家话读音。

穷—穷$_{Qóng}$；琼—琼$_{Qóng}$

现代汉语中读"qiong"的字，其客家话读音韵母略有不同。

丘—丘$_{Qiū}$；秋—秋$_{Ciū}$；……

现代汉语中读"qiu"的字，其客家话读音基本相同，个别声母有所不同。

区—区$_{Qii}$；趋—趋$_{Cii}$；蛆—蛆$_{Cii}$；曲—曲$_{Qiǔ}$；躯—躯$_{Qii}$；屈—屈$_{Qi}$；驱—驱$_{Qii}$；渠—渠$_{Qií}$；取—取$_{Ciǐ}$；娶—娶$_{Ciǐ}$；趣—趣$_{Cì}$；去—去$_{Xi}$

现代汉语中读"qu"的字，其客家话读音声母、韵母有所不同。

圈—圈$_{Qiēn}$；权—权$_{Qién}$；泉—泉$_{Cién}$；全—全$_{Cién}$；痊—痊$_{Cién}$；拳—拳$_{Qién}$；犬—犬$_{Qiěn}$；劝—劝$_{Qièn}$

现代汉语中读"quan"的字，其客家话读音声母、韵母有所不同。

缺—缺$_{Qie}$；瘸—瘸$_{Qó}$；却—却$_{Qo}$；鹊—鹊$_{Sia}$；榷—榷$_{Qo}$；确—确$_{Qo}$；雀—雀$_{Cio}$

现代汉语中读"que"的字，其客家话读音韵母有所不同，个别声母不同。其在古诗词中的韵脚各不相同，可参考客家话读音。

群—群$_{Qín}$；裙—裙$_{Qín}$

现代汉语中读"qun"的字，其客家话读音韵母略有不同。

R

饶—饶$_{Ngáo}$；扰—扰$_{Yǎo}$；绕—绕$_{Lào}$

现代汉语中读"rao"的字，其客家话读音声母有所不同。

然—然$_{Yén}$；燃—燃$_{Yén}$；冉—冉$_{Niễn}$；染—染$_{Niễn}$

现代汉语中读"ran"的字，其客家话读音声母、韵母有所不同。其在古诗词中的韵脚各不相同，可参考客家话读音。

瓤—瓤$_{Noáng}$；壤—壤$_{Lǎng}$；攘—攘$_{Ngiàng}$；嚷—嚷$_{Noǎng}$；让—让$_{Ngiàng}$

现代汉语中读"rang"的字，其客家话读音声母、韵母有所不同。其在古诗词中的韵脚，可参考客家话读音。

惹—惹$_{Ngiǎ}$；热—热$_{Ngiè}$

现代汉语中读"re"的字，其客家话读音声母、韵母有所不同。

壬—壬$_{Yín}$；仁—仁$_{Yín}$；人—人$_{Ngín}$；忍—忍$_{Nǐn}$；韧—韧$_{Nìn}$；任—任$_{Yìn}$；认—认$_{Nìn}$；刃—刃$_{Nìn}$；妊—妊$_{Yìn}$；纫—纫$_{Nìn}$

现代汉语中读"ren"的字，其客家话读音声母、韵母有所不同。其在古诗词中的韵脚，可参考客家话读音。

扔—扔$_{Lēn}$；仍—仍$_{Lēn}$

现代汉语中读"reng"的字，其客家话读音声母、韵母有所不同。

日—日$_{Ngii}$

现代汉语中读"ri"的字，其客家话读音声母、韵母有所不同。

戎—戎$_{Yóng}$；茸—茸$_{Yóng}$；蓉—蓉$_{Yóng}$；荣—荣$_{Yóng}$；融—融$_{Yóng}$；熔—熔$_{Yóng}$；溶—溶$_{Yóng}$；容—容$_{Yóng}$；绒—绒$_{Yóng}$

现代汉语中读"rong"的字，其在客家话中声母有所不同。

揉—揉$_{Lú}$；柔—柔$_{Lú}$；肉—肉$_{Ngiǔ}$

现代汉语中读"rou"的字，其在客家话读音中声母、韵母均有所不同。

茹—茹$_{Lú}$；蠕—蠕$_{Nu}$；儒—儒$_{Nú}$；孺—孺$_{Nú}$；如—如$_{Lú}$；辱—辱$_{Lǔ}$；乳—乳$_{Lǔ}$；汝—汝$_{Lǔ}$；入—入$_{Ngi}$；褥—褥$_{Lù}$

现代汉语中读"ru"的字，其在客家话读音的声母有所不同，个别韵母不同。

软—软$_{Ngoǎn}$；阮—阮$_{Loǎn}$

现代汉语中读"ruan"的字，其在客家话读音的声母、韵母有所不同。

蕊—蕊$_{Lěi}$；瑞—瑞$_{Lèi}$；锐—锐$_{Lèi}$

现代汉语中读"rui"的字，其在客家话读音的声母、韵母有所不同。

闰—闰$_{Yìn}$；润—润$_{Yìn}$

现代汉语中读"run"的字，其在客家话读音的声母、韵母有所不同。

若—若$_{Lò}$；弱—弱$_{Ngiò}$

现代汉语中读"ruo"的字，其在客家话读音的声母、韵母有所不同。

S

洒—洒_{Sǎ}；……

现代汉语中读"sa"的字，其客家话读音基本相同。

腮—腮_{Sāi}；鳃—鳃_{Sāi}；塞—塞_{Se}；赛—赛_{Sòi}

现代汉语中读"sai"的字，其客家话读音韵母有所不同。

三—三_{Sān}；……

现代汉语中读"san"的字，其客家话读音基本相同。

桑—桑_{Sāng}；……

现代汉语中读"sang"的字，其客家话读音基本相同。

骚—骚_{Sāo}；……

现代汉语中读"sao"的字，其客家话读音基本相同。

色—色_{Se}；涩—涩_{Se}；……

现代汉语中读"se"的字，其客家话读音基本相同。

森—森_{Sēn}；……

现代汉语中读"sen"的字，其客家话读音基本相同。

僧—僧_{Sēn}

现代汉语中读"seng"的字，其客家话读音韵母有所不同。

莎—莎_{Sā}；砂—砂_{Sā}；杀—杀_{Sa}；刹—刹_{Sa}；沙—沙_{Sā}；纱—纱_{Sā}；煞—煞_{Sa}

现代汉语中读"sha"的字，其客家话读音韵母有所不同。其在古诗词中的韵脚有所相同，可参考客家话读音。

筛—筛_{Sāi}；晒—晒_{Sài}

现代汉语中读"shai"的字，其客家话读音声母有所不同。

珊—珊_{Sān}；杉—杉_{Sā}；山—山_{Sān}；删—删_{Sān}；煽—煽_{Shiēn}；衫—衫_{Sān}；
闪—闪_{Shiěn}；陕—陕_{Shiěn}；擅—擅_{Shièn}；赡—赡_{Shièn}；膳—膳_{Shièn}；善—善_{Shièn}；
扇—扇_{Shièn}；缮—缮_{Shièn}

现代汉语中读"shan"的字，其客家话读音声母、韵母有所不同。其在古诗词中的韵脚各不相同，可参考客家话读音。

伤—伤_{Shiāng}；商—商_{Shiāng}；赏—赏_{Shiǎng}；上—上_{Shiāng}、上_{hàng}；尚—尚_{Shiàng}；
裳—裳_{Shiang}

现代汉语中读"shang"的字，其客家话读音韵母略有不同，个别声母不同。

梢—梢_{Sāo}；捎—捎_{Sāo}；稍—稍_{Sāo}；烧—烧_{Shāo}；芍—芍_{Sho}；勺—勺_{Sho}；

韶—韶_{Sháo}；少—少_{Shào}；哨—哨_{Sào}；邵—邵_{Shào}；绍—绍_{Shào}

现代汉语中读"shao"的字，其客家话读音声母、韵母有所不同。其在古诗词中的韵脚各不相同，可参考客家话读音。

奢—奢_{Sha}；赊—赊_{Sha}；蛇—蛇_{Shá}；舍—舍_{Sha}；射—射_{Shà}；社—社_{Shà}；
舌—舌_{She}；赦—赦_{She}；摄—摄_{She}；慑—慑_{She}；涉—涉_{She}；设—设_{She}

现代汉语中读"she"的字，其客家话读音韵母有所不同。其在古诗词中的韵脚各不相同，可参考客家话读音。

身—身_{Shēn}；……

现代汉语中读"shen"的字，其客家话读音基本相同。

声—声_{Shiāng}；生—生_{Seāng}；甥—甥_{Seāng}；牲—牲_{Seāng}；升—升_{Shēn}；绳—绳_{Shén}；
省—省_{Sěn}；盛—盛_{Shèn}；剩—剩_{Shèn}；胜—胜_{Shèn}；圣—圣_{Shèn}

现代汉语中读"sheng"的字，其客家话读音声母、韵母有所不同。其在古诗词中的韵脚各不相同，可参考客家话读音。

师—师_{Si}；失—失_{Shi}；狮—师_{Sī}；施—施_{Shi}；湿—湿_{Shi}；诗—诗_{Shī}；尸—尸_{Shī}；
十—十_{Shi}；石—石_{Sha}；拾—拾_{Shi}；时—时_{Shí}；食—食_{Shi}；蚀—蚀_{Shi}；实—实_{Shi}；
识—识_{Shi}；史—史_{Sī}；矢—矢_{Shī}；使—使_{Sī}；屎—屎_{Shī}；驶—驶_{Shī}；始—始_{Shī}；
式—式_{Shì}；示—示_{Shì}；士—士_{Sì}；世—世_{Shì}；柿—柿_{Shì}；事—事_{Sì}；誓—誓_{Shì}；
逝—逝_{Shì}；势—势_{Shì}；是—是_{Shì}；嗜—嗜_{Shì}；噬—噬_{Shì}；适—适_{Shì}；仕—仕_{Sì}；
侍—侍_{Sì}；释—释_{Shì}；饰—饰_{Shì}；氏—氏_{Shì}；市—市_{Shì}；恃—恃_{Shì}；室—室_{Shì}；
视—视_{Shì}；试—试_{Shì}

现代汉语中读"shi"的字，其客家话读音声母有所不同，个别韵母不同。

收—收_{Shū}；手—手_{Shǔ}；首—首_{Shǔ}；守—守_{Shǔ}；寿—寿_{Shù}；授—授_{Shù}；售—售_{Shù}；
受—受_{Shù}；瘦—瘦_{Sèu}；兽—兽_{Shù}

现代汉语中读"shou"的字，其客家话读音韵母有所不同，个别声母也不同。其在古诗词中的韵脚各不相同，可参考客家话读音。

术—术_{Shii}；述—述_{Shii}；树—树_{Shù}；束—束_{Sù}；戍—戍_{Sù}；竖—竖_{Shù}；庶—庶_{Shù}；
恕—恕_{Shù}；蔬—蔬_{Sii}；梳—梳_{Sii}；疏—疏_{Sii}；数—数_{Sì}；漱—漱_{Sì}

现代汉语中读"shu"的字，其客家话读音声母、韵母有所不同。其在古诗词中的韵脚各不相同，可参考客家话读音。

松—松_{Sōng}；……

现代汉语中读"song"的字，其客家话读音基本相同。

刷—刷_{Soi}；耍—耍_{Sà}

现代汉语中读"shua"的字，其客家话读音韵母、声母有所不同。

摔—摔_{Sāi}；衰—衰_{Sāi}；甩—甩_{Sāi}；帅—帅_{Sài}

　　现代汉语中读"shuai"的字，其客家话读音声母、韵母有所不同。

栓—栓_{Coān}；拴—拴_{Soān}

　　现代汉语中读"shuan"的字，其客家话读音声母、韵母有所不同。

霜—霜_{Sāng}；双—双_{Sāng}；爽—爽_{Sǎng}

　　现代汉语中读"shuang"的字，其客家话读音声母、韵母有所不同。

谁—谁_{Shéi}；水—水_{Shěi}；睡—睡_{Shòi}；税—税_{Shòi}

　　现代汉语中读"shui"的字，其客家话读音韵母有所不同。其在古诗词中的韵脚各不相同，可参考客家话读音。

瞬—瞬_{Shèn}；顺—顺_{Shèn}；舜—舜_{Shèn}

　　现代汉语中读"shun"的字，其客家话读音韵母有所不同。

说—说_{Sho}；硕—硕_{Shò}；朔—朔_{So}；烁—烁_{Shò}

　　现代汉语中读"shuo"的字，其客家话读音韵母有所不同，个别声母不同。

斯—斯_{Sī}；撕—撕_{Sī}；嘶—嘶_{Sī}；思—思_{Sī}；私—私_{Sī}；司—司_{Sī}；丝—丝_{Sī}；

死—死_{Sǐī}；肆—肆_{Sìì}；寺—寺_{Sì}；嗣—嗣_{Sì}；四—四_{Sìì}；伺—伺_{Cì}；似—似_{Sì}；

饲—饲_{Sì}；巳—巳_{Sì}

　　现代汉语中读"si"的字，其客家话读音韵母有所不同，个别声母不同。

搜—搜_{Sēu}；嗽—嗽_{Sèu}

　　现代汉语中读"sou"的字，其客家话读音韵母有所不同。

苏—苏_{Sìi}；酥—酥_{Sìi}；素—素_{Sìì}；诉—诉_{Sìì}；速—速_{Sù}；粟—粟_{Sìù}；溯—溯_{So}；

宿—宿_{Sìù}；肃—肃_{Sìù}

　　现代汉语中读"su"的字，其客家话读音韵母有所不同。其在古诗词中的韵脚各不相同，可参考客家话读音。

酸—酸_{Soān}；蒜—蒜_{Soàn}；算—算_{Soàn}

　　现代汉语中读"suan"的字，其客家话读音韵母有所不同。

虽—虽_{Sēi}；隋—隋_{Séi}；随—隋_{Séi}；绥—绥_{Sài}；髓—髓_{Sěi}；碎—碎_{Sèi}；岁—岁_{Sèi}；

穗—穗_{Sèi}；遂—遂_{Sèi}；隧—隧_{Sèi}；祟—祟_{Sèi}

　　现代汉语中读"sui"的字，其客家话读音韵母有所不同。

孙—孙_{Sēn}；损—损_{Sěn}；笋—笋_{Sěn}；榫—榫_{Sěn}

　　现代汉语中读"sun"的字，其客家话读音韵母有所不同。

蓑—蓑_{Sō}；梭—梭_{Sō}；唆—唆_{Sō}；缩—缩_{So}；琐—琐_{Sǒ}；索—索_{So}；锁—锁_{Sǒ}；

所—所_{Sǒ}

　　现代汉语中读"suo"的字，其客家话读音韵母有所不同。

T

塌—塌_{Ta}；塔—塔_{Ta}；蹋—蹋_{Ta}；踏—踏_{Ta}

现代汉语中读"Ta"的字，其客家话读音相近，音调有所不同。

胎—胎_{Tŏi}；苔—苔_{Tŏi}；抬—抬_{Tŏi}；台—台_{Tŏi}；泰—泰_{Tài}；太—太_{Tài}；态—态_{Tòi}

现代汉语中读"tai"的字，其客家话读音韵母有所不同。

滩—滩_{Tān}；……

现代汉语中读"tan"的字，其客家话读音基本相同。

汤—汤_{Tāng}；……

现代汉语中读"tang"的字，其客家话读音基本相同。

涛—涛_{Tāo}；……

现代汉语中读"tao"的字，其客家话读音基本相同。

特—特_{Te}；……

现代汉语中读"te"的字，其客家话读音基本相同。

藤—藤_{Tén}；腾—腾_{Tén}；誊—誊_{Tén}

现代汉语中读"teng"的字，其客家话读音韵母有所不同。

梯—梯_{Tŏi}；踢—踢_{Tei}；提—提_{Tiă}；蹄—蹄_{Téi}；啼—啼_{Téi}；替 —替_{Tèi}；剃 —剃_{Tèi}

现代汉语中读"ti"的字，其客家话读音韵母有所不同。其在古诗词中的韵脚各不相同，可参考客家话读音。

天—天_{Tiēn}；添—添_{Tiēn}；填—填_{Tién}；田—田_{Tién}；甜—甜_{Tién}；恬—恬_{Tién}

现代汉语中读"tian"的字，其客家话读音韵母有所不同。其在古诗词中的韵脚，可参考客家话读音。

挑—挑_{Tiāo}；……

现代汉语中读"tiao"的字，其客家话读音基本相同。

铁—铁_{Tie}；……

现代汉语中读"tie"的字，其客家话读音基本相同。

厅—厅_{Tiāng}；听—听_{Tiāng}；汀—汀_{Tiāng}；廷—廷_{Tín}；停—停_{Tín}；亭—亭_{Tín}；庭—庭_{Tín}；挺—挺_{Tín}；艇—艇_{Tín}

现代汉语中读"ting"的字，其客家话读音韵母有所不同。其在古诗词中的韵脚各不相同，可参考客家话读音。

通—通_{Teóng}；桐—桐_{Teóng}；瞳—瞳_{Teóng}；同—同_{Teóng}；铜—铜_{Teóng}；彤—彤_{Teóng}；童—童_{Teóng}；桶—桶_{Teóng}；捅—捅_{Teóng}；筒—筒_{Teóng}；统—统_{Teóng}；痛—痛_{Teòng}

现代汉语中读"tong"的字，其客家话读音韵母略有不同。

土—土_{Tǔ}；……

现代汉语中读"tu"的字，其客家话读音基本相同。

团—团_{Toán}

现代汉语中读"tuan"的字，其客家话读音韵母略有不同。

推—推_{Tèi}；颓—颓_{Téi}；腿—腿_{Tèi}；蜕—蜕_{Tèi}；褪—褪_{Tèi}；退—退_{Tèi}

现代汉语中读"tui"的字，其客家话读音韵母有所不同。

吞—吞_{Tūn}；……

现代汉语中读"tun"的字，其客家话读音基本相同。

拖—拖_{Tō}；托—托_{To}；脱—脱_{Toi}；鸵—鸵_{Tó}；陀—陀_{Tó}；驮—驮_{Tó}；驼—驼_{Tó}；椭—椭_{Tǒ}；妥—妥_{Tǒ}；拓—拓_{To}；唾—唾_{To}

现代汉语中读"tuo"的字，其客家话读音韵母有所不同。

W

挖—挖_{Wa}；蛙—蛙_{Guǎi}；洼—洼_{Wā}；娃—娃_{Wā}；瓦—瓦_{Ngǎ}；袜—袜_{Ma}

现代汉语中读"wa"的字，其客家话读音声母、韵母有所不同。其在古诗词中的韵脚各不相同，可参考客家话读音。

外—外_{Ngòi}

现代汉语中读"wai"的字，其客家话读音声母、韵母有所不同。

豌—豌_{Woān}；弯—弯_{Wān}；湾—湾_{Wān}；顽—顽_{Ngán}；丸—丸_{Yén}；完—完_{Woán}；碗—碗_{Woǎn}；挽—挽_{wǎn}；晚—晚_{Wǎn}；皖—皖_{Woǎn}；惋—惋_{Woǎn}；宛—宛_{Woǎn}；婉—婉_{Woǎn}；万—万_{Wàn}；腕—腕_{Woàn}

现代汉语中读"wan"的字，其客家话读音韵母有所不同，个别声母也不同。其在古诗词中的韵脚各不相同，可参考客家话读音。

王—王_{Wáng}；……

现代汉语中读"wang"的字，其客家话读音基本相同。

威—威_{Wī}；巍—巍_{Wī}；微—微_{Wī}；危—危_{Ngwī}；韦—韦_{Wī}；违—违_{Wī}；桅—桅_{Wī}；围—围_{Wí}；唯—唯_{Wí}；惟—惟_{Wí}；为—为_{Wí}；潍—潍_{Wí}；维—维_{Wí}；苇—苇_{Wí}；萎—萎_{Wí}；委—委_{Wí}；伟—伟_{Wí}；伪—伪_{Wí}；尾—尾_{Mi}；纬—纬_{Wí}；未—未_{Wì}；蔚—蔚_{Wì}；味—味_{Wì}；畏—畏_{Wì}；胃—胃_{Wì}；喂—喂_{Wì}；魏—魏_{Ngeì}；位—位_{Wì}；渭—渭_{Wì}；谓—谓_{Wì}；尉—尉_{Wì}；慰—慰_{Wì}；卫—卫_{Wì}

现代汉语中读"wei"的字，其客家话读音韵母有所不同，个别声母不同。

文—文_{Wén}；……

现代汉语中读"wen"的字，其客家话读音基本相同。

翁—翁 $_{Wēng}$；……

现代汉语中读"weng"的字，其客家话读音基本相同。

蜗—蜗 $_{Wō}$；涡—涡 $_{Wō}$；窝—窝 $_{Wō}$；我—我 $_{Ngǒ}$；斡—斡 $_{Wo}$；卧—卧 $_{Ngò}$；

握—握 $_{Wo}$；沃—沃 $_{Wo}$

现代汉语中读"wo"的字，其客家话读音声母有所不同。

巫—巫 $_{Wū}$；呜—呜 $_{Wū}$；乌—乌 $_{Wū}$；污—污 $_{Wū}$；诬—诬 $_{Wū}$；屋—屋 $_{Wu}$；无—无 $_{Nguú}$；

芜—芜 $_{Nguú}$；梧—梧 $_{Nguú}$；吾—吾 $_{Nguú}$；吴—吴 $_{Ngú}$；毋—毋 $_{Ngú}$；武—武 $_{Wǔ}$；

五—五 $_{Ngǔ}$；捂—捂 $_{Nguǔ}$；午—午 $_{Nguǔ}$；舞—舞 $_{Wǔ}$；伍—伍 $_{Ngǔ}$；侮—侮 $_{Wǔ}$；

坞—坞 $_{Wǔ}$；戊—戊 $_{Wù}$；雾—雾 $_{Wù}$；晤—晤 $_{Nguù}$；物—物 $_{Wu}$；勿—勿 $_{Wù}$；务—务 $_{Wù}$；

悟—悟 $_{Nguù}$；误—误 $_{Nguù}$

现代汉语中读"wu"的字，其客家话读音韵母有所不同，部分声母不同。其在古诗词中的韵脚各不相同，可参考客家话读音。

X

昔—昔 $_{Sia}$；析—析 $_{Sia}$；锡—锡 $_{Sia}$；夕—夕 $_{Sia}$；惜—惜 $_{Sia}$；席—席 $_{Cia}$；

洗—洗 $_{Sěi}$；细—细 $_{Sèi}$

现代汉语中读"xi"的字，其客家话读音声母、韵母有所不同。其在古诗词中的韵脚各不相同，可参考客家话读音。

瞎—瞎 $_{Ha}$；虾—虾 $_{Há}$；霞—霞 $_{Há}$；狭—狭 $_{Ha}$；下—下 $_{Hà}$；厦—厦 $_{Hà}$；夏—夏 $_{Hà}$；

吓—吓 $_{Ha}$

现代汉语中读"xia"的字，其客家话读音声母、韵母有所不同。其在古诗词中的韵脚，可参考客家话读音。

先—先 $_{Siēn}$；仙—仙 $_{Siēn}$；鲜—鲜 $_{Siēn}$；咸—咸 $_{Hán}$；贤—贤 $_{Xién}$；衔—衔 $_{Hán}$；

舷—舷 $_{Xién}$；闲—闲 $_{Hán}$；弦—弦 $_{Xién}$；嫌—嫌 $_{Xién}$；显—显 $_{Xiěn}$；险—险 $_{Xiěn}$；

现—现 $_{Xièn}$；献—献 $_{Xièn}$；县—县 $_{Xièn}$；馅—馅 $_{Sièn}$；羡—羡 $_{Sièn}$；宪—宪 $_{Xièn}$；

陷—陷 $_{Xièn}$；限—限 $_{Hàn}$；线—线 $_{Sièn}$

现代汉语中读"xian"的字，其客家话读音声母、韵母有所不同。其在古诗词中的韵脚各不相同，可参考客家话读音。

相—相 $_{Siāng}$；厢—厢 $_{Siāng}$；镶—镶 $_{Siāng}$；香—香 $_{Xiāng}$；箱—箱 $_{Siāng}$；襄—襄 $_{Siāng}$；

湘—湘 $_{Siāng}$；乡—乡 $_{Xāng}$；翔—翔 $_{Siáng}$；祥—祥 $_{Ciáng}$；详—详 $_{Ciáng}$；想—想 $_{Siǎng}$；

响—响 $_{Xǎng}$；享—享 $_{Xǎng}$；项—项 $_{Hàng}$；巷—巷 $_{Hàng}$；橡—橡 $_{Siàng}$；像—像 $_{Ciàng}$；

向—向 $_{Xàng}$；象—象 $_{Siàng}$

现代汉语中读"xiang"的字，其客家话读音声母、韵母有所不同。

萧—萧Siāo；硝—硝Siāo；霄—霄Siāo；削—削Sio；哮—哮Siāo；嚣—嚣Xiāo；

销—销Siāo；消—消Siāo；宵—宵Siāo；淆—淆Xiáo；晓—晓Xiáo；小—小Siáo；

孝—孝Hào；校—校Hào；肖—肖Siāo；啸—啸Siào；笑—笑Siào；效—效Hào

现代汉语中读"xiao"的字，其客家话读音声母、韵母有所不同。

鞋—鞋Hái；邪—邪Siá；斜—斜Siá 写—写Sià；械—械Gài；泄—泄Sià；泻—泻Sià；

蟹—蟹Hái；谢—谢Sià；楔—楔Siē；些—些Siē；歇—歇Xiē；蝎—蝎Xiē；协—协Xie；

携—携Xie；胁—胁Xie；谐—谐Hai；卸—卸Xiè；懈—懈Hài；屑—屑Sie

现代汉语中读"xie"的字，其客家话读音声母、韵母有所不同。其在古诗词中的韵脚各不相同，可参考客家话读音。

薪—薪Sīn；芯—芯Sīn；锌—锌Sīn；欣—欣Xīn；辛—辛Sīn；新—新Sīn；忻—忻Sīn；

心—心Sīn；信—信Sìn；衅—衅Xìn

现代汉语中读"xin"的字，其客家话读音声母有所不同。

星—星Siāng；腥—腥Siāng；惺—惺Siāng；行—行Háng；醒—醒Siǎng；性—性Siàng；

姓—姓Siàng

现代汉语中读"xing"的字，其客家话读音声母、韵母有所不同。其在古诗词中的韵脚各不相同，可参考客家话读音。

兄—兄Xiāng；凶—凶Xōng；胸—胸Xōng；匈—匈Xōng；汹—汹Xōng；雄—雄Xóng；

熊—熊Xóng

现代汉语中读"xiong"的字，其客家话读音韵母有所不同。

休—休Xiū；修—修Siū；羞—羞Siū；朽—朽Xiǔ；锈—锈Siù；秀—秀Siù；袖—袖Siù；

绣—绣Siù

现代汉语中读"xiu"的字，其客家话读音声母有所不同。

轩—轩Xiēn；喧—喧Siēn；宣—宣Siēn；悬—悬Xién；旋—旋Siēn；玄—玄Xién；

选—选Siēn；癣—癣Siēn；眩—眩Xiēn；绚—绚Siēn

现代汉语中读"xuan"的字，其客家话读音声母、韵母有所不同。

墟—墟Xii；戌—戌Sii；需—需Sii；虚—虚Xii；须—须Sii；徐—徐Cií；许—许Xǐ；

蓄—蓄Qiu；叙—叙Xì；旭—旭Qiu；序—序Xì；畜—畜Qiu；絮—絮Xì；婿—婿Seì；

绪—绪Xì；续—续Sìu

现代汉语中读"xu"的字，其客家话读音的声母、韵母不相同。在古诗词中的韵脚也有所不同，可参考客家话读音。

靴—靴Sho；薛—薛Siē；学—学Ho；穴—穴Xiè；雪—雪Siě；血—血Xiě

现代汉语中读"xue"的字，其客家话读音声母、韵母不相同。在古诗词中的韵脚也有所不同，可参考客家话读音。

勋—勋 Xīn；熏—熏 Xīn；循—循 Sín；旬—旬 Sín；询—询 Sín；寻—寻 Cín；驯—驯 Xín；
巡—巡 Sín；殉—殉 Sín；汛—汛 Sìn；训—训 Xìn；讯—讯 Sìn；逊—逊 Sùn；迅—迅 Sìn

现代汉语中读"xun"的字，其客家话读音声母、韵母各不相同。

Y

压—压 aa；押—押 aa；鸦—鸦 ā；鸭—鸭 aa；丫—丫 a；芽—芽 Ngá；牙—牙 Ngá；
蚜—蚜 Ngá；崖—崖 Ngá；衙—衙 Ngá；涯—涯 Ngá；雅—雅 Ngǎ；哑—哑 ǎ；亚—亚 à

现代汉语中读"ya"的字，其客家话读音声母、韵母各不相同。在古诗词中的韵脚也有所不同，可参考客家话读音。

焉—焉 Yēn；咽—咽 Yēn；阉—阉 Yēn；烟—烟 Yēn；淹—淹 Yēn；盐—盐 Yén；
严—严 Nién；研—研 Nién；蜒—蜒 Yén；岩—岩 Ngán；延—延 Yén；言—言 Nién；
颜—颜 Ngán；阎—阎 Yén；炎—炎 Yén；沿—沿 Xién；掩—掩 Yěn；眼—眼 Ngǎn；
衍—衍 Yen；演—演 Yěn；艳—艳 Yèn；堰—堰 Yèn；燕—燕 Yèn；厌—厌 Yèn；
砚—砚 Nièn；雁—雁 Yèn；彦—彦 Nièn；焰—焰 Yèn；宴—宴 Yèn；谚—谚 Nièn；
验—验 Nièn

现代汉语中读"yan"的字，其客家话读音声母、韵母各不相同。在古诗词中的韵脚，可参考客家话读音。

阳—阳 Yáng；……

现代汉语中读"yang"的字，其客家话读音基本相同。

摇—摇 Yáo；……

现代汉语中读"yao"的字，其客家话读音基本相同。

爷—爷 Yá；野—野 Yǎ；冶—冶 Yǎ；也—也 Yǎ；掖—掖 Jie；业—业 Ngè；
曳—曳 Yà；腋—腋 Qie；夜—夜 Yà

现代汉语中读"ye"的字，其客家话读音声母、韵母有所不同。其在古诗词中的韵脚各不相同，可参考客家话读音。

一—一 Yi；壹—壹 Yi；医—医 Yī；揖—揖 Ya；依—依 Yī；伊—伊 Yī；衣—衣 Yī；
颐—颐 Yii；夷—夷 Yí；遗—遗 Yí；移—移 Yí；仪—仪 Ngí；疑—疑 Ní；宜—宜 Ní；
姨—姨 Yí；彝—彝 Yí；椅—椅 Yǐ；蚁—蚁 Ngèi；倚—倚 Yǐ；已—已 Yǐ；乙—乙 Ye；
矣—矣 Yǐ；以—以 Yǐ；艺—艺 Ngèi；抑—抑 Yi；易—易 Yì；邑—邑 Yi；屹—屹 Yì；
亿—亿 Yì；役—役 Yii；逸—逸 Yi；疫—疫 Yii；亦—亦 Yia；裔—裔 Yì；意—意 Yì；
毅—毅 Yii；忆—忆 Yì；义—义 Ngì；益—益 Yì；溢—溢 Yi；诣—诣 Yì；议—议 Ngì；
谊—谊 Ní；异—异 Yì；翼—翼 Yia；翌—翌 Yii

现代汉语中读"yi"的字，其客家话读音声母、韵母各不相同。在古诗中的韵脚各不相同，可参考客家话读音。

因—因$_{Yīn}$；银—银$_{Ngín}$；……

现代汉语中读"yin"的字，其客家话读音基本相同，个别声母有所不同。

英—英$_{Yīn}$；樱—樱$_{Yīn}$；婴—婴$_{āng}$；鹰—鹰$_{Yīn}$；应—应$_{Yīn}$；缨—缨$_{Yīn}$；

莹—莹$_{Yiáng}$；萤—萤$_{Yiáng}$；营—营$_{Yiáng}$；荧—荧$_{Yiáng}$；蝇—蝇$_{Yín}$；迎—迎$_{Ngiáng}$；

赢—赢$_{Yiáng}$；盈—盈$_{Yiáng}$；影—影$_{Yiáng}$；颖—颖$_{Yīn}$；硬—硬$_{Ngàng}$；映—映$_{Yiàng}$

现代汉语中读"ying"的字，其客家话读音声母和韵母各不相同。在古诗词中的韵脚各不相同，可参考客家话读音。

用—用$_{Yòng}$；……

现代汉语中读"yong"的字，其客家话读音基本相同。

幽—幽$_{Yēu}$；优—优$_{Yēu}$；悠—悠$_{Yēu}$；忧—忧$_{Yēu}$；尤—尤$_{Yéu}$；由—由$_{Yéu}$；

邮—邮$_{Yéu}$；犹—犹$_{Yéu}$；油—油$_{Yéu}$；游—游$_{Yéu}$；酉—酉$_{Yěu}$；有—有$_{Yěu}$；

友—友$_{Yěu}$；右—右$_{Yèu}$；佑—佑$_{Yèu}$；釉—釉$_{Yèu}$；诱—诱$_{Yèu}$；又—又$_{Yèu}$；

幼—幼$_{Yèu}$

现代汉语中读"you"的字，其客家话读音韵母有所不同。

迂—迂$_{Yīi}$；淤—淤$_{Yīi}$；于—于$_{Yíi}$；盂—盂$_{Yíi}$；榆—榆$_{Yíi}$；虞—虞$_{Yíi}$；

愚—愚$_{Ngíi}$；舆—舆$_{Yíi}$；余—余$_{Yíi}$；俞—俞$_{Yíi}$；逾—逾$_{Yíi}$；鱼—鱼$_{Ngeí}$；

愉—愉$_{Yíi}$；渝—渝$_{Yíi}$；渔—渔$_{Ngeí}$；隅—隅$_{Ngíi}$；予—予$_{Yíi}$；娱—娱$_{Yíi}$；

雨—雨$_{Yǐi}$；与—与$_{Yǐi}$；屿—屿$_{Yǐi}$；禹—禹$_{Yǐi}$；宇—宇$_{Yǐi}$；语—语$_{Ngǐi}$；

羽—羽$_{Yǐi}$；玉—玉$_{Ngìu}$；域—域$_{Yìi}$；芋—芋$_{Yìi}$；遇—遇$_{Ngìi}$；喻—喻$_{Yìi}$；

峪—峪$_{Yìi}$；御—御$_{Yìi}$；愈—愈$_{Yìi}$；欲—欲$_{Yìi}$；狱—狱$_{Ngìi}$；育—育$_{Yiu}$；

誉—誉$_{Yìi}$；浴—浴$_{Yìi}$；寓—寓$_{Ngìi}$；裕—裕$_{Yìi}$；预—预$_{Yìi}$；豫—豫$_{Yìi}$；驭—驭$_{Yìi}$

现代汉语中读"yu"的字，其客家话读音声母、韵母有所不同。其在古诗词中的韵脚各不相同，可参考客家话读音。

鸳—鸳$_{Yēn}$；渊—渊$_{Yēn}$；冤—冤$_{Yēn}$；元—元$_{Nién}$；袁—袁$_{Yén}$；原—原$_{Nién}$；

援—援$_{Yén}$；辕—辕$_{Yén}$；园—园$_{Yén}$；员—员$_{Yén}$；圆—圆$_{Yén}$；猿—猿$_{Yén}$；

源—元$_{Nién}$；缘——缘$_{Yén}$；远—远$_{Yěn}$；苑—苑$_{Yèn}$；愿—愿$_{Nièn}$；怨—怨$_{Yèn}$；

院—院$_{Yèn}$

现代汉语中读"yuan"的字，其客家话读音声母、韵母有所不同。其在古诗词中的韵脚，可参考客家话读音。

约—约$_{Yo}$；越—越$_{Ye}$；跃—跃$_{Yo}$；钥—钥$_{Yo}$；岳—岳$_{Ngo}$；粤—粤$_{Ye}$；月—月$_{Nie}$；

悦—悦$_{Ye}$；阅—阅$_{Ye}$

现代汉语中读"yue"的字，其客家话读音韵母有所不同，个别声母不同。

其在古诗词中的韵脚各不相同，可参考客家话读音。

耘—耘$_{Yín}$；云—云$_{Yín}$；匀—匀$_{Yín}$；陨—陨$_{Yín}$；允—允$_{Yín}$；运—运$_{Yìn}$；蕴—蕴$_{Yìn}$；

酝—酝$_{Yìn}$；晕—晕$_{Yín}$；韵—韵$_{Yìn}$；孕—孕$_{Yìn}$

　　现代汉语中读"yun"的字，其客家话读音韵母有所不同。

Z

匝—匝$_{Za}$；砸—砸$_{Za}$；杂—杂$_{Ca}$

　　现代汉语中读"za"的字，其客家话读音声母有所不同，声调有所不同。

栽—栽$_{Zōi}$；哉—哉$_{Zāi}$；灾—灾$_{Zāi}$；宰—宰$_{Zǎi}$；载—载$_{Zài}$；再—再$_{Zài}$；在—在$_{Cōi}$

　　现代汉语中读"zai"的字，其客家话读音韵母有所不同，个别声母不同。

赞—赞$_{Zàn}$；暂—暂$_{Cǎn}$；……

　　现代汉语中读"zan"的字，其客家话读音基本相同，个别声母有所不同，

脏—脏$_{Zāng}$；……

　　现代汉语中读"zang"的字，其客家话读音基本相同。

遭—遭$_{Zāo}$；糟—糟$_{Zāo}$；藻—藻$_{Zǎo}$；枣—枣$_{Zǎo}$；早—早$_{Zǎo}$；澡—澡$_{Zǎo}$；蚤—蚤$_{Zǎo}$；

躁—躁$_{Zào}$；噪—噪$_{Cào}$；造—造$_{Cào}$；皂—皂$_{Cào}$；灶—灶$_{Zào}$；燥—燥$_{Cào}$

　　现代汉语中读"zao"的字，其客家话读音声母有所不同。

责—责$_{Ze}$；……

　　现代汉语中读"ze"的字，其客家话读音基本相同，声调有所不同。

贼—贼$_{Cei}$；……

　　现代汉语中读"zei"的字，其客家话读音声母有所不同。

增—增$_{Zēng}$；憎—憎$_{Cèng}$；曾—曾$_{Zēng}$；赠—赠$_{Cèng}$

　　现代汉语中读"zeng"的字，其客家话读音声母有所不同。

扎—扎$_{Za}$；渣—渣$_{Zā}$；札—札$_{Za}$；轧—轧$_{Za}$；闸—闸$_{Za}$；眨—眨$_{Zǎ}$；榨—榨$_{Zà}$；

乍—乍$_{Zà}$；炸—炸$_{Zà}$；诈—诈$_{Zà}$

　　现代汉语中读"zha"的字，其客家话读音声母有所不同。

摘—摘$_{Za}$；斋—斋$_{Zāi}$；宅—宅$_{Za}$；窄—窄$_{Za}$；债—债$_{Zài}$；寨—寨$_{Cāi}$

　　现代汉语中读"zhai"的字，其客家话读音声母、韵母有所不同。

瞻—瞻$_{Zhiēn}$；毡—毡$_{Zhiēn}$；詹—詹$_{Zhiēn}$；粘—粘$_{Zhiēn}$；沾—沾$_{Zhiēn}$；盏—盏$_{Cǎn}$；

斩—斩$_{Zǎn}$；崭—崭$_{Zǎn}$；展—展$_{Zhiěn}$；蘸—蘸$_{Zhièn}$；栈—栈$_{Zàn}$；占—占$_{Zhièn}$；

战—战$_{Zhièn}$；站—站$_{Zàn}$；湛—湛$_{Càn}$；绽—绽$_{Càn}$

　　现代汉语中读"zhan"的字，其客家话读音声母、韵母有所不同。

樟—樟$_{Zhiāng}$；章—章$_{Zhiāng}$；彰—彰$_{Zhiāng}$；漳—漳$_{Zhiāng}$；张—张$_{Zhiāng}$；掌—掌$_{Zhiǎng}$；

涨—涨$_{Zhiǎng}$；杖—杖$_{Chiàng}$；丈—丈$_{Chiàng}$；帐—帐$_{Zhiàng}$；账—账$_{Zhiàng}$；仗—仗$_{Zhiàng}$；
胀—胀$_{Zhiàng}$；瘴—瘴$_{Zhiàng}$；障—障$_{Zhiàng}$

　　现代汉语中读"zhang"的字，其客家话读音韵母有所不同，个别声母不同。

招—招$_{Zhāo}$；昭—昭$_{Zhāo}$；找—找$_{Zǎo}$；沼—沼$_{Zhǎo}$；赵—赵$_{Chào}$；照—照$_{Zhào}$；
罩—罩$_{Zào}$；兆—兆$_{Chào}$；肇—肇$_{Chào}$；召—召$_{Chào}$

　　现代汉语中读"zhao"的字，其客家话读音声母各不相同。

遮—遮$_{Zha}$；折—折$_{Zhe}$；哲—哲$_{Zhe}$；蛰—蛰$_{Zhe}$；辙—辙$_{Zhe}$；者—者$_{Zhǎ}$；
蔗—蔗$_{Zhù}$；这—这$_{Zhè}$；浙—浙$_{Zhe}$

　　现代汉语中读"zhe"的字，其客家话读音韵母有所不同。其在古诗词中的韵脚各不相同，可参考客家话读音。

真—真$_{Zhēn}$；砧—砧$_{Zēn}$；阵—阵$_{Chèn}$；……

　　现代汉语中读"zhen"的字，其客家话读音基本相同，个别声母有所不同。

蒸—蒸$_{Zhēn}$；挣—挣$_{Zāng}$；睁—睁$_{Zāng}$；征—征$_{Zhēn}$；狰—狰$_{Zāng}$；争—争$_{Zāng}$；
整—整$_{Zhiǎng}$；拯—拯$_{Chēn}$；正—正$_{Zhèn}$、正$_{Zhiāng}$；政—政$_{Zhèn}$；症—症$_{Zhèn}$；
郑—郑$_{Chiàng}$；证—证$_{Zhèn}$

　　现代汉语中读"zheng"的字，其客家话读音声母、韵母有所不同。其在古诗词中的韵脚各不相同，可参考客家话读音。

芝—芝$_{Zhī}$；枝—枝$_{Zhī}$；支—支$_{Zhī}$；知—知$_{Zhī}$；肢—肢$_{Zhī}$；汁—汁$_{Zhī}$；之—之$_{Zhī}$；
织—织$_{Zhi}$；职—职$_{Zhi}$；直—直$_{Chi}$；植—植$_{Chi}$；殖—殖$_{Chi}$；执—执$_{Zhi}$；值—值$_{Chi}$；
侄—侄$_{Chi}$；址—址$_{Zhǐ}$；指—指$_{Zhǐ}$；止—止$_{Zhǐ}$；趾—趾$_{Zhǐ}$；只—只$_{Zha}$；旨—旨$_{Zhǐ}$；
纸—纸$_{Zhǐ}$；志—志$_{Zhì}$；至—至$_{Zhì}$；致—致$_{Zhì}$；置—置$_{Zhì}$；帜—帜$_{Zha}$；峙—峙$_{Zhì}$；
制—制$_{Zhì}$；智—智$_{Zhì}$；秩—秩$_{Chì}$；稚—稚$_{Chì}$；质—质$_{Zhì}$；炙—炙$_{Zha}$；滞—滞$_{Chì}$；
治—治$_{Chì}$

　　现代汉语中读"zhi"的字，其客家话读音声母、韵母各不相同，在古诗词中的韵脚有所不同，可参考客家话读音。

中—中$_{Zhiōng}$；盅—盅$_{Zhiōng}$；忠—忠$_{Zhiōng}$；钟—钟$_{Zhiōng}$；衷—衷$_{Zhiōng}$；终—终$_{Zhiōng}$；
种—种$_{Zhiōng}$；肿—种$_{Zhiōng}$；重—重$_{Chiòng}$；仲—仲$_{Chiòng}$；众—众$_{Zhiòng}$

　　现代汉语中读"zhong"的字，其客家话读音韵母有所不同，个别声母不同。

舟—舟$_{Zhū}$；周—周$_{Zhū}$；州—州$_{Zhū}$；洲—洲$_{Zhū}$；诌—诌$_{Zēu}$；粥—粥$_{Zhu}$；轴—轴$_{Zhu}$；
肘—肘$_{Zhū}$；帚—帚$_{Zhu}$；咒—咒$_{Zhù}$；皱—皱$_{Zèu}$；宙—宙$_{Chù}$；昼—昼$_{Zhù}$；骤—骤$_{Zèu}$

　　现代汉语中读"zhou"的字，其客家话读音声母、韵母有所不同。

朱—朱$_{Zhū}$；逐—逐$_{Chu}$；贮—贮$_{Chù}$；驻—驻$_{Chù}$；住—住$_{Chù}$；……

现代汉语中读"zhu"的字，其客家话读音基本相同，部分声母有所不同。

爪—爪$_{Zǎ}$；抓—抓$_{Za}$

现代汉语中读"zhua"的字，其客家话读音声母、韵母有所不同。

专—专$_{Zhoān}$；砖—砖$_{Zhoān}$；转—转$_{Zhoǎn}$；撰—撰$_{Choàn}$；赚—赚$_{Càn}$；篆—篆$_{Choàn}$

现代汉语中读"zhuan"的字，其客家话读音声母、韵母有所不同。

桩—桩$_{Zāng}$；庄—庄$_{Zāng}$；装—装$_{Zāng}$；妆—妆$_{Zāng}$；撞—撞$_{Càng}$；壮—壮$_{Zàng}$；状—状$_{Càng}$

现代汉语中读"zhuang"的字，其客家话读音声母、韵母有所不同。

椎—椎$_{Zèi}$；锥—锥$_{Zèi}$；追—追$_{Zhèi}$；赘—赘$_{Zèi}$；坠—坠$_{Zèi}$；缀—缀$_{Zèi}$

现代汉语中读"zhui"的字，其客家话读音声母、韵母有所不同。

谆—谆$_{Zhēn}$；准—准$_{Zhěn}$

现代汉语中读"zhun"的字，其客家话读音韵母有所不同。

捉—捉$_{Zo}$；卓—卓$_{Zo}$；桌—桌$_{Zo}$；琢—琢$_{Zo}$；茁—茁$_{Zho}$；酌—酌$_{Zho}$；啄—啄$_{Zō}$；着—着$_{Chò}$、着$_{Zhǒ}$；灼—灼$_{Shò}$；浊—浊$_{Zho}$

现代汉语中读"zhuo"的字，其客家话读音声母、韵母有所不同。

紫—紫$_{Zǐ}$；自—自$_{Ci}$；字—字$_{Ci}$；……

现代汉语中读"zi"的字，其客家话读音基本相同，个别声母有所不同。

综—综$_{Zōng}$；……

现代汉语中读"zong"的字，其客家话读音基本相同。

邹—邹$_{Zěu}$；走—走$_{Zěu}$；奏—奏$_{Zèu}$；揍—揍$_{Zèu}$

现代汉语中读"zou"的字，其客家话读音韵母有所不同。

租—租$_{Zii}$；足—足$_{Ziu}$；卒—卒$_{Zu}$；族—族$_{Cù}$；祖—祖$_{Zǐi}$；诅—诅$_{Zǐi}$；阻—阻$_{Zǐi}$；组—组$_{Zǐi}$

现代汉语中读"zu"的字，其客家话读音韵母有所不同，个别声母不同。

钻—钻$_{Zoàn}$；纂—纂$_{Coàn}$

现代汉语中读"zuan"的字，其客家话读音韵母有所不同，个别声母不同。

嘴—嘴$_{Zěi}$；醉—醉$_{Zèi}$；最—最$_{Zèi}$；罪—罪$_{Cèi}$

现代汉语中读"zui"的字，其客家话读音韵母有所不同，个别声母不同。

尊—尊$_{Zēn}$；遵—遵$_{Zēn}$

现代汉语中读"zun"的字，其客家话读音韵母有所不同。

昨—昨$_{Cô}$；左—左$_{Zô}$；佐—佐$_{Zô}$；柞—柞$_{Co}$；做—做$_{Zô}$；作—作$_{Zo}$；坐—坐$_{Cô}$；座—座$_{Cô}$

现代汉语中读"zuo"的字，其客家话读音韵母有所不同，个别声母不同。

第五章

客家话书面用字的对照考量：与现代汉语及口语字词的对照关系

第一节　阐释与体例

现代汉语并列结构的双音节词汇，多由古代汉语中两个字义相近的汉字组成。值得关注的是，现代汉语及其口语与客家话，各自侧重使用其中一个字，（个别词语，现代汉语口语与客家话的"用字"是相同的，但各自选择了多音字的不同读音），形成了既有联系又可区分的语言特色。本书作者认为，这是客家话书面表达体系确定"用字"的重要依据之一，也是客家话用字较具"古意"的主要表现形式（客家话用字的"古意"绝不是体现在繁难生僻字方面）。

例如，在表"赤裸"相关词义用字选择时，与现代汉语口语常用"裸"相对应，客家话常用字"赤"是重要的启示性选择方向。再如，在表"衣服"的词语中，现代汉语口语常用"衣"，客家话则常用"衫"，相关词语可尝试类推，如，"洗衣板"客家话用词为"洗衫板"，"衣袖"客家话用词为"衫袖"。

本章整理了其中一部分词汇的对照关系，供读者参考。这些对照关系，是客家话书面表达体系的重要组成部分。第一个词为现代汉语词汇（以加粗宋体字体表示），第二个词为现代汉语口语词汇（以宋体字体表示），第三个词为客家话词汇（以仿宋体字体表示），以现代汉语词汇的拼音为序。

第二节　现代词语对应的现代汉语口语、客家话字词

A

碍事—碍—杈、梗

安装—安—斗

按住—按—揿

肮脏—脏—邋

熬受—熬—挨

拗折—折—拗

B

疤痕—疤、痕—疤

拔起—拔—拔、脱

把尿—把—兜

白眼—白—愠

搬家—搬—过

帮衬—帮—衬

抱着—抱—捧

杯子—杯—盅

背后—后—背

笔(生意)—单—主

闭嘴—闭—抿

变形—走样—翘

憋住—憋、忍—憋

脖颈—脖—颈

捕捉—捕—捉

不要—别—莫

不正—歪—翘

C

擦抹—擦—抹

草丛—丛—蓬

侧旁—旁—侧

层叠—叠—层

长久—长—久

敞开—敞—披

潮润—潮—润

巢穴—窝—窦

朝着—朝、往—照

吵闹—闹—吵

趁着—趁—赶

沉重—沉—重

盛放—盛—张

承载—载—承

承受—受—驮

池塘—池—塘

迟晚—晚—迟

赤裸—裸—赤

春捣—捣—舂

冲撞—撞—冲

厨房—厨—灶

触摸—摸—沾

触碰—触　偎

传染—传、染—迡

穿着—穿—着

创伤—伤—创

纯熟—惯—纯

蠢笨—笨—蠢

D

答应—答—应

待在—待—等

担荷—担—荷

当中—中—当

当作—当—准

荡洗—洗—荡

倒竖—立—逆

倒塌—倒—塌

倒置—倒—覆

盗窃—盗—偷

道路—道—路

得到—得—到

踮脚—踮—荐

顶部—顶—栋

丢落—落—丢

丢失—丢—失

斗闹—闹—斗

端拿—端—兜

蹲踞—蹲—踞

对的—对—着

多么—多—几

躲避—避—屏

E

儿子—儿—息、郎

F

烦恼—烦—恼

方向—面—向

房屋—房—屋

放落—放—落

放松—放—松

肥壮—肥—壮

分析—分—析

分娩—生—降

粉碎—碎—粉

疯癫—疯—癫

锋利—快—利

峰岭—峰—岭

缝联—缝—联

缝隙—缝—坼

俯伏—趴—仆

腐朽—糟—殁

G

盖盖—盖—盖

干渴—干—渴

干涸—干—敛

干枯—干—枯

干燥—干—燥

赶趁—趁—赶

篙竿—竿—篙

根部—根—兜

根问—问—根

跟部—跟—踭

更改—更—改

更多些—再—凑

共同—同—共

沟渠—渠—沟

垢泥—泥—埋

购置—购、买—置

箍圈—圈—箍

寡淡—淡—鲜

拐骗—骗—拐

拐弯—拐—弯

罐子—罐—罌

滚动—滚—擂

滚热—热—滚

滚烫—烫—滚、熰

棍棒（长）—棒—棍

棍棒（短）—棍—棒

H

寒冷—寒、冻—冷

黑暗—黑—暗

痕迹—痕—迹

烘焙—烘—焙

后头—后—尾

胡乱—胡—乱

花蕊—蕊—心

滑跤—溜—荡

话说—说—讲

怀念—怀、念—恟

缓慢—慢—缓

灰尘—土—灰

回归—回—归

回应—回—应

回转—回—转

会能—能—会

活生—活—生

火熄—熄、灭—乌

伙伴—伴—阵

昏晕—昏—晕

J

饥饿—饿—饥

讥讽—讥、讽—诮

脊梁—脊—梁

系结—系—缔

忌口—忌、禁—儆

间隔—隔—间 Gàn

降生—生—降

解开—解—取

件（量词）—件—宗

脚步—步—脚

叫喊—叫—喊

叫门—叫—喊

结冰—冻—鉴

接驳—接—驳

接连—接—连

进入—入—进

仅仅—仅—单

惊愕—楞—愕

惊怕—怕—惊

荆棘—刺—束

劲力—劲—力

纠缠（言）—缠—哽

纠缠（行）—缠—梗

揪扯—揪—扯

酒窝—窝—靥

聚集—聚—集

聚拢—聚—拢

觉醒—醒—觉

菌菇—菇—菌

K

坎坷—坎—跳

185

砍斫—砍—斫

看见—见—看

看望—看—望

扛起—扛—肩

棵(量词)—棵—蔸

咳嗽—咳—呛

空闲—空—闲

抠取—抠—挖

哭叫—哭—叫

窟窿—孔—眼

挎物—挎—挽

宽阔—宽—阔

快了—快—易

快疾—快—疾

亏损—亏—蚀

捆绑—捆、绑—缔

L

癞痢—癞—痢

拉链—锁—链

栏圈—圈—栏

累乏—累、乏—劬

理睬—理、睬—睐

厉害—能、强—傲、必

辆(量词)—辆—乘

撩逗—逗—撩

燎烧—烧—燎

裂缝—裂、缝—坼

淋雨—淋、浇—涿

零散—零—散

搂抱—搂、抱—揽

鲁钝—钝—鲁

乱窜—蹿—踔

乱翻—翻—抄

M

麻痹—麻—痹

埋怨—赖、怪—赖

满是—满——

盲瞎—瞎—摸（盲）

每况愈下—差—屄

美丽—美—靓

闷室—闷—窒

谜语—谜—令

末屑—末—屑

木讷—木—笃

母辈亲属—娘—母

N

内部—内—底、里

泥土—土—泥

腻味—腻—囊

黏液—胶—融

黏结—黏—结、黏

鸟 —鸟—鸟

拧 —拧—扭

浓稠—浓、稠—醪

怒火—怒—火

O

呕吐—吐—呕、溢

P

攀爬—攀、爬—缘

僻静—僻—背

抛投—扔—丢

泡茶—泡—冲

盆钵—盆—钵

批租—租—批

漂浮—漂—浮

瓢勺—瓢—勺

拼凑—拼—凑、斗

平均—均—平

凭靠—靠—凭

萍藻—萍—藻

破烂—破—烂

Q

齐全—全—齐

前头—前—头

潜水—潜—汋

悄悄—悄、偷—屏

悄声—悄—嗳

倾侧—倾—侧

清净—清—净

擎举—举—擎

娶亲—娶—讨

全部—全—成

钱款—款—钱

缺口—口—缺

R

绕弯—绕—弯

饶过—饶—赦

热证—火—热

扔掉—扔—丢

忍耐—忍—耐

融化—化—融

熔化—熔—融

容由—让—等
揉搓—揉—搓、揉
柔软—柔—软
弱的—差—衰

S

撒谎—骗—扯
删减—删—减
赡养—养—供
商量—说—讲
上火—火—热
设法—想—觅
生发—生—发
生长—长—生
剩饭—剩—现
剩余—剩—盈
时运—运—时
使用—使—用
受着—受—着
漱口—漱—荡
耍赖—赖—痞
摔倒—摔—跌
衰弱—弱—衰
拴住—拴—缔
算数—数—算
顺从—从—顺
说话—说—话
丝线—丝—线
四处—周—向
酥脆—脆—酥

T

抬起—抬—扛

讨论—论—讲
讨要—要—讨
疼痛—疼—痛
舔舐—舔—舐
天黑—黑—暗
添加—添—加
挑拣—挑—拣
挺直—挺—直
涂抹—抹—涂
腿脚—腿—脚
褪掉—掉—褪
退缩—退—缩

W

弯下—弯—佝
完 —光—了
完了—完—了
完成—完—成
完全—全—完
喂养—喂—供
畏惧—怕—畏
稳住—住—稳
乌黑—黑—乌
午昼—午—昼

X

细小—小—细
惜爱—爱—惜
狭窄—窄—狭
现成—剩—现
相处—处—洽
心胸—胸—心
形色—形—色

行走—走—行
省悟—悟—知、省
凶恶—凶—恶
休息—休、歇—歇
修理—修—整
朽殁—朽—殁
嗅—闻—嗅
虚假—虚—假
畜养—养—畜Qiŭ
选择—选—座
寻找—找—寻

Y

压住—压—笮
阉割—阉—刬、羯
淹浸—淹—浸
掩土—掩—壅
延误—误—宕
养育—养、育—畜
妖精—妖、怪—精
咬啮—咬、嚼—啮
邀约—约—邀
鹞鹰—鹰—鹞
摇曳—摇—曳
噎人—噎—撑
噎着—噎—鲠
夜晚—晚—夜、晏
腋下—腋—胁
一行—行—横
一列—列—竖
一生—辈—世
一直—总—尽
衣服—衣—衫

翼翅—翅—翼　　　　折叠—折—叠　　　　种类—种—色

淫荡—贱、淫—衰　　执着—迷—执　　　　种养—养、种—畜

饮食—饮—食　　　　追逐—追—逐　　　　走遍—遍—交

印迹—印—迹　　　　争辩—争—驳　　　　皱褶—褶—皱

迎接—接—迎　　　　争夺—夺—争　　　　抓挠—挠—搔

游逛—逛—尭　　　　挣脱—挣—摒　　　　捉拿—抓—捉

遇到—遇—撞、碓　知觉—觉—知　　　　祝愿—祝—愿

允诺—允—应（允）　知晓—知—晓　　　　转告—告—学

　　　　　　　　　　支（量词）—支—管　转换—换—转

Z　　　　　　　枝梗—枝—梗　　　　祖父—爷—公

责骂—骂—辱　　　　值得—值—抵　　　　祖母—奶—婆、祖

张开—张—擘　　　　治服—治—降　　　　最后—后—尾

丈夫—夫—丈　　　　治病—治—正　　　　做菜—炒—煮

招惹—招—惹　　　　炙烤—烤—炙　　　　做饭—做—煮

招手—招—曳　　　　忠厚—厚—忠　　　　座位—座—位

着急—急、忙—慌

螫刺—螫、咬—叮

第六章

客家话书面用字的整体性综合考量：多个词汇共用一字的相互照应关系

第一节 阐释与体例

客家话书面表达"用字"的确定，传统的手段是"考本字"。传统"考本字"的过程中，较为普遍的问题是"只见树木不见森林"，缺乏整体性综合考量。在客家话本字考据中，学者往往都是单独地考虑某个字词，而缺乏对关联字词一并考量的过程。学者如果单独对某一字词进行"考本字"，很容易出现竭力从古籍中寻找语音语义相近的"字"，单独来看理据充分，但与之关联的字词却又"考据"到完全不同的另外一个"字"的现象。要解决这个问题，我们必须引入"整体性综合考量"原则。亦即，多个客家话词语中，主干字读音相同或相近，语义存在关联，在这一情形下，我们应朝着采用同一"用字"的方向去探索，使语音、语义、语境相互照应，而不宜各考各字，各论各理。

本书作者提出以下几种"整体性综合考量"路径，这些路径是客家话书面表达体系的重要组成部分。

其一，以语音、语义较为明确的"用字"为基准，对主干字读音相同或相近、语义存在关联的其他客家话词语，尝试采用同一"用字"。例如，表"花谢"的客家话词语的"用字"为"谢$_{Sià}$"，不存在什么疑义，进而以此字为基准，将表"事情不成功"的客家话词语的"用字"确定为"谢了$_{Sià Lǐ}$"，也就顺理成章，将表"无精打采"的客家话词语的"用字"确定为"耷谢$_{Da Sià}$"，也就不难理解了。

其二，以古汉语词语词义长期稳定的"用字"为基准，对主干字读音相同或相近、语义存在关联的其他客家话词语，尝试采用同一"用字"。例如，古代汉语表"醒悟"的字词"省"，其词义长期稳定，现代汉语中依然使用。以此为基准，我们将表"懂事"的客家话词语的"用字"确定为"省事_{Siǎng Si}"，将表"清晰"的客家话词语的"用字"确定为"省_{Siǎng}"，将表"想得开"的客家话词语的"用字"确定为"想得省_{Siǎng De Siǎng}"，也就合情合理，学习者也很容易理解。

再如，"扯谎"，是古代汉语文献中的词汇，也是现代汉语收录的一个词汇，其含义是"撒谎、说假话"。因此，我们就很容易理解客家话词语"打扯"的含义就是"撒谎"，其用字也必然是准确的。进而，客家话词语"扯人"，其含义"骗人"就很容易理解，其用字也必然如此。客家话词语"扯鬼"，其含义"糊弄"也很容易理解，其用字也必然没有其他选择。可见，只要对客家话多个词语共用一字形成相互照应的关系，相关词语的"用字"就很容易理解，不易造成分歧。

其三，古汉语词语词义长期稳定的"用字"，可能存在两个及以上的读音。我们以此为基准，对主干字同字异音、语义存在关联的其他客家话词语，尝试采用同一"用字"。例如，"母"作为汉字表音部件，有两个读音"母_{Měi}"与"母_{ǒi}"。以此为基准，我们将表"母亲"的客家话词语的"用字"确定为"阿母_{Ngū Měi}"，将表"祖母"的客家话词语的"用字"确定为"母祖_{ǒi Ziǔ}"，将表"舅母"的客家话词语的"用字"确定为"舅母_{Qiū Měi}"，将表"姨母"的客家话词语的"用字"确定为"姨母_{Yī ǒi}"，也就很容易理解了。

其四，现代汉语及其口语长期稳定的词义也是从古汉语中流传而来的。所以，以现代汉语及其口语的普适性字义为基准，我们对主干字读音相同或相近、语义存在关联的其他客家话词语，尝试采用同一"用字"。例如，"抻平""扯平"都是现代汉语口语中用于表达"使衣物平整"的词汇。由此，我们很容易理解客家话词语"抻扯"的含义就是"使衣物平整"，进而引申为"事物平顺"的含义，进而就很容易理解"走得抻""做得抻"的含义分别是"有能力走完某一路程""有能力做完某事"，其用字也必然无误。

再如，"滚烫"是现代汉语口语中表示"温度极高"的一个词汇，也有其古汉语词义的源流。因此，我们以此为基准，将表"热水"的客家话词语的"用字"确定为"滚水_{Gǔn Shuǐ}"，将表"加热"的客家话词语的"用字"确定为"舞滚_{Wǔ Gǔn}"。这样的阐释，现代汉语读者很容易理解其含义。

其五，现代汉语使用大量的成语，其中的主干字多数是古汉语中长期稳定的字义。所以，以汉语成语主干字的语义为基准，我们对主干字读音相同或相近、语义存在关联的其他客家话词语，尝试采用同一"用字"。例如，成语"熙熙攘攘"的"攘"，由"纷乱"引申为"热闹"之义。以此为基准，我们将表

"人多"的客家话词语的"用字"确定为"攘$_{Ngiàng}$"，将表"拥挤"的客家话词语的"用字"确定为"攘$_{Yàng}$"，将表"多此一举"的客家话词语的"用字"确定为"攘$_{Ngiāng}$"，是合理的，语音、语义都相通。再如，成语"缘木求鱼"的"缘"，其含义为"攀爬"。以此为基准，我们将表"攀爬""爬过"等客家话词语的"用字"确定为"缘$_{Yén}$"，是合理的，语音、语义也相符。

其六，我们以语音语义较为明确的"用字"为基准，对读音相同或相近的其他客家话词语"用字"，尝试从所表物品的具体形象中去寻找语义相符的"用字"。例如，表"罐子"的客家话词语的"用字"为"罂$_{āng}$"，不存在什么疑义，将表"酸菜坛子"的客家话词语的"用字"确定为"浸罂$_{Zìn āng}$"，将表"脸庞"的客家话词语的"用字"确定为"面罂$_{Mièn āng}$"，合情合理。在了解这一关联线索后，我们对相关词语的理解极为简单清晰，否则将不知所云。

总之，整体性综合考量的一种重要形式就是，多个词汇采用同一个"用字"，可相互照应，而不影响词义，并行不悖。例如，"捨"字，可以用在多个客家话词汇中，语义不完全相同，但相互之间有一定的语义联系。"喊捨$_{Hàn Shǎ}$"（叫苦连天），"捨得$_{Shǎ De}$"（大方），"捨交$_{Shǎ Gāo}$"（殷勤），"捨己$_{Shǎ Jǐ}$"（努力）。

整体性综合考量有助于客家话"用字"的合理选择，有助于客家话词语语义的理解。例如，客家话表"敷衍"的词语读音为"Yé"，而"撒种子"的词语读音为"Yè"，综合起来考量，选择"衍"作为两个词语的共同用字是较为合理的，既符合语义，读音也能够统一。再如，客家话表"抠取"的词语读音为"Ye"，表"凹陷"的词语为"Ye"，表"小锄"的词语读音为"Ye"，综合起来考量，选择"挖（穵）"作为三个词语的共同用字是较为合理的，符合语义，读音也统一。

这就是"整体性综合考量"在客家话书面表达体系中的重要作用，既兼顾了现代汉语读者的理解力，又较好地体现了客家话词语的词义语境。

本章按照上述路径，整理了若干组客家话多个词汇共用一字的字词及其相互照应关系，供读者参考。每一组第一个字（仿宋体加粗）为客家话多个词汇共用之字，其后为包含该"用字"的各个客家话词语（仿宋体为客家话词语、下标为其读音）及其现代汉语含义（以括号内的宋体表示），以"用字"的现代汉语读音拼音为序。

第二节　客家话多个词汇共用一字的字词及其对应关系

A

挨—挨夜子$_{āi\ Yà\ Zǐ}$（傍晚）—挨$_{Kái}$（拖延）—挨$_{Kái}$（治愈无望延时）

B

背—背梁$_{Bòi\ Neóng}$（背部）—~背$_{Bò}$（屋后、门后）—背$_{Bò}$（偏僻的）

驳—驳$_{Bo}$（接驳）—驳$_{Bo}$（嫁接）—一驳$_{Yi\ Bo}$（一段时间）

C

杈—杈$_{Cà}$（树杈）—杈事$_{Cà\ Sì}$（碍事）

划—划$_{Sièn}$（阄割）—划掉$_{Sièn\ Diào}$（淘气）

扯—打扯$_{Dǎ\ Che}$（撒谎）—扯人$_{Che\ Ngín}$（骗人）—扯鬼$_{Chě\ Guǐ}$（糊弄）

衬—衬手$_{Tèn\ Shū}$（帮衬）—衬阵$_{Tèn\ Chèn}$（作伴）—衬闹热$_{Tèn\ Nào\ Ngiè}$（凑热闹）

抻—抻扯$_{Chēn\ Chā}$（平顺）—~得抻$_{De\ Chēn}$（能完成）

D

缔—缔$_{Tia}$（系、结）—缔$_{Tia}$（捆绑）—缔$_{Tia}$（捕兽器）

斗—斗伙$_{Dèu\ Fǒ}$（合伙）—斗阵$_{Dèu\ Chèn}$（结伴）—斗$_{Dèu}$（拼合）

碓—碓$_{Dòi}$（春捣）—颠碓$_{Diēn\ Dòi}$（颠倒）—碓到$_{Dòi\ Dǎo}$（遇到）

E

扼—扼$_{aa}$（牛扼）—扼$_{ǒ}$（坍塌）—扼盍$_{ǒ\ Ho}$（落空）

愕—愕$_{Ngò}$（惊愕）—愕呆$_{āng\ Dāng}$（懵懂）—愕牯$_{Ngò\ Gǔ}$（蠢人）

F

拂—拂$_{Fù}$（掀被）—拂$_{Fù}$（抛撒）—拂$_{Fi}$（扔）—照拂$_{Zhāo\ Fū}$（小心）

妇—妇娘子$_{Bū\ Ngiáng\ Zi}$（妇女）—息妇$_{Sīn\ Qiū}$（儿媳）

G

梗—梗_{Guǎng}（树枝）—梗手梗脚_{Gàng Shǔ Gàng Jo}（碍手脚）—凌梗_{Lèn Guǎng}（冰凌）—梗梗梗梗_{Gáng Gáng Gàng Gàng}（横七竖八）

工—工夫_{Gōng Fū}（时间）—人工_{Ngín Gōng}（时间）—～工_{Gōng}（天数）

光—旺光_{Wàng Gāng}（明亮）—光窗_{Gāng Cāng}（窗户）—天光_{Tiēn Gāng}（明天）

滚—滚水_{Gǔn Sheǐ}（热水）—舞滚_{Wǔ Gǔn}（加热）—滚无过_{Gǔn Ngú Gò}（烫）

H

颔—颔头_{Ngǎn Téu}（点头）—啜颔底_{Zhòi Ngǎn Du}（下巴）—颔_{Hěn}（同意）—颔_{Hěn}（容易）

盍—～盍_{Hei}（完了）—用盍_{Yòng Hei}（花费）—冇盍了_{Máo Hei Lǐ}（不见了）—扼盍_{ǒ Ho}（落空了）

横—横横横横_{Wáng Wáng Wàng Wàng}（横七竖八）—横_{Wàng}（倾倒下）—横竖_{Wáng Sì}（反正）—眼横横_{Ngǎn Wàng Wàng}（瞪眼）—顽横_{Ngá Wáng}（蛮横）

好—好践_{Hǎo Siēn}（请小心）—人好_{Ngín Hǎo}（无恙）—好得_{Hǎo De}（幸亏）

J

捡—捡_{Jien}（拾起）—捡_{Jien}（收拾）—捡了苦食_{Jiěn Lǐ Fǔ Shi}（经历苦难）

荐—荐_{Ziēn}（使～紧）—荐_{Ziēn}（推责）—荐_{Ziēn}（踮起）

烬—烬_{Gō}（燃尽）—烬殁_{Gō Mō}（灭绝）

尽—尽命_{Cìn Miàng}（尽力）—尽_{Zìn}（总在）—尽命了_{Cìn Miàng Lǐ}（难办了）

徼—徼_{Jiàng}（忌口）—徼_{Jiàng}（忍住）—徼_{Qiàng}（小心防护）

拘—不拘_{Bee Jiī}（随便）—毋使拘礼_{Ngú Sǐ Jiī Lǐ}（别客气）

K

空—空_{Kòng}（倒掉）—空事_{Kòng Sì}（闲话）—空的_{Kòng Gi}（不管用）—打空手_{Dǎ Kǒng Shǔ}（两手空空）

L

瘌—瘌壳_{La Ko}（癞头）—饭瘌_{Fàn La}（锅巴）

寥—寥_{Lào}（虚疏）—寥寥子_{Lào Lào Zi}（有时）

敛—敛_{Liěn}（雨停）—敛_{Liěn}（干涸）—敛_{Liěn}（水放完）

落—落雨_{Lò Yǐī}（下雨）—安落_{oān Lò}（安心）—放落_{Fàng Lò}（放下）—角

落 Go Lò（旮旯）

M

殁—殁 Mee（腐朽）—殁旧 Miè Qiù（极旧）—烬殁 Gō Mō（燃尽）—烬殁 Gō Mō（灭绝）

母—阿母 Ngū Mēi（母亲）—母祖 ōi Ziǎ（祖母）—舅母 Qiū Mēi（舅母）—姨母 Yí ōi（姨母）

N

囊—囊 Ngāng（肥腻）—囊 Ngāng（使人腻味）—囊牯 Ngāng Gū（蠢人）

P

凭—凭 Pèn（倚靠）—凭背椅 Yǎng Pèn Yǐ（靠背椅）—两凭背 Yǎng Pèn Bòi（两地紧挨着）

Q

气—出气 Chii Xì（呼吸）—气神 Xì Shén（精神头）—着气 Chò Xì（生气）—热气 Ngiè Xì（上火）

R

攘—攘 Ngiàng（人多）—攘 Yàng（拥挤）—攘 Ngiāng（多此一举）

融—融 Yóng（融化）—融 Yóng（熔化）—融 Yóng（黏液）

S

煞—煞 Sa（烈性）—煞瘾 Sa Yǐn（难以承受）—～煞 Sa（覆盖全部）—结煞 Jie Sa（完结）—煞尾 Sa Mī（最后）

捨—捨交 Shǎ Gāo（殷勤）—捨得 Shǎ De（大方）—喊捨 Hàn Shǎ（叫苦）

舍—下舍 Hèi（居住）—邻舍 Lín Shà（邻居）—旅舍 Lǐ Shà（旅馆）

身—洗身 Sěi Shēn（洗澡）—起身 Xǐ Shēn（开始）—打转身 Dǎ Zhoǎn Shēn（去一下）

—过了身 Gò Lì Shēn（错过）—过身 Gò Shēn（去世）

使—～使 Shǐ（～的话）—无是使 Ngú Hì Shí（不然）—毋使 Ngú Sǐ（不必）—省使 Sǎng Sǐ（省得）

是—是 Hì（是的）—是非 Hì Mǐ（是不是）—无是使 Ngú Hì Shí（不然）—是还 Hì Hán（非常）

T

趖—过趖_{Gò Tàng}（路过）—过了趖_{Gò Lǐ Tàng}（错过了）

脱—脱_{To}（分开）—脱爪_{To Zǎ}（摆脱）—脱色_{To Se}（褪色）—撒脱_{Pie To}（不摆谱）

W

挖—挖_{Ye}（抠取）—挖_{Ye}（凹）—毋遮挖_{Ngú Zhe Ye}（不抵事）—挖子_{Ye Zi}（小锄）

挽—挽_{Wǎn}（挂在）—挽_{Kuàn}（挎）—挽大肚_{Kuàn Tài Dǔ}（怀孕）

尾—头尾_{Téu Mǐ}（前后）—煞尾_{Sa Mǐ}（最后）—手指尾_{Shǔ Zhǐ Mǐ}（小指）

畏—畏_{Wì}（畏惧）—怕畏_{Pà Wì}（害怕）—畏势_{Wì Shì}（胆怯）

谓—谓_{Wì}（所谓）—谓且_{Wì Cie}（难道说）—枉谓_{Wáng Wì}（枉然）

乌—乌_{Wū}（黑色）—乌_{Wū}（黑暗）—乌_{Wū}（熄灭）

X

析—析开_{Sǎ Kōi}（剖开）—以析_{Yǐ Sa}（这边）—一析_{Yi Sa}（一瓣）—瓦析_{Ngǎ Sa}（瓦片）—邋析_{Le Sa}（垃圾）

息—息子_{Sèi Zi}（儿子）—息妇_{Sīn Qiū}（儿媳）—孩息_{Hài Sèi}（小孩）

先—恰先_{Ga Siēn}（刚才）—头先_{Téu Siēn}（最先）—早先_{Zǎo Siēn}（从前）

涎—涎_{Siēn}（脸皮厚）—涎_{Siē}（哂笑）—涎状_{Yè Zhei}（脏兮兮）

现—现的_{Xièn Gì}（现成的）—现饭_{Xièn Fàn}（剩饭）—现遮_{Xièn Zhe}（出丑）

谢—谢_{Siá}（花谢）—谢了_{Siá Lǐ}（不成）—奄谢_{Da Siá}（无精打采）

心—心_{Sīn}（中间）—心肝下_{Sīn Goān Ha}（内心）—心肝前_{Sīn Goān Cién}（胸口）

—落心_{Lò Sīn}（放心）—有心_{Yěu Sīn}（顾念）

省—省事_{Siǎng Sì}（懂事）—省_{Siǎng}（清晰）—想得省_{Siǎng De Siǎng}（想开）

畜—畜羊_{Xiǔ Yáng}（畜养）—畜瓜_{Xiǔ Guā}（种养）—畜种_{Xiǔ Zhiǒng}（保留）—畜熟_{Siǔ}（成熟）

学—学行_{Ho Háng}（学走路）—学~听_{Hò ~ Tiāng}（告诉）—学舌_{Ho She}（传闲话）

Y

衍—衍_{Yè}（撒种子）—衍衍衍衍_{Yé Yé Yè Yè}（漏撒）—衍衍子_{Yé Yé Zi}（敷衍）

仰—仰_{Ngǎng}（抬头）—敬仰_{Jìn Ngiàng}（祭祀）

要—毋要_{Ngu- mōi}（不要）—要毋要_{ōi Mōi}（要不要）

揖—长揖_{Chàng Yā}（长揖拜谒）—揖拜_{Yiū Bà}（庆幸）

翼—翼扑_{Yii Pa}（翅膀）—洋翼扑子_{Yáng Yii Pó Zi}（蝴蝶）

婴—婴伢_{āng Ngá}（婴儿）—婴呱_{āng Gŭ}（幼稚）—婴懂_{āng Dăng}（无知）

罂—罂_{āng}（罐）—浸罂_{Zìn āng}（酸菜坛子）—糖罂子_{Tang āng Zi}（金樱子）—面罂_{Mièn āng}（脸庞）

盈—盈_{Ngiàng}（剩余）—盈的_{Yiáng Gì}（别的）—舞得盈_{Wŭ De Yiáng}（来得及）—做毋盈_{Zò Ngú Yáng}（忙不过来）

萦—萦_{Ngiáng}（缠绕）—萦一下_{Ngiáng Yi Hà}（弯路）—该萦_{Găi Yāng}（那附近）

营—营牛_{Ngiàng Niú}（放牧）—营人_{Ngiàng Ngín}（看小孩）—营屋_{Ngiàng Wu}（守家）

Z

燥—燥_{Zāo}（干燥）—啜燥_{Zhòi Zāo}（口渴）—燥人_{Zào Ngín}（让人着急）—懊燥_{ào Zào}（烦闷）

张—张_{Zhiāng}（盛放）—一张_{Yii Zhiāng}（一把）—清张_{Cīn Zhiāng}（清楚）

照—照_{Zhà}（朝着）—照轮_{Zhào Lín}（轮流）—照拂_{Zhāo Fū}（照看）—照拂_{Zhāo Fū}（小心）

遮—现遮_{Xièn Zhe}（现眼）—毋遮挖_{Ngú Zhe Ye}（不抵事）

阵—一阵子_{Yii Chèn Zi}（一会儿）—该阵子_{Găi Chèn Zi}（那段时间）—阵_{Chèn}（伙伴）—跟阵_{Gēn Chèn}（随大流）

知—知得_{Dī De}（感觉到）—毋知人事_{Ngú Dī Ngín Sì}（不省人事）—话～知_{Wà ~ Dī}（使知道）—毋知死_{Ngú Dí Sǐ}（蛮干）

逐—逐_{Jiù}（赶走）—逐_{Jiù}（追赶）—好逐_{Hào Zhe}（爱表现）

转—倒转_{Dào Zhuǎn}（返回）—一转_{Yi Zhoǎn}（一趟）—打转身_{Dǎ Zhoǎn Shēn}（去一下）—转角_{Zhoǎn Go}（拐弯）—转_{Zhoàn}（倾倒）

状—邋状_{Le Zhei}（肮脏）—涎状_{Yè Zhei}（不讲卫生）

着—着_{Zho}（穿着）—着_{Chò}（对的）—着吓_{Chò Ha}（受惊）—着累_{Chò Lèi}（辛苦）

祖—母祖_{ói Ziǎ}（祖母）—老祖子_{Lǎo Ziǎ Zi}（老太婆）

座—座定_{Cò Tīn}（肯定会）—座_{Cò}（选择）—肯座_{Hěn Cò}（宁可）

第七章

客家话书面用字的整体性综合考量：表音部件相同汉字的相互照应关系

第一节　阐释与体例

客家话书面表达"用字"的确定，重要手段是"考本字"。"考本字"还有一种整体性综合考量的方式，那就是对客家话词语读音相同或相近的主干字，可从汉字表音部件相同的汉字中去考量选择。因为，表音部件相同的形声字，其读音（特别是韵母）是相同的。在不同的方言体系中，它们也基本上是同步变化的。这就为客家话词语"用字"的选择，指明了准确的方向，大大缩小了选择范围，从中根据语义确定"用字"，既可满足读音相符要求，也可满足语义相符要求。

以语音语义较为明确的"用字"为基准，我们对读音相同或相近的其他客家话词语"用字"，尝试从汉字表音部件相同的汉字中去寻找语义相符的"用字"。例如，表"罐子"的客家话词语的"用字"为"罂$_{āng}$"，不存在什么疑义，进而，对表"婴儿"的客家话词语的"用字"，根据相同表音部件的线索，确定为"婴$_{āng}$"也就合情合理。在此基础上，我们将表"婴幼儿"的客家话词语的"用字"确定为"婴伢$_{āng\ Ngá}$"，将表"婴儿笑、幼稚"的客家话词语的"用字"确定为"嘤呱$_{āng\ Gǔ}$"，将表"幼稚无知"的客家话词语的"用字"确定为"婴懂$_{āng\ Dǎng}$"，将表"金樱子"的客家话词语的"用字"确定为"糖樱子$_{Tang\ āng\ Zi}$"，也就顺理成章了，学习者也能够很容易理解。

再如，表"拆开"的客家话词语的"用字"为"拆$_{Ca}$"，不存在什么疑义，进而对表"缝隙"的客家话词语的"用字"，根据相同表音部件的线索"斥"，确定为"坼$_{Ca}$"也就合情合理。

再如，表"缠绕"的客家话词语的"用字"为"萦$_{Yiáng}$"，疑义不大，进而对表"放牧、看管"的客家话词语的"用字"，根据相同表音部件的线索，确定为"菅$_{Yiáng}$"也就合情合理，学习者也容易理解。

又如，表"街道"的客家话词语的"用字"为"街$_{Gāi}$"，不存在什么疑义，进而对表"鞋"的客家话词语的"用字"，根据相同表音部件的线索，确定为"鞋$_{Hái}$"也没有什么疑问，对表"青蛙"的客家话词语的"用字"，根据相同表音部件"圭"的线索，确定为"蛙$_{Guǎi}$"则合情合理。由此可知，"蛙"就是其本字本音，从而可以彻底否定"蜗"的写法。

在以表音部件为基准，确定客家话书面表达"用字"的过程中，我们应以未简化的汉字作为依据。因为，简化汉字没有完全按照原有表音部件进行简化，所以，简化后的表音部件未必真正反映其客家话读音。例如，"价（價）"的表音部件就不应当作"介"来看待；"琼（瓊）"的表音部件就不应当作"京"来看待。再如，"盖（蓋）"的表音部件是"盍"而不是其他。

本章整理了客家话中若干组表音部件相同汉字的对应关系，供读者参考。这些对照关系，是客家话书面表达体系的重要组成部分。每一组第一个字（宋体加粗）为客家话多个字词共用之表音部件，其后为包含该"部件"的各个客家话字词（仿宋体为客家话字词、下标为其读音）以"表音部件"的现代汉语读音拼音为序。

第二节　客家话中表音部件相同汉字的对应关系

安—安$_{oān}$；晏$_{ān}$

卬—仰$_{Ngāng}$；迎$_{Ngāng}$；

白—怕$_{Pà}$；百$_{Ba}$；伯$_{Ba}$；柏$_{Ba}$；拍$_{Pa}$；魄$_{Pa}$；帕$_{Pà}$

卑—卑$_{Bī}$；碑$_{Bī}$；脾$_{Pí}$；髀$_{Bǐ}$

孱—孱$_{Càn}$；潺$_{Cán}$

辰—辰$_{Shén}$；晨$_{Shén}$；唇$_{Shén}$

成—成$_{Shiáng}$；晟$_{Chiáng}$；盛（张）$_{Zhiáng}$

斥—拆$_{Ca}$；坼$_{Ca}$

丑—纽$_{Niǔ}$；扭$_{Ziǔ}$

垂—睡$_{Shói}$；腄$_{Chói}$

寸—衬$_{Cèn}$；衬$_{Tèn}$；村$_{Cēn}$

甫—哺$_{Bū}$；哺$_{Bū}$

198

干—赶$_{Goǎn}$；秆$_{Goǎn}$；肝$_{Goān}$；骭$_{Koān}$

艮—根$_{Gēn}$；狠$_{Cěn}$；恳$_{Jiěn}$

更—哽$_{Gǎng}$；梗$_{Gàng}$；鲠$_{Gǎng}$

各—各$_{Go}$；阁$_{Go}$

亥—亥$_{Hòi}$；该$_{Gōi}$；颏$_{Gōi}$

盍—盍$_{Hei}$；盖（蓋）$_{Kei}$

含—含$_{Hén}$；颔$_{Hěn}$

合—合$_{Ha}$；盒$_{Ha}$；拿$_{Na}$；恰$_{Ga}$；洽$_{Ga}$

瓜—狐$_{Fú}$；孤$_{Gū}$；瓠$_{Pú}$；呱$_{Gū}$

圭—街$_{Gāi}$；鞋$_{Hài}$；蛙$_{Guǎi}$

黄—黄$_{Wáng}$；横$_{Wáng}$

戋—钱$_{Cién}$；线$_{Sièn}$；贱$_{Cièn}$；溅$_{Zièn}$；践$_{Sièn}$；划$_{Sièn}$

介—尬$_{Gài}$；界$_{Gài}$；芥$_{Gài}$；疥$_{Gài}$

京—凉$_{Liáng}$；谅$_{Liáng}$；晾$_{Liàng}$；影$_{Yiǎng}$

敬—儆$_{Jiàng}$；儌$_{Qiàng}$；擎$_{Ciàng}$；惊（驚）$_{Jiāng}$

客—客$_{Ka}$；额$_{Ngiǎ}$

剌—剌$_{La}$；瘌$_{La}$

令—令$_{Liàng}$；岭$_{Liāng}$；零$_{Liáng}$

鹿—摝$_{Lǔ}$；漉$_{Lù}$

末—末$_{Ma}$；抹$_{Ma}$；袜$_{Ma}$

免—挽$_{Wǎn}$；挽$_{Kuàn}$

每—梅$_{Mói}$；海$_{Hǒi}$

朿—朿$_{Nē}$；策$_{Cē}$；责（責）$_{Zē}$

农—农$_{Nóng}$；浓$_{Ngóng}$；脓$_{Nóng}$；秾$_{Ngóng}$

丕—杯（盃）$_{Bōi}$；坯$_{Pōi}$；胚$_{Pōi}$

辟—劈$_{Pia}$；霹$_{Pia}$；壁$_{Bia}$

音—部$_{Bòi}$；陪$_{Pói}$；赔$_{Pói}$；焙$_{Pòi}$

佥—捡$_{Jiěn}$；敛$_{Liěn}$；险$_{Xiěn}$；脸$_{Liěn}$

青—青$_{Ciāng}$；晴$_{Ciáng}$；请$_{Ciǎng}$；精$_{Ziāng}$；清$_{Ciāng}$；箐$_{Ciāng}$

且—祖$_{Ziǎ}$；且$_{Ciá}$；趄$_{Ciá}$

闰—闰$_{Yìn}$；润$_{Yìn}$

射—射$_{Shà}$；谢$_{Siá}$；谢$_{Sià}$

石—拓$_{To}$；硕$_{Sho}$；斫$_{Zho}$

庶—遮$_{Zha}$；蔗$_{Zhà}$

衰—衰$_{Só}$；襄$_{Sō}$

双—双$_{Sōng}$；㧯$_{Ciǒng}$

我—饿$_{Ngó}$；蛾$_{Ngó}$；鹅$_{Ngó}$

昔—惜$_{Sia}$；鹊$_{Sia}$；借$_{Zià}$；籍（席）$_{Cia}$

析—析$_{Sa}$；皙$_{Sia}$

襄—囊$_{Neāng}$；攘$_{Ngiàng}$；攘$_{Yàng}$

學—学$_{Ho}$；觉$_{Go}$

乙—乙$_{Ye}$；挖（穵）$_{Ye}$

賏—婴$_{āng}$；罂$_{āng}$；樱$_{āng}$；嘤$_{āng}$

熒—萤$_{Yiáng}$；营$_{Yiáng}$；萦$_{Yiáng}$

弋—裁$_{cói}$；截$_{cói}$；栽$_{Zōi}$；戴$_{Dòi}$

坐—坐$_{Co}$；座$_{Cò}$；挫$_{Cio}$

第八章

客家话书面用字的特色考量：几类特色字词例举

本章分别总结了客家话书面表达体系的三类特色字词，一是客家话不同词性相互通用的若干词语；二是客家话中连读、慢读、合音的若干词语；三是客家话中各个形容词表"极度"的特色词语。这些特色词语，对学习和掌握客家话词语用字特征的人，有重要的参考作用。

第一节　客家话不同词性词语相互通用的例举

客家话词语中，存在一定数量不同词性词语相互通用的情形，如名词可作为动词使用，动词可作为名词使用，名词可作为形容词使用，形容词可作为名词使用，动词可作为形容词使用，形容词可作为动词使用。以下例举的词语只是其中一部分（n 代表名词、a 代表形容词、v 代表动词）。客家话不同词性词语相互通用的特性，也是客家话词语"用字"判定的一个重要启示性方向。例如，表"堆积"的客家话词语读音为"Ziāo"，如果仅从动词角度去探究，很难找到其合适的"用字"，但从名词、动词通用的角度来考察，就容易找到"樵"这一合理的"用字"。如表"捕兽器"的客家话词语读音为"Tiā"，如果仅从动词角度去探究，很难找到其合适的"用字"，但从名词、动词通用的角度来考察，就容易找到"缔"这一合理的"用字"。

凹ₙ—挖n/v　　　　顶ᵥ—栋v/n　　　　记号ₙ—记认n/v
闭塞的ₐ—山a/n　　毒害ᵥ—药v/n　　　祭祀ₙ—敬仰n/v
捕兽器ₙ—缔n/v　　颔ᵥ—颔v/n　　　　堆积ᵥ—樵v/n
打听ᵥ—根v/n　　　哄ᵥ—乖v/a　　　　乞丐ₙ—告化n/v
倒出ᵥ—孔v/n　　　划分ᵥ—界v/n　　　坎儿ₙ—跳n/v
垫ᵥ—楔v/n　　　　嗅闻ᵥ—鼻v/n　　　看到ᵥ—影v/n

犁田$_v$—耒$_{v/n}$　　　淘气的$_a$—划掉$_{a/v}$　　　碎片$_n$—析$_{n/v}$

搌起—层$_{v/n}$　　　　讨厌的$_a$—恼$_{a/v}$　　　烫$_a$—爇$_{a/v}$

门开着$_a$—桠$_{v/n}$　　剩下$_v$—盈$_{v/a}$　　　无能$_a$—祭窖$_{a/n}$

捉迷藏$_n$—屏$_{n/v}$　　生硬的$_a$—硬柞$_{a/n}$　熄灭$_v$—乌$_{v/a}$

明天$_n$—天光$_{n/v}$　　使~紧$_v$—荐$_{v/n}$　　小锄$_n$—挖$_{n/v}$

黏液$_n$—融$_{n/v}$　　　守规矩的$_a$—尊卑$_{a/n}$居住在$_v$—下舍$_{v/n}$

年轻的$_a$—后生$_{a/n}$　耍赖$_v$—痞$_{v/a}$　　　掩埋$_v$—窖$_{v/n}$

平整的$_a$—抻扯$_{v/a}$　说$_v$—话$_{v/n}$　　　　座$_n$—渡$_{n/v}$

第二节　客家话中连读、慢读、合音词语例举

　　"一字一音节"是汉语汉字的一般规律，但客家话中存在一定数量的例外情形。其主要包括连读形成的合音词、慢读形成的多音节用字、连读形成的不可区分音节等情形。以下列举了客家话中部分例外词语（左侧宋体加粗为现代汉语词语，中间仿宋体及下标为客家话词语单字单音的情形，右侧仿宋体及下标为连读、慢读、合音后的情形）。"一字一音节"例外情形，是客家话书面表达的重要组成部分，也是客家话词语"用字"选择的一种方向。例如，表"非常"的客家话词语读音为"Ha Nín"，如果仅仅从"一字一音节"来探究，只能选择"吓人"作为其"用字"，但从"单字多音节"的角度来考察，则可得出"很"（读音为"Ha- nín"）为其"用字"，显然后者更加合理。

不要—毋$_{Ngú}$要$_{ōi}$—毋要$_{Ngu\text{-}mōi}$

第二天—第$_{Ti}$二$_{Ni}$日$_{Nii}$—第二$_{Tin}$日$_{Nii}$

非常—很$_{Hen}$—很$_{Ha\text{-}nín}$

刚刚—只$_{Zha}$样$_{Yàng}$—只样$_{Zhiàng}$

乖巧—活$_{Fue}$泛$_{Fan}$—活泛$_{Fa}$

过于—特$_{Te}$别$_{Pie}$—特$_{Tie}$

极—莫$_{Mo}$无$_{Ngu}$—莫$_{Mèn}$

居住在—下$_{Ha}$舍$_{Sha}$—下舍$_{Hèi}$

咳嗽—呛$_{Ciàng}$嗽$_{Su}$—呛嗽$_{Cu}$

没有—莫$_{Mo}$有$_{Yeu}$—有$_{Máo}$

哪—哪$_{Na}$一$_{Yi}$一哪$_{Nǎi}$

纽扣—纽$_{Niǔ}$扣$_{Kèu}$子$_{Zi}$—纽扣子$_{Něu\ Zi}$

如此—该$_{Gǎi}$般$_{Ban}$—该般$_{Gǎn}$

尚未—莫$_{Mo}$曾$_{Ceng}$—莫曾$_{Máng}$

讨厌—毋$_{Ngu}$好$_{Hao}$—恼$_{Nǎo}$

挑剔—嫌$_{Xiēn}$样$_{Yàng}$—嫌样$_{Siàng}$

下次—另$_{Ting}$一$_{Yi}$道$_{Tào}$—另一道$_{Tin\ Tào}$

像样—像$_{Siàng}$样$_{Yàng}$—像$_{Ciàng}$

要不要—要$_{oi}$毋$_{Ngú}$要$_{oi}$—要毋要$_{oi\ Mǒi}$

噪聒—叽$_{Ji}$喳$_{Zha}$—叽喳$_{Jià}$

这样的—该$_{Gǎi}$样$_{Yàng}$的$_{Gì}$—该样$_{Gaāng}$的$_{Gì}$

曾孙—孙$_{Sēn}$曾$_{Zēn}$—孙曾$_{Se\ Zǐ}$

第三节　客家话中若干形容词表"极度"的特色词语例举

客家话中针对不同的形容词表"极度"有其各自对应的特色用字，有客家话特色，也体现了客家话口语词语的丰富性。客家话书面表达中，应将其精华词语吸纳，以下例举其中的一部分，有些词语未必是本字，但"用字"尽可能体现了客家话词语所表达的意思。

A

暗—冥暗$_{Miè\ an}$

B

白—皙白$_{Sià\ Pa}$

白—雪白$_{Siè\ Pa}$

薄—叶薄$_{Shè\ Po}$

C

稠—溃醪$_{Kuè\ Néu}$

臭—喷臭$_{Pēng\ Chù}$

粗—剧粗$_{Jià\ Cii}$

脆—即脆$_{Zi\ Cèi}$

D

淡—贬淡$_{Bié\ Tān}$

淡—寡淡$_{Guá\ Tān}$

冻—缩冷$_{Siú\ Lāng}$

F

肥—阔壮$_{Kuè\ Zàng}$

G

干—旷燥$_{Kuà\ Zāo}$

H

好—上好$_{Shàng\ Hǎo}$

黑—墨黑$_{Mè\ Hei}$

红—掀红$_{Xiēn\ Fōng}$

厚—端厚$_{Dè\ Hēu}$

滑—沓滑$_{Ta\ Wea}$

滑—荡滑$_{Tàng\ Wea}$

黄—凌黄$_{Lēn\ Wáng}$

浑—溃浑$_{Kuè\ Fén}$

J

健—魁健$_{Kuà\ Qien}$

203

紧—缯紧 Zèn Jǐn
净—即净 Zì Ciàng
静—寂静 Zì Cìn
静—肃静 Siù Cìn
旧—殁旧 Miè Qiù

K

苦—沮苦 Ziū Fǔ

L

蓝—湛蓝 Càn Lán
老—梆老 Bāng Lǎo
凉—沁凉 Sǐn Liáng
凉—冰冷 Bin Lāng
亮—旺光 Wàng Gāng
绿—阔绿 Kuè Liù

N

嫩—粉嫩 Fen Nèn
暖—焙滚 Pàng Gǔn

P

破—殁烂 Miè Làn

Q

齐—崭齐 Za Cé

青—秀青 Siú Ciāng
清—镜清 Jàng Cīng
轻—乏轻 Fe Qiāng
轻—飘轻 Piāo Qiāng
全—簇齐 Za Cé
全—完全 Kuēn Cién

R

韧—扭韧 Ziū Ngìn
柔—泛软 Fa Ngoān
软—瘪软 Bie Ngoān

S

骚—喷骚 Pēng Sāo
烧—赫烧 Hō Shāo
湿—浃湿 Ziè Shi
实—牒结 Tiè Jie
熟—烂熟 La Shù
熟烂—博绵 Bō Mién
瘦—瘠瘦 Jiè Sèu
酸—即酸 Ziū Soān

T

甜—津甜 Zīn Tién

W

稳—笃稳 Dò Wěn

X

稀—寡鲜 Guá Siēn
细—末碎 Mea Sèi
咸—剧咸 Ziū Hán
香—喷香 Pēng Xāng
响—聒叫 Guè Jào
新—崭新 Za Sīn
新—晟新 Chāng Sīn
朽—乍殁 Za Me

Y

严—端緼 Dè Hēn
痒—攫痒 Qià Yāng
晕—车晕 Chā Yīn
硬—梆硬 Bāng Ngàng
圆—擂圆 Lei Yén
圆—完圆 Kuēn Yén

Z

粘—搭粘 Da Zhēn
直—笔直 Bi Chi
直—剧直 Jià Chi
重—端重 Dè Chiōng

第九章

客家话书面用字的古韵考量：客家话读音与古诗词韵脚的可参照性

中古时期的许多汉语诗词，以现代汉语读音来诵读是不押韵的，而以客家话读音来读，则符合音韵规则。由此可见，大量客家话字词确实保留了中古汉语汉字的读音或韵脚。因此，中古汉语汉字也就为客家话读音提供了大量可参考的历史资料。反过来，客家话字词的读音也为中古时期汉语诗词的韵脚提供了切实的参照对象。本章对 130 余首古代名家诗词名篇（古诗 88 首，古词 47 首），列出韵脚用字的读音，既为读者学习和认识客家话字词读音提供参考，也为读者诵读古代诗词提供参考。个别字的注音与第四章注音略有不同，可视作等价读音。

第一节　客家话读音与古诗韵脚的参照

1. **奉和咏日午**([唐] 虞世南)
高天净秋色，长汉转曦车_{Chā}。
玉树阴初正，桐圭影未斜_{Siá}。
翠盖飞圆彩，明镜发轻花_{Fā}。
再中良表瑞，共仰璧晖赊_{Shā}。

2. **怀仙**([唐] 王勃)
鹤岑有奇径，麟洲富仙家_{Gā}。
紫泉漱珠液，玄岩列丹葩_{Pā}。
常希披尘网，眇然登云车_{Chā}。
鸾情极霄汉，凤想疲烟霞_{Há}。
道存蓬瀛近，意惬朝市赊_{Shā}。

无为坐惆怅，虚此江上华$_{Fá}$。

3. 早行（[唐] 杨炯）

敞朗东方彻，阑干北斗斜$_{Siá}$。
地气俄成雾，天云渐作霞$_{Há}$。
河流才辨马，岩路不容车$_{Chā}$。
阡陌经三岁，闾阎对五家$_{Gā}$。
露文沾细草，风影转高花$_{Fā}$。
日月从来惜，关山犹自赊$_{Shā}$。

4. 和韦舍人早朝（[唐] 沈佺期）

阊阖连云起，岩廊拂雾开$_{Kōi}$。
玉珂龙影度，珠履雁行来$_{Lói}$。
长乐宵钟尽，明光晓奏催$_{Cuōi}$。
一经推旧德，五字擢英才$_{Cói}$。
俨若神仙去，纷从霄汉回$_{Fói}$。
千春奉休历，分禁喜趋陪$_{Pói}$。

5. 敬答田征君游岩（[唐] 宋之问）

家临清溪水，溪水绕盘石$_{Sha}$。
绿萝四面垂，褭褭百馀尺$_{Cha}$。
风泉度丝管，苔藓铺茵席$_{Cia}$。
传闻颍阳人，霞外漱灵液$_{Yia}$。
忽枉岩中翰，吟望朝复夕$_{Sia}$。
何当遂远游，物色候遄客$_{Ka}$。

6. 巴丘春作（[唐] 张说）

日出洞庭水，春山挂断霞$_{Há}$。
江潋相映发，卉木共纷华$_{Fá}$。
湘戍南浮阔，荆关北望赊$_{Shā}$。
湖阴窥魍魉，丘势辨巴蛇$_{Shá}$。
岛户巢为馆，渔人艇作家$_{Gā}$。
自怜心问景，三岁客长沙$_{Sā}$。

7. 和杜主簿春日有所思（[唐] 苏颋）

朝上高楼上，俯见洛阳陌$_{Ma}$。
摇荡吹花风，落英纷已积$_{Zia}$。
美人不共此，芳好空所惜$_{Sia}$。
揽镜尘网滋，当窗苔藓碧$_{Bia}$。
缅怀在云汉，良愿暌枕席$_{Cia}$。
翻似无见时，如何久为客$_{Ka}$。

8. 饯郢州李使君（[唐] 苏颋）

楚有章华台，遥遥云梦泽$_{Cea}$。
复闻拥符传，及是收图籍$_{Cià}$。
佳政在离人，能声寄侯伯$_{Ba}$。
离怀朔风起，试望秋阴积$_{Zia}$。
中路凄以寒，群山霭将夕$_{Sia}$。
伤心聊把袂，惆怅麒麟客$_{Ka}$。

9. 杂诗二首 其二（[唐] 储光羲）

秋气肃天地，太行高崔嵬$_{Weõi}$。
猿狄清夜吟，其声一何哀$_{õi}$。
寂寞掩圭荜，梦寐游蓬莱$_{Lói}$。
琪树远亭亭，玉堂云中开$_{Kõi}$。
洪崖吹箫管，玉女飘飘来$_{Lói}$。
雨师既先后，道路无纤埃$_{õi}$。
鄙哉楚襄王，独好阳云台$_{Tói}$。

10. 泊舟贻潘少府（[唐] 储光羲）

行子苦风潮，维舟未能发$_{Fue}$。
宵分卷前幔，卧视清秋月$_{Ngie}$。
四泽兼葭深，中洲烟火绝$_{Cie}$。
苍苍水雾起，落落疏星没$_{Mie}$。
所遇尽渔商，与言多楚越$_{Ye}$。
其如念极浦，又以思明哲$_{Zhe}$。

常若千里馀，况之异乡别_{Pie}。

11. 送张舍人佐江州同薛璩十韵（走笔成）（[唐] 王维）

束带趋承明，守官唯谒者_{Zhǎ}。

清晨听银蚪，薄暮辞金马_{Mǎ}。

受辞未尝易，当是方知寡_{Guǎ}。

清范何风流，高文有风雅_{Ngǎ}。

忽佐江上州，当自浔阳下_{Hà}。

逆旅到三湘，长途应百舍_{Shà}。

香炉远峰出，石镜澄湖泻_{Sià}。

董奉杏成林，陶潜菊盈把_{Bǎ}。

范蠡常好之，庐山我心也_{Yǎ}。

送君思远道，欲以数行洒_{Sǎ}。

12. 杂曲歌辞·苦热行（[唐] 王维）

赤日满天地，火云成山岳_{Ngò}。

草木尽焦卷，川泽皆竭涸_{Ho}。

轻纨觉衣重，密树苦阴薄_{Pò}。

莞簟不可近，絺绤再三濯_{Zho}。

思出宇宙外，旷然在寥廓_{Go}。

长风万里来，江海荡烦浊_{Zho}。

却顾身为患，始知心未觉_{Go}。

忽入甘露门，宛然清凉乐_{Lò}。

13. 息夫人（[唐] 王维）

莫以今时宠，难忘旧日恩_{ēn}。

看花满眼泪，不共楚王言_{Nién}。

14. 田园乐七首·其五（[唐] 王维）

山下孤烟远村_{Cēn}，天边独树高原_{Nién}。

一瓢颜回陋巷，五柳先生对门_{Mén}。

15. 奉和圣制送不蒙都护兼鸿胪卿归安西应制（[唐] 王维）

上卿增命服，都护扬归旆_{Poài}。

杂虏尽朝周，诸胡皆自郐_{Kuài}。

鸣笳瀚海曲，按节阳关外_{Ngoài}。

落日下河源，寒山静秋塞_{Sài}。

万方氛祲息，六合乾坤大_{Tài}。

无战是天心，天心同覆载_{Zài}。

16. 辋川集二十首·鹿柴（[唐] 裴迪）

日夕见寒山，便为独往客_{Ka}。

不知深林事，但有麏麚迹_{Zia}。

17. 入峡寄弟（[唐] 孟浩然）

吾昔与尔辈，读书常闭门_{Mên}。

未尝冒湍险，岂顾垂堂言_{Nièn}。

自此历江湖，辛勤难具论_{Luèn}。

往来行旅弊，开凿禹功存_{Cén}。

壁立千峰峻，潀流万壑奔_{Bên}。

我来凡几宿，无夕不闻猿_{Yèn}。

浦上摇归恋，舟中失梦魂_{Fén}。

泪沾明月峡，心断鹡鸰原_{Nièn}。

离阔星难聚，秋深露已繁_{Faén}。

因君下南楚，书此示乡园_{Yèn}。

18. 疾愈过龙泉寺精舍，呈易、业二公（[唐] 孟浩然）

停午闻山钟，起行散愁疾_{Ci}。

寻林采芝去，转谷松翠密_{Mi}。

傍见精舍开，长廊饭僧毕_{Bi}。

石渠流雪水，金子耀霜橘_{Jii}。

竹房思旧游，过憩终永日_{Ngi}。

入洞窥石髓，傍崖采蜂蜜_{Mi}。

日暮辞远公，虎溪相送出_{Chii}。

19. 越中逢天台太乙子（[唐] 孟浩然）

仙穴逢羽人，停舻向前拜_{Bài}。

问余涉风水，何处远行迈_{Mài}。

登陆寻天台，顺流下吴会_{Kuài}。

兹山夙所尚，安得问灵怪_{Guài}。

上逼青天高，俯临沧海大_{Tài}。

鸡鸣见日出，常觌仙人筛_{Poài}。

往来赤城中，逍遥白云外_{Ngoài}。

莓苔异人间，瀑布当空界_{Gài}。

福庭长自然，华顶旧称最_{Zeài}。

永此从之游，何当济所届_{Gài}。

20. 送从弟邕下第后寻会稽（[唐] 孟浩然）

疾风吹征帆，倏尔向空没_{Mie}。

千里在俄顷，三江坐超忽_{Fue}。

向来共欢娱，日夕成楚越_{Ye}。

落羽更分飞，谁能不惊骨_{Gue}。

21. 送张子容进士赴举（[唐] 孟浩然）

夕曛山照灭，送客出柴门_{Mén}。

惆怅野中别，殷勤岐路言_{Nién}。

茂林予偃息，乔木尔飞翻_{Faên}。

无使谷风诮，须令友道存_{Cén}。

22. 次汝中寄河南陈赞府（[唐] 王昌龄）

汝山方联延，伊水才明灭_{Mie}。

遥见入楚云，又此空馆月_{Ngie}。

纷然驰梦想，不谓远离别_{Pie}。

京邑多欢娱，衡湘暂沿越_{Ye}。

明湖春草遍，秋桂白花发_{Fue}。

岂惟长思君，日夕在魏阙_{Qie}。

23. 灞上闲居（[唐] 王昌龄）

鸿都有归客，偃卧滋阳村 _{Cēn}。

轩冕无枉顾，清川照我门 _{Mén}。

空林网夕阳，寒鸟赴荒园 _{Yén}。

廓落时得意，怀哉莫与言 _{Nién}。

庭前有孤鹤，欲啄常翩翩 _{Faēn}。

为我衔素书，吊彼颜与原 _{Nién}。

二君既不朽，所以慰其魂 _{Fén}。

24. 宋中别李八（[唐] 高适）

岁晏谁不归，君归意可说 _{Yè}。

将趋倚门望，还念同人别 _{Pie}。

驻马临长亭，飘然事明发 _{Fue}。

苍茫眺千里，正值苦寒节 _{Zie}。

旧国多转蓬，平台下明月 _{Ngie}。

世情薄疵贱，夫子怀贤哲 _{Zhe}。

行矣各勉旃，吾当挹馀烈 _{Liè}。

25. 同韩四、薛三东亭玩月（[唐] 高适）

远游怅不乐，兹赏吾道存 _{Cén}。

款曲故人意，辛勤清夜言 _{Nién}。

东亭何寥寥，佳境无朝昏 _{Fēn}。

阶墀近洲渚，户牖当郊原 _{Nién}。

矧乃穷周旋，游时怡讨论 _{Luén}。

树阴荡瑶瑟，月气延清尊 _{Zēn}。

明河带飞雁，野火连荒村 _{Cēn}。

对此更愁予，悠哉怀故园 _{Yén}。

26. 酬卫八雪中见寄（[唐] 高适）

季冬忆淇上，落日归山樊 _{Faén}。

旧宅带流水，平田临古村 _{Cēn}。

雪中望来信，醉里开衡门 _{Mén}。

果得希代宝，缄之那可论 _{Luén}。

27. 重阳（[唐] 高适）

节物惊心两鬓华_{Fá}，东篱空绕未开花_{Fā}。
百年将半仕三已，五亩就荒天一涯_{Ngá}。
岂有白衣来剥啄，一从乌帽自欹斜_{Siá}。
真成独坐空搔首，门柳萧萧噪暮鸦_{Ngā}。

28. 封丘作（[唐] 高适）

我本渔樵孟诸野_{Yǎ}，一生自是悠悠者_{Zhǎ}。
乍可狂歌草泽中，宁堪作吏风尘下_{Ha}？
只言小邑无所为，公门百事皆可期_{Qi}。
拜迎长官心欲碎，鞭挞黎庶令人悲_{Bi}。
归来向家问妻子，举家尽笑今如此_{Ci}。
生事应须南亩田，世情尽付东流水_{Shěi}。
梦想旧山安在哉，为衔君命且迟回_{Fói}。
乃知梅福徒为尔，转忆陶潜归去来_{Lói}。

29. 县斋有怀（阳山县斋作，时贞元二十一年顺宗新即位）（[唐] 韩愈）

少小尚奇伟，平生足悲吒_{Za}。
犹嫌子夏儒，肯学樊迟稼_{Gà}。
事业窥皋稷，文章蔑曹谢_{Sià}。
濯缨起江湖，缀佩杂兰麝_{Shà}。
悠悠指长道，去去策高驾_{Gà}。
谁为倾国谋，自许连城价_{Gà}。
初随计吏贡，屡入泽宫射_{Shà}。
虽免十上劳，何能一战霸_{Bà}。
人情忌殊异，世路多权诈_{Zà}。
蹉跎颜遂低，摧折气愈下_{Ha}。
冶长信非罪，侯生或遭骂_{Mà}。
怀书出皇都，衔泪渡清灞_{Bà}。
身将老寂寞，志欲死闲暇_{Ha}。
朝食不盈肠，冬衣才掩骼_{Ka}。
军书既频召，戎马乃连跨_{Kuà}。

大梁从相公，彭城赴仆射_{Yia}。

弓箭围狐兔，丝竹罗酒炙_{Zha}。

两府变荒凉，三年就休假_{Gà}。

求官去东洛，犯雪过西华_{Fà}。

尘埃紫陌春，风雨灵台夜_{Yà}。

名声荷朋友，援引乏姻娅_à。

虽陪彤庭臣，讵纵青冥靶_{Ba}。

寒空耸危阙，晓色曜修架_{Gà}。

捐躯辰在丁，铩翮时方蜡_{La}。

投荒诚职分，领邑幸宽赦_{Sha}。

湖波翻日车，岭石坼天罅_{Xià}。

毒雾恒熏昼，炎风每烧夏_{Hà}。

雷威固已加，飓势仍相借_{Zià}。

气象杳难测，声音吁可怕_{Pà}。

夷言听未惯，越俗循犹乍_{Za}。

指摘两憎嫌，睢盱互猜讶_{Nga}。

只缘恩未报，岂谓生足藉_{Cià}。

嗣皇新继明，率土日流化_{Fà}。

惟思涤瑕垢，长去事桑柘_{Zhà}。

鶗嵩开云扃，压颍抗风榭_{Sià}。

禾麦种满地，梨枣栽绕舍_{Shà}。

儿童稍长成，雀鼠得驱吓_{Ha}。

官租日输纳，村酒时邀迓_{Nga}。

闲爱老农愚，归弄小女姹_{Cha}。

如今便可尔，何用毕婚嫁_{Gà}。

30. 昭君墓（[唐] 常建）

汉宫岂不死，异域伤独没_{Mie}。

万里驮黄金，蛾眉为枯骨_{Gue}。

回车夜出塞，立马皆不发_{Fue}。

共恨丹青人，坟上哭明月_{Ngie}。

31. 缑山西峰草堂作([唐] 岑参)

结庐对中岳，青翠常在门_{Mén}。
遂耽水木兴，尽作渔樵言_{Nién}。
顷来阙章句，但欲闲心魂_{Fén}。
日色隐空谷，蝉声喧暮村_{Cēn}。
襄闻道士语，偶见清净源_{Nién}。
隐几阅吹叶，乘秋眺归根_{Gēn}。
独游念求仲，开径招王孙_{Sēn}。
片雨下南涧，孤峰出东原_{Nién}。
栖迟虑益澹，脱略道弥敦_{Dēn}。
野霭晴拂枕，客帆遥入轩_{Xiēn}。
尚平今何在，此意谁与论_{Luén}。
伫立云去尽，苍苍月开园_{Yén}。

32. 题铁门关楼([唐] 岑参)

铁关天西涯_{Nga}，极目少行客_{Ka}。
关门一小吏，终日对石壁_{Bia}。
桥跨千仞危，路盘两崖窄_{Zea}。
试登西楼望，一望头欲白_{Pa}。

33. 送陈子归陆浑别业([唐] 岑参)

虽不旧相识，知君丞相家_{Gā}。
故园伊川上，夜梦方山花_{Fā}。
种药畏春过，出关愁路赊_{Shā}。
青门酒垆别，日暮东城鸦_{Ngā}。

34. 巴南舟中夜市([唐] 岑参)

渡口欲黄昏_{Fēn}，归人争流喧_{Siēn}。
近钟清野寺，远火点江村_{Cēn}。
见雁思乡信，闻猿积泪痕_{Hén}。
孤舟万里外，秋月不堪论_{Luén}。

35. 赴嘉州过城固县，寻永安超禅师房（[唐] 岑参）

满寺枇杷冬著花_{Fā}，老僧相见具袈裟_{Sā}。

汉王城北雪初霁，韩信台西日欲斜_{Siá}。

门外不须催五马_{Ma}，林中且听演三车_{Chā}。

岂料巴川多胜事，为君书此报京华_{Fá}。

36. 无尽上人东林禅居（[唐] 李颀）

草堂每多暇，时谒山僧门_{Mén}。

所对但群木，终朝无一言_{Nién}。

我心爱流水，此地临清源_{Nién}。

含吐山上日，蔽亏松外村_{Cēn}。

孤峰隔身世，百衲老寒暄_{Siēn}。

禅户积朝雪，花龛来暮猿_{Yén}。

顾余守耕稼，十载隐田园_{Yén}。

萝筱慰春汲，岩潭恣讨论_{Luén}。

泄云岂知限，至道莫探元_{Nién}。

且愿启关锁，于焉微尚存_{Cén}。

37. 咏帘（[唐] 万楚）

玳瑁昔称华_{Fá}，玲珑薄绛纱_{Sā}。

钩衔门势曲，节乱水纹斜_{Siá}。

日弄长飞鸟，风摇不卷花_{Fā}。

自当分内外，非是为骄奢_{Shā}。

38. 千里思（[唐] 李白）

李陵没胡沙_{Sā}，苏武还汉家_{Gā}。

迢迢五原关，朔雪乱边花_{Fā}。

一去隔绝国，思归但长嗟_{Jiā}。

鸿雁向西北，因书报天涯_{Ngá}。

39. 对酒（[唐] 李白）

劝君莫拒杯_{Bōi}，春风笑人来_{Lói}。

桃李如旧识，倾花向我开_{Kōi}。

流莺啼碧树，明月窥金罍$_{\text{Leói}}$。
昨日朱颜子，今日白发催$_{\text{Cuōi}}$。
棘生石虎殿，鹿走姑苏台$_{\text{Tói}}$。
自古帝王宅，城阙闭黄埃$_{\text{ōi}}$。
君若不饮酒，昔人安在哉$_{\text{Zōi}}$。

40. 登巴陵开元寺西阁，赠衡岳僧方外（[唐] 李白）

衡岳有阐士，五峰秀真骨$_{\text{Gue}}$。
见君万里心，海水照秋月$_{\text{Ngie}}$。
大臣南溟去，问道皆请谒$_{\text{Ye}}$。
洒以甘露言，清凉润肌发$_{\text{Fue}}$。
明湖落天镜，香阁凌银阙$_{\text{Qie}}$。
登眺餐惠风，新花期启发$_{\text{Fue}}$。

41. 泾溪南蓝山下有落星潭可以卜筑余泊舟石上寄何判官昌浩（[唐] 李白）

蓝岑竦天壁，突兀如鲸额$_{\text{Nga}}$。
奔蹙横澄潭，势吞落星石$_{\text{Sha}}$。
沙带秋月明，水摇寒山碧$_{\text{Bia}}$。
佳境宜缓棹，清辉能留客$_{\text{Ka}}$。
恨君阻欢游，使我自惊惕$_{\text{Tia}}$。
所期俱卜筑，结茅炼金液$_{\text{Yia}}$。

42. 江行寄远（[唐] 李白）

刳木出吴楚，危槎百余尺$_{\text{Cha}}$。
疾风吹片帆，日暮千里隔$_{\text{Ga}}$。
别时酒犹在，已为异乡客$_{\text{Ka}}$。
思君不可得，愁见江水碧$_{\text{Bia}}$。

43. 别韦少府（[唐] 李白）

西出苍龙门$_{\text{Mén}}$，南登白鹿原$_{\text{Nién}}$。
欲寻商山皓，犹恋汉皇恩$_{\text{én}}$。
水国远行迈，仙经深讨论$_{\text{Luén}}$。
洗心向溪月，清耳敬亭猿$_{\text{Yén}}$。

筑室在人境，闭门无世喧Xién。

多君枉高驾，赠我以微言Nién。

交乃意气合，道因风雅存Cén。

别离有相思，瑶瑟与金樽Zēn。

44. 游泰山六首·其一([唐] 李白)

四月上泰山，石平御道开Kōi。

六龙过万壑，涧谷随萦回Fói。

马迹绕碧峰，于今满青苔Tói。

飞流洒绝巘，水急松声哀ōi。

北眺崿嶂奇，倾崖向东摧Cuōi。

洞门闭石扇，地底兴云雷Leói。

登高望蓬流，想象金银台Tói。

天门一长啸，万里清风来Lói。

玉女四五人，飘飖下九垓Gōi。

含笑引素手，遗我流霞杯Bōi。

稽首再拜之，自愧非仙才Cói。

旷然小宇宙，弃世何悠哉Zōi。

45. 入彭蠡经松门观石镜缅怀谢康乐题诗书游览之志([唐] 李白)

谢公之彭蠡，因此游松门Mén。

余方窥石镜，兼得穷江源Nién。

将欲继风雅，岂徒清心魂Fén。

前赏逾所见，后来道空存Cén。

况属临泛美，而无洲渚喧Xién。

漾水向东去，漳流直南奔Bēn。

空濛三川夕，回合千里昏Fēn。

青桂隐遥月，绿枫鸣愁猿Yén。

水碧或可采，金精秘莫论Luén。

吾将学仙去，冀与琴高言Nién。

46. 玉华宫([唐] 杜甫)

溪回松风长，苍鼠窜古瓦Ngǎ。

不知何王殿，遗构绝壁下_{Hà}。
阴房鬼火青，坏道哀湍泻_{Sià}。
万籁真笙竽，秋色正萧洒_{Sǎ}。
美人为黄土，况乃粉黛假_{Gǎ}。
当时侍金舆，故物独石马_{Mǎ}。
忧来藉草坐，浩歌泪盈把_{Bǎ}。
冉冉征途间，谁是长年者_{Zhǎ}？

47. 禹庙（[唐] 杜甫）

禹庙空山里，秋风落日斜_{Siá}。
荒庭垂橘柚，古屋画龙蛇_{Shá}。
云气嘘青壁，江声走白沙_{Sā}。
早知乘四载，疏凿控三巴_{Bā}。

48. 客至（[唐] 杜甫）

舍南舍北皆春水，但见群鸥日日来_{Lói}。
花径不曾缘客扫，蓬门今始为君开_{Kói}。
盘飧市远无兼味，樽酒家贫只旧醅_{Pōi}。
肯与邻翁相对饮，隔篱呼取尽馀杯_{Bōi}。

49. 小至（[唐] 杜甫）

天时人事日相催_{Cuōi}，冬至阳生春又来_{Lói}。
刺绣五纹添弱线，吹葭六琯动浮灰_{Fōi}。
岸容待腊将舒柳，山意冲寒欲放梅_{Mói}。
云物不殊乡国异，教儿且覆掌中杯_{Bōi}。

50. 登高（[唐] 杜甫）

风急天高猿啸哀_{ōi}，渚清沙白鸟飞回_{Fói}。
无边落木萧萧下，不尽长江滚滚来_{Lói}。
万里悲秋常作客，百年多病独登台_{Lói}。
艰难苦恨繁霜鬓，潦倒新停浊酒杯_{Bōi}。

51. 古柏行([唐] 杜甫)

孔明庙前有老柏_{Ba}，柯如青铜根如石_{Sha}。

霜皮溜雨四十围，黛色参天二千尺_{Cha}。

君臣已与时际会，树木犹为人爱惜_{Sia}。

云来气接巫峡长，月出寒通雪山白_{Pa}。

忆昨路绕锦亭东_{Dōng}，先主武侯同閟宫_{Gōng}。

崔嵬枝干郊原古，窈窕丹青户牖空_{Kōng}。

落落盘踞虽得地，冥冥孤高多烈风_{Fōng}。

扶持自是神明力，正直原因造化功_{Gōng}。

大厦如倾要梁栋_{Dòng}，万牛回首丘山重_{Zhiòng}。

不露文章世已惊，未辞剪伐谁能送_{Sòng}。

苦心岂免容蝼蚁，香叶终经宿鸾凤_{Fòng}。

志士幽人莫怨嗟：古来材大难为用_{Yòng}。

52. 留题李明府雪溪水堂([唐] 刘长卿)

寥寥此堂上，幽意复谁论_{Luén}。

落日无王事，青山在县门_{Mén}。

云峰向高枕，渔钓入前轩_{Xiēn}。

晚竹疏帘影，春苔双履痕_{Hén}。

荷香随坐卧，湖色映晨昏_{Fēn}。

虚牖闲生白，鸣琴静对言_{Nién}。

暮禽飞上下，春水带清浑_{Fén}。

远岸谁家柳，孤烟何处村_{Cēn}。

谪居投瘴疠，离思过湘沅_{Nién}。

从此扁舟去，谁堪江浦猿_{Yén}。

53. 送故人归蜀([唐] 韩翃)

一骑西南远，翩翩入剑门_{Mén}。

客衣筒布润，山舍荔枝繁_{Fién}。

古庙祠金马，春江带白鼋_{Nién}。

自应成旅逸，爱客有王孙_{Sēn}。

54. 奉陪侍中游石笋溪十二韵（[唐] 卢纶）

朝日照灵山，山溪浩纷错$_{Cò}$。

图书无旧记，鲧禹应新凿$_{Co}$。

双壁泻天河，一峰吐莲萼$_{Ngò}$。

潭心乱雪卷，岩腹繁珠落$_{Lò}$。

彩蛤攒锦囊，芳萝袅花索$_{So}$。

猿群曝阳岭，龙穴腥阴壑$_{Hò}$。

静得渔者言，闲闻洞仙博$_{Bo}$。

欹松倚朱憵，广石屯油幕$_{Mo}$。

国泰事留侯，山春纵康乐$_{Lo}$。

间关殊状鸟，烂熳无名药$_{Yo}$。

欲验少君方，还吟大隐作$_{Zò}$。

旌幢不可驻，古塞新沙漠$_{Mò}$。

55. 百花行（[唐] 刘禹锡）

长安百花时，风景宜轻薄$_{Po}$。

无人不沽酒，何处不闻乐$_{Lò}$。

春风连夜动，微雨凌晓濯$_{Zho}$。

红焰出墙头，雪光映楼角$_{Go}$。

繁紫韵松竹，远黄绕篱落$_{Lo}$。

临路不胜愁，轻烟去何托$_{To}$。

满庭荡魂魄，照庑成丹渥$_{Wo}$。

烂熳簇颠狂，飘零劝行乐$_{Lò}$。

时节易豌晚，清阴覆池阁$_{Go}$。

唯有安石榴，当轩慰寂寞$_{Mò}$。

56. 为郎分司寄上都同舍（[唐] 刘禹锡）

籍通金马门，家在铜驼陌$_{Ma}$。

省闼昼无尘，宫树朝凝碧$_{Bia}$。

荒街浅深辙，古渡潺湲石$_{Sha}$。

唯有嵩丘云，堪夸早朝客$_{Ka}$。

57. 中夜起望西园值月上（[唐] 柳宗元）

觉闻繁露坠，开户临西园_{Yén}。

寒月上东岭，泠泠疏竹根_{Gēn}。

石泉远逾响，山鸟时一喧_{Siēn}。

倚楹遂至旦，寂寞将何言_{Nién}。

58. 溪中早春（[唐] 白居易）

南山雪未尽，阴岭留残白_{Pa}。

西涧冰已消，春溜含新碧_{Bia}。

东风来几日，蛰动萌草坼_{Ca}。

潜知阳和功，一日不虚掷_{Zhia}。

爱此天气暖，来拂溪边石_{Sha}。

一坐欲忘归，暮禽声喷喷_{Zea}。

蓬蒿隔桑枣，隐映烟火夕_{Sia}。

归来问夜餐，家人烹荞麦_{Ma}。

59. 后宫词（[唐] 白居易）

泪湿罗巾梦不成_{Shiáng}，夜深前殿按歌声_{Shiāng}。

红颜未老恩先断，斜倚熏笼坐到明_{Miáng}。

60. 浪淘沙·青草湖中万里程（[唐] 白居易）

青草湖中万里程_{Chiáng}，黄梅雨里一人行_{Háng}。

愁见滩头夜泊处，风翻暗浪打船声_{Shiāng}。

61. 咏怀（[唐] 白居易）

尽日松下坐，有时池畔行_{Háng}。

行立与坐卧，中怀澹无营_{Yáng}。

不觉流年过，亦任白发生_{Seāng}。

不为世所薄，安得遂闲情_{Ciáng}。

62. 续古诗十首·其二（[唐] 白居易）

掩泪别乡里，飘飘将远行_{Háng}。

茫茫绿野中，春尽孤客情_{Ciáng}。

驱马上丘陇，高低路不平$_{\text{Piáng}}$。
风吹棠梨花，啼鸟时一声$_{\text{Shiāng}}$。
古墓何代人，不知姓与名$_{\text{Miáng}}$。
化作路傍土，年年春草生$_{\text{Seāng}}$。
感彼忽自悟，今我何营营$_{\text{Yáng}}$。

63. 秋思（[唐] 白居易）

病眠夜少梦，闲立秋多思$_{\text{Sī}}$。
寂寞馀雨晴，萧条早寒至$_{\text{Zhì}}$。
鸟栖红叶树，月照青苔地$_{\text{Tì}}$。
何况镜中年，又过三十二$_{\text{Nì}}$。

64. 寄人（[唐] 张泌）

别梦依依到谢家$_{\text{Gā}}$，小廊回合曲阑斜$_{\text{Siá}}$。
多情只有春庭月，犹为离人照落花$_{\text{Fā}}$。

65. 送王十一南行（[唐] 元稹）

夏水漾天末，晚旸依岸村$_{\text{Cēn}}$。
风调乌尾劲，眷恋馀芳尊$_{\text{Zēn}}$。
解袂方瞬息，征帆已翩翩$_{\text{Faēn}}$。
江豚涌高浪，枫树摇去魂$_{\text{Fén}}$。
远戍宗侣泊，暮烟洲渚昏$_{\text{Fēn}}$。
离心讵几许，骤若移寒温$_{\text{Wēn}}$。
此别信非久，胡为坐忧烦$_{\text{Fién}}$。
我留石难转，君泛云无根$_{\text{Gēn}}$。
万里湖南月，三声山上猿$_{\text{Yén}}$。
从兹耿幽梦，夜夜湘与沅$_{\text{Nién}}$。

66. 旅次上饶溪（[唐] 张祜）

碧溪行几折$_{\text{Zhā}}$，凝棹宿汀沙$_{\text{Sā}}$。
角断孤城掩，楼深片月斜$_{\text{Siá}}$。
夜桥昏水气，秋竹静霜华$_{\text{Fá}}$。
更想曾题壁，凋零可叹嗟$_{\text{Gā}}$。

67. 忆游朱坡四韵（[唐] 杜牧）

秋草樊川路，斜阳覆盎门_{Mén}。

猎逢韩嫣骑，树识馆陶园_{Yén}。

带雨经荷沼，盘烟下竹村_{Cēn}。

如今归不得，自戴望天盆_{Pén}。

68. 齐安郡晚秋（[唐] 杜牧）

柳岸风来影渐疏_{Sii}，使君家似野人居_{Jii}。

云容水态还堪赏，啸志歌怀亦自如_{Luii}。

雨暗残灯棋散后，酒醒孤枕雁来初_{Cii}。

可怜赤壁争雄渡，唯有蓑翁坐钓鱼_{Ngeii}。

69. 悲吴王城（[唐] 杜牧）

二月春风江上来_{Lói}，水精波动碎楼台_{Tói}。

吴王宫殿柳含翠，苏小宅房花正开_{Kōi}。

解舞细腰何处往？能歌姹女逐谁回_{Fói}？

千秋万古无消息，国作荒原人作灰_{Fōi}。

70. 南朝（[唐] 李商隐）

玄武湖中玉漏催_{Cuōi}，鸡鸣埭口绣襦回_{Fói}。

谁言琼树朝朝见，不及金莲步步来_{Lói}。

敌国军营漂木柹，前朝神庙锁烟煤_{Mói}。

满宫学士皆颜色，江令当年只费才_{Cói}。

71. 登乐游原（[唐] 李商隐）

向晚意不适，驱车登古原_{Nién}。

夕阳无限好，只是近黄昏_{Fēn}。

72. 咏史（[唐] 李商隐 ）

历览前贤国与家_{Gā}，成由勤俭破由奢_{Shā}。

何须琥珀方为枕，岂得真珠始是车_{Chā}。

运去不逢青海马_{Mǎ}，力穷难拔蜀山蛇_{Shá}。

几人曾预南薰曲，终古苍梧哭翠华_{Fá}。

73. 秋日旅舍寄义山李侍御([唐] 温庭筠)

一水悠悠隔渭城，渭城风物近柴荆_{Jiāng}。
寒蛩乍响催机杼，旅雁初来忆弟兄_{Xiāng}。
自为林泉牵晓梦，不关砧杵报秋声_{Shiāng}。
子虚何处堪消渴，试向文园问长卿_{Qiāng}。

74. 哭刘蕡([唐] 李商隐)

上帝深宫闭九阍_{Fēn}，巫咸不下问衔冤_{Yēn}。
广陵别后春涛隔，溢浦书来秋雨翻_{Faēn}。
只有安仁能作诔，何曾宋玉解招魂_{Fén}。
平生风义兼师友，不敢同君哭寝门_{Mén}。

75. 滁州西涧([唐] 韦应物)

独怜幽草涧边生_{Seāng}，上有黄鹂深树鸣_{Miáng}。
春潮带雨晚来急，野渡无人舟自横_{Wáng}。

76. 夕次盱眙县([唐] 韦应物)

落帆逗淮镇，停舫临孤驿_{Yia}。
浩浩风起波，冥冥日沉夕_{Sia}。
人归山郭暗，雁下芦洲白_{Pa}。
独夜忆秦关，听钟未眠客_{Ka}。

77. 游南斋([唐] 韦应物)

池上鸣佳禽，僧斋日幽寂_{Cia}。
高林晚露清，红药无人摘_{Za}。
春水不生烟，荒冈筠翳石_{Sha}。
不应朝夕游，良为蹉跎客_{Ka}。

78. 梦天([唐] 李贺)

老兔寒蟾泣天色_{Sea}，云楼半开壁斜白_{Pa}。
玉轮轧露湿团光，鸾珮相逢桂香陌_{Ma}。

黄尘清水三山下$_{\text{Ha}}$，更变千年如走马$_{\text{Mǎ}}$。
遥望齐州九点烟，一泓海水杯中泻$_{\text{Sià}}$。

79. 南山田中行（[唐] 李贺）

秋野明，秋风白$_{\text{Pa}}$，塘水漻漻虫啧啧$_{\text{Zea}}$。
云根苔藓山上石$_{\text{Sha}}$，冷红泣露娇啼色$_{\text{Sea}}$。
荒畦九月稻叉牙$_{\text{Nga}}$，蛰萤低飞陇径斜$_{\text{Sia}}$。
石脉水流泉滴沙$_{\text{Sa}}$，鬼灯如漆点松花$_{\text{Fa}}$。

80. 咏怀·八十二首·其十七（[魏晋] 阮籍）

独坐空堂上，谁可与欢者$_{\text{Zhǎ}}$？
出门临永路，不见行车马$_{\text{Mǎ}}$。
登高望九州，悠悠分旷野$_{\text{Yǎ}}$。
孤鸟西北飞，离兽东南下$_{\text{Hà}}$。
日暮思亲友，晤言用自写$_{\text{Siǎ}}$。

81. 登幽州台歌（[唐] 陈子昂）

前不见古人，后不见来者$_{\text{Zhǎ}}$。
念天地之悠悠，独怆然而涕下$_{\text{Hà}}$！

82. 请息斋书事（[宋] 范成大）

聚蚋醯边闹似雷$_{\text{Leôi}}$，乞儿争背向寒灰$_{\text{Fôi}}$。
长平失势见何晚，栗里息交归去来$_{\text{Lôi}}$。
休问江湖鱼有沫，但蕲云水鹤无媒$_{\text{Môi}}$。
岩扉岫幌牢扃钥，不是渔樵不与开$_{\text{Kôi}}$。

83. 范村雪后（[宋] 范成大）

习气犹余烬，钟情未湿灰$_{\text{Fôi}}$。
忍寒贪看雪，讳老强寻梅$_{\text{Môi}}$。
熨贴愁眉展，勾般笑口开$_{\text{Kôi}}$。
直疑身健在，时有句飞来$_{\text{Lôi}}$。

225

84. 感怀([宋] 陆游)

平生喜栽花，赖以娱寂寞$_{Mo}$。

小园财一亩，粲粲万跗萼$_{Ngo}$。

典衣买紫桂，辍食致红药$_{Yo}$。

阡眠香草茂，掩苒烟柳弱$_{Ngio}$。

踏雨探花开，障风畏花落$_{Lo}$。

虽惭童心在，终胜尘事博$_{Bo}$。①

今日疾稍间，天气亦清廓$_{Go}$。

啼鸟寒不归，可以侑吾酌$_{Zho}$。

85. 遣兴([宋] 陆游)

勋业如今莫系怀$_{Fái}$，开单日日学僧斋$_{Zāi}$。

谗深只有天堪问，忧极浑无地可埋$_{Mái}$。

看镜已成双白鬓，登山犹费几青鞋$_{Hái}$。

晚来诗兴谁能那，雀噪空困叶拥阶$_{Gāi}$。

86. 题张应之县斋([宋] 欧阳修)

小官叹簿领，夫子卧高斋$_{Zāi}$。

五斗未能去，一丘真所怀$_{Fái}$。

绿苔长秋雨，黄叶堆空阶$_{Gāi}$。

县古仍无柳，池清尚有蛙$_{Guai}$。

琴觞开月幌，窗户对云崖$_{Ngái}$。

嵩少亦堪老，行当与子偕$_{Gāi}$。

87. 盆池钓翁([宋] 秦观)

谁刻仙材作钓翁$_{Wōng}$，尺池终日钓微风$_{Fōng}$。

令人却忆鸱夷子，散发五湖狂醉中$_{Zhiōng}$。

88. 田居四首·其四([宋] 秦观)

严冬百草枯，邻曲富休暇$_{Ha}$。

土井时一汲，柴车久停驾$_{Gà}$。

---

① 原文为"缚"，似有错讹。姑且改正为"博"，取"博取"之义。

寥寥场圃空，跕跕乌鸢下$_{Ha}$。

孤榜傍横塘，喧春起旁舍$_{Shà}$。

田家重农隙，翁姬相邀迓$_{Ya}$。

班坐酾酒醑，一行三四谢$_{Sià}$。

陶盘奉旨蓄，竹箸羞鸡炙$_{Zha}$。

饮酣争献酬，语阕或悲吒$_{Za}$。

悠悠灯火暗，刺刺风飙射$_{Shà}$。

客散静柴门，星蟾耿寒夜$_{Yà}$。

第二节　客家话读音与古词韵脚的参照

1. 南歌子·玉漏迢迢尽([宋] 秦观)

玉漏迢迢尽，银潢淡淡横$_{Wáng}$。梦回宿酒未全醒$_{Siǎng}$。已被邻鸡催起怕天明$_{Miáng}$。

臂上妆犹在，襟间泪尚盈$_{Yiáng}$。水边灯火渐人行$_{Háng}$。天外一钩残月带三星$_{Siāng}$。

2. 好事近·梦中作([宋] 秦观)

春路雨添花，花动一山春色$_{Sea}$。行到小溪深处，有黄鹂千百$_{Ba}$。

飞云当面化龙蛇，夭矫转空碧$_{Bia}$。醉卧古藤阴下，了不知南北$_{Bea}$。

3. 忆秦娥·咏桐([宋] 李清照)

临高阁$_{Go}$，乱山平野烟光薄$_{Po}$。烟光薄$_{Po}$，栖鸦归后，暮天闻角$_{Gò}$。

断香残酒情怀恶$_{ò}$，西风催衬梧桐落$_{Lò}$。梧桐落$_{Lò}$，又还秋色，又还寂寞$_{Mò}$。

4. 醉落魄·雪晴风作([宋] 范成大)

雪晴风作$_{Zo}$。松梢片片轻鸥落$_{Lo}$。玉楼天半褰珠箔$_{Po}$。一笛梅花，吹裂冻云幕$_{Mo}$。

去年小猎漓山脚$_{Jo}$。弓刀湿遍犹横槊$_{So}$。今年翻怕貂裘薄$_{Po}$。寒似去年，人比去年觉$_{Go}$。

5. 采桑子·酒阑睡觉天香暖（[南唐] 冯延巳）

酒阑睡觉天香暖，绣户慵开_{Kōi}。香印成灰_{Fōi}，独背寒屏理旧眉_{Mói}。

朦胧却向灯前卧，窗月徘徊_{Fói}。晓梦初回_{Fói}，一夜东风绽早梅_{Mói}。

6. 采桑子·残霞夕照西湖好（[宋] 欧阳修）

残霞夕照西湖好，花坞苹汀_{Tiāng}，十顷波平_{Piáng}，野岸无人舟自横_{Wáng}。

西南月上浮云散，轩槛凉生_{Seāng}。莲芰香清_{Ciāng}。水面风来酒面醒_{Siāng}。

7. 蝶恋花·小院深深门掩亚（[宋] 欧阳修）

小院深深门掩亚_a。寂寞珠帘，画阁重重下_{Hà}。欲近禁烟微雨罢_{Bà}，绿杨深处秋千挂_{Guà}。

傅粉狂游犹未舍_{Shà}。不念芳时。眉黛无人画_{Fà}。薄幸未归春去也，杏花零落香红谢_{Sià}。

8. 渔家傲·叶重如将青玉亚（[宋] 欧阳修）

叶重如将青玉亚_à。花轻疑是红绡挂_{Guà}。颜色清新香脱洒_{Sǎ}。堪长价_{Gà}。牡丹怎得称王者_{Zhǎ}。

雨笔露笺匀彩画_{Fà}。日炉风炭薰兰麝_{Shà}。天与多情丝一把_{Bǎ}。谁厮惹_{Ngià}。千条万缕萦心下_{Hà}。

9. 少年游·玉壶冰莹兽炉灰（[宋] 欧阳修）

玉壶冰莹兽炉灰_{Fōi}。人起绣帘开_{Kōi}。春从一夜，六花开尽，不待剪刀催_{Cuōi}。

洛阳城阙中天起，高下遍楼台_{Tōi}。絮乱风轻，拂鞍沾袖，归路似章街_{Gaōi}。

10. 蝶恋花·欲过清明烟雨细（[宋] 欧阳修）

欲过清明烟雨细_{Sèi}。小槛临窗，点点残花坠_{Zèi}。梁燕语多惊晓睡_{Shoèi}。银屏一半堆香被_{Poèi}。

新岁风光如旧岁_{Sèi}。所恨征轮，渐渐程迢递_{Tèi}。纵有远情难写寄_{Gèi}。何妨解有相思泪_{Lèi}。

11. 浣溪沙·香靥凝羞一笑开（[宋] 秦观）

香靥凝羞一笑开_{Koāi}。柳腰如醉暖相挨_{āi}。日长春困下楼台_{Toái}。

照水有情聊整鬟，倚栏无绪更兜鞋$_{Hái}$。眼边牵系懒归来$_{Loái}$。

12. 渔家傲·脸傅朝霞衣剪翠（[宋] 晏殊）

脸傅朝霞衣剪翠$_{Cèi}$。重重占断秋江水$_{Shěi}$。一曲采莲风细细$_{Sèi}$。人未醉$_{Zèi}$。鸳鸯不合惊飞起$_{Xi}$。

欲摘嫩条嫌绿刺$_{Ci}$。闲敲画扇偷金蕊$_{Lěi}$。半夜月明珠露坠$_{Zèi}$。多少意$_{Yi}$。红腮点点相思泪$_{Lèi}$。

13. 清平乐·金风细细（[宋] 晏殊）

金风细细$_{Sèi}$。叶叶梧桐坠$_{Zèi}$。绿酒初尝人易醉$_{Zèi}$。一枕小窗浓睡$_{Shoèi}$。

紫薇朱槿花残$_{Cán}$。斜阳却照阑干$_{Goān}$。双燕欲归时节，银屏昨夜微寒$_{Hoán}$。

14. 清平乐·别来春半（[南唐] 李煜）

别来春半$_{Bàn}$，触目柔肠断$_{Toàn}$。砌下落梅如雪乱$_{Loàn}$，拂了一身还满$_{Mǎn}$。

雁来音信无凭$_{Piáng}$，路遥归梦难成$_{Shiáng}$。离恨恰如春草，更行更远还生$_{Seāng}$。

15. 浪淘沙·往事只堪哀（[南唐] 李煜）

往事只堪哀$_{āi}$，对景难排$_{Pái}$。秋风庭院藓侵阶$_{Gāi}$。一桁珠帘闲不卷，终日谁来$_{Loái}$？

金锁已沉埋$_{Mái}$，壮气蒿莱$_{Loái}$。晚凉天净月华开$_{Koāi}$。相得玉楼瑶殿影，空照秦淮$_{Fái}$。

16. 好事近·觅个有缘人（[宋] 陆游）

觅个有缘人，分付玉壶灵药$_{Yo}$。谁向市尘深处，识辽天孤鹤$_{Ho}$。

月中吹笛下巴陵，条华赴前约$_{Yo}$。今古废兴何限，叹山川如昨$_{Co}$。

17. 探春慢·衰草愁烟（[宋] 姜夔）

……

衰草愁烟，乱鸦送日，风沙回旋平野$_{Yǎ}$。拂雪金鞭，欺寒茸帽，还记章台走马$_{Mǎ}$。谁念漂零久，漫赢得、幽怀难写$_{Siǎ}$。故人清沔相逢，小窗闲共情话$_{Fà}$。

长恨离多会少，重访问竹西，珠泪盈把$_{Bǎ}$。雁碛波平，渔汀人散，老去不堪游冶$_{Yǎ}$。无奈苕溪月，又照我、扁舟东下$_{Hà}$。甚日归来，梅花零乱春夜$_{Yà}$。

18. 卜算子·芳信着寒梢([宋] 张元干)

芳信着寒梢，影入花光画$_{Fà}$。玉立风前万里春，雪艳江天夜$_{Yà}$。

谁折暗香来，故把新篘泻$_{Sià}$。记得偎人并照时，鬓乱斜枝惹$_{Ngià}$。

19. 忆秦娥·春醒薄([宋] 刘克庄)

春醒薄$_{Po}$。梦中毵马豪如昨$_{Co}$。豪如昨$_{Co}$。月明横笛，晓寒吹角$_{Go}$。

古来成败难描摸$_{Mo}$。而今却悔当时错$_{Co}$。当时错$_{Co}$。铁衣犹在，不堪重著$_{Zho}$。

20. 贺新郎·拂袖归来也([宋] 刘克庄)

拂袖归来也$_{Ya}$。懒追陪、竹林嵇阮，兰亭王谢$_{Sià}$。谁与此翁相暖热，赖有平生伯雅$_{Ngǎ}$。且放意、高吟闲话$_{Fà}$。山鸟山花皆上客，又何须、胜似公荣者$_{Zhǎ}$。胸磊块，总浇下$_{Hà}$。

盘龙痴绝求鹅炙$_{Zha}$。这先生、黄齑瓮熟，味珍无价$_{Gà}$。酒颂一篇差要妙，庄列诸书土苴$_{Chǎ}$。任礼法、中人嘲骂$_{Mà}$。君特未知其趣耳，若还知、火急来投社$_{Shà}$。共秉烛，惜今夜$_{Yà}$。

21. 贺新郎·曾与瑶姬约([宋] 刘克庄)

曾与瑶姬约$_{Yo}$。恍相逢、翠裳摇曳，珠鞴联络$_{Lo}$。风露青冥非人世，揽结玉龙骖鹤$_{Ho}$。爱万朵、千条纤弱$_{Ngio}$。祷祝花神怜惜取，问开时、晴雨须斟酌$_{Zho}$。枝上雪，莫消却$_{Qo}$。

恼人匹似中狂药$_{Yo}$。凭危栏、烛光交映，乐声遥作$_{Zo}$。身上春衫香薰透，看到参横月落$_{Lo}$。算茉莉、犹低一著$_{Zho}$。坐有缑山王郎子，倚玉箫、度曲难为酢$_{Zo}$。君不饮，铸成错$_{Co}$。

22. 瑞鹤仙·悄郊原带郭([宋] 周邦彦)

悄郊原带郭$_{Go}$，行路永，客去车尘漠漠$_{Mo}$。斜阳映山落$_{Lo}$，敛馀红、犹恋孤城阑角$_{Go}$。凌波步弱$_{Ngio}$，过短亭、何用素约$_{Yo}$。有流莺劝我，重解绣鞍，缓引春酌$_{Zho}$。

不记归时早暮，上马谁扶，醒眠朱阁$_{Go}$。惊飙动幕$_{Mo}$，扶残醉，绕红药$_{Yo}$。叹西园、已是花深无地，东风何事又恶$_{Ngo}$？任流光过却$_{Qo}$，犹喜洞天自乐$_{Lo}$。

23. 女冠子·元夕（[宋] 蒋捷）

蕙花香也。雪晴池馆如画$_{Fà}$。春风飞到，宝钗楼上，一片笙箫，琉璃光射$_{Shà}$。而今灯漫挂$_{Guà}$。不是暗尘明月，那时元夜$_{Yà}$。况年来、心懒意怯，羞与蛾儿争耍$_{Sǎ}$。

江城人悄初更打$_{Dǎ}$。问繁华谁解，再向天公借$_{Zià}$。剔残红炧。但梦里隐隐，钿车罗帕$_{Pà}$。吴笺银粉砑$_{Ngà}$。待把旧家风景，写成闲话$_{Fà}$。笑绿鬟邻女，倚窗犹唱，夕阳西下$_{Hà}$。

24. 贺新郎·雁屿晴岚薄（[宋] 蒋捷）

雁屿晴岚薄$_{Po}$。倚层屏、千树高低，粉纤红弱$_{Ngio}$。云隘东风藏不尽，吹艳生香万壑$_{Ho}$。又散入、汀蘅洲药$_{Yo}$。扰扰匆匆尘土面，看歌莺、舞燕逢春乐$_{Lo}$。人共物，知谁错$_{Co}$。

宝钗楼上围帘幕$_{Mo}$。小婵娟、双调弹筝，半霄鸾鹤$_{Ho}$。我辈中人无此分，琴思诗情当却$_{Qo}$。也胜似、愁横眉角$_{Go}$。芳景三分才过二，便绿阴、门巷杨花落$_{Lo}$。沽斗酒，且同酌$_{Zho}$。

25. 谒金门·秋兴（[宋] 苏轼）

秋池阁$_{Go}$。风傍晓庭帘幕$_{Mo}$。霜叶未衰吹未落$_{Lo}$。半惊鸦喜鹊$_{Cio}$。
自笑浮名情薄$_{Po}$。似与世人疏略$_{Lio}$。一片懒心双懒脚$_{Jo}$。好教闲处著$_{Zho}$。

26. 卜算子·黄州定慧院寓居作（[宋] 苏轼）

缺月挂疏桐，漏断人初静$_{Ciàng}$。时见幽人独往来，缥缈孤鸿影$_{Yǐǎng}$。
惊起却回头，有恨无人省$_{Siǎng}$。拣尽寒枝不肯栖，寂寞沙洲冷$_{Lěǎng}$。

27. 南乡子·有感（[宋] 苏轼）

冰雪透香肌$_{Jī}$。姑射仙人不似伊$_{Yī}$。濯锦江头新样锦，非宜$_{Ngí}$。故著寻常淡薄衣$_{Yī}$。
暖日下重帏$_{Wí}$。春睡香凝索起迟$_{Chí}$。曼倩风流缘底事，当时$_{Shí}$。爱被西真唤作儿$_{Ní}$。

28. 蝶恋花·密州上元（[宋] 苏轼）

灯火钱塘三五夜$_{Yà}$。明月如霜，照见人如画$_{Fà}$。帐底吹笙香吐麝$_{Shà}$。此般风味应无价$_{Gà}$。

寂寞山城人老也_{Yǎ}。击鼓吹箫，乍入农桑社_{Shà}。火冷灯稀霜露下_{Hà}。昏昏雪意云垂野_{Yǎ}。

29. 念奴娇·赤壁怀古（[宋] 苏轼）

大江东去，浪淘尽千古，风流人物_{Wuè}。故垒西边人道是，三国周郎赤壁_{Bie}。乱石穿空，惊涛拍岸，卷起千堆雪_{Sie}。江山如画，一时多少豪杰_{Qiè}。

遥想公瑾当年，小乔初嫁，了雄姿英发_{Fuè}。羽扇纶巾谈笑间，樯橹灰飞烟灭_{Miè}。故国神游，多情应笑，我早生华发_{Fuè}。人生如梦，一尊还酹江月_{Ngiè}。①

30. 念奴娇·中秋（[宋] 苏轼）

凭高眺远，见长空万里，云无留迹_{Zià}。桂魄飞来光射处，冷浸一天秋碧_{Bià}。玉宇琼楼，乘鸾来去，人在清凉国_{Gua}。江山如画，望中烟树历历_{Lià}。

我醉拍手狂歌，举杯邀月，对影成三客_{Ka}。起舞徘徊风露下，今夕不知何夕_{Sià}？便欲乘风，翻然归去，何用骑鹏翼_{Ya}。水晶宫里，一声吹断横笛_{Tià}。

31. 临江仙·夜饮东坡醒复醉（[宋] 苏轼）

夜饮东坡醒复醉，归来仿佛三更_{Jiāng}。家童鼻息已雷鸣_{Miāng}。敲门都不应，倚杖听江声_{Shiāng}。

长恨此身非我有，何时忘却营营_{Yāng}。夜阑风静縠纹平_{Piāng}。小舟从此逝，江海寄余生_{Seāng}。

32. 贺新郎·曾与东山约（[宋] 辛弃疾）

曾与东山约_{Yo}。为倏鱼、从容分得，清泉一勺_{Sho}。堪笑高人读书处，多少松窗竹阁_{Go}。甚长被、游人占却_{Qo}。万卷何言达时用，士方穷、早与人同乐_{Lo}。新种得，几花药_{Yo}。

山头怪石蹲秋鹗_{Ngo}。俯人间、尘埃野马，孤撑高攫_{Jio}。拄杖危亭扶未到，已觉云生两脚_{Jo}。更换却、朝来毛发。此地千年曾物化，莫呼猿、且自多招鹤_{Ho}。吾亦有，一丘壑_{Ho}。

33. 瑞鹤仙·赋梅（[宋] 辛弃疾）

雁霜寒透幕_{Mo}。正护月云轻，嫩冰犹薄_{Po}。溪奁照梳掠_{Lio}。想含香弄粉，艳

---

① 按词牌《念奴娇》正体所作断句，更为符合宋代"了"字的用法，其含义为"全然"。

妆难学$_{Ho}$。玉肌瘦弱$_{Ngo}$。更重重、龙绡衬著$_{Zho}$。倚东风，一笑嫣然，转盼万花羞落$_{Lo}$。

寂寞$_{Mo}$。家山何在，雪后园林，水边楼阁$_{Go}$。瑶池旧约$_{Ho}$。鳞鸿更仗谁托$_{To}$。粉蝶儿只解，寻桃觅柳，开遍南枝未觉$_{Go}$。但伤心，冷落黄昏，数声画角$_{Go}$。

34. 贺新郎·翠浪吞平野（[宋] 辛弃疾）

翠浪吞平野$_{Yǎ}$。挽天河、谁来照影，卧龙山下$_{Hà}$。烟雨偏宜晴更好，约略西施未嫁$_{Gà}$。待细把、江山图画$_{Fà}$。千顷光中堆滟滪，似扁舟、欲下瞿塘马$_{Mǎ}$。中有句，浩难写$_{Siǎ}$。

诗人例入西湖社$_{Shà}$。记风流、重来手种，绿阴成也$_{Yǎ}$。陌上游人夸故国，十里水晶台榭$_{Sià}$。更复道、横空清夜$_{Yà}$。粉黛中洲歌妙曲，问当年、鱼鸟无存者$_{Zhǎ}$。堂上燕，又长夏$_{Hà}$。

35. 水调歌头·寿赵漕介庵（[宋] 辛弃疾）

千里渥洼种，名动帝王家$_{Gā}$。金銮当日奏草，落笔万龙蛇$_{Shá}$。带得无边春下，等待江山都老，教看鬓方鸦$_{Ngā}$。莫管钱流地，且拟醉黄花$_{Fā}$。

唤双成，歌弄玉，舞绿华$_{Fá}$。一觞为饮千岁，江海吸流霞$_{Há}$。闻道清都帝所，要挽银河仙浪，西北洗胡沙$_{Sā}$。回首日边去，云里认飞车$_{Chā}$。

36. 鹧鸪天·赋梅雨 （[宋] 辛弃疾）

漠漠轻阴拨不开$_{Kōi}$。江南细雨熟黄梅$_{Mói}$。有情无意东边日，已怒重惊忽地雷$_{Leói}$。

云柱础，水楼台$_{Tói}$。罗衣费尽博山灰$_{Fōi}$。当时一识和羹味，便道为霖消息来$_{Lói}$。

37. 西江月·宋玉短墙东畔（[宋] 黄庭坚）

宋玉短墙东畔，桃源落日西斜$_{Siá}$。浓妆下著绣帘遮$_{Zhā}$。鼓笛相催清夜$_{Yà}$。转眄惊翻长袖，低徊细踏红靴$_{Xoá}$。舞余犹颤满头花$_{Fā}$。娇学男儿拜谢$_{Sià}$。

38. 满庭芳·妓女（[宋] 黄庭坚）

初绾云鬟，才胜罗绮，便嫌柳陌花街$_{Gāi}$。占春才子，容易托行媒$_{Mói}$。其奈风情债负，烟花部、不免差排$_{Pái}$。刘郎恨，桃花片片，随水染尘埃$_{āi}$。

风流，贤太守，能笼翠羽，宜醉金钗$_{Cāi}$。且留取垂杨，掩映厅阶$_{Gāi}$。直待朱辐去后，从伊便、窄袜弓鞋$_{Hái}$。知恩否，朝云暮雨，还向梦中来$_{Loái}$。

39. 竹枝词二首·其一([宋] 黄庭坚)

浮云一百八盘萦$_{Yiâng}$，落日四十八渡明$_{Miâng}$。
鬼门关外莫言远，四海一家皆弟兄$_{Xiâng}$。

40. 生查子·金鞭美少年([宋] 晏几道)

金鞭美少年，去跃青骢马$_{Mǎ}$。牵系玉楼人，绣被春寒夜$_{Yà}$。
消息未归来，寒食梨花谢$_{Sià}$。无处说相思，背面秋千下$_{Hà}$。

41. 蝶恋花·喜鹊桥成催凤驾([宋] 晏几道)

喜鹊桥成催凤驾$_{Gà}$。天为欢迟，乞与初凉夜$_{Yà}$。乞巧双蛾加意画$_{Fà}$。玉钩斜傍西南挂$_{Guà}$。

分钿擘钗凉叶下$_{Hà}$。香袖凭肩，谁记当年话$_{Fà}$。路隔银河犹可借$_{Zià}$。世间离恨何年罢$_{Bà}$。

42. 点绛唇·玉漏春迟([宋] 王庭珪)

玉漏春迟，铁关金锁星桥夜$_{Yà}$。暗尘随马$_{Mǎ}$。明月应无价$_{Gà}$。
天半朱楼，银汉星光射$_{Shà}$。更深也$_{Yǎ}$。翠娥如画$_{Fà}$。犹在凉蟾下$_{Hà}$。

43. 如梦令·人静重门深亚([宋] 蔡伸)

人静重门深亚$_{a}$。朱阁画帘高挂$_{Guà}$。人与月俱圆，月色波光相射$_{Shà}$。潇洒$_{Sǎ}$。潇洒$_{Sǎ}$。人月长长今夜$_{Yà}$。

44. 渔家傲引([宋] 洪适)

腊月行舟冰凿罅$_{Xià}$。潜鳞透暖偏堪射$_{Shà}$。岁岁年年篷作舍$_{Shà}$。三冬夜$_{Yà}$。牛衣自暖何须借$_{Zià}$。滕六晚来方命驾$_{Gà}$。千山绝影飞禽怕$_{Pà}$。江上雪如花片下$_{Hà}$。宜入画$_{Fà}$。一蓑披著归来也$_{Yǎ}$。

45. 好事近·席上用景裴咏黄海棠韵([宋] 洪适)

睡足淡梳妆，喜见诗人元白$_{Pa}$。不学艳红妖紫，壤花仙标格$_{Ga}$。
须知玉骨本天然，不是借人力$_{Lià}$。准拟小春重看，望秋灰无射$_{Shà}$。

46. 清平乐·春愁南陌 ([唐] 韦庄)

春愁南陌_{Ma}，故国音书隔_{Ga}。细雨霏霏梨花白_{Pa}，燕拂画帘金额_{Nga}。
尽日相望王孙_{Sēn}，尘满衣上泪痕_{Hēn}。谁向桥边吹笛，驻马西望销魂_{Fēn}。

47. 西江月·梦幻影泡有限([宋] 王千秋)

梦幻影泡有限，风花雪月无涯_{Ngá}。莫分粗俗与精华_{Fá}。日醉石间松下_{Hà}。
菜尽邻家解与，杯空稚子能赊_{Shā}。通幽即步尽横斜_{Siá}。不问墩犹姓谢_{Sià}。

235

参考文献

一、著作

[1] 邱冰珍. 我系客家人——客家方言趣谈 [M]. 南昌：江西人民出版社，2014.

[2] 温美姬. 梅县方言古语词研究 [M]. 广州：华南理工大学出版社，2009.

[3] 罗美珍，林立芳，饶长溶. 客家话通用词典 [M]. 广州：中山大学出版社，2004.

[4] 张维耿. 客家方言标准音词典 [M]. 广州：广东人民出版社，2020.

[5] 李荣. 梅县方言词典 [M]. 南京：江苏教育出版社，1995.

[6] 谢永昌. 梅县客家方言志 [M]. 广州：暨南大学出版社，1994.

[7] 商务印书馆辞书研究中心. 新华方言词典 [M]. 北京：商务印书馆，2011.

[8] 谢栋元. 客家方言研究 [M]. 广州：暨南大学出版社，2002.

[9] 朱炳玉. 五华客家话研究 [M]. 广州：华南理工大学出版社，2010.

[10] 饶长溶. 长汀客家话初记 [M]. 北京：中国社会科学出版社，2016.

[11] 王力. 汉语语音史 [M]. 北京：商务印书馆，2010.

[12] 游汝杰. 汉语方言学导论 [M]. 上海：上海教育出版社，2000.

[13] 许慎. 说文解字 [M]. 北京：中华书局，2013.

[14] 段玉裁. 说文解字注 [M]. 北京：中华书局，2013.

[15] 谷衍奎. 汉字源流字典 [M]. 北京：语文出版社，2008.

[16] 霍松林，吴言生选注. 唐宋诗词三十家——苏轼黄庭坚诗词精选 [M]. 太原：山西古籍出版社，1995.

[17] 教育部组织编写. 语文：五年级下册、七年级上册、八年级上册、九年级上册、九年级下册 [M]. 北京：人民教育出版社，2018.

［18］史习江．语文：六年级上册、六年级下册、七年级上册［M］．北京：语文出版社，2010.

［19］编写组．语文：七年级上册、九年级下册［M］．南京：江苏教育出版社，2010.

［20］编写组．语文：七年级上册［M］．长春：长春出版社，2016.

［21］施耐庵．水浒传［M］．济南：齐鲁书社，1991.

［22］吴承恩．西游记［M］．济南：齐鲁书社，1991.

附　录

客家话文本参考篇目

本附录，根据现代汉语白话文、明代小说白话文节选，译写出客家话文本（共 7 篇），并列出各篇文本的现代汉语对照文本，供读者参考学习。

客家话文本参考篇目一《爸爸的花儿落了我也不再是小孩子》

一、客家话文本

爸爸畜的花谢盍了①，我也无是细人子了

学堂新做的大礼堂，坐满了人，我等毕业生坐在前头八排，我坐在头一排的当中间位子上。我罩衫上有一朵粉红色的夹竹桃，来的常间阿母摘下来帮我戴上的，其话："夹竹桃是你爸爸畜的，戴到其，就像爸爸看稳你上台样的!"

爸爸病倒了，其住在医院无得来。

昨晡我去望爸爸，其喉咙发肿，话事声哑哑子。我话爸爸听，毕业典礼的常间，我要代表全部同学领毕业证，还要致答谢词。我问爸爸：起来做得吗，去参加我的毕业典礼？六年前其参加我等学堂的该次欢送毕业同学同乐会的常间，交代我恳心读书，过六年也代表同学领毕业证、致答谢词。今晡，"过六年"的常间到了，我真的被选到做以许事。

爸爸哑稳喉咙，扼到我的手笑笑姿话："我焉般去得?"

我就话："爸爸，是话你毋去，我很怕。你在台底下，我上台去讲话就无得发慌了。"

"英子，毋要怕，何者难事，只要硬稳颈去做，就闯得过去。"

"该就，爸爸焉般毋硬颈从床上起来去我等学堂?"

---

① 根据林海音的《城南旧事》节选改写。

238

爸爸看稳我，摇下子头颅，毋作声了。其把头颅侧向壁头该析，伸出其的手，望手上部的指甲。后部，其又转过面来同我话："天光要早点子旷床，捡好东西就到学堂里去，以道是你在小学的煞尾一日了，焉般都莫迟到！"

"我晓得，爸爸。"

"爸爸毋在，你更要自家管自家，还要管老弟络老妹，你是大人了，是非？"

"是的。"我该样地应到，还是觉得爸爸话的事让我毋安乐，六年前该道以后，我哪兹还迟到过？

该还是我读一年级的常间，朝晨头总欢喜蜷在床上毋想旷床。每日朝晨醒了，看到日头线晟到玻璃光窗上了，心里就是一阵着愁：该样昼了，等下子旷床，洗手面、缔辫子、着制服，再到学堂去，座定又是一进教室被罚站在门边。同学大家的眼珠，都会一只只看稳你。我懒时是懒，也晓得酊人呀！就该样的，又发愁又着怕，每晡都是该样的气神去学堂。最该样的是，爸爸毋颔孩息子坐车去学堂，其毋管你会毋会迟到。

有一日晡，落大雨，我醒的常间就晓得无早了。看到爸爸在该兹食朝饭了。我听稳，望到外部的大雨，心里真着愁。无止上学会迟到一宗事，还要被阿母着起阔大的夹袄（以阵子是在夏天！），拖到一双毋合脚的油鞋，打一把大油纸伞，走到学堂去！想到该般无安乐的上学，我就想赖在床上毋旷床。

过了一阵，阿母进来。其看到我还有旷床，愕了一下，催我。我皱到眉毛，细声哽其："阿母，今晡昼掉了，我就毋去学堂了，做得吗？"

阿母做毋得爸爸的主，其只样转身出去，爸爸就进来了。其瘦瘦高高的，企在床边，睨稳我："焉般还有旷起来，快旷！快旷！"

"昼了！爸爸！"我硬到颈话。

"昼了也要去，焉般逃学做得?! 旷！"

一只字的喊最吓人，我还是动都毋动，毋晓得我焉般该般胆大。

爸爸气狠了，一下就把我从床上提起来，刹时我眼泪就出来了。爸爸四向看下子，从桌上扼起鸡毛掸子倒转过来拿，藤鞭子一扇，呼呼状，我驮打了！

爸爸把我从床头打到床角，从床上打到床下，只听得到外部的雨声络到我的叫啜声。我大声叫，还想毋去，后部还是涿到大雨去了学堂。我成了一只浸湿的细狗子，被宋伯母捧上了洋车——头一道花钱坐车去学堂。

我坐在放下雨篷子的洋车里部，一边抽抽搭搭叫啜，一边捏起裤脚来看下子我驮打的痕迹。该兹几条鼓起来的鞭子打的血迹，掀红，还赫烧。我把裤脚拉下点子，遮到最下部的一条血迹，真怕同学酊我。

是迟到了，该就老师冇罚我的站，可能是为因落大雨原谅了吧。

老师喊我等先默下子神再读书。坐直身子，手背桠后部，眯到眼珠，默想五分钟。老师话：想下子，你是非听了父母络老师的话，昨晡的功课有冇做成？今晡的功课带冇带？朝晨同父母告别行冇行礼？……我听到以兹，鼻拱缩了一下，还好眼珠是眯稳的，眼泪冇跌出来。

自家默想的当间，肩头被拍了一下，疾疾睁开眼，老师企在我的位子边上。其用眼势喊我望教室光窗外部，我一侧头颅，看到是爸爸该个瘦高的影子！

我只样落下来的心又怕起来了！爸爸焉般逐到学堂里来了？爸爸颔头喊我出去。我看下子老师问其"做得吗"，老师也眯笑颔了颔头，就是颔我出去。

我走出教室，企在爸爸面前。爸爸冇话何者，打开手上拿的包袱，拿出来的是我的花夹袄。其拿颁我，看稳我着身上，又拿出两只铜板颁我。

后部子焉般了，毋记得了，该个是六年前的事。只记得，该道以后，一直到今晡，每晡朝晨我都是该许等稳校工开大铁栅校门的学生。冬下的朝晨，企在学堂门口，戴到露出五只手指头的该色手套，捧到一块颁热的煨番薯在该兹边食边等。热天的朝晨，企在学堂门头，手里擎到从花池里摘下的玉簪花，送颁亲爱的韩老师，其是教我跳舞的老师。

啊！该样子的朝晨，一年年都过盍了，今晡是我在以个学堂煞尾一日了！

当当当，钟响了，毕业典礼就要架势了。看外部，天有点子阴，我心想，爸爸会毋会刹时从床上旷起来，颁我送花夹袄来？又想，爸爸的病哪阵子只样会好？阿母今晡朝晨的眼珠焉般红肿了？院子里大盆的石榴络夹竹桃，今年爸爸都冇上肥，其为因叔叔被日本人害死了，着急吐了血，五月节的常间，石榴花冇开得该般红，该般大。是话，到了秋上，爸爸还会买该般多菊花，摆落我等院子里、廊檐下、客厅的花架吗？

爸爸该般欢喜花。

每晡其下班归夜，我等在门口等其，其把麦笠推到头颅后部，捧起老弟，走到自来水龙头该兹，拿起张满水的喷水壶，唱稳歌子走到后院来。其归屋下的头件事就是颁花淋水。该阵子，日头快落山了，院子里吹稳凉爽的风，爸爸摘一朵茉莉插桠瘦鸡老妹的头发上。陈家屋下的大伯同爸爸话："老林，你该般欢喜花，你太太就帮到降了一伙妹子！"我有四个老妹，只有两个老弟。我只样12岁……

我焉般总想到以许呢？韩主任上台了。其很正经地同大家话："各位同学都毕业了，就要离开上了六年的小学到中学读书去了，做了中学生就无是孩息子了，你等归小学来望老师的常间，我等应会彻兴地看到你等都长高了，长大了……"

我唱了五年的骊歌，而今轮到别的同学唱颂我等送别："长亭外，古道边，芳草碧连天。……问君此去几时来，来时莫徘徊！天之涯，地之角，知交半零落，人生难得是欢聚，惟有别离多……"

我出眼泪了，我等毕业生都出眼泪了。我等该般欢喜长高、变成大人，我等又有点子怕！我等归到小学来的常间，毋管长得几高子、几大子，老师！你等总都会拿我当只孩息子呀！

做大人，总有人话要我做大人。

宋伯母归其老家的常间同我话："英子，你大了，毋要跟老弟吵嗳！其更细。"

兰姨母跟到该只"四眼狗"上马车的常间同我话："英子，你大了，毋要舞你阿母着气了！"

蹲到屏在草篷里的该个人话："等到你小学毕业了，长大了，我等去看大海。"

话是该样地话，我长大了话事的以许人都冇得影了。其等是跟稳我的童年一齐失盏了吗？

爸爸也毋拿我当孩息子了，其话："英子，去把以笔钱寄颁在日本读书的陈叔叔。"

"爸爸……"

"毋要怕，英子，你要学做莫多事，将来好帮你阿母。你头大。"

其算了算钱，交待我：焉般到东交民巷的正金银行去寄以笔钱——到最里部的台子上去要一张寄款单，填上"金柒拾元整"，写上日本横滨的地址，交颁柜台里部的小日本！

我怕是怕，还是硬到颈去——以许是爸爸话的，毋管何者难事，只要硬颈去做，就会闯得过去。

"闯练，闯练，英子。"我去时爸爸还该样地话我听。

我很畏势，手里扼稳一卷钞票到银行去。等到从最高台阶的正金银行出来，看到东交民巷街道当中花圃畜满的蒲公英，我彻兴想：闯过来了，快归，学爸爸听，还要其天光在花池里也种成蒲公英。

快归！快归屋下！拿到只样发下来的小学毕业文凭——红丝带子缔到的白纸筒，自家催稳，我好像怕赶毋上何者事样的。焉般了？

进了屋下的门，一点子声都冇得，四个老妹络两个老弟都坐在院子里的矮凳子上，其等在撩泥沙，边上的夹竹桃也毋晓得哪阵子垂下了好几梗，毋像样了，是为因爸爸今年有帮其等修剪、捆缔、淋肥？

石榴树大盆底下也有几只有长成的细石榴，我发火问老妹子："哪侪把爸爸的石榴摘下来的？我会学爸爸听！"

几个老妹子睁稳眼珠，其等拂头话："是其等自家跌下来的。"

我捡起细青石榴。厨师老高从外部进来，其话：大小姐，莫话何者学你爸爸听了。你阿母只样从医院打电话来，喊你疾疾去，你爸爸……"

其焉般毋话下去？我刹时着急起来，大声喊："你话何者？老高。"

"大小姐，到了医院，好践劝下子你阿母，以兹就是你头大了！就是你头大了！"

瘦鸡老妹子还在争燕燕的东西，老弟子把泥沙张进玻璃瓶里。真的，以兹就是我头大了，我是细细子的大人。

我同老高话："老高，我晓得出了何者事，我就去医院。"我从来冇该般稳重。

我把小学毕业文凭放到书桌的拖箱里，转身出来，老高帮我雇成了去医院的车子。

走过院子，看到该许垂落的夹竹桃，我在心肝下话：爸爸畜的花谢盍了。我毋是细妹子了。

二、现代白话汉语对照文本

爸爸的花儿落了，我也不再是小孩子①

新建的大礼堂里，坐满了人，我们毕业生坐在前八排，我又是坐在最前一排的中间位子上。我的襟上有一朵粉红色的夹竹桃，是临来时妈妈从院子里摘下来给我别上的，她说："夹竹桃是你爸爸种的，戴着它，就像爸爸看见你上台一样！"

爸爸病倒了，他住在医院里不能来。

昨天我去看爸爸，他的喉咙肿胀着，声音是低哑的。我告诉爸爸，行毕业典礼的时候，我代表全体同学领毕业证书，并且致谢词。我问爸，能不能起来，参加我的毕业典礼。六年前他参加我们学校的那次欢送毕业同学同乐会时，曾经要我好好用功，六年后也代表同学领毕业证书和致谢词。今天，"六年后"到了，老师真的选了我做这件事。

爸爸哑着嗓子，拉起我的手笑笑说："我怎么能够去？"

但是我说："爸爸，你不去，我很害怕，你在台底下，我上台说话就不发慌了。"

---

① 初中语文七年级下册《爸爸的花儿落了》[EB/OL]. 小莱悦读，2022-07-02.

爸爸说:"英子,不要怕,无论什么困难的事,只要硬着头皮去做,就闯过去了。"

"那么爸不也可以硬着头皮从床上起来,到我们学校去吗?"

爸爸看着我,摇摇头,不说话了。他把脸转向墙那边,举起他的手,看那上面的指甲。然后,他又转过脸来叮嘱我:

"明天要早起,收拾好就到学校去,这是你在小学的最后一天了,可不能迟到!"

"我知道,爸爸。"

"没有爸爸,你更要自己管自己,并且管弟弟和妹妹,你已经大了,是不是,英子?"

"是。"我虽然这么答应了,但是觉得爸爸讲的话很使我不舒服,自从六年前的那一次,我何曾再迟到过?

当我在一年级的时候,就有早晨赖在床上不起床的毛病。每天早晨醒来,看到阳光照到玻璃窗上了,我的心里就是一阵愁:已经这么晚了,等起来,洗脸,扎辫子,换制服,再到学校去,准又是一进教室被罚站在门边。同学们的眼光,会一个个向你投过来。我虽然很懒惰,却也知道害羞呀!所以又愁又怕,每天都是怀着恐惧的心情,奔向学校去。最糟的是爸爸不许小孩子上学坐车的,他不管你晚不晚。

有一天,下大雨,我醒来就知道不早了,因为爸爸已经在吃早点。我听着,望着大雨,心里愁得不得了。我上学不但要晚了,而且要被妈妈打扮得穿上肥大的夹袄(是在夏天!)和踢拖着不合脚的油鞋,举着一把大油纸伞,走向学校去!想到这么不舒服地上学,我竟有勇气赖在床上不起来了。

第一下,妈妈进来了。她看我还没有起床,吓了一跳,催促着我,但是我皱紧了眉头,低声向妈哀求说:"妈,今天晚了,我就不去上学了吧?"

妈妈就是做不了爸爸的主意,当她转身出去,爸就进来了。他瘦瘦高高的,站在床前来,瞪着我:"怎么还不起来,快起!快起!"

"晚了!爸!"我硬着头皮说。

"晚了也得去,怎么可以逃学!起!"

一个字的命令最可怕,但是我怎么啦?居然有勇气不挪窝。

爸气极了,一把把我从床上拖起来,我的眼泪就流出来了。爸左看右看,结果从桌上抄起鸡毛掸子倒转来拿,藤鞭子在空中一抡,就发出咻咻的声音,我挨打了!

爸把我从床头打到床角,从床上打到床下,外面的雨声混合着我的哭声。

我哭号，躲避，最后还是冒着大雨上学去了。我是一只狼狈的小狗，被宋妈抱上了洋车——第一次花五大枚坐车去上学。

我坐在放下雨篷的洋车里，一边抽抽搭搭地哭着，一边撩起裤脚来检查我的伤痕。那一条条鼓起来的鞭痕，是红的，而且发着热。我把裤脚向下拉了拉，遮盖住下面的一条伤痕，我怕被同学耻笑我。

虽然迟到了，但是老师并没有罚我站，这是因为下雨天可以原谅的缘故。

老师教我们先静默再读书。坐直身子，手背在身后，闭上眼睛，静静地想五分钟。老师说：想想看，你是不是听爸妈和老师的话？昨天的功课有没有做好？今天的功课全带来了吗？早晨跟爸妈有礼貌地告别了吗？……我听到这儿，鼻子抽搭了一大下，幸好我的眼睛是闭着的，泪水不至于流出来。

正在静默的当中，我的肩头被拍了一下，急忙地睁开了眼，原来是老师站在我的位子边。他用眼势告诉我，教（叫）我向教室的窗外看去，我猛一转头看，是爸爸那瘦高的影子！

我刚安静下来的心又害怕起来了！爸为什么追到学校来？爸爸点头示意招我出去。我看看老师，征求他的同意，老师也微笑地点点头，表示答应我出去。

我走出了教室，站在爸面前。爸没说什么，打开了手中的包袱，拿出来的是我的花夹袄。他递给我，看着我穿上，又拿出两个铜子儿来给我。

后来怎么样了，我已经不记得，因为那是六年以前的事了。只记得，从那以后到今天，每天早晨我都是等待着校工开大铁栅校门的学生之一。冬天的清晨站在校门前，戴着露出五个手指头的那种手套，举了一块热乎乎的烤白薯在吃着。夏天的早晨站在校门前，手里举着从花池里摘下的玉簪花，送给亲爱的韩老师，她教我唱歌跳舞。

啊！这样的早晨，一年年都过去了，今天是我最后一天在这学校里啦！

当当当，钟声响了，毕业典礼就要开始。看外面的天，有点阴，我忽然想，爸爸会不会忽然从床上起来，给我送来花夹袄？我又想，爸爸的病几时才能好？妈妈今早的眼睛为什么红肿着？院里大盆的石榴和夹竹桃，今年爸爸都没有给上麻渣，他为了叔叔给日本人害死，急得吐了血。到了五月节，石榴花没有开得那么红，那么大。如果秋天来了，爸还要买那样多的菊花，摆满在我们的院子里、廊檐下、客厅的花架上吗？

爸是多么喜欢花。

每天他下班回来，我们在门口等他，他把草帽推到头后面抱起弟弟，经过自来水龙头，拿起灌满了水的喷水壶，唱着歌儿走到后院来。他回家来的第一件事就是浇花。那时太阳快要下去了，院子里吹着凉爽的风，爸爸摘下一朵茉莉插到瘦鸡妹妹的头发上。陈家的伯伯对爸爸说："老林，你这样喜欢花，所以你太太生了一堆女儿！"我有四个妹妹，只有两个弟弟。我才十二岁……

我为什么总想到这些呢？韩主任已经上台了。他很正经地说："各位同学都毕业了，就要离开上了六年的小学到中学去读书，做了中学生就不是小孩子了，当你们回到小学来看老师的时候，我一定高兴看你们都长高了，长大了……"

于是，我唱了五年的骊歌，现在轮到同学们唱给我们送别："长亭外，古道边，芳草碧连天……问君此去几时来，来时莫徘徊！天之涯，地之角，知交半零落，人生难得是欢聚，惟有别离多……"

我哭了，我们毕业生都哭了。我们是多么喜欢长高了变成大人，我们又是多么怕呢！当我们回到小学来的时候，无论长得多么高，多么大，老师！你们要永远拿我当个孩子呀！

做大人，常常有人要我做大人。

宋妈临回她的老家的时候说："英子，你大了，可不能跟弟弟再吵嘴！他还小。"

兰姨娘跟着那个四眼狗上马车的时候说："英子，你大了，可不能招你妈妈生气了！"

蹲在草地里的那个人说："等到你小学毕业了，长大了，我们看海去。"

虽然，这些人都随着我的长大没了影子。是跟着我失去的童年一起失去了吗？

爸爸也不拿我当孩子了，他说："英子，去把这些钱寄给在日本读书的陈叔叔。"

"爸爸！"

"不要怕，英子，你要学做许多事，将来好帮着你妈妈。你最大。"

于是，他数了钱，告诉我怎样到东交民巷的正金银行去寄这笔钱——到最里面的柜子上去要一张寄款单，填上"金柒拾圆也"，写上日本横滨的地址，交给柜台里的小日本儿！

我虽然很害怕，但是也得硬着头皮去——这是爸爸说的，无论什么困难的事，只要硬着头皮去做，就闯过去了。

"闯练，闯练，英子。"我临去时爸爸还这样叮嘱我。

我心情紧张地手里捏紧一卷钞票到银行去。等到从最高台阶的正金银行出来，看着东交民巷街道中的花圃种满了蒲公英，我高兴地想：闯过来了，快回家去，告诉爸爸，并且要他明天在花池里也种满了蒲公英。

快回家去！快回家去！拿着刚发下来的小学毕业文凭——红丝带子系着的白

纸筒，催着自己，我好像怕赶不上什么事情似的，为什么呀？

进了家门，静悄悄的，四个妹妹和两个弟弟都坐在院子里的小板凳上，他们在玩沙土，旁边的夹竹桃不知什么时候垂下了好几枝子，散散落落的很不像样，是因为爸爸今年没有收拾它们——修剪、捆扎和施肥。

石榴树大盆底下也有几粒没有长成的小石榴，我很生气，问妹妹们："是谁把爸爸的石榴摘下来的？我要告诉爸爸去！"

妹妹们惊奇地睁大了眼，她们摇摇头说："是它们自己掉下来的。"

我捡起小青石榴。缺了一根手指头的厨子老高从外面进来了，他说："大小姐，别说什么告诉你爸爸了，你妈妈刚从医院来了电话，叫你赶快去，你爸爸已经……"

他为什么不说下去了？我忽然着急起来，大声喊着说："你说什么？老高。"

"大小姐，到了医院，好好儿劝劝你妈，这里就数你大了！就数你大了！"

瘦鸡妹妹还在抢燕燕的小玩意儿，弟弟把沙土灌进玻璃瓶里。是的，这里就数我大了，我是小小的大人。

我对老高说："老高，我知道是什么事了，我就去医院。"我从来没有过这样的镇定，这样的安静。

我把小学毕业文凭放到书桌的抽屉里，再出来，老高已经替我雇好了到医院的车子。

走过院子，看那垂落的夹竹桃，我默念着：爸爸的花儿落了，我也不再是小孩子。

客家话文本参考篇目二《闰土》

一、客家话文本

闰土①

湛蓝的天上挽到一只金黄的圆月光，底下是海边的沙土地，地上种到西瓜，阔绿阔绿的一大片，望毋到边。当中间有一个十一二岁的孩息，颈茎上部戴了一只银箍子，手上扡一张钢叉，死劲照一只猹挫过去，猹一转身，在其的脚脓下踔盍了。

---

① 根据鲁迅的《故乡》片段改写。

以个孩息就是闰土。我认得其的常间，也就十多岁，隔于今易得三十年去了；该阵子，我父亲还在世，家境也好，我算是一个少爷。该年，我等屋下照轮轮到做家族的大祭祀。以许祭祀，话是三十多年只样轮得到一道，该就很看重；正月里供祖像，敬仰的供品很多，祭器也讲究，来拜的人也很多，祭器要防到被人偷。我等屋下只有一个"忙月"（我等以兹帮人做工的分三色：成年帮一家人家做工的安作"长工"；照日帮人做工的安作"短工"；自家种地，只在过年过节络收租子的常间，帮一家人家做工的安作"忙月"），做毋盈的常间，其就会同父亲话，要毋要喊其郎子闰土来帮到营祭器。

我父亲话做得；我也彻兴，为因我早就听到过闰土的名字，还晓得其络我的年纪差毋多，闰月降的，五行缺土，其父亲就取名安作"闰土"。其最会装弶捉鸟子的。

我就日日望新年，新年到了，闰土也就来了。总算到了年底，有一晡，阿母话我听，闰土来了，我就疾疾跑过去。其在灶下，其的面是紫的、完圆，头颅上戴一顶细毡帽，颈茎上套一只旺光的银颈箍，看得出其父亲很惜其，怕其活毋到，该就在神佛面前许了愿，用箍子箍稳。其见生当人很怕酽，就是毋怕我，冇别人的常间，就同我讲事，该就有半昼工夫，我等就熟了。

毋记得我等该阵子话了点子何者，只记得闰土彻兴，话其上城里来，见了几多冇见过的东西。

第二日，我要其去捉鸟子。其话："而今捉毋到。要落了大雪，只样捉得成。我等沙地上，落了雪，扫出一块空地来，用短棍子撑到一只大竹笸箕，衍点子胖谷，等鸟子来食，我等远远子把缔在棍子上的绳子一扯，鸟子就罩到在竹笸箕底下了。何者都有：稻鸡，角鸡，斑鸠，蓝背……"

听其该样的话，我又望落雪。

闰土又同我话："于今特冷了，你热天去我等该兹。我等日上去海边捡贝壳，红的绿的都有，鬼见怕也有，观音手也有。晏晡我络父亲营西瓜，你也去得。"

"捉偷西瓜的贼牯吗？"

"无的。走路的人啜燥了摘一只瓜食，我等该兹毋算偷的。要营的是獾猪，豪猪，猹。月光底下，你听，啦啦地响了，就是猹在啮瓜。你就扼到胡叉，轻轻子过去……"

我该阵子还毋晓得安作"猹"的是焉般样子的东西——于今也冇太清张——就是觉得像细狗子又很凶的样子。

"其毋得啮人？"

"有胡叉呢。走到边上，看到猹，你就挫。以许畜生很习，照你以边跑，从脚脓下就踔走了。其的皮毛像油该般溜滑……"

我一点子都毋晓得天底下还有该般多新鲜事：海边有该般多五色蚌壳；西瓜还要经该般险的事，我先前只晓得西瓜是在水果店里卖的。

"我等沙地里，潮汛会来的常间，就有很多跳鱼，只会跳，都有蛙子样的两只脚……"

啊！闰土的心里有毋晓几多的稀罕事，都是我等城里孩息毋晓得的。其等毋晓得，闰土在海边的常间，其等络我一样只看到院子里高墙围到四只角的天。

就是毋舍得，正月过盍了，闰土就要归自家屋下去，我伤心得大声叫嗳，其也屏在灶下，叫稳嗳毋领出门，后部被其父亲縻到走了。其后部还托其父亲带颁我一包蚌壳、还有几根很好看的鸟子毛，我也送了其一两道东西，后部就再冇见过面。

……

间了几十年，一晡下昼，天很冷人，我等食过了昼饭，坐到食茶，觉得外部有人进来，侧头去看。一觑，愕了一下，着慌企起身来迎出去。

来的就是闰土。我一下就认出是闰土，该就，又无是我记得的该个闰土。其身胚高了一倍；先前其的面是紫色的、圆的，而今变成了灰黄，有了很深的皱纹；眼珠也像其父亲一样，眼边都肿得通红，我晓得，在海边种地的人，成日吹到海风，都是该样的样子。其戴一顶烂毡帽，身上只着一件叶薄的棉衫，成身抖抖状；手上提到一只纸包络一根长烟管，其的手也无是我记得的泛红圆实的手，于今的手又粗又笨还裂了，像是松树皮。

我以阵子很兴，又毋晓得焉般话只样好，就话了一句："阿！闰土哥，——你来了？……"

我接稳有莫多话，想要全部都问出来：角鸡，跳鱼，贝壳，猹，……该就，又总觉得有何者鲠到样的，就在嗳边，话毋出来。

其企到，面上现出欢喜络凄凉的气神；动了动嗳唇，冇作出声来。其恭恭敬敬，喊到："老爷！……"

我像是打了一只忍忍子；我就晓得，我等两个人当中间已经隔了一层怕人的端厚的壁头了。我也话毋出何者。

其转过头喊："水生，快同老爷磕头。"就拖出屏在背后的孩息来，以个就是二十年前的闰土，更黄瘦点子，颈茎上冇戴银箍。"以个是第五个孩息，冇见过世面，躲躲屏屏……"

阿母络宏儿下楼来了，其等冇论也听到了声响。

"老人家。信早就收到了。我实在欢喜得毋得了，晓得老爷归……"闰土话。

"阿呀，你焉般该般客气了。你等先前无是喊哥哥老弟的吗？还是照旧喊'迅哥'吧。"母亲彻兴同其话。

"阿呀，老人家真是的……该般哪成尊卑。该阵子还是孩息子，毋省事……"闰土话稳，又喊水生上来打躬，该个孩息怕酽，屏在其背后。

"其就是水生？第五个？都是生人，怕生当也难怪；宏儿去同其撩吧。"阿母话。

宏儿听话，就来喊水生，水生就松松爽爽同其一合出去了。阿母喊闰土坐到，其蹭了下子，坐下来，把长烟管凭在桌边上，拿过纸包来，话："冬下有何者东西了。以点子干青豆是自家晒的，请老爷……"

我问下子其的境况。其就是拂头。

"很难。第六个孩息也会帮做事了，总是无够食的……又无太平……何者档下都要用钱，冇定的……收成又无好。种出东西来，荷得去卖，总要捐几道钱，蚀了本；毋去卖，又只能烂盍……"

其就是拂头；面上刻到该般多皱纹，一动毋动，就像石像。其心里觉得苦，又话毋出来，默了一阵子，就拿起烟管来食烟，毋作声。

阿母问其，晓得其屋下事多，天光就要归；还有食昼饭，就喊其自家去灶下炒饭食。

其出去了；阿母同我都叹息其的境况：孩息多，饥荒，税多，兵，匪，官，绅，都苦得其像一个木偶人了。阿母同我话，搬毋走的东西，尽都送其做得，信其自家去拣。

下昼，其拣了几宗东西：两张长桌，四张椅子，一副香炉络烛台，一杆抬秤。其又要了全部草灰（我等以兹煮饭烧秤，灰当得沙地的肥料），等我等走的常间，其用船来装走。

晏晡，我等又扯了阵子闲谈，都是冇何者要紧的；第二天朝晨，其就带到水生归了。

二、现代白话汉语对照文本

闰土①

深蓝的天空中挂着一轮金黄的圆月，下面是海边的沙地，都种着一望无际

_____

①　义务教育教科书：语文：六年级上册［M］．北京：人民教育出版社，2019：114-116；《再见闰土》原文［EB/OL］．百度文库，2022-12-13．

的碧绿的西瓜，其间有一个十一二岁的少年，项带银圈，手捏一柄钢叉，向一匹猹尽力的刺去，那猹却将身一扭，反从他的胯下逃走了。

这少年便是闰土。我认识他时，也不过十多岁，离现在将有三十年了；那时我的父亲还在世，家景也好，我正是一个少爷。那一年，我家是一件大祭祀的值年。这祭祀，说是三十多年才能轮到一回，所以很郑重；正月里供祖像，供品很多，祭器很讲究，拜的人也很多，祭器也很要防偷去。我家只有一个忙月（我们这里给人做工的分三种：整年给一定人家做工的叫长年；按日给人做工的叫短工；自己也种地，只在过年过节以及收租时候来给一定人家做工的称忙月），忙不过来，他便对父亲说，可以叫他的儿子闰土来管祭器的。

我的父亲允许了；我也很高兴，因为我早听到闰土这名字，而且知道他和我仿佛年纪，闰月生的，五行缺土，所以他的父亲叫他闰土。他是能装弶捉小鸟雀的。

我于是日日盼望新年，新年到，闰土也就到了。好容易到了年末，有一日，母亲告诉我，闰土来了，我便飞跑地去看。他正在厨房里，紫色的圆脸，头戴一顶小毡帽，颈上套一个明晃晃的银项圈，这可见他的父亲十分爱他，怕他死去，所以在神佛面前许下愿心，用圈子将他套住了。他见人很怕羞，只是不怕我，没有旁人的时候，便和我说话，于是不到半日，我们便熟识了。

我们那时候不知道谈些什么，只记得闰土很高兴，说是上城之后，见了许多没有见过的东西。

第二日，我便要他捕鸟。他说："这不能。须大雪下了才好。我们沙地上，下了雪，我扫出一块空地来，用短棒支起一个大竹匾，撒下秕谷，看鸟雀来吃时，我远远地将缚在棒上的绳子只一拉，那鸟雀就罩在竹匾下了。什么都有：稻鸡，角鸡，鹁鸪，蓝背……"

我于是又很盼望下雪。

闰土又对我说："现在太冷，你夏天到我们这里来。我们日里到海边捡贝壳去，红的绿的都有，鬼见怕也有，观音手也有。晚上我和爹管西瓜去，你也去。"

"管贼么？"

"不是。走路的人口渴了摘一个瓜吃，我们这里是不算偷的。要管的是獾猪，刺猬，猹。月亮底下，你听，啦啦的响了，猹在咬瓜了。你便捏了胡叉，轻轻地走去……"

我那时并不知道这所谓猹的是怎么一件东西——便是现在也没有知道——只是无端的觉得状如小狗而很凶猛。

"他不咬人么？"

"有胡叉呢。走到了，看见猹了，你便刺。这畜生很伶俐，倒向你奔来，反从胯下窜了。他的皮毛是油一般的……"

我素不知道天下有这许多新鲜事：海边有如许五色的贝壳；西瓜有这样危险的经历，我先前单知道它在水果店里出卖罢了。

"我们沙地里，潮汛要来的时候，就有许多跳鱼儿只是跳，都有青蛙似的两个脚……"

啊！闰土的心里有无穷无尽的希奇的事，都是我往常的朋友所不知道的。他们不知道一些事，闰土在海边时，他们都和我一样只看见院子里高墙上的四角的天空。

可惜正月过去了，闰土须回家里去，我急得大哭，他也躲到厨房里，哭着不肯出门，但终于被他父亲带走了。他后来还托他的父亲带给我一包贝壳和几支很好看的鸟毛，我也曾送他一两次东西，但从此没有再见面。

…………

一日是天气很冷的午后，我吃过午饭，坐着喝茶，觉得外面有人进来了，便回头去看。我看时，不由的非常出惊，慌忙站起身，迎着走去。

这来的便是闰土。虽然我一见便知道是闰土，但又不是我这记忆上的闰土了。他身材增加了一倍；先前的紫色的圆脸，已经变作灰黄，而且加上了很深的皱纹；眼睛也像他父亲一样，周围都肿得通红，这我知道，在海边种地的人，终日吹着海风，大抵是这样的。他头上是一顶破毡帽，身上只一件极薄的棉衣，浑身瑟索着；手里提着一个纸包和一支长烟管，那手也不是我所记得的红活圆实的手，却又粗又笨而且开裂，像是松树皮了。

我这时很兴奋，但不知道怎么说才好，只是说："阿！闰土哥，——你来了？……"

我接着便有许多话，想要连珠一般涌出：角鸡，跳鱼儿，贝壳，猹，……但又总觉得被什么挡着似的，单在脑里面回旋，吐不出口外去。

他站住了，脸上现出欢喜和凄凉的神情；动着嘴唇，却没有作声。他的态度终于恭敬起来了，分明的叫道："老爷！……"

我似乎打了一个寒噤；我就知道，我们之间已经隔了一层可悲的厚障壁了。我也说不出话。

他回过头去说："水生，给老爷磕头。"便拖出躲在背后的孩子来，这正是一个廿年前的闰土，只是黄瘦些，颈子上没有银圈罢了。"这是第五个孩子，没有见过世面，躲躲闪闪……"

母亲和宏儿下楼来了，他们大约也听到了声音。

"老太太。信是早收到了。我实在喜欢的不得了，知道老爷回来……"闰土说。

"阿，你怎的这样客气起来。你们先前不是哥弟称呼么？还是照旧：迅哥儿。"母亲高兴的说。

"阿呀，老太太真是……这成什么规矩。那时是孩子，不懂事……"闰土说着，又叫水生上来打拱，那孩子却害羞，紧紧的只贴在他背后。

"他就是水生？第五个？都是生人，怕生也难怪的；还是宏儿和他去走走。"母亲说。

宏儿听得这话，便来招水生，水生却松松爽爽同他一路出去了。母亲叫闰土坐，他迟疑了一回，终于就了坐，将长烟管靠在桌旁，递过纸包来，说："冬天没有什么东西了。这一点干青豆倒是自家晒在那里的，请老爷……"

我问问他的景况。他只是摇头。"非常难。第六个孩子也会帮忙了，却总是吃不够……又不太平……什么地方都要钱，没有定规……收成又坏。种出东西来，挑去卖，总要捐几回钱，折了本；不去卖，又只能烂掉……"

他只是摇头；脸上虽然刻着许多皱纹，却全然不动，仿佛石像一般。他大约只是觉得苦，却又形容不出，沉默了片时，便拿起烟管来默默的吸烟了。

母亲问他，知道他的家里事务忙，明天便得回去；又没有吃过午饭，便叫他自己到厨下炒饭吃去。

他出去了；母亲和我都叹息他的景况：多子，饥荒，苛税，兵，匪，官，绅，都苦得他像一个木偶人了。母亲对我说，凡是不必搬走的东西，尽可以送他，可以听他自己去拣择。

下午，他拣好了几件东西：两条长桌，四个椅子，一副香炉和烛台，一杆抬秤。他又要所有的草灰（我们这里煮饭是烧稻草的，那灰，可以做沙地的肥料），待我们启程的时候，他用船来载去。

夜间，我们又谈些闲天，都是无关紧要的话；第二天早晨，他就领了水生回去了。

客家话文本参考篇目三《孔乙己》

一、客家话文本

孔乙己①

鲁镇的酒馆，同别档下的无大一样：当街一只曲尺样子的大柜台，柜台里部暖成滚水，随时炙酒。做工的人，当昼子、挨夜边子，散了工，会来花四枚铜钱买一碗酒食（四枚钱是二十多年前的价钱，于今一碗涨到了十枚）。其等凭到柜台企稳，颇滚地食下去歇；是话，舍得多花一枚钱，就买得到一碟子盐煮笋子，无是就是茴香豆，傍酒食。是话，舍得成十枚钱，就买得到一样荤菜。该使，以许客人，都是着短衫做事的，冇太该般舍得。只有该许着长衫的，只样会歪进店子隔壁的屋里去，要酒要菜，慢慢坐稳来食。

我十二岁起，就在镇口的咸亨酒店当伙计。掌柜话，我的样子无太刁，怕服侍毋成着长衫的客，就在外部做点事。外部着短衫的客，更好话事点子，其等话事话无抻扯的人也无少。其等总要看稳黄酒从酒罂里舀出来，看稳酒壶子底下有冇有水，还要看稳酒壶子放在滚水里，只样会落心。其等看得该般紧，很难参水进去。过了几晡，掌柜又话我做无成以许事。好得介绍人的情面大，辞我毋得，就只好让我专管炙酒的事了。

以后，我就成日企在柜台里部，专管我的事。冇有何者失职，还是觉得日子冇何者味道。掌柜总是很凶，客人也冇何者好声气，我活乏无得；只有孔乙己来店子的常间，只样笑得下子，于今都还记得。

只有孔乙己一个人，是着长衫企稳食酒的。其身胚还蛮高；面色青白，额头皱纹该个地方时常现点子烂疤；一蓬乱蓬蓬的花白的胡须。着的长衫，又烂又邋遢，像成十年都冇补过，也冇洗过。其络别人家话事，总是话"之乎者也"，人家听也听毋识。其姓孔，有人就从学生写字的描红本上有"上大人孔乙己"几只字，颁其安了一只绰名，安作"孔乙己"。

孔乙己一到店子来，食酒的人都看稳其笑，有的大声话，"孔乙己，你面上又现新的创疤了！"其毋应，向柜里部话，"温两碗酒，要一碟茴香豆。"就排出九枚大钱。其等又特事莫大的声话，"你应是又偷人家的东西了！"孔乙己睁大眼珠子话，"你焉般乱话事污人清白……""何者清白？我前日晡看到你偷了何

---

① 根据鲁迅的《孔乙己》改写。

家人的书，被人家吊稳打。"孔乙己的面都红盏了，额头上的几条青筋现出，争到话，"窃书毋算偷……窃书！……读书人的事，算何者偷？"接连就是听毋太懂的话把，何者"君子固穷"，何者"者乎"该样的，舞得大家都笑起来。店子里部外部都闹热起来了。

听别人家背后话，孔乙己早先也读过书，后部何者都冇考取，又无会营生；过来过去，越来越屏，舞到快要讨米了。好得其写的字还蛮好看，帮人家抄下子书，换一碗饭食。其总是好食懒做。在人家屋下抄书，冇几多工，就连人络书、纸、笔、墨盘，一齐都毋晓得哪兹去了。以样子几道，也就冇人喊其抄书了。孔乙己冇门头，撞得会去偷下子东西。其在我等店子里，品行还要比盈的人好，从来就冇欠过酒钱；撞得冇有现钱，临时记在粉板上，毋出一个月，座定会还清，从粉板上抹掉孔乙己三只字。

孔乙己食了半碗酒，掀红的面色慢慢子复原了，侧边的人又讪，"孔乙己，你真的认得字？"孔乙己看稳问其的人，现出毋想睬其的气神。其等还要接稳话，"你焉般半个秀才也冇舞到？"刹时孔乙己现出无自在的样子，面色灰盏了。啜上话点子何者，以道话的都是"之乎者也"，一点子都听毋识。该的常间，大家都笑起来。店子里部外部都闹热起来了。

该的常间，我也学到大家笑起来，掌柜毋会话我。掌柜见了孔乙己，也总是该样子问其，引客人笑起来。孔乙己自家晓得莫同其等话事，只好向孩息子话。有一日晡，其问我"你读过书吗？"我碾了碾头。其话"读过书的话，我考下子你。茴香豆的茴字，焉般写的？"我心想，讨米差无多的人，也配考我？我转过面去毋睬其。孔乙己等了一阵子，很认真地话"毋会写吧?！我教颁你。记稳！该许字要记稳，以后自家做掌柜，写账要用到的。"

我心想，我还毋晓要几久子只样会做掌柜。该就，我等掌柜也从来毋得把茴香豆记在账上。觉得其真好笑。我就有点子无耐烦地话其："哪人要你教?！无是草头底下一只来回的回吗!"孔乙己现出彻兴的样子，用两只手指的长指甲推下柜台，碾碾头话："着的！着的！……回字有四种写法子，你晓得吗？"我更无耐烦了，努稳啜行开隔其远点子。孔乙己正用手指甲蘸了点子酒，想在柜台上写颁我看，看我无热心，就叹了下子气，现出真可惜的样子。

有几道，隔壁的孩息子听到笑声，也过来看闹热，围到孔乙己。其就拿颁每人一只茴香豆。孩息子食了豆子，还毋走开，眼珠都看稳碟子。孔乙己着了慌，桠开五只手指颁碟子罩稳，侕下腰去话："无多了，我也无多了。"直起身子又看了看豆子，自家拂头话，"无多无多！多乎哉？无多也。"该伙孩息子就笑稳走开了。

孔乙己是该样的让大家快活的，是话有有其，别人家也就该样的过。

一日晡，八月半前的两三日，掌柜慢慢子在该兹算账，拿下粉板，刹时话，"孔乙己莫久都冇来了。还欠我十九枚钱呢！"我只样想起来，其真的莫久冇来了。有个食酒的客话，"其焉般会来？……其的脚打断了。"掌柜问"焉般？""其还是偷东西。以道，是自家发昏，偷了丁举人屋下。其等屋下的东西，其都敢偷？""后部焉般样了？""焉般？先写了认罪书，后部就是驮打。打到半夜晡，脚都打断了。""后部使？""后部打断了脚。""打断脚的后部使？""哪人会晓得？！冇论死盍了吧！"掌柜毋再问了，还是慢慢子算其的账。

八月半过了，秋上的风一日比一日冷人，就要进冬了。我成日都在火盆边上，都要着袄。有一日半下昼，冇得一个客。我眯稳眼珠坐到。刹时，听到有人声事，"温一碗酒。"以许声冇几大子，听到很熟。我看下子，冇看到有人。企起来向门外部望望，看到孔乙己在门槛上坐到。其的面上又黑又瘦，无像人样子了：着一件殁烂的夹袄，两只脚盘稳，脚底下垫了一只蒲包，用草绳子在肩上挽稳。看到我，又话一句"温一碗酒。"掌柜也伸出头颅话"是孔乙己吗？你还欠我十九枚钱呢！"孔乙己仰起面话，"该的……下道子还清，做得吗？以道是现钱，酒要好的。"掌柜还是同以前一样，笑稳同其话，"孔乙己，你又偷东西了！"以道，其毋争，就话了一句"毋要取笑！""取笑？是话毋偷，焉般会打断脚？"孔乙己细声话，"跌断的，跌，跌……"其的眼色，像是求掌柜毋要再话以许事。该的常间来了几个人，其等同掌柜都笑其。我炙滚了一碗酒，端出去，放在门槛上。其从烂衫里摸出四枚钱，放在我手上。我看到其满手都是泥，只样晓得其是用手行来的。冇几久子，其食成酒，听稳别人家的笑声，坐到用手慢慢行走了。

以道过后，又莫久冇看到孔乙己。易得要过年去了，掌柜拿下粉板话，"孔乙己还欠十九枚钱呢！"到第二年的五月节，又话了一道"孔乙己还欠十九枚钱呢！"到八月半就冇再话了，又要过年去了也冇看到他。

我到于今都冇再看到其——冇论孔乙己真的死盍了。

二、现代白话汉语对照文本

孔乙己①

鲁镇的酒店的格局，是和别处不同的：都是当街一个曲尺形的大柜台，柜里面预备着热水，可以随时温酒。做工的人，傍午傍晚散了工，每每花四文铜

---

① 义务教育教科书：语文：九年级下册［M］. 北京：人民教育出版社，2018：18-21.

钱，买一碗酒，——这是二十多年前的事，现在每碗要涨到十文，——靠柜外站着，热热的喝了休息；倘肯多花一文，便可以买一碟盐煮笋，或者茴香豆，做下酒物了，如果出到十几文，那就能买一样荤菜，但这些顾客，多是短衣帮，大抵没有这样阔绰。只有穿长衫的，才踱进店面隔壁的房子里，要酒要菜，慢慢地坐喝。

我从十二岁起，便在镇口的咸亨酒店里当伙计，掌柜说，样子太傻，怕侍候不了长衫主顾，就在外面做点事罢。外面的短衣主顾，虽然容易说话，但唠唠叨叨缠夹不清的也很不少。他们往往要亲眼看着黄酒从坛子里舀出，看过壶子底里有水没有，又亲看将壶子放在热水里，然后放心：在这严重监督下，羼水也很为难。所以过了几天，掌柜又说我干不了这事。幸亏荐头的情面大，辞退不得，便改为专管温酒的一种无聊职务了。

我从此便整天的站在柜台里，专管我的职务。虽然没有什么失职，但总觉有些单调，有些无聊。掌柜是一副凶脸孔，主顾也没有好声气，教人活泼不得；只有孔乙己到店，才可以笑几声，所以至今还记得。

孔乙己是站着喝酒而穿长衫的唯一的人。他身材很高大；青白脸色，皱纹间时常夹些伤痕；一部乱蓬蓬的花白的胡子。穿的虽然是长衫，可是又脏又破，似乎十多年没有补，也没有洗。他对人说话，总是满口之乎者也，教人半懂不懂的。因为他姓孔，别人便从描红纸上的"上大人孔乙己"这半懂不懂的话里，替他取下一个绰号，叫作孔乙己。孔乙己一到店，所有喝酒的人便都看着他笑，有的叫道，"孔乙己，你脸上又添上新伤疤了！"他不回答，对柜里说，"温两碗酒，要一碟茴香豆。"便排出九文大钱。他们又故意的高声嚷道，"你一定又偷了人家的东西了！"孔乙己睁大眼睛说，"你怎么这样凭空污人清白……""什么清白？我前天亲眼见你偷了何家的书，吊着打。"孔乙己便涨红了脸，额上的青筋条条绽出，争辩道，"窃书不能算偷……窃书！……读书人的事，能算偷么？"接连便是难懂的话，什么"君子固穷"，什么"者乎"之类，引得众人都哄笑起来：店内外充满了快活的空气。

听人家背地里谈论，孔乙己原来也读过书，但终于没有进学，又不会营生；于是愈过愈穷，弄到将要讨饭了。幸而写得一笔好字，便替人家钞钞书，换一碗饭吃。可惜他又有一样坏脾气，便是好喝懒做。坐不到几天，便连人和书籍纸张笔砚，一齐失踪。如是几次，叫他钞书的人也没有了。孔乙己没有法，便免不了偶然做些偷窃的事。但他在我们店里，品行却比别人都好，就是从不拖欠；虽然间或没有现钱，暂时记在粉板上，但不出一月，定然还清，从粉板上拭去了孔乙己的名字。

孔乙己喝过半碗酒，涨红的脸色渐渐复了原，旁人便又问道，"孔乙己，你当真认识字么？"孔乙己看着问他的人，显出不屑置辩的神气。他们便接着说道，"你怎的连半个秀才也捞不到呢？"孔乙己立刻显出颓唐不安模样，脸上笼上了一层灰色，嘴里说些话；这回可是全是之乎者也之类，一些不懂了。在这时候，众人也都哄笑起来：店内外充满了快活的空气。

在这些时候，我可以附和着笑，掌柜是决不责备的。而且掌柜见了孔乙己，也每每这样问他，引人发笑。孔乙己自己知道不能和他们谈天，便只好向孩子说话。有一回对我说道，"你读过书么？"我略略点一点头。他说，"读过书，……我便考你一考。茴香豆的茴字，怎样写的？"我想，讨饭一样的人，也配考我么？便回过脸去，不再理会。孔乙己等了许久，很恳切的说道，"不能写罢？……我教给你，记着！这些字应该记着。将来做掌柜的时候，写账要用。"我暗想我和掌柜的等级还很远呢，而且我们掌柜也从不将茴香豆上账；又好笑，又不耐烦，懒懒的答他道，"谁要你教，不是草头底下一个来回的回字么？"孔乙己显出极高兴的样子，将两个指头的长指甲敲着柜台，点头说，"对呀对呀！……回字有四样写法，你知道么？"我愈不耐烦了，努着嘴走远。孔乙己刚用指甲蘸了酒，想在柜上写字，见我毫不热心，便又叹一口气，显出极惋惜的样子。

有几回，邻居孩子听得笑声，也赶热闹，围住了孔乙己。他便给他们茴香豆吃，一人一颗。孩子吃完豆，仍然不散，眼睛都望着碟子。孔乙己着了慌，伸开五指将碟子罩住，弯腰下去说道，"不多了，我已经不多了。"直起身又看一看豆，自己摇头说，"不多不多！多乎哉？不多也。"于是这一群孩子都在笑声里走散了。

孔乙己是这样的使人快活，可是没有他，别人也便这么过。

有一天，大约是中秋前的两三天，掌柜正在慢慢的结账，取下粉板，忽然说，"孔乙己长久没有来了。还欠十九个钱呢！"我才也觉得他的确长久没有来了。一个喝酒的人说道，"他怎么会来？……他打折了腿了。"掌柜说："哦！""他总仍旧是偷。这一回，是自己发昏，竟偷到丁举人家里去了。他家的东西，偷得的么？""后来怎么样？""怎么样？先写服辩，后来是打，打了大半夜，再打折了腿。""后来呢？""后来打折了腿了。""打折了怎样呢？""怎样？……谁晓得？许是死了。"掌柜也不再问，仍然慢慢的算他的账。

中秋过后，秋风是一天凉比一天，看看将近初冬；我整天的靠着火，也须穿上棉袄了。一天的下半天，没有一个顾客，我正合了眼坐着。忽然间听得一个声音，"温一碗酒。"这声音虽然极低，却很耳熟。看时又全没有人。站起来向外一望，那孔乙己便在柜台下对了门槛坐着。他脸上黑而且瘦，已经不成样子；穿一件破夹袄，盘着两腿，下面垫一个蒲包，用草绳在肩上挂住；见了我，又说道："温一碗酒。"掌柜也伸出头去，一面说，"孔乙己么？你还欠十九个钱呢！"孔乙己很颓唐的仰面答道："这……下回还清罢。这一回是现钱，酒要好。"掌柜仍然同平常一样，笑着对他说，"孔乙己，你又偷了东西了！"但他这回却不十分分辩，单说了一句"不要取笑！""取笑？要是不偷，怎么会打断腿？"孔乙己低声说道，"跌断，跌，跌……"他的眼色，很像恳求掌柜，不要再提。此时已经聚集了几个人，便和掌柜都笑了。我温了酒，端出去，放在门槛上。他从破衣袋里摸出四文大钱，放在我手里，见他满手是泥，原来他便用这手走来的。不一会，他喝完酒，便又在旁人的说笑声中，坐着用这手慢慢走去了。

自此以后，又长久没有看见孔乙己。到了年关，掌柜取下粉板说："孔乙己还欠十九个钱呢！"到第二年的端午，又说："孔乙己还欠十九个钱呢！"到中秋可是没有说，再到年关也没有看见他。

我到现在终于没有见——大约孔乙己的确死了。

客家话文本参考篇目四《猴王出世》

一、客家话文本

猴王出世①

大海的外部，有一只名字安作"傲来国"的国家。就在以只国家侧边的海里，有一座有名的岭冈，安作"花果山"。山栋上，有一块莫大的仙石。以块大石头，三丈六尺五寸高，围起来有二丈四尺圆。四向都冇得树木遮阴，边上有几蔸芝兰草同其作阵。以块石头，是从盘古开天该阵子到于今，日日夜夜接到日头月头的精华，日子久里，其就有了灵性。石头里部就挷了一只仙胎。一日晡，石头劈开，降下一只石蛋，像一只球。其被风一吹，就变成一只石猴子。该只石猴子，就在山上，会行会飙，食东西就食树叶食草，食水就食山洞里的潺水，成处摘岭冈上的野花、寻树上的野果子。同狼、老虎、豹子作阵，同獐子、鹿相好，络猕猴认作一门亲。晏晡就睡在石崖底下，日上就在岭冈上、山洞里踔转踔去。

---

① 根据吴承恩的《西游记》第一回改写。

　　一日晡朝晨，天气翕热，石猴同盈的猴子躲阴凉，都在松树树阴底下撩。大家撩了一阵子，就去该兹山涧里洗身。看到一管潺水从山涧里奔流出来，溅得水花莫大。老话把话得好"兽有兽语。"该般多猴子都话："以管水毋晓得是从哪路子流过来的。我等今晡也冇事，就顺到涧边照上部走，去寻下子其的源头，就该样地撩，大家话做得吗！"喊一声，大家都一齐去，顺到山涧趄，一直寻到出潺水的源头档下，该兹是一管瀑布飞泉。该般多猴子都拍巴掌话："真的是好水！好水！以兹会通到山脚底下，连稳海。"又有猴子话："哪侪有本事，钻进里部去寻到其源头，我等就拜其做大王。"话了三道。刹时，石猴飙出来，应到话："我进去！我进去！"其身子一飙，就跳到瀑布泉里部，睁开眼珠一看，该兹冇有水也冇有浪，只有一渡桥，是渡铁板桥。桥底下的水，都从石头缺里流出去，倒挂的水流成一线一线的，被桥遮稳外部看毋到。其走桠桥头上，又走了几脚，再看，好像是个合适住人家的档下，真是个好档下！石猴望了一阵子，飙到桥正当间，四向看下子，看到正当间有块石碑，石碑上部刻了一行楷书大字，刻的是"花果山福地，水帘洞洞天"十只大字。

　　石猴真欢喜，转过来，踞下身子眯稳眼珠一飙，飙归来同大家话："我等真的有造化！莫大的造化！"该般多猴子都围到其问："里部焉般样子的？水有几深子？"石猴话："里部冇有水！点子水都冇得！有一渡铁板桥。桥该向有一只天生住得人家的好档下。"猴问："焉般话是住得人家的好档下？"石猴笑稳话："以管水是从桥底下钻石缺，水流倒挂下来，就像一扇大门，大门里部就是一只莫大的屋下。桥边上有花有草、有树木，就是一栋石头房子。屋下有石镬头、石灶头、石碗、石盆、石床、石凳。正当间一块石碑上，刻了字安作'花果山福地，水帘洞洞天'。真的合适我等在以兹住下来。里部很阔，几百上千个人都住得落。我等都进去住，也省使受天王爷的气。"

　　猴子听其该样的话，一个个都很欢喜。一齐话："你还毋先行？带我等进去，快点子进去！"石猴踞下身子眯稳眼珠照里部一飙，喊稳："都跟稳我进来！快点子进来！"该许猴子，胆子大的，都飙进去了；胆子细的，一个个都伸头缩颈，扯耳朵搔额门，大声喊，等了一阵子也都进去了。飙过桥头，一个个抢盆抢碗，占灶争床，搬过来，移过去，一点子都毋稳当。舞到钭无过，只样歇下来。石猴坐在上部话："你等听到，话了的事就要算数。你等恰先话过：有本事进得来出得去的，就拜其作大王。我使，进来了又出去了，出去了又进来了，帮大家寻到该般恰价的一只档下，你等都安家享福了，焉般还毋拜我作大王？"猴子听了其的话，就拜倒话算数。一个个按岁数老少，上前长揖拜见，都喊一句"大王千岁"。该兹以后，石猴就坐了王位，毋要该只"石"字，自家安名

"美猴王"。

二、明代小说的对照文本

猴王出世①

海外有一国土，名曰傲来国。国近大海，海中有一座名山，唤为花果山。那座山正当顶上，有一块仙石。其石有三丈六尺五寸高，有二丈四尺围圆。四面更无树木遮阴，左右倒有芝兰相衬。盖自开辟以来，每受天真地秀，日精月华，感之既久，遂有灵通之意。内育仙胞，一日迸裂，产一石卵，似圆球样大。因见风，化作一个石猴。那猴在山中，却会行走跳跃，食草木，饮涧泉，采山花，觅树果；与狼虫为伴，虎豹为群，獐鹿为友，猕猿为亲；夜宿石崖之下，朝游峰洞之中。

一朝天气炎热，与群猴避暑，都在松阴之下顽耍。一群猴子耍了一会，却去那山涧中洗澡。见那股涧水奔流，真个似滚瓜涌溅。古云："禽有禽言，兽有兽语。"众猴都道："这股水不知是那里的水。我们今日赶闲无事，顺涧边往上溜头寻看源流，耍子去耶!"喊一声，都拖男挈女，唤弟呼兄，一齐跑来，顺涧爬山，直至源流之处，乃是一股瀑布飞泉。众猴拍手称扬道："好水! 好水! 原来此处远通山脚之下，直接大海之波。"又道："那一个有本事的，钻进去寻个源头出来，不伤身体者，我等即拜他为王。"连呼了三声，忽见丛杂中跳出一个石猴，应声高叫道："我进去! 我进去!"他瞑目蹲身，将身一纵，径跳入瀑布泉中，忽睁睛抬头观看，那里边却无水无波，明明朗朗的一架桥梁。他住了身，定了神，仔细再看，原来是座铁板桥。桥下之水，冲贯于石窍之间，倒挂流出去，遮闭了桥门。却又欠身上桥头，再走再看，却似有人家住处一般，真个好所在。看罢多时，跳过桥中间，左右观看，只见正当中有一石碣。碣上有一行楷书大字，镌着"花果山福地，水帘洞洞天"。

石猴喜不自胜，急抽身往外便走，复瞑目蹲身，跳出水外，打了两个呵呵道："大造化! 大造化!"众猴把他围住，问道："里面怎么样? 水有多深?"石猴道："没水! 没水! 原来是一座铁板桥。桥那边是一座天造地设的家当。"众猴道："怎见得是个家当?"石猴笑道："这股水乃是桥下冲贯石窍，倒挂下来遮闭门户的。桥边有花有树，乃是一座石房。房内有石锅、石灶、石碗、石盆、石床、石凳。中间一块石碣上，携着'花果山福地，水帘洞洞天'。真个是我们

---

① 参见：教育部组织编写. 语文（五年级下册）［M］. 北京：人民教育出版社，2018：28 -30.

安身之处。里面且是宽阔，容得千百口老小。我们都进去住，也省得受老天之气。"

众猴听得，个个欢喜。都道："你还先走，带我们进去，进去！"石猴却又瞑目蹲身，往里一跳，叫道："都随我进来！进来！"那些猴有胆大的，都跳进去了；胆小的，一个个伸头缩颈，抓耳挠腮，大声叫喊，缠一会，也都进去了。跳过桥头，一个个抢盆夺碗，占灶争床，搬过来，移过去，正是猴性顽劣，再无一个宁时，只搬得力倦神疲方止。石猴端坐上面道："列位呵，人而无信，不知其可。你们才说有本事进得来，出得去，不伤身体者，就拜他为王。我如今进来又出去，出去又进来，寻了这一个洞天与列位安眠稳睡，各享成家之福，何不拜我为王？"众猴听说，即拱伏无违。一个个序齿排班，朝上礼拜，都称"千岁大王"。自此，石猴高登王位，将"石"字儿隐了，遂称美猴王。

客家话文本参考篇目五《武松打虎》

一、客家话文本

武松打虎①

武松一路总走，走了莫多日，该晡到了阳谷县的地界。当昼子，觉得有点子肚饥，看到前头有一家酒店，走进去。酒店门前的招旗上写了五只大字："三碗毋过冈"。

武松走进店子里喊店伙计："颁我拿酒、拿菜。"伙计端上了酒络牛肉，武松一口气就食盏三大碗酒。想食第四碗，伙计毋颁再筛。武松话："你焉般毋筛酒了？"伙计话："要肉做得，酒使要无得。"

武松话："你焉般毋颁卖酒颁我？"伙计话："客官，你有看到我等门口的招旗上写的'三碗毋过冈'吗？"武松问："何者安作'三碗毋过冈'？"伙计学颁其听："我等屋下的酒，很煞，来以兹食酒的客，只食三碗就醉盏了，过毋得前头的岭冈，就是该样的，安作'三碗毋过冈'。"

武松话："该样的？我恰先都食了三碗，焉般还有醉盏？"伙计话："我等的酒名字安作'透瓶香'，又安作'出门倒'。只样食到啜的常间，觉得好食，过一阵子就起劲了，就会醉盏。"武松毋信，话："莫在以兹打乱话，你只管筛

---

①　根据施耐庵的《水浒传》第二十二回改写。

就是。”

伙计冇办法，只好颁其筛。武松又连稳食盏十五碗，又食了几斤牛肉。酒足饭饱，算了账，企起来要走。其同伙计话：“你看，我焉般还冇醉呀！还话何者‘三碗毋过冈’！”

武松只样走出店门，伙计就跟到来问：“客官，你要去哪兹？”武松话：“你喊我做何者？我又冇赊你的酒钱！”伙计话：“我是好心学你听。客官毋晓得，于今前头的景阳冈上有只吊眼珠白额门的老虎，晏晡会出来食人，啮盏两三十个人了。于今官府在凑拢打猎的人家，做一伙去捉该只老虎。上岭冈的路口都贴了告示，限定几十个人做阵，在老虎无大出来的常间做一合子走，只样过得岭冈。我看你一个人以个常间走，莫失了命。你肯座先在以兹住一晏晡，天光凑两三十个阵再一起过岭冈吧。”

武松听了其话的，笑到话：“我是清河县的人，以兹景阳冈，过趟少话也过过一两十道，从来冇听到过以兹有老虎，你莫在以兹吓人！是话，真的有老虎，我也毋怕。”

伙计话：“我好心学你听，信毋信，定你！”

武松毋管该般多，提起树梢棍就照景阳冈走。走了四五里路，到了景阳冈岭下，看到一蔸大树上削掉了一块树皮，上部写了：“以阵子景阳冈有老虎食人，过以兹的客商要在上昼、当昼、下昼三个时辰里做阵过岭冈。”武松心想：“座定是该兹的店家吓人的把戏，就为吓到客人住其的店子。我使，毋怕！”

武松毋管该般多，走到岭冈上，日头架势落山了。其又走了半里路，就看到一座没旧殁烂的山神庙。庙门上贴了一张官府的告示，上部写的同树上写的一样子。真的有老虎！武松想转归去酒店，又想：“我该样的转去，店家座定会酊我。怕何者，只管走！”武松又走了一阵，食的酒发作了，成身赫烧热毋过，一只手提到树梢棍，一只手扒开心肝前罩衫，趄趄趄趄走过杂树林子，看到前头有一块大青石板，树梢棍就凭在石头侧边，自家睡到石板上部歇一歇。

就在会睡着的常间，刹时毋晓得焉般起了一阵邪风。该阵邪风起过后，就听到杂树背后出来莫大的响动，跸出一只吊眼珠白额门的老虎。“哎呀”武松大声喊了一声，疾疾从青石板起来，手里拿稳树梢棍，闪桠一边。

老虎饿得狠，两只脚爪子在地上一蹴，成身向上一飙，照武松扑过来。武松吓都吓死了，恰先食的酒都变成了冷汗。看到老虎扑过来，一下子闪在其背后，老虎看前头的人冇得了，就把前脚爪抓在地上，一转身子又扑桠武松。武松又一闪，又躲过去了。老虎冇扑到人，大叫一声，其的声就像霹响雷，震得成岭冈都动了。老虎竖稳其梆硬的尾巴向武松扫过来，武松又躲盏了。扫了两三道，老虎都冇舞到人，气得又大声叫起来。

武松看稳老虎转身，两只手使劲扼起树梢棍，死命拚老虎。就听到莫大一声，一菟树的树梗打下来了。其打得特急了，树梢棍冇打到老虎，打在树梗上，树梢棍也断成了两裁，盈到半裁在手里。老虎又呼呼状，转身扑向武松。武松倒缩飙出十几脚远，老虎的前脚爪正好搭在武松面前。武松佐使丢盍手里的半裁树梢棍，縻稳老虎额头上的白毛，死命地舞其在地上。该只老虎想要摒脱，也摒毋脱。武松提起铁锤样的拳头，死命捶。老虎被其捶痛了，一阵呼呼状乱摒，两只脚爪子颁身子底下挖出一只窝来了。武松哪兹敢松手，死命把老虎的头颅舞到土窝里，只管死命捶。

捶了六七十拳，老虎的眼珠上、嗳上、鼻拱里、耳朵里都出血了，仆在地上一动毋动，盈了半口气。武松只样敢歇口气，怕老虎还冇死寂，又提起半裁树梢棍拚其一阵，以阵子老虎真的冇点子气了，只样丢盍树梢棍。

武松心想："我要把以只死老虎拖下岭冈去"，两只手试下子，焉般拖得动?! 武松打死该只老虎，气力都用尽了，手脚都发软，一点气力都冇得了。其又坐到青石板上歇了阵子，心想："天都断黑了。是话，再踔出来一只老虎，哪兹还有气力打。还是快点子下岭冈，天光朝晨再讲盈的。"

武松在石板边上寻到毡笠戴到，转过杂树林，一脚一脚下了岭冈。

二、明代小说对照文本

景阳冈①

武松在路上行了几日，来到阳谷县地面，离县城还远。正是晌午时候，武松走得肚中饥渴，望见前面有一家酒店，门前挑着一面旗，上头写着五个字："三碗不过冈。"

武松走进店里坐下，把哨棒靠在一边，叫道："主人家，快拿酒来吃。"只见店家拿了三只碗，一双筷子，一盘熟菜，放在武松面前，满满筛了一碗酒。武松拿起碗来一饮而尽，叫道："这酒真有气力！主人家，有饱肚的拿些来吃。"店家道："只有熟牛肉。"武松道："好的切二三斤来。"店家切了二斤熟牛肉，装了一大盘子，拿来放在武松面前，再筛一碗酒。武松吃了道："好酒！"店家又筛了一碗。

恰好吃了三碗酒，店家再也不来筛了。武松敲着桌子叫道："主人家，怎么

---

① 义务教育课程标准实验教科书：语文：五年级下册［M］. 北京：人民教育出版社，2009：101-107.

不来筛酒?"

店家道:"客官,要肉就添来。"

武松道:"酒也要,肉也再切些来。"

店家道:"肉就添来,酒却不添了。"

武松道:"这可奇怪了!你如何不肯卖酒给我吃?"

店家道:"客官,你应该看见,我门前旗上明明写着'三碗不过冈'。"

武松道:"怎么叫做'三碗不过冈'?"店家道:"我家的酒虽然是村里的酒,可是比得上老酒的滋味。但凡客人来我店中,吃了三碗的,就醉了,过不得前面的山冈去。因此叫做'三碗不过冈'。过往客人都知道,只吃三碗,就不再问。"

武松笑道:"原来这样。我吃了三碗,如何不醉?"

店家道:"我这酒叫做'透瓶香',又叫做'出门倒',初入口时只觉得好吃,一会儿就醉倒了。"武松从身边拿出些银子来,叫道:"别胡说!难道不付你钱!再筛三碗来!"店家无奈,只好又给武松筛酒。武松前后共吃了十八碗。吃完了,提着哨棒就走。

店家赶出来叫道:"客官哪里去?"武松站住了问道:"叫我做什么,我又不少你酒钱!"

店家叫道:"我是好意,你回来看看这抄下来的官府的榜文。"

武松道:"什么榜文?"店家道:"如今前面景阳冈上有只吊睛白额大虫,天晚了出来伤人,已经伤了三二十条大汉性命。官府限期叫猎户去捉。冈下路口都有榜文,教往来客人结伙成对趁午间过冈,其盈的时候不许过冈。单身客人一定要结伴才能过冈。这时候天快晚了,你还过冈,岂不白白送了自家性命?不如就在我家歇了,等明日凑了三二十人,一齐好过冈。"

武松听了,笑道:"我是清河县人,这条景阳冈少说也走过了一二十遭,几时听说有大虫!你别说这样的话来吓我。就有大虫,我也不怕。"

店家道:"我是好意救你,你不信,进来看官府的榜文。"

武松道:"就真的有虎,我也不怕。你留我在家里歇,莫不是半夜三更来谋我财,害我性命,却把大虫吓唬我?"店家道:"我是一片好心,你反当做恶意。你不相信我,请你自己走吧!"一面说一面摇着头,走进店里去了。武松提了哨棒,大踏步走上景阳冈来。大约走了四五里路,来到冈下,看见一棵大树,树干上刮去了皮,一片白,上面写着两行字。武松抬头看时,上面写道:"近因景阳冈大虫伤人,但有过往客商,可趁午间结伙过冈,请勿自误。"武松看了,笑道:"这是店家的诡计,吓唬那些胆小的人到他家里去歇。我怕什么!"武松拖着哨棒走上冈来。这时天快晚了，一轮红日慢慢地落下山去。武松趁着酒兴，只管走上冈来。不到半里路，看见一座破烂的山神庙。走到庙前，看见庙门上贴着一张榜文，上面盖着官府的印信。武松读了才知道真的有虎。武松想："转身回酒店吧，一定会叫店家耻笑，算不得好汉，不能回去。"细想了一回，说道："怕什么，只管上去，看看怎么样。"武松一面走，一面把毡笠儿掀在脊梁上，把哨棒插在腰间。回头一看，红日渐渐地坠下去了。这正是十月间天气，日短夜长，天容易黑。武松自言自语道："哪儿有什么大虫！是人自己害怕了，不敢上山。"

武松走了一程，酒力发作，热起来了，一只手提着哨棒，一只手把胸膛敞开，踉踉跄跄，奔过乱树林来。见一块光华的大青石，武松把哨棒靠在一边，躺下来想睡一觉。忽然起了一阵狂风。那一阵风过了，只听见乱树背后扑地一声响，跳出一只吊睛白额大虫来。

武松见了，叫声"啊呀！"从青石上翻身下来，把哨棒拿在手里，闪在青石旁边。那只大虫又饥又渴，把两只前爪在地下按了一按，望上一扑，从半空里蹿下来。武松吃那一惊，酒都变做冷汗出了。说时迟，那时快，武松见大虫扑来，一闪，闪在大虫背后。大虫背后看人最难，就把前爪搭在地下，把腰胯一掀。武松一闪，又闪在一边。大虫见掀他不着，吼一声，就像半天起了个霹雳，震得那山冈也动了。接着把铁棒似的虎尾倒竖起来一剪。武松一闪，又闪在一边。

原来大虫抓人，只是一扑，一掀，一剪，三般都抓不着，劲儿先就泄了一半。那只大虫剪不着，再吼了一声，一兜兜回来。武松见大虫翻身回来，就双手抡起哨棒，使尽平生气力，从半空劈下来。只听见一声响，簌地把那树连枝带叶打下来。定睛一看，一棒劈不着大虫，原来打急了，却打在树上，把那条哨棒折做两截，只拿着一半在手里。

那只大虫咆哮着，发起性来，翻身又扑过来。武松又一跳，退了十步远。那只大虫恰好把两只前爪搭在武松面前。武松把半截哨棒丢在一边，两只手就势把大虫顶花皮揪住，按下地去。那只大虫想要挣扎，武松使尽气力按定，哪里肯放半点儿松！武松把脚往大虫面门上眼睛里只顾乱踢。那只大虫咆哮起来，不住地扒身底下的泥，扒起了两堆黄泥，成了一个土坑。武松把那只大虫一直按下黄泥坑里去。那只大虫叫武松弄得没有一些气力了。武松用左手紧紧地揪住大虫的顶花皮，空出右手来，提起铁锤般大小的拳头，使尽平生气力只顾打。打了五六十拳，那只大虫眼里，口里，鼻子里，耳朵里，都迸出鲜血来，一点儿也不能动弹了，只剩下口里喘气。

武松放了手，去树边找那条打折的哨棒，只怕大虫不死，用棒子又打了一回，眼看那大虫气儿都没了，才丢开哨棒。武松心里想道："我就把这只死大虫拖下冈去。"就血泊里用双手来提,哪里提得动!原来武松使尽了气力,手脚都酥软了。

武松回到青石上坐了半歇,想道:"天色看看黑了,如果再跳出一只大虫来,却怎么斗得过?还是先下冈去,明早再来理会。"武松在石头边找到了毡笠儿,转过乱树林边,一步步挨下冈来。

客家话文本参考篇目六《背影》

一、客家话文本

背影①

我同父亲冇见到有两年多了,我头毋得忘盡的就是其的背影。

该年冬下,母祖过了身,父亲的差事也跌掉了,真的"祸毋单行"的日子。我从北京去了徐州,打算跟到父亲同归去奔丧。在徐州见到父亲,看到其屋下无像样,成院子东西舞到横横横横,又愇起母祖,禁毋住出了眼泪。父亲话:"已经该个样子了,毋要难过,好得天冇绝人的路!"

归乡下,父亲卖了东西,还了欠人家的债;还要借钱办丧事。该许日子,屋下的光景很无好,一半子是为因丧事,一半子是为因父亲冇事做。丧事办成了,父亲要到南京去谋差事,我也要归北京接稳念书,我等就同稳走。

到南京的常间,有熟人邀到去撩一日;第二日上昼过江到浦口,下昼上车去北京。父亲自家事忙,原先话成毋送我了,喊旅舍里一个认得的茶房陪我去。其交待茶房几道,很精细。后部,其还是毋落心,怕茶房毋稳当,总在该兹担心。我该年都二十岁了,北京来来转转两三道,冇何者要紧的了。其默了一阵子,还是决定自家送我去。我两三道劝其毋要去;其就话:"毋要紧。喊别人家送无好!"

我等过了江,进了车站。我买票,其营稳行李。行李特多了,要向脚夫拿点子小费只样进得去。其又忙到同其等讲价。讲定了价钱,就送我上车。其帮我拣了车门边上的一张椅子;我把其颁我做的紫毛大衣摊在位子上。其交待我路上要精心,晏晡要惊醒点子,毋要着了凉。又交待茶房好践照拂我。我心里暗笑:其等只认得钱,托其等就是空的!我该般大的人,毋会自家照拂自家?

---

①　根据朱自清的《背影》改写。

于今想下子，我该阵子真的毋晓事。

　　我话："爸爸，你走吧。"其望了望车外部，同我话："我去买几只橘子。你就在以兹，毋要走动。"我看该析月台的栅栏外部有几个卖东西的。要走到该析月台，就要迈过铁轨，跳下去再爬上去。父亲身胚阔胖，走过去肯定蛮费事。我话我去买，其毋领，只好等其去。我看到其戴到黑布帽，着到黑布长衫、青布棉袍，一脚一脚走到铁轨边，慢慢子探下身去，样子无太好看。其迈过铁轨，要爬上该析月台，真的无太易得。其用两只手撑稳上部，两脚再向上缩；其阔胖的身子向左斜斜子，现出很费力的样子。该阵子，我看到其的背影，眼泪刹时流出来了。我疾疾抹盏，怕其看到，也怕侧边的人看到。我再照该向看的常间，其捧稳几只掀红的橘子照以边走。迈铁轨的常间，其先把橘子摆在地上，自家慢慢爬下去，再捧起橘子走。到以边时，我疾疾去扶其。其同我走到车上，把橘子都放在我的皮大衣上。拍下子大衣上部的尘灰，好像松快的样子。过了一阵子，同我话："我走了，到了该兹来信！"我望到其向外部走，其走了几脚转过头来望到我，话："进去吧，里部毋挤。"等到其的背影在来来转转的人里，再寻毋到了，我只样进来坐到，眼泪又流出来了。

　　以个几年，父亲络我都东奔西走，屋下的光景越过越屏。其有几大岁数就出外谋生，靠自家一个人做了莫多大事。哪兹晓得，老了会是该个样子！替其想下子，其心里座定无安落，屋下的琐事都会惹得其发火，其对我也毋比早先了。好得，以两年子，其毋记恨我的无好了，总牵挂我、牵挂我的孩息。我到北京以后，其写了一封信颁我，信里话："我身子算得还好，就是肩头很痛。拿筷子、拿笔都有点子拿毋动了。冇论离该个日子也冇有几久了。"我读到以个档下，就会在泪眼中现出：该个阔胖的、着青布棉袍黑布长衫的背影。唉！毋晓得哪阵子还见得到其！

二、现代汉语对照文本

背影①

　　我与父亲不相见已二年余了，我最不能忘记的是他的背影。那年冬天，祖母死了，父亲的差使也交卸了，正是祸不单行的日子。我从北京到徐州，打算跟着父亲奔丧回家。到徐州见着父亲，看见满院狼藉的东西，又想起祖母，不禁簌簌地流下眼泪。父亲说："事已如此，不必难过，好在天无绝人之路！"

　　回家变卖典质，父亲还了亏空；又借钱办了丧事。这些日子，家中光景很

---

①　义务教育教科书：语文：八年级上册［M］. 北京：人民教育出版社，2017：74-76.

是惨淡，一半为了丧事，一半为了父亲赋闲。丧事完毕，父亲要到南京谋事，我也要回北京念书，我们便同行。

　　到南京时，有朋友约去游逛，勾留了一日；第二日上午便须渡江到浦口，下午上车北去。父亲因为事忙，本已说定不送我，叫旅馆里一个熟识的茶房陪我同去。他再三嘱咐茶房，甚是仔细。但他终于不放心，怕茶房不妥帖；颇踌躇了一会。其实我那年已二十岁，北京已来往过两三次，是没有什么要紧的了。他踌躇了一会，终于决定还是自己送我去。我再三劝他不必去；他只说："不要紧，他们去不好！"

　　我们过了江，进了车站。我买票，他忙着照看行李。行李太多了，得向脚夫行些小费才可过去。他便又忙着和他们讲价钱。我那时真是聪明过分，总觉他说话不大漂亮，非自己插嘴不可，但他终于讲定了价钱；就送我上车。他给我拣定了靠车门的一张椅子；我将他给我做的紫毛大衣铺好座位。他嘱我路上小心，夜里要警醒些，不要受凉。又嘱托茶房好好照应我。我心里暗笑他的迂，他们只认得钱，托他们直是白托！而且我这样大年纪的人，难道还不能料理自己么？我现在想想，我那时真是太聪明了。

　　我说道："爸爸，你走吧。"他往车外看了看，说："我买几个橘子去。你就在此地，不要走动。"我看那边月台的栅栏外有几个卖东西的等着顾客。走到那边月台，须穿过铁道，须跳下去又爬上去。父亲是一个胖子，走过去自然要费事些。我本来要去的，他不肯，只好让他去。我看见他戴着黑布小帽，穿着黑布大马褂，深青布棉袍，蹒跚地走到铁道边，慢慢探身下去，尚不大难。可是他穿过铁道，要爬上那边月台，就不容易了。他用两手攀着上面，两脚再向上缩；他肥胖的身子向左微倾，显出努力的样子。这时我看见他的背影，我的泪很快地流下来了。我赶紧拭干了泪。怕他看见，也怕别人看见。我再向外看时，他已抱了朱红的橘子往回走了。过铁道时，他先将橘子散放在地上，自己慢慢爬下，再抱起橘子走。到这边时，我赶紧去搀他。他和我走到车上，将橘子一股脑儿放在我的皮大衣上。于是扑扑衣上的泥土，心里很轻松似的。过一会儿说："我走了，到那边来信！"我望着他走出去。他走了几步，回过头看见我，说："进去吧，里边没人。"等他的背影混入来来往往的人里，再找不着了，我便进来坐下，我的眼泪又来了。

　　近几年来，父亲和我都是东奔西走，家中光景是一日不如一日。他少年出外谋生，独力支持，做了许多大事。哪知老境却如此颓唐！他触目伤怀，自然情不能自已。情郁于中，自然要发之于外；家庭琐屑便往往触他之怒。他待我渐渐不同往日。但最近两年的不见，他终于忘却我的不好，只是惦记着我，惦记着我的儿子。我北来后，他写了一信给我，信中说道："我身体平安，惟膀子疼痛厉害，举箸提笔，诸多不便，大约大去之不远矣。"我读到此处，在晶莹的泪光中，又看见那肥胖的、青布棉袍黑布马褂的背影。唉！我不知何时再能与他相见！

客家话文本参考篇目七《稻草人》

一、客家话文本

草人子①

田里地里，日上的风景，作诗的会写成好听的诗，画画的会画成好看的画。到了晏晡，作诗的食醉了酒；画画的，弹乐器细声唱：其等都冇工夫到田丘边上来。哪人晓得田地上晏晡的风景，话颂大家听？还真的有，其就是秆做的草人子。

基督教有句话把子，人是上帝亲手做出来的。毋管以句话把话得着无着，我等学到话一句，草人是作田人亲手做出来的。其的骨架子是细竹棍子，其的肉、皮是旧年的秆。烂了的竹篮子、荷叶都当得其的帽子；帽子底下的脸面是平的，分毋清哪兹是鼻拱，哪兹是眼珠。其的手冇得手指，还会拿到一把烂扇子——也算毋得拿到，就是用绳子缔稳扇把子，挽在手上。其的骨架子很长，脚底下还有一裁，作田的人舞到该一裁插桠田丘中间的泥里部，其就成日成夜企在该兹。草人子很恳心。是话，同牛比，牛比其懒多了，牛撞得会睡桠地上，仰起头颅望天。是话，同狗比，狗比其活泛得多，总会到处乱蹀，累到主人成处去寻。草人从来都毋嫌冇味道，毋会像牛该样的睡到觑天；也从来毋想撩，像狗该样的成处乱蹀。其安安静静地管稳田丘，手里的扇子轻轻状扇，逐走该许飞过来的细鸟子，毋等其等来食新结的禾串。其毋食饭，也毋睡目，就是坐下来歇下子都无得，总是直直子企在该兹。

田丘边上晏晡的风景、出了何者事，只有草人子晓得头清张。其晓得露水焉般淋在叶子上的，露水的味道焉般香甜；其晓得星星焉般子眨眼，月光焉般子笑；其晓得晏晡的田丘边上焉般寂静，花草树焉般睡得很深；其晓得细虫子焉般你寻我、我寻你，洋翼扑子焉般相好：就是话，晏晡的何者事，其都晓得

---

① 　根据叶圣陶的《稻草人》改写。

清清张张。

下部就来讲下子草人子在晏晡撞到的几宗事。

一只晏晡，天上成处都是星星。其营稳田地，手上的扇子轻轻状扇。新出的禾串一枚黏稳一枚，星星的光曳在上部，有点子发光，好像栋到一层水珠子；有一点子风，就会沙拉沙拉响。草人看到，心里彻兴。其在想，今年的收成应会让其的主人——一个可怜的老祖子——笑阵子。其以前哪兹笑过？八九年前，其的老公死盏了。其想起来就叫啜，眼珠于今还是红的；成了病，寥寥子就眼泪扑簌。其只有一个郎子，两子母恳心作以丘田，足足三年了，好无容易正还清了其老公丧葬去盏的钱。冇想到，郎子接到得了白喉病，也死盏了。该阵子，其当下就昏死了，后部就落下了该许心肝下痛的病，总会发。于今，只盈到其一个人了，老了，没有气力，还要用力耕种，又挨了三年，总算把郎子的丧葬钱也还清了。该个，接到两年发水灾，栽的禾都浸了，无是烂盏了就是发了芽，其的眼泪出得更多了，眼珠受了病，看东西朦朦子，远点子就看毋真着。其面上都是皱纹，就像焙干了的橘子皮，哪兹还会笑得出来呢！该个，今年的禾长得好，很壮实，雨水又冇该般多，像是会有好收成的样子。就是该样的，草人子替其欢喜。想到：打禾的该晡，老祖子看到割的禾串又大又实，都是其自家的，总算冇白驮累，面上的皱纹应会散开点子，露出心安的笑吧。是话，真的笑一笑，草人子会觉得，比星星月光的笑更好看、更毋得到的，为因其思谅其的主人。

草人子正在想的常间，一只细蛾子飞过来，灰褐色的细蛾子。其一下子就认出该许细蛾子是禾的仇人，也就是主人的仇人。从其的责任想，从其对主人的感情想，都要把该许细蛾子逐走。该样地，其手上的扇子扇起来。该就，扇子扇的风冇几大，细蛾子毋怕，逐毋走。该许细蛾子飞了一阵子，停在一皮禾叶上，就像冇看到草人在该兹逐其样的。草人看到细蛾子落下来了，心里很着急。该就，其的身子络树一样，是栽在泥里的，想走半脚也走毋动：扇子在扇，该许细蛾子还是稳稳当当地歇到。其想到了：以后田里会现出的样子，想到主人的眼泪和干瘪的面腮，又想到主人的时运，心里就像镰刀割了一样。该就，该许细蛾子应是歇定了，焉般逐，其等就是毋动。

星星作阵归盏了，何者都看毋到的常间，该许细蛾子只样飞走。草人仔细看该皮禾叶，真的，禾叶尖上卷起来了，上部留到很多细蛾子下的籽。草人很着惊，心想祸事真的来了，越怕何者越是躲毋过。该般可怜的主人，其只有两只朦朦子的眼珠；要学其听，让其赶早看到细蛾子下的籽，才有救呀。其该样地想，扇子扇得更疾了。扇子总是撞到身子，出来啪啪的声。其毋会喊，只有以许法子让主人惊觉。

老祖子到田丘边来了。其佝到腰，看下子田丘里部的水正合适，毋要再从河里车水进来了。又看下子其栽的禾，全部都很壮实；摸摸禾串，端重。再看下子该个草人，帽子还戴得很正；扇子还挽在手上，扇稳出啪啪的声；还企得直直子，一点都冇动，样子也同以前一样子。其看何者都冇错，就走上田坎，架势归屋下去搓草绳。

草人看到主人就要走，着急得，疾疾扇扇子，想用以许疾疾的声把主人留到。其的声好像在话："我的主人，你毋要走呀！你毋要把作'田里何者都好'，天大的祸事就在田里的禾叶上。发起作来，就冇办法了，该个常间，你就会眼泪扑簌，伤心死；而今赶早舞盏其去，还来得盈。你看咯，就在该蔸禾上，该蔸禾的叶尖子上呀！"其用扇子扇的声一道又一道地惊醒；老祖子哪兹听得懂，一脚一脚走远了。其急得尽命，还在死命扇扇子，直到主人的背影都望毋到了，其晓得警告冇用了。

除开草人，有一个人为禾发愁。其恨毋得一下子飙过去，把该许灾祸的根苗舞盏去；又恨毋得托风带个信，喊主人疾疾来灭掉祸害。其的身子原本就瘦，加上愁，就更该个样了，连企都企无直了，斜到肩，佝到腰，好像发了病样的。

冇过几日，禾田里，蛾子下的籽就变成的肉虫子，哪兹都是。晏晡寂静的常间，草人听到其等啮食禾叶子的声，也看到其等越食越起劲的面嘬。冇几久子，一大片阔绿的禾叶都冇得了，只盈了光光子的禾竿。其伤心，毋忍心再看，想到主人驮的累又只能换来眼泪扑簌络叹气，禁不住低下头去叫嘬了。

以个常间天气凉了，又是在晏晡的田地上，冷风吹得草人子都打忍忍子；其在伤心，无太觉得。刹时，听到一个妇娘子的声："我把作是哪人，是你呀！"其着了一惊，才知得身上很冷人。该个，有何者法子呢？其尽了责，又毋会走，冷人使是冷人，也只好企在该兹。其看该个妇娘子，其是一个打渔的。田丘的前头有一条河坝，该个打渔妇娘子的船就停椊河坝边，船舱里部露出一线子的火光。其正在把撑起的鱼罾放到河坝底下去；鱼罾沉下去了，她坐到河坝边，等过一阵子把其舞起来。

船舱里寥寥子传出孩息子呛嗽的声，又寥寥子传出有气冇力的、细声子喊阿母的声。以许声舞得其很燥人，其用力拉罾，总觉得很毋顺手，每道都是空的。船舱里部的孩息子还在呛嗽还在喊，其就向舱里部话："你好践子睡！等我打到了鱼子，天光煮粥颁你食。你总喊我，喊得我燥人，焉般舞得到鱼子呢！"

孩息子忍毋住，还在喊："阿母，我嘬燥死了！舞点子茶颁我食！"接稳又是一阵呛嗽声。

　　"以兹哪兹有何者茶！你老实一阵子吧，我的祖宗！"

　　"我啜燥死了！"孩息子大声叫起来。在空旷的晏晡的荒野里，以许叫啜声听起来很吓人。

　　妇娘子冇办法，放落拉罾的绳子，上了船，进了舱，拿起一只碗，从河坝里舀了一碗水，转身颁孩息子食。孩息子一口气把水食下去，其真的渴死了。碗正放落，其又呛嗽起来；更厉害了，后部就只盈喘气声了。

　　妇娘子管毋得该般多，又上岸去拉其的罾。莫久，舱里冇声了，其的罾也毋晓得又空了几道，才舞到一条鲫鱼子，有七八寸长，以许是今晡头一道的收获，其慢慢子把鱼从罾里部拿出来，放在一只木桶里，接到又把罾放下去。以只张鱼的木桶就在草人的脚边上。

　　以个常间，草人更伤心了。其可怜该个发病的孩息，啜燥成该样的，想食一口茶都食毋到；病成该样的，想络阿母作一合睡目也做毋得。其又可怜该个打渔的妇娘子，在该般冰冷的半夜晡，打算天光做粥，就只得硬到心肠把发病的孩息放在该兹毋管。其恨毋得自家去作柴，烧火颁孩子煮茶食；恨毋得自家去作一幡被帛，舞点子热气颁孩息；又恨毋得抢点子小肉虫的赃物，颁妇娘子煮粥食。是话，其会走，其应会照其的心愿去做；该就，其的身子同树一个样，定在泥里，半脚都动毋得。其冇法子，越想越伤心，叫得更该个了。刹时，啪的一声，其着了一惊。冇叫声了，看下子出了何者事，哦，是鲫鱼被丢进木桶里。

　　木桶里的水很少，鲫鱼蜷在桶底上，只有下部的一析沾得到一点子水。鲫鱼很难受，想逃，就用力向上飙。飙了好几道，都被该般高的桶边挡稳了，还是跌归到桶底上，身子跌得很痛。鲫鱼向上的一只眼珠看到草人，就哀求其话："好人，你先放下你手里的扇子，救救我吧！我离开水里的屋下，就只有死了。好心人，救救我吧！"

　　听到鲫鱼该样的哀求，草人是还心酸；其只能用力拂下子自家的头颅。其的意思是话："对毋住，我是个冇能力的人哪！我的心是愿救你的，也愿救该个捉你的妇娘子络其的孩息，你、妇娘子、孩息子，还有盈的受苦受难的。该就，我跟树一样，栽在泥里，半脚都动毋得，我焉般能照我的心愿去做呢！对毋住，我是个冇能力的人哪！"

　　鲫鱼毋懂草人的心思，只看到其总在拂头，发火了。"又无是何者难事！你竟冇一点子人心，只会拂头！是我错了，自己的难事，焉般去依特别人家呢！我应要自家做，自家觅门头，舞毋成，也就是一死，又算得何者！"鲫鱼大声喊，又尽命向上飙，以道用了十二分气力，连尾巴络胸鳍的尖都直起来了。

草人看到鲫鱼错怪了其的心思，又冇办法同其话清张，心里很冇安落，就一边叹气一边叫嗳。过了一阵子，其仰起头来看下子，妇娘子睡着了，一只手还拿稳拉罾的绳子；其特劬了，想到天光的粥，也撑毋住了。桶里的鲫鱼呢？飙的声听毋到了，尾巴好像还在寥寥子扑下子。草人想，以兹一晏哺该多伤心的事都斗在一起了，真是个伤心的晏哺！看到该许食禾叶的细贼牯，其等彻兴，食饱了，在光竿上跳舞呢。谷子的收成算是冇得了，主人该般衰老的气力又白费了，世上还有比以许更可怜的事吗！

天冥暗了，连星星都显得冇光亮了。草人刹时觉得侧边田塅上来了一只黑影，走近了，仔细一看，是个妹子人，着一件阔大的短袄，头发很乱。她企到，望望停在河坝边的渔船；一转身，照河舷走过去；冇走几脚，又直丫丫企在该兹。草人觉得很怪，就留心觑稳其。

一种很伤心的声从其嗳里喊出来，声很细，一阵子一阵子的，只有听惯了晏哺细声的草人听得识。

听得识其在话："我冇是一只牛，也冇是一口猪，焉般让你随便卖颁别人家！我要逃，莫等到天光真的被你卖盏了。你有一点子钱，冇是赌两场输尽，就是食几碗黄汤去盏了，有何者用！你焉般应要逼我？……只有死，除了死冇别的门头了！死了，到地下寻我的孩息去吧！"以许话又话得冇抻扯，叫得抽抽嗒嗒，声都舞乱了。

草人很心惊，又是一件惨事让其撞到了。

其要寻死呢！草人着急，想救其，自家也毋晓得做何者。其又扇起扇子来，想喊醒该个睡得寂死的打渔的妇娘子。就是做毋到，该个妇娘子睡得跟死了样的，一动也毋动。其恨自家，焉般像树一样定在泥里，连半脚都动毋得。见死毋救，有罪呀！自家就在犯以许罪，真的比死都难受哇！"天王爷哪，快点子天光吧！作田的人，快旷起来吧！鸟子，快点子飞过去报个信吧！风，快吹盏其寻死的念头吧！"其该样的在心里祷告；该就，四向还是墨黑的，一点子声都冇得。其死心了，怕看，毋看又冇好，就怕怕子死死觑稳企在河舷边的黑影。

该个妹子人，毋作声地企了一阵子，身子向前探了几下。草人晓得可怕的常间到了，手里的扇子拍得更响。该就，其冇投河，又直桠桠地企在该兹。

又过了莫久一阵，刹时其迎到两只手，身子像树转倒一样，向河坝当中间踔去。草人看到以样，还冇等到听到其跌在水里的声响，就昏盏了。

第二日朝晨，作田的人从河舷边过，望到河坝里有死尸，信就传出去了。邻近的人都跑过来看。嘈杂的人声惊醒了死睡的打渔的妇娘子，其看了看该兹木桶里的鲫鱼，僵僵子死盏了。

其提起木桶走归船舱；发病的孩愢醒了，面嗳显得更瘦了，呛嗽声也更厉害了。该个老祖子也跟到大家到河边来看下子；走过自家的禾田，睃了一下。绝命了！冇想到几晡工夫，禾叶、禾串都冇得了，只留下直僵僵的光竿。其着急得跺脚髀、捶胸口，大声叫起嗳来。大家跑过来问其劝其，看到草人子跌桠田丘当中。

二、现代汉语对照文本

稻草人①

田野里白天的风景和情形，有诗人把它写成美妙的诗，有画家把它画成生动的画。到了夜间，诗人喝了酒，有些醉了；画家呢，正在抱着精致的乐器低低地唱：都没有工夫到田野里来。那么，还有谁把田野里夜间的风景和情形告诉人们呢？有，还有，就是稻草人。

基督教里的人说，人是上帝亲手造的。且不问这句话对不对，咱们可以套一句说，稻草人是农人亲手造的。他的骨架子是竹园里的细竹枝，他的肌肉、皮肤是隔年的黄稻草。破竹篮子、残荷叶都可以做他的帽子；帽子下面的脸平板板的，分不清哪里是鼻子，哪里是眼睛。他的手没有手指，却拿着一把破扇子——其实也不能算拿，不过用线拴住扇柄，挂在手上罢了。他的骨架子长得很，脚底下还有一段，农人把这一段插在田地中间的泥土里，他就整天整夜站在那里了。

稻草人非常尽责任。要是拿牛跟他比，牛比他懒怠多了，有时躺在地上，抬起头看天。要是拿狗跟他比，狗比他顽皮多了，有时到处乱跑，累得主人四处去找寻。他从来不嫌烦，像牛那样躺着看天；也从来不贪玩，像狗那样到处乱跑。他安安静静地看着田地，手里的扇子轻轻摇动，赶走那些飞来的小雀，他们是来吃新结的稻穗的。他不吃饭，也不睡觉，就是坐下歇一歇也不肯，总是直挺挺地站在那里。

这是当然的，田野里夜间的风景和情形，只有稻草人知道得最清楚，也知道得最多。他知道露水怎么样洒在草叶上，露水的味道怎么样香甜；他知道星星怎么样眨眼，月亮怎么样笑；他知道夜间的田野怎么样沉静，花草树木怎么样酣睡；他知道小虫们怎么样你找我、我找你，蝴蝶们怎么样恋爱：总之，夜间的一切他都知道得清清楚楚。

以下就讲讲稻草人在夜间遇见的几件事儿。

---

① 叶圣陶. 稻草人 [J]. 儿童世界, 1922, 5 (1).

一个满天星斗的夜里，他看守着田地，手里的扇子轻轻摇动。新出的稻穗一个挨一个，星光射在上面，有些发亮，像顶着一层水珠；有一点儿风，就沙啦沙啦地响。稻草人看着，心里很高兴。他想，今年的收成一定可以使他的主人——一位可怜的老太太——笑一笑了。她以前哪里笑过呢？八九年前，她的丈夫死了。她想起来就哭，眼睛到现在还红着；而且成了毛病，动不动就流泪。她只有一个儿子，娘儿两个费苦力种这块田，足足有三年，才勉强把她丈夫的丧葬费还清。没想到儿子紧接着得了白喉，也死了。她当时昏过去了，后来就落了个心痛的毛病，常常犯。这回只剩她一个人了，老了，没有气力，还得用力耕种，又挨了三年，总算把儿子的丧葬费也还清了。可是接着两年闹水，稻子都淹了，不是烂了就是发了芽。她的眼泪流得更多了，眼睛受了伤，看东西模糊，稍微远一点儿就看不见。她的脸上满是皱纹，倒像个风干的橘子，哪里会露出笑容来呢？可是今年的稻子长得好，很壮实，雨水又不多，像是能丰收似的。所以稻草人替她高兴。想到收割的那一天，她看见收的稻穗又大又饱满，这都是她自己的，总算没有白受累，脸上的皱纹一定会散开，露出安慰的满意的笑容吧。如果真有这一笑，在稻草人看来，那就比星星月亮的笑更可爱，更可珍贵，因为他爱他的主人。

稻草人正在想的时候，一个小蛾飞来，是灰褐色的小蛾。他立刻认出那小蛾是稻子的仇敌，也就是主人的仇敌。从他的职务想，从他对主人的感情想，都必须把那小蛾赶跑了才是。于是他手里的扇子摇动起来。可是扇子的风很有限，不能够叫小蛾害怕。那小蛾飞了一会儿，落在一片稻叶上，简直像不觉得稻草人在那里驱逐他似的。稻草人见小蛾落下了，心里非常着急。可是他的身子跟树木一样，定在泥土里，想往前移动半步也做不到；扇子尽管摇动，那小蛾却依旧稳稳地歇着。他想到将来田里的情形，想到主人的眼泪和干瘪的脸，又想到主人的命运，心里就像刀割一样。但是那小蛾是歇定了，不管怎么赶，他就是不动。

星星结队归去，一切夜景都隐没的时候，那小蛾才飞走了。稻草人仔细看那片稻叶，果然，叶尖卷起来了，上面留着好些小蛾下的子。这使稻草人感到无限惊恐，心想祸事真的来了，越怕越躲不过。可怜的主人，她有的不过是两只模糊的眼睛；要告诉她，使她及早看见小蛾下的子，才有挽救呢。他这么想着，扇子摇得更勤了。扇子常常碰在身体上，发出啪啪的声音。他不会叫喊，这是唯一的警告主人的法子了。

老妇人到田里来了。她弯着腰，看看田里的水正合适，不必再从河里车水进来。又看看她手种的稻子，全很壮实；摸摸稻穗，沉甸甸的。再看看那稻草人，帽子依旧戴得很正；扇子依旧拿在手里，摇动着，发出啪啪的声音；并且依旧站得很好，直挺挺的，位置没有动，样子也跟以前一模一样。她看一切事情都很好，就走上田岸，预备回家去搓草绳。

稻草人看见主人就要走了，急得不得了，连忙摇动扇子，想靠着这急迫的声音把主人留住。这声音里仿佛说："我的主人，你不要去呀！你不要以为田里的一切事情都很好，天大的祸事已经在田里留下根苗了。一旦发作起来，就要不可收拾，那时候，你就要流干了眼泪，揉碎了心；趁着现在赶早扑灭，还来得及。这儿，就在这一棵上，你看这棵稻子的叶尖呀！"他靠着扇子的声音反复地警告；可是老妇人哪里懂得，一步一步地走远了。他急得要命，还在使劲摇动扇子，直到主人的背影都望不见了，他才知道警告是无效了。

除了稻草人以外，没有一个人为稻子发愁。他恨不得一下子跳过去，把那灾害的根苗扑灭了；又恨不得托风带个信，叫主人快快来铲除灾害。他的身体本来很瘦弱，现在怀着愁闷，更显得憔悴了，连站直的劲儿也不再有，只是斜着肩，弯着腰，好像害了病似的。

不到几天，在稻田里，蛾下的子变成的肉虫，到处都是了。夜深人静的时候，稻草人听见他们咬嚼稻叶的声音，也看见他们越吃越馋的嘴脸。渐渐地，一大片浓绿的稻全不见了，只剩下光秆儿。他痛心，不忍再看，想到主人今年的辛苦又只能换来眼泪和叹气，禁不住低头哭了。

这时候天气很凉了，又是在夜间的田野里，冷风吹得稻草人直打哆嗦；只因为他正在哭，没觉得。忽然传来一个女人的声音："我当是谁呢，原来是你。"他吃了一惊，才觉得身上非常冷。但是有什么法子呢？他为了尽责任，而且行动不由自主，虽然冷，也只好站在那里。他看那个女人，原来是一个渔妇。田地的前面是一条河，那渔妇的船就停在河边，舱里露出一丝微弱的火光。她那时正在把撑起的鱼罾放到河底；鱼罾沉下去，她坐在岸上，等过一会儿把它拉起来。

舱里时常传出小孩子咳嗽的声音，又时常传出困乏的、细微的叫妈的声音。这使她很焦心，她用力拉罾，总像很不顺手，并且几乎回回是空的。舱里的孩子还在咳嗽还在喊，她就向舱里说："你好好儿睡吧！等我得着鱼，明天给你煮粥吃。你老是叫我，叫得我心都乱了，怎么能得着鱼呢！"

孩子忍不住，还是喊："妈呀，把我渴坏了！给我点儿茶喝！"接着又是一阵咳嗽。

"这里哪来的茶！你老实一会儿吧，我的祖宗！"

"我渴死了！"孩子竟大声哭起来。在空旷的夜间的田野里，这哭声显得格外凄惨。

渔妇无可奈何，放下拉罾的绳子，上了船，进了舱，拿起一个碗，从河里舀了一碗水，转身给孩子喝。孩子一口气把水喝下去，他实在渴极了。可是碗刚放下，他又咳嗽起来；而且更厉害了，后来就只剩下喘气。

渔妇不能多管孩子，又上岸去拉她的罾。好久好久，舱里没有声音了，她的罾也不知又空了几回，才得着一条鲫鱼，有七八寸长。这是头一次收获，她很小心地把鱼从罾里取出来，放在一个木桶里，接着又把罾放下去。这个盛鱼的木桶就在稻草人的脚旁边。

这时候稻草人更加伤心了。他可怜那个病孩子，渴到那样，想一口茶喝都办不到；病到那样，还不能跟母亲一起睡觉。他又可怜那个渔妇，在这寒冷的深夜里打算明天的粥，所以不得不硬着心肠把生病的孩子扔下不管。他恨不得自己去做柴，给孩子煮茶喝；恨不得自己去做被褥，给孩子一些温暖；又恨不得夺下小肉虫的赃物，给渔妇煮粥吃。如果他能走，他一定立刻照着他的心愿做；但是不幸，他的身体跟树木一个样，定在泥土里，连半步也不能动。他没有法子，越想越伤心，哭得更痛心了。忽然啪的一声，他吓了一跳，停住哭，看出了什么事情，原来是鲫鱼被扔在木桶里。

木桶里的水很少，鲫鱼躺在桶底，只有靠下的一面能够沾一些潮润。鲫鱼很难受，想逃开，就用力向上跳。跳了好几回，都被高高的桶框挡住，依旧掉在桶底上，身体摔得很疼。鲫鱼的向上的一只眼睛看见稻草人，就哀求说："我的朋友，你暂且放下手里的扇子，救救我吧！我离开我的水里的家，就只有死了。好心的朋友，救救我吧！"

听见鲫鱼这样恳切的哀求，稻草人非常心酸；但是他只能用力摇动自己的头。他的意思是说："请你原谅我，我是个柔弱无能的人哪！我的心不但愿意救你，并且愿意救那个捕你的妇人和她的孩子，除了你、渔妇和孩子，还有一切受苦受难的。可是我跟树木一样，定在泥土里，连半步也不能自由移动，我怎么能照我的心愿去做呢！请你原谅我，我是个柔弱无能的人哪！"

鲫鱼不懂稻草人的意思，只看见他连连摇头，愤怒就像火一般地烧起来了。"这又是什么难事！你竟没有一点儿人心，只是摇头！原来我错了，自己的困难，为什么求别人呢？我应该自己干，想法子，不成，也不过一死罢了，这又算得了什么！"鲫鱼大声喊着，又用力向上跳，这回用了十二分力，连尾巴和胸鳍的尖端都挺了起来。

稻草人见鲫鱼误解了他的意思，又没有方法向鲫鱼说明，心里很悲痛，就一面叹气一面哭。过了一会儿，他抬头看看，渔妇睡着了，一只手还拿着拉罾的绳；这是因为她太累了，虽然想着明天的粥，也终于支持不住了。桶里的鲫鱼呢？跳跃的声音听不见了，尾巴好像还在断断续续地拨动。稻草人想，这一夜是许多痛心的事都凑在一块儿了，真是个悲哀的夜！可是看那些吃稻叶的小强盗，他们高兴得很，吃饱了，正在光秆儿上跳舞呢。稻子的收成算完了，主人的衰老的力量又白费了，世界上还有比这更可怜的吗？

夜更暗了，连星星都显得无光。稻草人忽然觉得由侧面田岸上走来一个黑影，近了，仔细一看，原来是个女人，穿着肥大的短袄，头发很乱。她站住，望望停在河边的渔船；一转身，向着河岸走去；不多几步，又直挺挺地站在那里。稻草人觉得很奇怪，就留心看着她。

一种非常悲伤的声音从她的嘴里发出来，微弱，断断续续，只有听惯了夜间一切细小声音的稻草人才听得出。那声音说："我不是一头牛，也不是一口猪，怎么能让你随便卖给人家？我要跑，不能等着明天真个被你卖给人家。你有一点儿钱，不是赌两场输了就是喝几天黄汤花了，管什么用！你为什么一定要逼我？……只有死，除了死没有别的路！死了，到地下找我的孩子去吧！"这些话又哪里成话呢，哭得抽抽搭搭的，声音都被搅乱了。

稻草人非常心惊，又是一件惨痛的事情让他遇见了。她要寻死呢！他着急，想救她，自己也不知道为什么。他又摇起扇子来，想叫醒那个沉睡的渔妇。但是办不到，那渔妇睡得跟死了似的，一动也不动。他恨自己，不该像树木一样定在泥土里，连半步也不能动。见死不救不是罪恶吗？自己就正在犯着这种罪恶。这真是比死还难受的痛苦哇！"天哪，快亮吧！农人们快起来吧！鸟儿快飞去报信吧！风快吹散她寻死的念头吧！"他这样默默地祈祷；可是四围还是黑洞洞的，也没有一丝儿声音。他心碎了，怕看又不能不看，就胆怯地死盯着站在河边的黑影。

那女人沉默着站了一会儿，身子往前探了几探。稻草人知道可怕的时候到了，手里的扇子拍得更响。可是她并没跳，又直挺挺地站在那里。

又过了好大一会儿，她忽然举起胳膊，身体像倒下一样，向河里蹿去。稻草人看见这样，没等到听见她掉在水里的声音，就昏过去了。

第二天早晨，农人从河岸经过，发现河里有死尸，消息立刻传出去。左近的男男女女都跑来看。嘈杂的人声惊醒了酣睡的渔妇，她看那木桶里的鲫鱼，已经僵僵地死了。她提了木桶走回船舱；生病的孩子醒了，脸显得更瘦了，咳嗽也更加厉害。那老农妇也随着大家到河边来看，走过自己的稻田，顺便看了一眼。没想到才几天工夫，完了，稻叶稻穗都没有了，只留下直僵僵的光秆儿。她急得跺脚，捶胸，放声大哭。大家跑过来问她劝她，看见稻草人倒在田地中间。

后　记

即将来到花甲之年！少小离乡已是四十余载，对家乡之情渐渐强化，尤其是对乡音的拳拳之心更为浓烈。"少小离家老大回，乡音无改鬓毛衰"的诗句，让我有了更切实的代入感受。《易经》之"井"大约是针对故土相关事物的论述，有云"改邑不改井，无丧无得，往来井井"，大意是环境和景致面貌有所变迁，但水井却没有改变，井水不会枯竭也不会溢满。年复一年，无论如何变化，人们还是以此井为井①。这或许是我们对乡情的价值取向吧。我以客家话为第一母语，深为客家话承载的深厚语言文化自豪和骄傲，同时也深为客家话在城镇化进程中的急速衰落而心忧。

作为深受客家文化和客家语言熏陶而学有所进的子弟，我总感到应有一份责无旁贷的担当。其一，客家话语言环境下成长的我们，总该以某种方式反哺它、回报其恩；其二，眼见客家话的前景堪忧，总不能以局外人的态度对此视而不见、无动于衷；其三，身为社会科学领域的一名学者，身为曾经全国政协委员的成员，我对中国优秀传统文化重要组成部分的客家语言文化，更应有一份不可推卸的传承、传播义务；其四，身为有着近四十年教龄的"师者"，我似也有"传客家思想文化之道、授客家语言文化之业、解客家话传承难题之惑"的责任。

有了这份"不用扬鞭自奋蹄"的责任感，我便起了编写一部有关客家话书面表达体系著作的念头。心有余而力可逮？我想，以下几点或许是编写该书的勇气和信心之源吧。

其一，我的第一母语是地地道道、原汁原味的客家土话，我的语言成长环境是相对封闭的客家话孤岛——客家话赣西北片区（铜桂片）。这一条件是许多客家话研究者所不具备的。试想，一个客家话研究者，其语言学造诣再深厚、

---

① 钟茂初. 中国古代朴素哲学思想解析及其生态文明启示［M］. 北京：光明日报出版社，2023.

其语言天赋再高，若非生活在客家话的语言环境下，他对许多客家话词语的语言情境也是难以把握的。举一个简单例子，客家话中，用于表示"宰杀家禽家畜"的"Chí"，其实，客家话这一字词的核心语境并不是"宰杀"，而是"宰杀家禽家畜过程中处理其毛皮"，所以以"摛"来表达，最接近该字词所表达的客家话语境。一般客家字典词典都把该字词认定为"治"，其词义并不准确，"形似而神不似"。这就是他们不熟悉备客家话词语语境造成的。仅此一点，我就拥有了写好此书的先天基础。

其二，我的第一母语是客家话，但我又长期在北方语言环境之中生活、工作，对客家话与现代汉语（普通话）及其口语、北方方言的相同之处、相通之处、相异之处更为敏感。大多数客家话研究者，尽管都能熟练掌握客家话，但他们长期生活在南方地区，对客家话与现代汉语的异同不易自然感知，这是语言环境造成的。例如，《红楼梦》之中的"村人"（此处"村"为动词），其含义与客家话中的"Cēn人"完全相同，其实就是"拿话噎人"之义。再如，《水浒传》等明代小说中的女性常用名字"婆惜"，其含义用客家话来认识是极好理解的，"惜"（Sia）在客家话中是"长辈疼爱晚辈"之义，"婆惜"其实就是"祖母疼爱的小女孩"之义。又如，某些文艺小品中常常讽刺南方人把"鞋子"说成"hai子"、把"上街"说成"上gai"，殊不知我们千年前的先祖就是这么说的。如此之类的语言问题，我们如果有对客家话与现代汉语异同的敏感性，是能够轻而易举认识到的。这大概是我写好此书的又一优势条件。

其三，既有客家话研究，多数是语言学领域的学者完成的，他们对客家话的传承、传播做出了重要贡献，但他们也有"不识庐山真面目，只缘身在此山中"的局限。例如，客家话研究现状普遍的情形是"只见树木，不见森林"。我不是语言学领域的学者，但有着物理学和经济学的教育背景，有着四十来年规范化的学术研究训练，能够从逻辑性、整体性、创新性的角度，对客家话既有研究现状提出独到的问题和看法。例如，科学研究中的"奥卡姆剃刀原理"，我们有必要引入客家话研究之中，"如无必要，勿增实体"（即"简单有效原理"）的原则，其在客家话书面表达的"用字"选择和"标音"选择中是有重要指导意义的，即如果对同一现象有两种或多种不同的选择，我们应该采用简单或可证伪的那一种！由此可见，"外行"，必然是我写好此书的劣势，但某种意义上又或许是我的优势所在。也就是说，作为"外行"，他们少了许多"内行"固化认识的束缚。

其四，我不是语言文学领域的专门学者。近年来，我对中华优秀传统思想文化的经典《道德经》《易经》《庄子》《管子》进行了一字一句地释读，分别出版了《〈道德经〉新识及其生态文明启示》《中国古代朴素哲学思想解析及其生态文明启示》《中国古代思辨认识论解析及其生态文明启示》《中国古代经济治理思想对生态文明建设的启示》等著作。在释读上述经典的过程中，我翻阅大量《说文解字》《说文解字注》《汉字源流字典》《康熙字典》等文字类工具书，使得我对中国语言文字知识有了一定程度的掌握。这对我写好此书，也是一个有利条件。

其五，我个人对古典诗词的业余爱好，特别是对以现代汉语读音读来不押韵唐诗宋词的搜集整理，认识到采用较多保留中古时期读音的客家话来读这些诗词，不押韵问题或可迎刃而解。最具典型性的例子，唐人李贺的《梦天》："老兔寒蟾泣天色，云楼半开壁斜白。玉轮轧露湿团光，鸾珮相逢桂香陌。黄尘清水三山下，更变千年如走马。遥望齐州九点烟，一泓海水杯中泻。"其用现代汉语（普通话）来读，无一句押韵，而借用客家话韵脚来读，则句句押韵。何其有趣！唐诗宋词中类似的情形比比皆是。想来，我的这一知识掌握，对写好此书，大有裨益。

其六，我曾留学日本立教大学、一桥大学，对日语汉字及其读音有一定程度的掌握。因为，日语汉字及其音读，是隋唐时期从中原传入日本的，与客家话的起源时间相近。所以，这对比较汉字读音的流转变化，反过来以读音参详用字，也有一定的参考作用。

列举这些优势条件，无非是强化自身写作的勇气和信心。写作客家话著作的念头，历经了许多年，我有意无意地搜集相关资料文献也有很多年，但久久未敢动笔，直到想起"客家话书面表达优化体系"这个切入题目，才终于下定了动笔的决心。一旦写起来，相对顺畅，我大概用了一年的时间，几乎是无所间断，"一气呵成"。

我简单归纳一下对客家话书面表达的理念：一是客家话与现代汉语、北方方言、其他方言，都留存了古代各个时期的汉语字词，大体相当，客家话应放下"中古时期汉语活化石"的思想包袱和思维定式；二是客家话的有效探讨，必须彻底改变有意无意地人为割裂其与现代汉语的联系的不当做法；三是客家话的有效传播，必须最大程度地降低其与现代汉语的差异度，降低现代汉语读者的学习门槛；四是客家话书面表达体系，必须引入"简单有效原理"的科学研究原则；五是客家话书面表达的字词音，应以"力求逻辑真实、不强求历史真实"为准则。

以上理念在本书中的具体体现：一是以"逻辑真实原则"摒弃绝大多数的繁难字、生僻字，代之以逻辑合理的现代汉语常用汉字。客家话的"古意"，不体现在繁难生僻字方面，而是体现在常用字的"古意"用法上。二是以"简单有效原理"为依据，采用类汉语拼音标音系统，摒弃繁复的其他标音体系。三是摒弃绝大多数的后造字、臆造字。四是对本字不可考的超高频字词，采用现代汉语字词而赋予其客家话读音。五是不强求"一字一音节"，适当引入一字多音节、多音节一字、多字音节混合等表达形式。六是探索现代汉语、现代汉语口语与客家话词语的对偶用字，以及借鉴参考其他关联性知识点。七是完成一篇篇可写可读、可顺畅表达的客家话文本。

目前所呈现的书稿内容，我自己读来还算满意，换言之，以我的知识储备和一己之力，只能写到这种程度。毫无疑问，我自身对客家话词语掌握的有限程度、长年不在客家话语言环境下以及对语言学知识和学术训练的不足，存在不少遗漏和错讹，这是不可避免的。可自我宽慰的是，我尽最大可能按照写作之前确立的简单有效的"用字"原则和"标音"原则，至少为客家话学习研究领域提供了一家之说、一孔之见，希冀此书对全球各地众多客家话爱好者、客家话传播者有所裨益。书中的不当之处，还请读者包容并批评指正。

如本书参考文献所列示，邱冰珍等诸多学者对客家话词语的先行搜集和探析，为本书的写作提供了多方面的参考和启示，在此谨致感谢。本书得到光明日报出版社《博士生导师学术文库》支持，谨致谢意。

钟茂初

2023 年初秋于南开